新时代北外文库

中国应用语言学创新研究探索

Innovative Research on Applied Linguistics in China

文秋芳 著

人民出版社

作 者 简 介
ABOUT THE AUTHOR

文秋芳 北京外国语大学教授、博士生导师，中国外语与教育研究中心专职研究员；北京外国语大学北外学院执行院长；北京外国语大学许国璋语言高等研究院院长；国家教材委员会外语学科专家委员会主任；中国英汉语比较研究会副会长；亚洲英语教学研究会副会长。《外语教育研究前沿》（原《中国外语教育》）杂志主编；*Chinese Journal of Applied Linguistics*（《中国应用语言学》）杂志主编。

1976 年毕业于南京师范大学外文系；1985 年获印度孟买大学硕士学位；1993 年获香港大学博士学位；1999—2000 年在美国哈佛大学燕京学院进修。

1976—1992 年南京师范大学工作，1986—1989 年间任外文系副主任；

1993—2004 年南京大学工作，历任英语系副主任、主任、外国语学院副院长；

2005 年至今北京外国语大学工作，2005—2014 年间任中国外语教育研究中心主任；2014—2019 年间任北京外国语大学学术委员会主任；2007—2017 年间任中国英语教学研究会会长；2008—2012 年间任国际应用语言学学会执行委员。

2001 年获国务院政府特殊津贴，1997—2009 年间曾 4 次获得国家级教学成果奖，2003 年获江苏省"三八"红旗手荣誉；2014 年获北京市"三八"红旗手荣誉；2010 年获"北京市先进工作者"荣誉称号；2010 年获"北京市高校育人标兵"荣誉称号；1997 年至今曾先后 14 次获省部级教学成果等奖项。

内 容 提 要
EXECUTIVE SUMMARY

　　本书收录了笔者于 2015 年 8 月到 2020 年 1 月间发表在重要期刊上的 30 篇论文。全书分为 5 个专题。第一个专题"外语教育发展"包括 8 篇论文，其中 6 篇阐述了中国外语与教育研究中心团队构建"产出导向法"的动因、理据和理论体系及其中国特色，同时解释了基于"产出导向法"的教学材料使用与评价理论框架；另外 2 篇总结了我国外语教育与外语教育理论 70 年发展的成就与挑战。第二个专题"外语人才培养"包括 4 篇论文，涉及国内外外语人才的培养目标、路径、课程设置等多方面的问题。第三个专题"外语教师发展"包括 6 篇论文，其中 4 篇揭示了我国青年教师面临的挑战和应对困境的勇气，阐述了北京外国语大学采用建设学习共同体方式，有效应对北外青年教师面临的困难；另外 2 篇讨论了外语教师在建设"金课"或运用新教学理论中如何获得自身发展。第四个专题"国家语言能力"包括 5 篇论文，其中 3 篇阐述了提高中文国际影响力面临的系列挑战；另外 2 篇报告了作者对"国家语言能力"的深入理解，并总结了我国国家语言治理能力 70 年建设所取得的伟大成就。第五个专题"应用语言学研究及其方法"包括 7 篇文章，其中 3 篇解释我国应用语言学研究国际化的现状、问题和解决问题的策略；1 篇研究我国社会科学基金项目通讯评审策略及态度；另外 3 篇阐述了中国外语与教育研究中心提出的与西方研究范式不同的辩证研究范式。全书精选的 30 篇论文，是笔者近四年间的力作，集中反映了我国外语教育界在应用语言学理论方面的创新与实践。

出版说明

  2021 年是中国共产党成立 100 周年,也是北京外国语大学建校 80 周年。作为中国共产党创办的第一所外国语高等学校,北外紧密结合国家战略发展需要,秉承"外、特、精、通"的办学理念和"兼容并蓄、博学笃行"的校训精神,培养了一大批外交、翻译、教育、经贸、新闻、法律、金融等涉外高素质人才,也涌现了一批学术名家与精品力作。王佐良、许国璋、纳忠等学术大师,为学人所熟知,奠定了北外的学术传统。他们的经典作品被收录到 2011 年北外 70 年校庆期间出版的《北外学者选集》,代表了北外自建校以来在外国语言文学研究领域的杰出成果。

  进入 21 世纪尤其是新时代以来,北外主动响应国家号召,加大非通用语建设力度,现获批开设 101 种外国语言,致力复合型人才培养,优化学科布局,逐步形成了以外国语言文学学科为主体,多学科协调发展的格局。植根在外国语言文学的肥沃土地上,徜徉在开放多元的学术氛围里,一大批北外学者追随先辈脚步,着眼中外比较,潜心学术研究,在国家语言政策、经济社会发展、中华文化传播、国别区域研究等领域颇有建树。这些思想观点往往以论文散见于期刊,而汇编为文集,整理成文库,更能相得益彰,蔚为大观,既便于研读查考,又利于学术传承。"新时代北外文库"之编纂,其意正在于此,冀切磋琢磨,交锋碰撞,助力培育北外学派,形成新时代北外发展的新气象。

  "新时代北外文库"共收录 32 本,每本选编一位北外教授的论文,均系进入 21 世纪以来在重要刊物上发表的高质量学术论文。既展现北外学者在外国文学、外国语言学及应用语言学、翻译学、比较文学与跨文化研究、国别与区域研究等外国语言文学研究最新进展,也涵盖北外学者在政治学、经济学、教育学、新闻传播学、法学、哲学等领域发挥外语优势,开展比较研究的创新成果。希望能为校内外、国内外的同行和师生提供学术借鉴。

北京外国语大学将以此次文库出版为新的起点,进一步贯彻落实习近平新时代中国特色社会主义思想和党中央关于教育的重要部署,秉承传统,追求卓越,精益求精,促进学校平稳较快发展,致力于培养国家急需,富有社会责任感、创新精神和实践能力,具有中国情怀、国际视野、思辨能力和跨文化能力的复合型、复语型、高层次国际化人才,加快中国特色、世界一流外国语大学的建设步伐。

谨以此书,
献给中国共产党成立 100 周年。
献给北京外国语大学建校 80 周年。

文库编委会
庚子年秋于北外

目　录

外语教育发展

外语人才培养

自　序

　　掐指算来,这是我的第五部论文集。第一部出版于 2008 年,当时外语教学与研究出版社汇编"中国英语教育名家自选集"丛书,有 10 位英语教育名家的学术论文被收编,当时最为年轻的我有幸跻身于其中。《文秋芳英语教育自选集》收录了我于 1995 — 2007 年间发表的 38 篇论文,分为 5 个专题:(1)外语学习者动机、观念、策略研究;(2)英语口语测试与口语教学;(3)英语写作研究;(4)学习者语料库与应用语言学研究方法;(5)本科生与研究生教学研究。此后,2013 年,外语教学与研究出版社出版了我的第二部论文集——《文秋芳英语教育自选集(二)》,收录了我于 2007 — 2015 年期间发表的 33 篇论文,分为 6 个专题:(1)二语习得研究;(2)思辨能力研究;(3)测试与自动评分研究;(4)教师发展研究;(5)国家外语能力研究;(6)外语教学研究。2020 年,上海外语教育出版社出版我的第三部论文集——《文秋芳学术研究文集》,收录了我于 1995 — 2014 年间发表的 35 篇论文。所选论文主要依据我所承担的国家社科等重要项目,分为 4 个主题:(1)外语学习策略;(2)英语学习者口笔语发展;(3)思辨能力现状与发展;(4)国家外语能力。2020 年,高等教育出版社出版我的第四部论文集——《学习·移植·创新——文秋芳学术论文自选集》,精选了我于 1995 — 2019 年间发表的有重要影响的 12 篇论文,其中,二语习得研究 4 篇,二语教学 4 篇,二语教师发展 2 篇,语言政策研究 2 篇。

　　迄今,我已在国内外重要期刊上发表了 200 余篇学术论文。已发表的四部论文集中,第一、第二部均以时间为主线,内容没有重叠。第三部论文集以我所承担项目为主线汇编。第四部论文集是以我个人的科研成长经历为主线汇编,内容与第一、二部文集存在一定量的重复。本论文集——《中国应用语言学创新研究探索》是第五部。为了避免重复收编,只收录了近期(2015年8月—2020年1月)发表的30篇学术论文,集中反映我近五年在应用语言学领域创新探索的艰辛历程。这期间我的学术研究有3个明显特色:一是以我国应用语言学领域中的真实问题为导向;二是努力为服务国家、服务社会、服务教育提出解决问题的方法与对策;三是坚持理论与实践紧密联系,一方面探索理论创新,用理论指导实践,另一方面又用实践来优化和完善理论,致力于构建具有中国特色、国际学界可理解的应用语言学理论。

应用语言学作为独立学科,在西方只有50多年历史。与心理学、社会学等学科相比,它属于新兴学科。20世纪70年代末,由桂诗春先生率先将应用语言学介绍到国内,迄今已有40余年。作为引进学科,应用语言学改革开放以来得到迅速发展。从硕士点、博士点建设,学术组织建立、学术会议的召开、学术期刊的发展等各方面来看,应用语言学在我国的学科地位已牢固建立,特别是2011年8月24—28日第16届世界应用语言学大会在北京外国语大学校园里成功召开,参会者近1500人,其中超过1000人来自海外63个国家和地区,在国际学界产生了重要影响。但总体上,我国应用语言研究在国际学界的地位还有待提高,与我国的综合国力和政治地位还不相称。我作为国内应用语言学界的一位老兵,深感自己的使命和责任,立志在自己的有生之年,竭尽全力为中国应用语言学走向世界,贡献自己的一份力量。

本论文集得以出版,我指导的博士生刘雪卉为编排、校对付出了大量时间和心血,在此表示衷心感谢。

中国外语与教育研究中心

文秋芳

2020年3月9日

外语教育发展

"产出导向法"的中国特色^①

一、引言

20世纪70年代出现外语教学"方法热",多种多样的方法层出不穷,难以计数^②,然而到了20世纪90年代,不少著名学者提出外语教学进入了"后方法时代"(postmethod era)^③,有些学者声称"方法已经死亡"(The Death of the Method)^④,甚至断言在可预见的未来不会再有新方法出现,例如,Kumaravadivelu^⑤指出:

"In all probability,the invention of a truly novel method that is fundamentally different from the ones discussed in Part Two is slim,at least in the foreseeable future"(至少在可预见的未来,创造一个与已有方法不同的全

① 本文是教育部人文社科重点研究基地重大项目(16JJD740002)子课题"'产出导向法'理论体系与实施方法研究"的阶段性成果。

② H.H.Stern,"Review of J.W.Oller and P.A.Richard-Amato's Methods that Work",*Studies in Second Language Acquisition*,1985,No.7.

③ D.Brown,"English Language Teaching in the 'Post-Method' Era:Towards Better Diagnosis, Treatment,and Assessment",in J.C.Richards & W.A.Renandya,*Methodology in Language Teaching*, Cambridge,England:Cambridge University Press,2002,pp.9-18;B.Kumaravadivelu,*Understanding Language Teaching:From Method to Postmethod*,New York & London:Routledge,2006;J.C.Richard & T.S.Rodgers,*Approaches & Methods in Language Teaching*(2nd edn.),Cambridge:Cambridge University Press,2008.

④ B.Kumaravadivelu,*Understanding Language Teaching:From Method to Postmethod*,New York & London:Routledge,2006.

⑤ B.Kumaravadivelu,*Understanding Language Teaching:From Method to Postmethod*,New York & London:Routledge,2006.

新方法,机会可能很渺茫。)

在"后方法时代"背景下,中国学者创建了"产出导向法"(Production-oriented Approach,以下简称POA)①。其发展历经十余年,从早期的输出驱动假设(output-driven hypothesis)②,到输出驱动—输入促成假设(output-driven, input-enabled hypothesis)③,再到POA体系的形成④,无不凝聚着国内外研究者的理性和实践智慧,以及一线教师多轮课堂行动研究的成果。2015年出版了以POA理论指导的《新一代大学英语》,现被多所高校采用,并产出了一批教学研究成果⑤。教学成效已初步显现。与此同时,POA在国际学界也产生了一定影响。POA构建者应邀在多个国际会议上作主旨发言,2016年在国际期刊 Language Teaching⑥ 发表了论文"The Production-oriented Approach to Teaching University Students English in China",2017年在Routledge出版的 Faces of English:Students,Teachers,and Pedagogy⑦ 一书中撰写了第七章"The

---

① 文秋芳:《构建"产出导向法"理论体系》,《外语教学与研究》2015年第4期;文秋芳:《"师生合作评价":"产出导向法"创设的新评价形式》,《外语界》2016年第5期。

② 文秋芳:《输出驱动假设和问题驱动假设——论述新世纪英语专业课程设置与教学方法的改革》,首届全国英语专业院系主任高级论坛发言(上海),2007年5月12日;文秋芳:《输出驱动假设与英语专业技能课程改革》,《外语界》2008年第2期;文秋芳:《输出驱动假设在大学英语教学中的应用:思考与建议》,《外语界》2013年第6期。

③ 文秋芳:《"输出驱动—输入促成假设":构建大学外语课堂教学理论的尝试》,《中国外语教育》2014年第2期。

④ 文秋芳:《构建"产出导向法"理论体系》,《外语教学与研究》2015年第4期。

⑤ 曹巧珍:《"产出导向法"之教师中介作用探析——以〈新一代大学英语〉第二册第四单元为例》,《中国外语教育》2017年第1期;常小玲:《"产出导向法"的教材编写研究》,《现代外语》2017年第3期;邱琳:《"产出导向法"语言促成环节过程化设计研究》,《现代外语》2017年第3期;孙曙光:《"师生合作评价"课堂反思性实践研究》,《现代外语》2017年第3期;杨莉芳:《产出导向法"驱动"环节的微课设计——以〈新一代大学英语综合教程2〉"艺术与自然"单元为例》,《中国外语教育》2015年第4期;张伶俐:《"产出导向法"的教学有效性研究》,《现代外语》2017年第3期;张文娟:《学以致用、用以促学——产出导向法"促成"环节的课堂教学尝试》,《中国外语教育》2015年第4期;张文娟:《基于"产出导向法"的大学英语课堂教学实践》,《外语与外语教学》2016年第2期;张文娟:《"产出导向法"对大学英语写作影响的实验研究》,《现代外语》2017年第3期。

⑥ Q.F.Wen,"The Production-oriented Approach to Teaching University Students English in China",Language Teaching,2016,No.4.

⑦ L.Wong & K.Hyland,Faces of English:Students,Teachers,and Pedagogy,London & New York:Routledge,2017.

Production-oriented Approach: A Pedagogical Innovation in University English
Teaching in China"①。

在西方学界普遍相信"方法已死"时,中国学者创建 POA 是否在逆潮流
而动呢?笔者认为"方法已死"这一预言不符合人们社会实践的自身体验,也
不符合教育理论的基本原理。毛泽东早在 1934 年就提出:"我们不但要提出
任务,而且要解决完成任务的方法问题。我们的任务是过河,但是没有桥或没
有船就不能过。不解决桥或船的问题,过河就是一句空话。不解决方法问题,
任务也只是瞎说一顿。"②过河的方法有多种,或大船或小船,或木桥或铁桥,
必须因地制宜。依据泰勒课程论,教学手段和方法是实现教学目标、覆盖教学
内容的关键要素。③ 方法必须要有,但这里的方法不是教条、定义、公式、戒
律,不可能放之四海而皆准。④ 我们更不能盲从,不再思考外语教学方法的
创新。

笔者的撰写目的是对 POA 的中国特色作进一步分析,以便与国际学界开
展深入对话,让中国本土理论走出国门,同时在国际交流过程中,发展与完善
POA 自身体系,为推动中国外语教学理论创新作出有益尝试。下文将首先概
述 POA 理论,然后说明 POA 的中国特色及其来源。

二、POA 理论概述

POA 由三部分组成。图 1.1(见下页)描述了 POA 的各要素及其关系。
第一部分"教学理念"是第二部分"教学假设"和第三部分"教学流程"的指导

---

① Q.F. Wen, "The Production-oriented Approach: A Pedagogical Innovation in University
English Teaching in China", in L. Wong & K. Hyland, *Faces of English: Students, Teachers, and
Pedagogy*, London & New York: Routledge, 2017, pp.91-106.

② 《毛泽东选集》第一卷,人民出版社 1991 年版,第 139 页。

③ R.W.Tyler, *Basic Principles of Curriculum and Instruction*, Chicago: The University of Chicago
Press, 1949.

④ M.Long, *Second Language Acquisition and Task-based Language Teaching*, Malden, MA: Wiley
Blackwell, 2015.

思想,决定着课堂教学的方向和总体目标;第二部分"教学假设"是课堂教学各个环节的理论依据,需要逐个检验;第三部分"教学流程"是实现"教学理念"和检验"教学假设"的载体,同时也是实现 POA 教学目标的步骤和手段。图 1.1 与前期 POA 体系①相比,略有调整,对其解释也稍有变化。由于篇幅所限,下文只阐述变化部分。

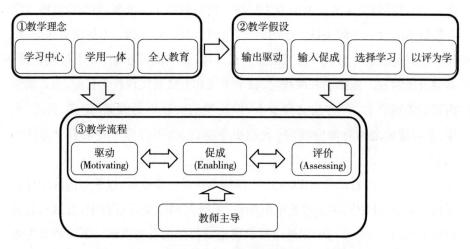

图 1.1 POA 的理论体系②

(一) 增加"以评促学"假设

"以评促学"是新增假设,主张在教师专业引领下,学生边评边学、边学边评,打破"学"与"评"的界限,将评价作为学习的强化、深入阶段。该假设的实现手段是"师生合作评价"③,它能平衡和弥补现有单一评价方式的不足,同时能够解决 POA 产出任务多,教师评价负担重的困难。"师生合作评价"分为课前、课内和课后三个阶段。课前,教师根据单元教学目标选择并评阅典型样本。课内,学生先独立思考,再进行对子/小组交流,然后在教师引领下,进行大班讨论,教师适时给出课前准备好的评阅意见。课后,在教师课内专业指导

①　文秋芳:《构建"产出导向法"理论体系》,《外语教学与研究》2015 年第 4 期。
②　文秋芳:《构建"产出导向法"理论体系》,《外语教学与研究》2015 年第 4 期。
③　文秋芳:《"师生合作评价":"产出导向法"创设的新评价形式》,《外语界》2016 年第 5 期。

的基础上,学生再采用自评或同伴互评对"师生合作评价"加以补充。

(二) 为"输出驱动假设"找到传统理据

中国传统教育思想为"输出驱动假设"提供了理据。2000多年前的《学记》指出"知不足,然后能自反也;知困,然后能自强也"。这句话的意思是,知道自己的知识不够,便能督促自己去抓紧学习;懂得不多,便能鞭策自己去努力进修。[①]"输出驱动假设"就是为学生提供"知不足"和"知困"的机会。"输入促成假设"强调的是"以学助用",就是促进学生"自反"和"自强"。具体地说,为让学生弥补自身不足,教师需要提供相关学习材料,帮助学生完成产出任务。

(三) 对 POA 教学流程的新认识

POA 教学大致分为三个阶段:"驱动""促成"和"评价",每个阶段都必须充分发挥教师主导作用(见图1.1)。需要说明的是,这里将 POA 原体系中的"以教师为中介"修改为"教师主导",其原因是,"中介作用"是"舶来品",其意义不透明,一线教师难以理解,而"教师主导"意义直观,便于具化为课堂教学行动。对于三个阶段的具体操作,目前已开展多轮教学实验,并取得了初步成果[②]。根据实验结果可以看出,三个阶段互相联系,没有严格的界限。每个单元教学包含三个阶段的若干循环,每个阶段内部又包括若干子活动。为了展示教学的复杂性和动态性,图1.1将原来用单向箭头连接的三阶段教学流程[③],改为双向箭头循环图。当然,我国上千所高校学生英语水平不同,需求各异,POA 的使用还需要教师因地制宜,因材施教。

---

① 高时良:《学记研究》,人民教育出版社2006年版,第65页。

② 曹巧珍:《"产出导向法"之教师中介作用探析——以〈新一代大学英语〉第二册第四单元为例》,《中国外语教育》2017年第1期;邱琳:《"产出导向法"语言促成环节过程化设计研究》,《现代外语》2017年第3期;孙曙光:《"师生合作评价"课堂反思性实践研究》,《现代外语》2017年第3期;杨莉芳:《产出导向法"驱动"环节的微课设计——以〈新一代大学英语综合教程2〉"艺术与自然"单元为例》,《中国外语教育》2015年第4期。

③ 文秋芳:《构建"产出导向法"理论体系》,《外语教学与研究》2015年第4期。

三、POA 中国特色的来源

POA 中国特色主要来源于三个方面：（1）毛泽东的《实践论》和《矛盾论》（简称"两论"）；（2）我国传统教育经典《学记》；（3）西方课程论和二语习得理论的精华。"两论"为 POA 提供了哲学基础，《学记》与西方相关理论为 POA 提供了教学原则。

"两论"是中国化的马克思主义哲学理论。笔者年轻时曾深入研读过"两论"，其思想精髓深深影响着自己的所思所行，重温"两论"，笔者认识到 POA 与"两论"有哲学渊源。例如，《实践论》强调"实践是检验真理的唯一标准"，《矛盾论》主张具体情况具体分析，解决问题需要抓主要矛盾及矛盾的主要方面等。在"两论"思想潜移默化的影响下，POA 的整个发展贯穿了课堂教学实践，同时特别强调 POA 的实施要因地制宜、因人而异；在教学中始终要突出重点，抓住关键问题，扭住"牛鼻子"不放，不要被次要问题缠住，无谓地耗费时间和精力。

《学记》是我国最古老的教育专著，全文只有 1229 个字，篇幅短小精悍，文字言简意赅，喻辞生动，内容丰富、深刻。20 世纪 90 年代，笔者参加了一个国际研究项目，负责撰写"中国大学生学习观"的论文。为此，笔者认真阅读了《学记》原文及其白话文解释，对论著中阐述的教与学辩证关系印象极其深刻。最近又系统阅读高时良出版的专著《学记研究》①，发现 POA 的基本教学理念和教学原则与《学记》的主张一脉相承，特别是《学记》中对教师主导作用的界定与解释。

经典课程论由 Tyler② 提出，学界对此虽有不同声音，但其精髓仍旧对当今的课程教学有着指导意义。课程四要素（课程目标、课程内容、课程手段和评测体系）简单明了，易懂、易记，是每门课程、每个单元、每节课不可或缺的

---

① 参见高时良：《学记研究》，人民教育出版社 2006 年版。

② R.W.Tyler, *Basic Principles of Curriculum and Instruction*, Chicago: The University of Chicago Press, 1949.

四个方面,是评价教学和教师备课的基本框架。二语习得理论是指导语言教学的专门理论。从输入到输出,从接受性技能到产出性技能,从不熟练到熟练,从不流利到流利,正确性、流利度和复杂度的提高,二语习得研究产生了系列成果。这些成果可以助力语言教学有效性的提高。POA 构建者融合了两种理论,加强了 POA 的理论性和操作性。

四、POA 的中国特色

POA 构建者充分汲取了中国传统教育理论与西方教学理论的精华,并与一些国际学者进行过交流,部分成果已在国际学界发表。从这个意义上说,POA 的内容及其解释不缺乏国际可理解性。这里侧重要回答的问题是,与西方教学理论相比,POA 究竟有何中国特色? 归纳起来,大致有四点:(1)融合了课程论和二语习得理论视角,克服了西方两种理论割裂、两个领域的学者缺乏对话的弊端;(2)始终坚持"实践是检验理论有效性的唯一标准";(3)根据中国具体国情,对症下药,综合施策,而不是机械照抄照搬西方理论;(4)抓住课堂教学矛盾的主要方面,突出教师主导作用。下面将逐一阐述。

(一) 融合课程论和二语习得理论两个视角

Ellis 和 Shintani 指出,西方学界从事语言教师教育和语言教师一般不关注二语习得研究结果,大多数二语习得研究者声称他们的研究对语言教学有启示,但不能直接为教学服务。两个群体各自为营,互不关注对方的关切和研究成果,因此二语习得研究成果不能为外语教学有效利用。[①] 为弥合两者之间的鸿沟,有些学者试图在他们之间搭桥。例如,Ellis 和 Shintani 提出从内、外部两种视角来理解语言教育(language pedagogy)。[②]

[①] R. Ellis & N. Shintani, *Exploring Language Pedagogy Through Second Language Acquisition Research*, London & New York: Routledge, 2014.

[②] R. Ellis & N. Shintani, *Exploring Language Pedagogy Through Second Language Acquisition Research*, London & New York: Routledge, 2014.

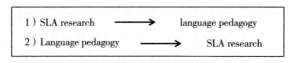

图 1.2　内外部视角沟通的两条路径①

外部视角（external view）习惯使用术语包括方法（methods）、大纲设计（syllabus design）、教学材料（instructional materials）、课堂活动（classroom activities）、教学方法的技巧和程序（methodological techniques and procedures）等；内部视角常用的术语包括互动事件（interactional events）、输入（input）、输出（output）、注意（noticing）、附带性学习（incidental learning）、有意学习（intentional learning）、纠正性反馈（corrective feedback）等。Ellis & Shintani 建议采用两条路径来联通语言教育与二语习得两个领域（见图 1.2）。第一条是，让教师熟悉二语习得研究成果，然后由他们自己运用到语言教学中去；第二条路径是，从语言教育手册出发，由二语习得研究专家考察书中多种教学建议与现有二语习得理论的吻合度。Ellis 和 Shintani② 选择了第二条路径，专门以此撰写了 *Exploring Language Pedagogy through Second Language Acquisition Research* 一书。

笔者认为所谓"外部视角"指的是课程论视角，"内部视角"指的是二语习得理论视角。课程论关注课程的教学目标、教学内容、教学手段、评测方法③，二语习得关注学习者学习语言的过程，力图探究学习发生的机制。笔者认为二语课堂教学既需要课程论帮助制定课程教学的总体框架，又需要二语习得理论为微观教学环节提供理论基础，两者应该有机融合。而 Ellis 和 Shintani④ 提出的上述两条路径不能从根本上解决问题。无论是从外部理论到内部理论，

①　R.Ellis & N.Shintani, *Exploring Language Pedagogy through Second Language Acquisition Research*, London & New York：Routledge, 2014.

②　R.Ellis & N.Shintani, *Exploring Language Pedagogy through Second Language Acquisition Research*, London & New York：Routledge, 2014.

③　R.W.Tyler, *Basic Principles of Curriculum and Instruction*, Chicago：The University of Chicago Press, 1949.

④　R.W.Tyler, *Basic Principles of Curriculum and Instruction*, Chicago：The University of Chicago Press, 1949.

还是从内部理论到外部理论,两者之间都有明显鸿沟,互相之间缺乏有机联系。

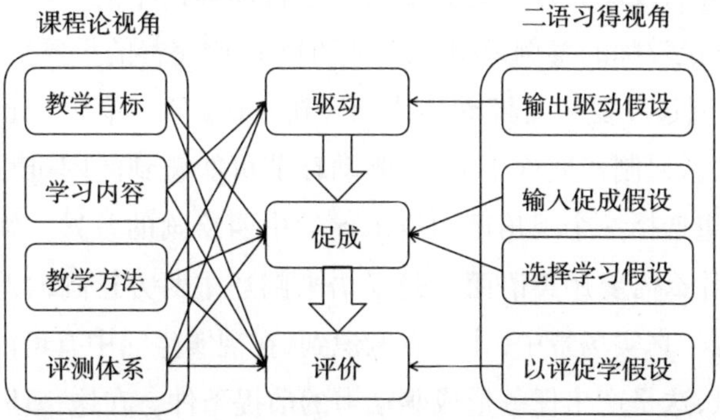

图 1.3　课程论和二语习得理论融于 POA 教学的三个阶段中

所幸的是,POA 构建者对课程论和二语习得理论都很熟悉,并有意将两个视角融合。图 1.3 展示融合的具体途径。POA 由三个教学阶段构成。每个阶段都有与课程论要求相吻合的具体内容,即教师如何确立适切的教学目标,选择能够实现教学目标的教学内容、采用能够完成教学目标的教学方法和运用能够检验目标是否实现的评测体系。就二语习得视角而言,不同阶段需关注二语习得理论的不同侧面。驱动阶段需要检验输出驱动假设,促成阶段需要检验输入促成、选择学习假设,评价阶段主要检验以评促学假设。由此可见,POA 构建者就是以这两个理论为基础,将其融合在 POA 体系中,而不是将融合任务推给教师教育者或者一线教师自己去完成。

(二) 始终坚持"实践是检验真理的唯一标准"

毛泽东同志早在 1937 年就指出:"判定认识或理论之是否真理,不是依主观上觉得如何而定,而是依客观上社会实践的结果如何而定。真理的标准只能是社会的实践。实践的观点是辩证唯物论的认识论之第一的和基本的观点。"[①]POA 构建者一直坚持"实践是检验真理的唯一标准"的马克思主义基本原则,将 POA 放到不同课堂、让不同教师去实践,并依据实践结果,不断修订与完善 POA 理论。目前参与实践的老师已有 10 多名。理论构建者不仅参

---

① 《毛泽东选集》第一卷,人民出版社 1991 年版,第 284 页。

与授课教师的备课,有时还观看他们的教学录像,与他们探讨教学各个环节中出现的问题,并与授课教师一起总结与反思目前理论中的不足及其改进的方法。下面以三位教师的案例说明实践对 POA 理论完善的重要性。

杨莉芳①通过反复修改脚本,拍摄了《新一代》第二单元"Art and Nature"的微课。这次微课制作展现了 POA 驱动环节可能碰到的困难。她设计的产出任务是:学生选择一个视角运用英语比较中西绘画的差异。她未思考的问题是,学生为什么需要用英语而不是汉语来阐述中西方绘画的差异呢?教师将产出任务置于真实场景中,让学生意识到,在现实生活中有可能碰到这样的英语交际情景,这是产出任务形成驱动力的前提条件。在这一环节,教师往往把精力放在产出任务的设计上,而忽视所设计场景的交际性。

张文娟②以"死刑存废"和"法庭中的文化冲突"两个单元为教学实验材料,每个单元都进行了两轮实验。实践证明,每轮实验只能重点解决一两个问题。例如,第一轮实验通常会把重点放在设计驱动场景和产出任务、选择适切的促学材料上,到第二轮实验时,才有余力设计有效的促学活动。估计到第三轮时,才能有精力认真思考"师生合作共评"的有效策略。从张文娟的教学实践可以看出,实施 POA 的"新手"至少要用 2 个月左右时间熟悉 POA 理念、假设和教学流程,然后才能比较顺手地使用 POA 开展教学。

曹巧珍③以《新一代大学英语》第二册第四单元"Kindness and Indifference"为例探究了教师如何在促成阶段发挥脚手架作用。她从实践中总结出纵向和横向两类脚手架。纵向指的是将一项大的产出任务分为若干个子任务。其中子任务的难易度则取决于学生的英文水平。横向脚手架指的是,对于每个子任务的完成都要提供内容、语言和结构上的帮助。她还提出教师脚手架作用要由强到弱,逐步降低,培养学生独立承担责任的能力,同时要"因人而异"区别对待,高水平学生也可以为低水平学生提供脚手架,换句话说,脚手架可由

---

① 杨莉芳:《产出导向法"驱动"环节的微课设计——以〈新一代大学英语综合教程 2〉"艺术与自然"单元为例》,《中国外语教育》2015 年第 4 期。

② 张文娟:《学以致用、用以促学——产出导向法"促成"环节的课堂教学尝试》,《中国外语教育》2015 年第 4 期。

③ 曹巧珍:《"产出导向法"之教师中介作用探析——以〈新一代大学英语〉第二册第四单元为例》,《中国外语教育》2017 年第 1 期。

教师搭建,也可以由学生搭建。曹巧珍的实践进一步完善了POA对教师脚手架作用的阐述。

POA虽然已有一部分教师付诸实施,取得了一定成效,发现并纠正了一些问题,但其发展还需要更多轮实验、理性反思与总结,正如毛泽东在《实践论》中指出:"通过实践而发现真理,又通过实践而证实真理和发展真理。……实践、认识、再实践、再认识,这种形式,循环往复以至无穷,而实践和认识之每一循环的内容,都比较地进到了高一级的程度。"①

(三)"对症下药,综合施策"

POA的产生不是为了标新立异,更不是为构建理论而理论。POA团队成员有着丰富的外语教学经验,他们既深刻理解中国本土问题,又熟悉西方理论。在融通中外资源的基础上,POA团队遵循《矛盾论》中"具体情况具体分析"的原则,尽力提出适合中国国情的解决方案。

随着我国经济地位的不断上升,对外开放程度不断拓宽,社会对高校毕业生外语能力的要求不断提高,随之而来的是对大学外语教学质量的不断批评。例如,"哑巴英语""高投入低产出""费时低效"等。笔者不完全认同这些指责,但必须承认我国外语教学确实有明显改进空间。解决中国本土问题,需要分析本国国情,找出适合自己的方法。正如毛泽东所说"用不同的方法去解决不同的矛盾,这是马克思列宁主义者必须严格地遵守的一个原则。"②"马克思主义的活的灵魂,就在于具体地分析具体的情况。"③POA正是在认真分析我国外语教学现状的前提下,提出了具有中国特色的教学方法,其根本目的在于克服本土外语教学中"重学轻用"和"重用轻学"的弊端。前者是以"课文为中心",后者是以"任务或项目为中心"。无论是前者,还是后者,其共同特征都是"学用分离"。

长期以来,我国外语课堂教学的绝大部分时间都花在文本理解、接受技能训练上,产出技能的培养只是蜻蜓点水,偶一为之。教师似乎相信只要课堂上

---

① 《毛泽东选集》第一卷,人民出版社1991年版,第296—297页。
② 《毛泽东选集》第一卷,人民出版社1991年版,第311页。
③ 《毛泽东选集》第一卷,人民出版社1991年版,第312页。

读了、听了,学生就应该会说、会写。殊不知,从听懂、读懂到会说、会写不仅需要足够训练时间,而且需要教师给予系统有效指导。有人可能会说,大学英语课堂教学时间有限,教师无法承受同时教授听说读写译五项技能的沉重负担。的确,外语教学有其自身规律。在有限教学时间内,只能达成一定目标。问题是,我们能否让有限时间发挥更大成效?例如是否可以做到教师教一点、学生用一点,使所学和所用能够有效对接,实现"输入"和"输出"一体化呢?如果强求数量和广度有困难,能否在质量上下功夫呢?

进入 21 世纪后,不少教师迫切希望改变传统的"重学轻用"弊端,尝试使用"任务型教学法""项目教学法"等,以强调学生对英语的运用。教师课前精心设计任务,课堂上组织学生小组讨论,鼓励互动交流,期待学生通过积极参与,相互启发,训练产出技能。在小组训练的基础上,再组织大班交流。教师随时准备提供帮助,并对学生表现给予反馈。有的教师还给学生课外准备时间,让学生从多种渠道收集语言材料,以提高课堂产出质量。

不可否认,这种教学方式,能够促使学生对已有知识的运用,也能通过互相讨论、个人课外查询获得零散新知识。从这个意义上说,与"重学轻用"相比,这种教学具有一定优势。不足的是,教师只提供了产出机会,未给产出给予系统帮助,学生至多能在已有的语言知识和百科知识上的范围"挣扎"。事实上,完成一项产出任务,学生可能有多方面困难,其中包括内容、语言和话语组织方式。如果对学生困难置之不理,不给予针对性帮助,这就算不上有效教学。要克服这些困难,既需要提供适切输入材料作为学习中介,又需要教师精准引导学生有效使用学习中介,带领学生小步渐进、稳步向前,直到顺利完成产出任务。

POA 为"学用分离"诟病开出的"中药方",既有针对性,又有系统性,目的是让学生能够"以用促学""以学助用""学以致用""学有所成"。与现有西方教学理论相比有什么不同呢?输入假设认为输入是语言习得的决定因素[①],

---

①   S.Krashen, *The Input Hypothesis: Issues and Implications*, London: Longman, 1985.

Swain① 的输出假设突出了输出对语言习得的多种作用,Long② 的互动假设强调互动能够提高输入的可理解度、获得对方的纠正性反馈等。这些假设都凸显了外语学习的某个侧面或某个环节,教师难以将其整合,在课程教学中"落地"。这一个个假设相当于不同的"西药",治标不治本。而 POA 综合施策,覆盖教学各个环节(驱动—促成—评价),环环相扣,步步相连,便于教师将教学落到实处。

(四) 强调教师的主导作用

由于受西方教学理论的影响,近二十年来,教师作用被边缘化。教师仅被看作为促学者(facilitator)、咨询者(consultant)和帮助者(helper)。POA 认为,教师除了要为学生提供支持和帮助外,更为重要的是,要在整个教学过程中起主导作用,教师应是课堂教学的设计者(designer)、组织者(organizer)、引领者(leader)和指挥者(director)。学生是学习活动的主体,教师不能代替学生学习,但在课堂上如何使学生能够积极参与学习、学有成效,教师起着主导作用。

如何发挥教师的主导作用,《学记》对此进行了深入阐释。"大学之法,禁于未发之谓豫,当其可之谓时,不陵节而施之谓孙,相观而善之谓摩。此四者,教之所由兴也。"这里提出了教学成功的四条原则,简称为"豫时孙摩"。"豫"要求教师防患于未然,及时采取有效措施防止学生出现不良行为的可能;"时"要求教师把握"可教"时机,教授符合学生水平的内容;"孙"要求教师遵照循序渐进的原则,由难到易、由浅入深、由简到繁的顺序,层层递进,呈现教学内容;"摩"要求教师为学生提供相互学习彼此长处的机会。这四条原则的实施都必须教师主导。"豫"需要教师对学生可能出现的问题有敏锐的观察力和高度的敏感性;"时"需要教师对学生水平有精准把握,提供的学习内容要具有适度挑战性;"孙"不仅要求教师了解学情,而且需要对所教内容有透

---

① M.Swain,"Communicative Competence:Some Roles of Comprehensible Input and Comprehensive Output in its Development",in S.M.Gass & C.G.Madden,*Input in Second Language Acquisition*, Rowley,MA:Newbury House,1985,pp.235-253.

② M.Long,"Focus on Form:A Design Feature in Language Teaching Methodology",in K.de Bot & G.R.Ginsbergr & C.Kramtch,*Foreign Language Research in Cross-cultural Perspective*,Amsterdam:John Benjamins,1991,pp.39-52.

彻理解,这样才能恰当匹配学生水平和教学材料的教授顺序;"摩"成效的好坏,关键是学生要能够认识彼此之间的长处,而这种识别"善""恶"的能力需要教师刻意培养。

虽然 POA 强调了教师在 POA 中的主导地位,但这绝不意味着要否定学生在学习过程中的主体地位。其实突出教师主导作用为的是充分发挥教师的专业引领作用,使学习成效最大化。教师毕竟受过专业教育,又有多年的教学经验。应该让教师对教学质量负主责。为了避免人们纠缠于问题的表象,将教学过程简单化,讨论究竟以学生还是教师为中心,POA 的"学习中心"理念将注意力聚焦于教育的终极目标,即学有所获、学以致用、学以成才。

五、结语

综上所述,POA 构建者尝试构建既拥有本土特色,又具有国际视野的中国外语教学理论,力图做到古为今用,洋为中用,挖掘历史传统,借鉴国外资源;立足本土,面向世界。必须承认,这种努力还走在"路"上,还需要学界同仁的共同努力,使其不断完善和发展。与此同时,POA 团队还在积极采取行动,使中国外语教育理论国际化。例如,2017 年 5 月,POA 团队在北京举办高端论坛,与国内外一流学者对话。2017 年 10 月,POA 团队还在国外举办专题学术研讨会,听取来自外国专家的批评与建议,探究 POA 走出国门、为他国借鉴的可行性。

(本文原载《现代外语》2017 年第 3 期)

"产出导向法"教学材料
使用与评价理论框架①

　　2015年,外语教学与研究出版社出版了基于"产出导向法"(Production-oriented Approach,以下简称POA)理念的《新一代大学英语》(包括学生用书和教师用书)。在教材编写过程中,出版社邀请了多所高校参加教学试验,并将教学试验中使用的优质资源上传到网络平台(Unipus)与广大教师共享,例如,课堂教学使用的PPT、网络微课、视频、听力和阅读材料等②。以往教学资源仅限于纸质教材时,教师抱怨四处寻找材料耗时费力,还难以满足教学需求,而现在面对线上、线下多种资源时,有些教师又感到眼花缭乱,不知如何选择。有鉴于此,本文侧重探讨POA教学材料使用的理念、过程与评价标准,借以提高教学材料使用的有效性。本文主体分为三部分:第一部分简要回顾国内外教学材料使用与评价的相关研究;第二部分指出目前我国教学材料使用的主要方法及其存在问题;第三部分阐述POA教学材料使用及其评价的理论框架。

---

　　① 本文是教育部人文社科重点研究基地重大项目(16JJD740002)子课题"产出导向法理论体系与实施方法研究"的阶段性成果。张伶俐、张文娟、邱琳、孙曙光、毕争、裘晨晖等作为论文初稿的首批读者,对文章修改提出了宝贵意见,在此表示衷心感谢。
　　② 常小玲:《"产出导向法"的教材编写研究》,《现代外语》2017年第3期。

一、文献回顾

教材是任何课程的重要载体①,语言课程也不例外②。正如 Sheldon 指出:不管我们喜不喜欢教材,对教师和学生来说,它们都代表了英语课程的可视心脏。③ 尽管教材如此重要,但对其使用与评价的国外实证研究数量不多④,国内的研究更加鲜见。

(一) 国外研究

长期以来,教学材料在二语习得或二语教学中的作用一直未受到关注⑤,实证研究更是寥寥无几。但近年来,这一被遗忘的议题已经引起了学界的高度重视,逐步成为研究新热点⑥。主要有三个事件推动了这一研究热点的出现。

第一,Tomlinson 在《语言教学》(*Language Teaching*)上发表了近四十页的文献综述"Materials Development for Language Learning and Teaching"。⑦ 该综述文章对这一议题成为研究热点作出了重要贡献⑧。第二,Guerrettaz

---

① B. Tomlinson, "Materials Development for Language Learning and Teaching", *Language Teaching*, 2012, No.2;参见钟启泉、汪霞、王文静编著:《课程与教学论》,华东师范大学出版社 2008 年版。

② A.M.Guerrettaz & B.Johnston, "Materials in the Classroom Ecology", *The Modern Language Journal*, 2013, No.3;钱瑗:《介绍一份教材评估一览表》,《外语界》1995 年第 1 期;赵勇、郑树棠:《几个国外英语教材评估体系的理论分析——兼谈对中国大学英语教材评估的启示》,《外语教学》2006 年第 3 期。

③ L.E.Sheldon, "Evaluating ELT Textbooks and Materials", *ELT Journal*, 1988, No.4.

④ B.Tomlinson, "Materials Development for Language Learning and Teaching", *Language Teaching*, 2012, No.2.

⑤ E.Tarone, "Perspectives", *The Modern Language Journal*, 2014, No.2.

⑥ S.Garton & K.Graves, "Identifying a Research Agenda for Language Teaching Materials", *The Modern Language Journal*, 2014, No.2.

⑦ B.Tomlinson, "Materials Development for Language Learning and Teaching", *Language Teaching*, 2012, No.2.

⑧ B.Tomlinson, "Materials Development for Language Learning and Teaching", *Language Teaching*, 2012, No.2.

和 *Johnston*① 在《现代语言杂志》(*The Modern Language Journal*)刊发的"Materials in the Classroom Ecology"从生态视角,解释了教材与课堂经验系统之间的复杂关系。Larsen-Freeman② 对该研究给予了高度评价。第三,《现代语言杂志》在 2014 年第 2 期开辟专栏,组织了 7 位专家从不同视角对"Research on Materials and Their Role in Classroom Discourse and SLA"这一议题开展讨论③,以推动多角度、多方法的创新性研究。

在课堂教学环境中,考察教材作用的实证研究刚刚起步,值得研究的问题很多。以往对教学材料提出不同的评价标准常常脱离教与学的具体情景,忽视作为使用者的教师和学生。例如,McDonough 和 Shaw④ 主张从外部(External evaluation)和内部(Internal evaluation)两个角度来评价教学材料。所谓外部评估又称为宏观评估,指的是分析教材出版说明、教材外观和内部结构,考察编写者意图、编写理念、教学材料组织、目录、版面设计等。所谓内部评估又称为微观评估,指的是要分析每个单元语言技能的呈现和材料难易度及顺序的安排。类似的标准还出现在 Cunningsworth⑤、Breen 和 Candlin⑥ 等

---

① A.M.Guerrettaz & B.Johnston, "Materials in the Classroom Ecology", *The Modern Language Journal*, 2013, No.3.

② D.Larsen-Freeman, "It's About Time", *The Modern Language Journal*, 2014, No.2.

③ C.Blyth, "Open Educational Resources and the New Classroom Ecology", *The Modern Language Journal*, 2014, No.2; D.Brown, "The Power and Authority of Materials in the Classroom Ecology", *The Modern Language Journal*, 2014, No.2; S.Garton & K.Graves, "Identifying a Research Agenda for Language Teaching Materials", *The Modern Language Journal*, 2014, No.2; A.M.Guerrettaz & B.Johnston, "A Response: The Concept of the Classroom Ecology and the Roles of Teachers in Material Use", *The Modern Language Journal*, 2014, No.2; D.Larsen-Freeman, "It's About Time", *The Modern Language Journal*, 2014, No.2; B.Morgan & I.Martin, "Toward a Research Agenda for Classroom-as-ecosystem", *The Modern Language Journal*, 2014, No.2; E.Tarone, "Perspectives", *The Modern Language Journal*, 2014, No.2.

④ J.Mcdonough & C.Shaw, *Materials and Methods in ELT*, Cambridge and Mass: Blackwell, 1993.

⑤ A.Cunningsworth, *Evaluating and Selecting ELT Teaching Materials*, London: Heinemann, 1984.

⑥ M.Breen & C.Candlin, "Which Materials? A Consumer's and Designer's Guide", in L.E.Sheldon, *ELT Textbooks and Materials: Problems in Evaluation and Development*, London: Modern English Publication and British Council, 1987, pp.13-28.

文献中。

与 McDonough 和 Shaw① 不同,Ellis② 提出用于实证研究的微观评估法。教师以某个教学任务为评估单位,从教学目标出发,然后确定"为谁评估,谁来评估,评估什么,用什么方法评估,何时评估"。该评估结果可以帮助改进教学。笔者认为 Ellis 虽然描述了基于任务的微观评估流程,但缺乏明确的标准及其指标,难以实施。

(二) 国内研究

目前国内有关教材使用与评价的少量论文大致可分为两大类:1)调查教材使用情况;2)评析教材评价标准。每一大类又可分为 2—3 个小类。就教材使用情况而言,有宏观、中观和微观层面的调查。例如,郭燕、徐锦芬③从宏观层面调查了我国 4 个城市、7 所不同层次高校 600 余名非英语专业大学生使用英语读写和听说教材的情况,研究发现,被调查对象对教材总体满意,但他们学习教材多数以考试为导向。再如,卢爱华④就英语专业和非英语专业教材使用情况在华东地区 17 所不同类型高校中开展了问卷调查,共回收了604 份教师问卷和 1,593 份学生问卷。研究发现,大学英语教材的满意度高于英语专业,学生对教材的满意度高于教师。

在中观层面调查教材使用,通常聚焦于某套或某类教材。例如,胡志雯、刘正光⑤通过问卷调查了教师和学生对《新目标大学英语》(综合教程)试用的满意度。研究发现,师生总体上对新教材比较认可。再如,黄友嫦⑥运用问卷调查了英语专业学生对丁往道、吴冰等编写的《英语写作手册》的评价。通过对 129 名对象的调查,发现学生对实用性、难易度和趣味性普遍不满意。

① J.Mcdonough & C.Shaw, *Materials and Methods in ELT*, Cambridge and Mass: Blackwell, 1993.
② R.Ellis, "The Empirical Evaluation of Language Teaching Materials", *ELT Journal*, 1997, No.1.
③ 郭燕、徐锦芬:《我国大学英语教材使用情况调查研究》,《外语学刊》2013 年第 6 期。
④ 卢爱华:《华东高校英语教材使用现状、问题及规划建议》,《山东外语教学》2014 年第 6 期。
⑤ 胡志雯、刘正光:《"新目标大学英语"〈综合教程〉试用情况调查与分析》,《外语界》2016 年第 2 期。
⑥ 黄友嫦:《英语写作教材学生评价的实证研究》,《国外外语教学》2004 年第 3 期。

在微观层面上,例如,徐锦芬、范玉梅①通过课堂观察和访谈分析了两位老师对教材任务的使用策略及其动机。她们发现两位教师虽然对教学材料采用了类似策略(删、增、改、调),但其动因不完全相同。

就英语教材质量的评估体系而言,研究大致可进一步分为两种。一是对国外评价标准的评析,二是依据国内情况提出自己的评价原则。比较而言,前者的研究明显多于后者。例如,钱媛②介绍了由 Hutchinson 和 Waters③设计的一份教材评估表;张雪梅④分析了 McDonough & Shaw⑤ 和 Breen & Candlin⑥ 提出的两套英语教材评估标准,指出各自利弊;赵勇、郑树堂⑦对国外英语教材评价体系进行了理论分析;王胜利、赵勇⑧评价了 Cunningsworth⑨提出的英语教材评价体系。属于后一种的是少数,例如,刘道义⑩依据中国国情提出了评价英语教材的四条标准:(1)符合国家政策、法律、法规;(2)符合国家教学大纲要求;(3)符合学生发展需求;(4)满足不同地区教育改革的实际情况。再如,庄智象⑪呼吁构建中国特色的评价体系。遗憾的是,他并未提出具体建议。

综上所述,我国有关教材使用及评价的少量论文基本上属于描述性和评

---

① 徐锦芬、范玉梅:《大学英语教师使用教材任务的策略与动机》,《现代外语》2017 年第 1 期。

② 钱媛:《介绍一份教材评估一览表》,《外语界》1995 年第 1 期。

③ T.Hutchinson & A.Waters, *English for Specific Purposes*, Cambridge: Cambridge University Press,1987.

④ 张雪梅:《关于两个英语教材评估标准》,《解放军外国语学院学报》2001 年第 2 期。

⑤ J.Mcdonough & C.Shaw, *Materials and Methods in ELT*, Cambridge and Mass: Blackwell,1993.

⑥ M.Breen & C.Candlin, "Which Materials? A Consumer's and Designer's Guide", in L.E.Sheldon, *ELT Textbooks and Materials: Problems in Evaluation and Development*, London: Modern English Publication and British Council,1987,pp.13–28.

⑦ 赵勇、郑树棠:《几个国外英语教材评估体系的理论分析——兼谈对中国大学英语教材评估的启示》,《外语教学》2006 年第 6 期。

⑧ 王胜利、赵勇:《目前中国大学英语教材评估的困境和出路——兼评坎宁斯沃思的教材评估标准》,《中国大学教学》2006 年第 5 期。

⑨ A.Cunningsworth, *Evaluating and Selecting ELT Teaching Materials*, London: Heinemann, 1984.

⑩ 刘道义:"On Evaluation Criteria of English Teaching Materials",《中国外语》2005 年第 6 期。

⑪ 庄智象:《构建具有中国特色的外语教材编写和评价体系》,《外语界》2006 年第 6 期。

述性文章。描述性论文报告了高校师生对我国目前不同教材的态度和某些教师的使用策略;评述性论文大多讨论的是国外教材评价标准,只有刘道义①提出了我国教材的四条评价标准,然而这些标准过于抽象,缺乏具体评价指标,不易实施。尽管徐浩②在理论层面上提出了教材与课堂教学的复杂关系,束定芳、张逸岗③采用问卷调查了教材在外语教学过程中的地位和作用,但总体而言,国内现有相关文献缺乏教学材料在课堂教学中使用有效性的实证研究。与国内现有同类论文不同的是,本文力图从使用者(教师和学生)角度出发,构建基于 POA 教学材料使用和评价框架及其评价指标,重点考察教师是否有效使用教学材料达成教学目标。

二、教学材料使用现状

根据笔者观察,目前高校一线外语教师对教学材料的使用存在两种④极端做法:(1)"过分依赖教材",即对教材资料不加选择,按部就班教完纸质教材中所有内容;(2)"完全抛开教材",即上课不用教材,自己重选材料。

"过分依赖教材"的多数是新手教师。他们往往把教学简单地等同于教完教材内容。一旦发现教学时间不够用,就赶着完成既定任务,因为他们认为教不完教材是不负责任的表现。这些教师误以为"教学等于教教材"。事实上,教材体现了教学目标,也是实现教学目标的工具。教材编写者根据全国大学英语教学的总体培养目标和要求来编写,显然一套教材难以满足全国千百所学校的需求。不同学校的学生英语水平不同,培养目标也有差异。因此教师必须根据所教学生英语水平、学校培养目标和规定的教学时数,来选择全书

---

① 刘道义:"On Evaluation Criteria of English Teaching Materials",《中国外语》2005 年第 6 期。
② 徐浩:《教学视角下的英语教材与教材使用研究》,《山东师范大学外国语学院学报(基础英语教育)》2010 年第 2 期。
③ 束定芳、张逸岗:《从一项调查看教材在外语教学过程中的地位与作用》,《外语界》2004年第 2 期。
④ 还有少数教师任意删减,即对教学资源随意变动,教到哪里算哪里。他们虽有一定教龄,但缺乏责任心,教学无计划,安排无理据。"任意法"不在本文讨论范围之内。

的教学单元数和每个单元的具体教学内容。况且,任何教材都不可能完美无缺①②,教师必须对其进行选择性地使用。

"完全抛开教材"的教师通常热情高、责任心强,但他们对教材功能认识有误。在他们看来,学生有了教材,课前已经看过,如果上课再围着教材转,学生会无兴趣、无收获。因此,教师必须想办法搜寻趣味性强的新输入材料,为的是让学生感到"不虚此行"。其实这些教师很辛苦,花费大量时间备课。然而即便学生对教师增添的输入内容很感兴趣,也不能立刻转变为运用英语的能力。殊不知,外语教学不同于一般知识性课程。课堂教学最重要的任务是要设计语言交际活动,将书上的"死"知识让学生"活"用起来。况且,目前教材编写通常由团队完成,教学材料的选择与练习编写经过反复打磨,精雕细琢,正常情况下,要远远强于单个教师水平。

简言之,无论是"过分依赖教材",还是"完全抛开教材"都有明显缺陷,均不利于提高大学英语课堂教学效率。为了克服上述两个问题,本文就有效使用 POA 教学材料进行了理论探讨。

三、POA 教学材料使用与评价的理论框架

图1.4 展示了笔者提出的教学材料使用与评价的理论框架。这里需要强调的是,该框架采用教学材料使用者视角,而非编写者视角。该框架包括四部分:(1)教学材料使用理念;(2)教学材料使用的准备过程;(3)教学材料使用③;(4)教学材料使用有效性标准。这四者之间的关系是:理念决定材料的准备,也制约着教学材料的使用和使用有效性标准的制定。"准备过程"是"理念"指导下的具体备课步骤。"教学材料使用"是备课方案的实施。"标准"既是教学材料准备过程的理据,又是衡量教学材料使用质量高低的尺子。

---

① 刘道义:"On Evaluation Criteria of English Teaching Materials",《中国外语》2005 年第 6 期。
② J.Mcdonough & C.Shaw,*Materials and Methods in ELT*,Cambridge and Mass:Blackwell,1993.
③ 教学材料的具体使用不是本文讨论的重点。

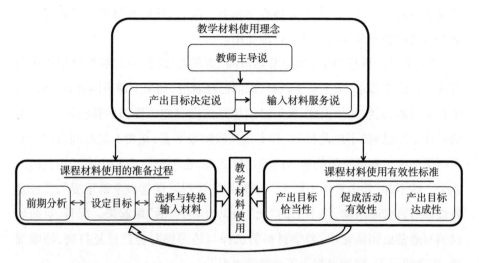

图 1.4　"产出导向法"教学材料使用与评价理论框架

（一）教学材料使用理念

　　如何使用教学材料？从操作层面上说，可以简单总结为选（selecting）、调（reordering）、改（revising）、增（supplementing）。"选"就是从现有资源中挑选一部分材料。"调"指对现有材料的先后顺序重新安排。"改"指对现有材料进行修改，例如，为了提高难度，将填空题改成中译英段落翻译；为了降低难度，为无选项的完形填空题增加选项。"增"指教师自己选择新材料。在实际教学中，教师往往将四种策略结合起来使用，而不是机械地使用教材编写者提供的资源。需要强调的是，这种"选、调、改、增"的操作策略只是对教学材料使用行为的简单描述，并不能帮助教师决定何时采用何种策略。换句话说，教学资源的使用首先需要有理念指导，这样教学材料的使用才具有理性。

　　鉴于 POA 的核心思想，笔者对《新一代大学英语》教学资源提出了三个理念："教师主导说"、"产出目标决定说"和"输入材料服务说"。他们之间的关系是，"教师主导说"起关键作用。这就是说，教师的主观能动性是整个教学材料使用有效性的决定因素，它制约着其他两个理念能否付诸实践。在"产出目标决定说"和"输入材料服务说"两个理念之间，前者决定着后者，影响着后者"服务"的方向。

POA 始于"产出",终于"产出"。POA 的显性终极目标是提高学生的英语产出能力,因此无论是单元目标,还是子目标,总是以"学生能用英语做何事"的形式呈现。产出目标①是教学材料使用的指南针、方向标②。只有弄清楚目标才能决定使用教学材料的策略。在 POA 理论框架中,输入为的是促成产出活动的完成,输入材料是完成产出的手段和工具。教师要对输入材料的服务功能有明确认识,并以此理念指导输入材料的选择和加工。

(二) 教学材料使用的准备过程

教学材料使用的准备过程由三个阶段构成(见图 1.4):(1)前期分析;(2)设定目标;(3)选择与转换输入材料。由于这三个阶段存在互动关系,因此两两之间用双向箭头相连。在前期分析阶段,教师要在宏观层面上研究教材、学情和教情。首先要认真研读已有学生用书和教师用书等相关材料,特别是出版前言。在基于"产出导向法"的《新一代大学英语》的"出版前言"中,编者清楚解释了教材的编写理念、教材特色、教材构成、编写团队、编写说明。透彻理解出版前言对具体单元材料的选择和促成活动的设计极为有益。与此同时,还要分析学情、校情和教情。学情指的是考察所教学生的英语水平接受能力、学习态度等,校情指的是了解学校对英语教学的总体期待和规定的教学时数,教情指教师本人的教学风格、教学喜好等。简言之,这个阶段要做到"吃透教学材料""吃透学情、校情和教情"③。

设定目标阶段属于中观层面分析。分析的基本单位是教学单元。教师首先要明确每个单元的总体产出目标④,然后将其分解为子目标。有时每个子目标还可以再分为小目标。事实上,编者已经为每个教学单元制定了教学目

---

① 教学目标分为显性和隐性目标。隐性目标指的是对人素质的提高,但这一目标一般融入显性目标之中。

② R.W.Tyler, *Basic Principles of Curriculum and Instruction*, Chicago:The University of Chicago Press,1949.

③ T.Hutchinson, "What's Underneath? An Interactive View of Materials Evaluation", in L.E. Sheldon, *ELT Textbooks and Materials:Problems in Evaluation and Development*, London:Modern English Publication and British Council, 1987, pp.13-28.

④ 在 POA 中,教学目标具化为产出活动。换句话说,目标就是学生学完本单元后,能用英语所做的事情。

标(teaching objectives),并将其清楚地写在教师用书中。例如编者在《新一代大学英语》第二册第四单元教师用书的开头说明了总产出目标是:discussing why many people do not help in emergencies and how to encourage them to lend a hand when help is needed.并将其分解为 3 个教学子目标:(1) Describe the bystander's psychological reactions to an emergency;(2) Discuss why many people do not help in emergencies and how to encourage them to help;(3) Explain why humans are willing to help others,even strangers,for no reward.

然而,上述教师用书制定的总体目标和子目标仅是建议,教师可以根据具体学情和教情,对教学目标进行调整或增删。例如,孙曙光将《新一代大学英语》第二册第四单元的总目标设定为"以紧急时刻救助为题,进行网络跟帖写作,字数不少于 350 字"①,并将其分解为 4 个交际子目标,并设计了相应的语言功能和语言项目。再如,张伶俐②面对两个不同水平的班级,分别制定了相似的总目标和子目标,但完成活动的媒介不同:高级水平班以口头表达为主,中级水平班以笔头表达为主。

"选择与转换输入材料"属于微观层面的工作。教师要以系列小目标为指南,选择能够实现相应小目标的输入材料,同时还要将输入材料转换成系列促成活动。换句话说,教师要根据二语习得理论将所选输入材料设计成一系列促成活动,这些促成活动好比是由低到高的台阶,帮助学生沿着台阶而上,顺利实现既定的小目标,数个小目标集合起来就完成了总目标。邱琳③根据这些小目标选择了听和读的输入材料,又将相应的输入材料设计成系列促成活动。

(三) 教学材料使用有效性标准

教学材料使用是否有效?图 1.4 列出了 3 个标准:(1)产出目标恰当性;(2)促成活动有效性;(3)产出目标达成性。第一、二个标准可以用于对教学

---

① 孙曙光:《POA 教学材料使用研究:产出目标设定过程及评价》,《中国外语教育》2017年第 2 期。

② 张伶俐:《POA 教学材料使用研究:基于不同英语水平学生的教学实践》,《中国外语教育》2017 年第 2 期。

③ 邱琳:《POA 教学材料使用研究:选择与转换输入材料过程及评价》,《中国外语教育》2017 年第 2 期。

活动的预测性评估（predictive evaluation），也可用于回溯性评估（retrospective evaluation）①，第三个标准用来评价教学材料使用的效果。这三个主要标准之间有着密切的关系，起点是产出目标的确定，终点是产出目标的实现。促成活动有效性是产出目标达成的保证。

POA 教学目标既包括交际目标（即"学生能完成相应交际活动"），又包括语言目标（即"学生能掌握完成交际任务所需的形—义配对〈form-meaning mappings〉的使用"）。通常目标的恰当性越高，促成活动有效性高的可能性就越大。如果目标本身就模糊不清，甚至完全不合适，促成活动有效性就无从谈起。一旦产出目标恰当，该目标能否达成取决于促成活动有效性的高低。促成活动有效性越高，产出目标达成的可能性就越大。每个标准有 3—4 个衡量指标（见图 1.5）。

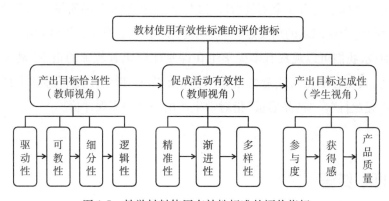

图 1.5　教学材料使用有效性标准的评价指标

第一个标准有 4 个衡量指标：驱动性、可教性、细分性和逻辑性。"驱动性"指的是设定完成的产出任务能否激发学生学习的愿望。为了使产出任务具有强大的驱动力，我们首先要选择富有适度挑战性，又具有吸引力的认知内容，同时要采用合适的驱动手段，例如微课、视频或者教师自我描述。因此判断驱动性强弱，要考察驱动内容和手段。"可教性"指目标是否符合学生英语水平，是否能在学校规定教时内达成。换句话说，这些目标的实现须难度适中、用时可控。"细分性"指产出目标需要细化为系列子目标。"逻辑性"指经过细化

---

① R.Ellis,"The Empirical Evaluation of Language Teaching Materials",*ELT Journal*,1997,No.1.

的系列子目标可以形成具有内在逻辑的目标链。这为选择输入材料提供了意义完整的关系框架,同时能使单元教学形成一个完整的"故事",有头有尾。

第二个标准有3个衡量指标:精准性、渐进性和多样性。所谓"精准性"包含两层意思。第一层意思指用于促成产出任务的输入材料与每个产出子目标的对应性。换句话说,输入材料要能够满足实现产出子目标所需要的内容、语言和语篇结构,促成活动全面、周到。第二层意思指将所选输入材料转换成的促成活动要和学生自我发现的困难相吻合,能够"对症下药",有效弥补学生存在的"缺口"。"渐进性"指的是,根据对学生产出困难的判断,将输入促成材料设计成循序渐进的系列促成活动,为学生搭建脚手架,降低难度,帮助学生顺利完成产出小任务。"多样性"指促成活动的多样化,其中包括听、读、看、说、写、译等多样活动,以提高学习效率。

第三个标准也有3个衡量指标:参与度、获得感和产品质量。这3个指标都以学生为考察问题的出发点。"参与度"指学生上课注意程度和配合程度。换句话说,我们可以观察有多少学生在课堂能够跟着教师的指令"动起来",而不是"人在心不在",注意力不集中。"获得感"指学生是否感到上课有收获,"不虚此行"。"产品质量"指对学生产出表现的客观评价。

四、结语

上文解释了"产出导向法"教学材料使用与评价的理论框架及其评价指标。本文设计的初衷是为了解决POA实施过程中教学材料有效使用的难题。2017年外语教学与研究出版社举办的"教学之星"大赛也把考察重点放在教师对教学资源的使用方面。巧合的是,教学材料在外语教与学过程中的作用正是目前国际应用语言学界涌现出的新热点。论文的发表将推动课堂教学中教学材料使用的研究,让教学材料更有效地服务于学生综合运用英语能力的提高,更有力促进学生个人的全面发展。

(本文原载《中国外语教育》2017年第2期)

The Production-oriented Approach to Teaching University Students English in China[①]

1. Introduction

The POA has been developed over the past decade with the aim of improving English classroom instruction at the tertiary level in the mainland of China[②]. Unlike

---

① "Revision of Plenary Speech Given at the International Conference", in *Faces of English: Theory, Practice and Pedagogy*, held at the Center for Applied English Studies of HongKong University from 11 to 13 June 2015.

② Q.F.Wen, "Output-driven and Problem-driven Hypotheses: Reforms on the Curriculum and Teaching Methods for English Majors' programs in a New Century", A Keynote Speech at the 1st National Forum of Chairs of English Departments, 2007-05-12; Q.F.Wen, "On the Output-driven Hypothesis and Reform of English-skill courses for English majors", *Foreign Language World*, 2008, No.2; Q.F. Wen, "Output-driven in College English Teaching: Reflections and Suggestions", *Foreign Language World*, 2013, No.6; Q.F.Wen, "Output-driven, Input-enabled Hypothesis: A Tentative Theory of Foreign Language Classroom Instruction for University Students", *Foreign Language Education in China*, 2014, No.2; Q.F.Wen, "The Production-oriented Approach to Teaching Adult English Learners", A Keynote Speech at the 35th Annual Thailand TESOL International Conference and PAC Meeting: English Language Education in Asia: Reflections and Directions from 29 to 31 January 2015, in Bangkok, Thailand, 2015; Q.F.Wen, "The Production-oriented Approach to Teaching Adult English Learners in the Classroom", A Keynote Speech at the 2015 TESOL International Conference by TESOL Asia, TESOL International Journal and School of Foreign Languages, Shanghai University from 14 to 16 May 2015, in Shanghai, China, 2015; Q.F.Wen, "Developing a Theoretical System of the Production-oriented Approach in Language Teaching", *Foreign Language Teaching and Research*, 2015, No. 4; Q. F. Wen, "The Production-oriented Approach (POA) to Teaching Chinese Adult L2 learners", A Keynote Speech at the 7th International Conference on English Language Teaching (ELT) in China: Localization and Individuation: Reforms and Research from 24 to 26 October 2015, in Nanjing, China, 2015.

other instructional approaches for language learning, the POA starts teaching with language production and ends with production while input serves as an enabler to help accomplish productive activities. The term "production" is used here instead of "output" simply because it includes not only speaking and writing but also translation and interpreting. Furthermore, the POA is most suitable to young adult learners with intermediate level proficiency in English or above who have already finished learning basic English grammar and have about 2,000 or more high-frequency words. In Mainland China, university freshmen are just such learners who typically have a relatively large amount of receptive knowledge but limited experience using English for communication. For these reasons, their usual abilities in English do not satisfy employers, parents, or government officials. The POA has been developed as a potential remedy to this situation and through its use, university students are expected to be able to participate actively in genuine communicative activities.

I address the POA and related issues under the following headings:

Ⅰ. English instruction at the undergraduate level in Mainland China

Ⅱ. Development of and justifications for the POA

Ⅲ. The description and explanation of the POA

2. Current English instruction at the undergraduate level

The pedagogical methods used in mainstream education in the mainland of China are characterized as being text-centered and input-based. That is to say, English instruction takes the text as an end rather than a means, and input-processing is the major learning task. Such English instruction can at most enhance students' comprehension skills. Generally, text-centered and input-based instruction is of two kinds: bottom-up (popular from the 1950s onwards to the mid-1990s and still used in some remote areas in China) and top-down (increasingly dominant since the late 1990s)①.The deficiency in bottom-up instruction is too much emphasis on individual language items without prompting learners to produce extended discourse for meaningful communication.The weakness of top-down instruction is too much emphasis on the meaning of a text without activities for students to directly use linguistic forms learned from the text. In general, both bottom-up and top-down text-centered instruction separate learning from using language.Therefore, both have variously been criticized as being "high investment, low effectiveness"②, "spending enormous time but obtaining poor outcomes"③, and producing "dumb English"④.

Some innovative teachers are experimenting with task-based⑤ or project-based⑥ approaches in their English teaching⑦, and it has been reported that experimental groups have obtained better outcomes than control groups and students have become more active, confident, and engaged in learning⑧. Based on my personal observation of such classes, compared with bottom-up and top-down text instruction, these new approaches do indeed give students opportunities to bring their initiative into full play. But weaknesses are also evident, the first being that although such teaching pays attention to students using English, insufficient attention is paid

---

① Q. F. Wen, "Output - driven, Input - enabled Hypothesis: A Tentative Theory of Foreign Language Classroom Instruction for University Students", *Foreign Language Education in China*, 2014, No.2.

② J.G.Cai, *College English Teaching: Reviewing, Reflections and Research*, Shanghai: Fudan University Press, 2006.

③ S.H.Jing, "Why does English Teaching in China Spend Enormous Time but Obtain Poor Outcomes?", *Foreign Language Teaching and Research*, 1999, No.1.

④ W.D.Dai, "Spending Enormous Time but Obtaining Poor Outcomes in Foreign Language Teaching", *Foreign Language and Foreign Language Teaching*, 2001, No.2.

⑤ R.Ellis, *Task-based language learning and teaching*, Oxford: Oxford University Press, 2003.

⑥ T.Markham, "Project based learning", *Teacher Librarian*, 2011, No.2.

⑦ F. Xu, "Technology - enhanced Tertiary English Curricular Reform", *Computer - assisted Foreign Language Education*, 2004, No.5.

⑧ J.Wen & W.Liu, "Applying a Task-based Approach to the Teaching of Interpreting: An Empirical Study", *Chinese Translators Journal*, 2007, No.4.

to learning new linguistic forms①.Fluency may improve, but this kind of production cannot effectively expand students' knowledge base, language system, and discourse patterns. New language appearing in their production is most likely incidental rather than achieved by design. The second weakness is that students' production occurs without a teacher's systematic guidance. This kind of pedagogy is somewhat like putting a group of people in a swimming pool and asking them to try to swim through their own efforts and practice. Such swimmers might make some limited progress through their own efforts and by observing or helping each other. Guidance by good swimming coaches, however, would make for faster and more efficient progress than through people struggling by themselves.

The POA has been developed to overcome these weaknesses in Chinese English instruction as well as the disadvantages of some Western approaches. It can enable university students to use English to undertake genuine communicative tasks with varied complexity depending on students' actual English proficiency.

3. Development of, and justifications for, the POA

3.1 Development

The POA has developed over nearly ten years based on three rounds of research by eight English teachers from Chinese universities. The earliest version of the POA focused on an output-driven hypothesis which conjectured that output is more powerful than input in motivating university students to learn more English and perform better②. The subsequent revised version became an output-driven plus

---

① W.Wu & K.M.Pan, "Research on Task-based Language Teaching in the Asian Context", *Modern Foreign Languages*, 2012, No.3.

② Q.F.Wen, "Output-driven and Problem-driven Hypotheses: Reforms on the Curriculum and Teaching Methods for English Majors' programs in a New Century", A Keynote Speech at the 1st National Forum of Chairs of English Departments, 2007-05-12.

input-enabled hypothesis which intended to specify the clear role of input as enabling when output serves as a motivating force①. By October 2014, the POA as a whole was elaborated as a system. Since then, I have talked about the POA in keynote speeches at three international conferences where positive feedback, constructive suggestions, as well as criticisms were received②, leading to subsequent revisions. The initial research findings showed that the POA is feasible and effective for English learning at the tertiary level③. For example, Zhang reported that the students in her experimental class outperformed the control class in their English composition in terms of language, ideas, and organization.

The principles of the POA have already been compiled in a number of textbooks and field tested④. Since 2015, *iEnglish* has been used by university students with high levels of English proficiency and a study is now being carried out to examine the effectiveness of the POA.

3.2   Justification for the POA

All students in schools in the mainland of China have been following the new

---

① Q.F.Wen, "Output-driven in College English Teaching: Reflections and Suggestions", *Foreign Language World*, 2013, No.6.

② Q.F.Wen, "Debate on Teaching EGP or ESP in College English: Problems and Solutions", *Foreign Languages and Their Teaching*, 2014, No.1; Q.F.Wen, "The Production-oriented Approach to Teaching Adult English Learners", A Keynote Speech at the 35th Annual Thailand TESOL International Conference and PAC Meeting: English Language Education in Asia: Reflections and Directions from 29 to 31 January 2015, in Bangkok, Thailand, 2015; Q.F.Wen, "The Production-oriented Approach to Teaching Adult English Learners in the classroom", A Keynote Speech at the 2015 TESOL International Conference by TESOL Asia, TESOL International Journal and School of Foreign Languages, Shanghai University from 14 to 16 May 2015, in Shanghai, China, 2015; Q.F.Wen, "The Production-oriented Approach (POA) to Teaching Chinese Adult L2 Learners", A Keynote Speech at the 7th International Conference on English Language Teaching (ELT) in China: Localization and Individuation: Reforms and Research from 24 to 26 October 2015, in Nanjing, China, 2015.

③ W.J.Zhang, "Applying the Production-oriented Approach to TEFL Classrooms: Focusing on the 'Enabling' Stage", *Foreign Language Education in China*, 2015, No.4.

④ S.R.Wang & Q.F.Wen, *iEnglish*, Beijing: Foreign Language Teaching and Research Press, 2015.

syllabus of English instruction for secondary education issued by the Ministry of Education in 2003[1], which has more comprehensive objectives, offers varieties of English courses, and sets more demanding requirements compared to previous syllabi. Therefore, university freshmen, in general, can be expected to have reached a higher level of English proficiency compared with previous students. The new cohorts are eager to learn how to use English for genuine communicative purposes, and adult university students love goal-driven and problem-solving learning. With regard to their social needs, observation of language use in the workplace in China reveals that public professional or business communication in real life is primarily carried out through productive activities (i.e., speaking, writing, interpreting, and translating) with receptive activities (i.e., listening and reading) as mediators rather than as ends for their own sake[2]. Therefore, the ultimate objective of adult English learning should aim at developing learners' productive skills with receptive skills as enablers.

4. Description and explanation of the POA

4.1　Teaching principles

4.1.1　Learning-centered principle(LCP)

The first principle of the POA is learning-centeredness, which means that in classroom instruction, with limited classroom time, instructors have to employ all possible means to make full use of every minute of teaching so that students can engage in learning. The LCP focuses on activating processes of learning rather than

---

①　Ministry of Education of the People's Republic of China, *Standards of English Courses for General Senior High Schools*(3rd edn.) , Beijing: People's Education Press, 2003.

②　Q.F.Wen, "On the Output-driven Hypothesis and Reform of English-skill Courses for English Majors", *Foreign Language World*, 2008, No.2.

on the learner as a person, thereby challenging the learner-centered principle, which was introduced to the mainland of China at the end of 1990s①and has become increasingly popular. The introduction of the learner-centered principle did initially produce some positive impact on English instruction by challenging traditional teacher-centered instruction in China and raising awareness of students' learning needs. However, by implementing the learner-centered principle, the role of the teacher has gradually been marginalized to that of a facilitator, consultant, and helper while downplaying the teacher's professional function as a designer, organizer, and director of English instruction. Accordingly, some Western scholars have also started to criticize learner-centeredness②. I feel, like Kirschner et al.③, that learner-centered instruction does not distinguish clearly between formal school instruction and informal learning in daily life. School instruction should be carefully planned, effectively organized, and professionally guided to achieve high efficiency.

4.1.2 Learning-using integration principle(LUIP)

The LUIP maintains that learning and using language must be integrally joined. That is to say, obtaining new linguistic elements or skills through input activities must be linked seamlessly by employing what has just been learned through the input in productive activities such as speaking, writing, translation, or interpreting.

The LUIP has the primary intention of overcoming the weaknesses of current text-centered, input-based, and top-down English instruction in China, which typically consists of four compulsory steps: (1) a lead-in to activate learners' back-

---

① Y.Y.Huang & Y.G.Guo, "A University English Teaching Approach with Student-centered, Multi-dimensions Integrated", *Foreign Language Teaching and Research*, 1996, No.2.

② P.A.Kirschner, J.Sweller & R.E.Clark, "Why Minimal Guidance during Instruction does not Work: An Analysis of the Failure of Constructivist, Discovery, Problem-based, Experiential, and Inquiry-based Teaching", *Educational Psychologist*, 2006, No.2.

③ P.A.Kirschner, J.Sweller & R.E.Clark, "Why Minimal Guidance during Instruction does not Work: An Analysis of the Failure of Constructivist, Discovery, Problem-based, Experiential, and Inquiry-based Teaching", *Educational Psychologist*, 2006.No.2.

ground knowledge;(2) skimming and scanning to obtain the main idea of a text;
(3) analysis of the text structure to understand how its ideas are organized;(4)
exercises that include reading comprehension questions or multiple – choice or
fill–in–the–blanks items related to seemingly important vocabulary or expressions.
Optional exercises sometimes also include translations from Chinese to English,fo-
cusing on expressions that appear difficult for students to understand or theme–re-
lated communicative activities.Such instruction treats studying the text as an end
rather than as a means.At most,students obtain some reading skills.So – called
theme–related productive activities,if done,can involve reviewing what was learned
before,but this is not directly linked with the text studied.In other words,what has
just been learned from the text has at most become receptive knowledge that cannot
be automatically converted into productive knowledge because it has no immediate
subsequent practice. Using Larsen – Freeman's term①, this kind of knowledge is
"inert knowledge"②. In practice, teachers often do not even have time to ask
students to do these theme–related activities because they are hurrying to move on
to the next unit.

The LUIP also aims to overcome the weakness of approaches prevailing in the
West such as task–based and project–based approaches,which stress the use of
language but without sufficient attention to the expansion of students' current lan-
guage system.The LUIP encourages students and teachers to pay attention to both
learning language and using language simultaneously,integrating and smoothly ar-
ticulating each,without an obvious gap or inordinate time lag between the two.

4.1.3　Whole–person education principle(WPEP)

Human beings have cognitive,affective,moral and ethical needs.English lan-
guage instruction is a part of higher education that on the whole aims to produce so-
cially developed and globally aware citizens.WPEP emphasizes that English lan-

①　D.Larsen – Freeman, *Teaching Language：From Grammar to Grammaring*, Heinle：Thomson Learning,2003,p.8.

②　A.N.Whitehead,*The Aims of Education and Other Essays*,New York：The Free Press,1929.

guage teaching aims not only to realize instrumental objectives, such as developing students' competence using English for communication, but also entails humanistic objectives such as cultivating students' critical thinking skills, autonomous learning abilities, intercultural competence and overall humanistic qualities.

Emphasizing WPEP does not mean that POA teachers need to allocate an inordinate amount of class time to it, but rather I suggest that English teachers can foster students' humanistic qualities by following two major strategies. The first is to carefully select topics and teaching materials conducive to developing students' positive world views, intercultural competence and social responsibilities. For example, the topics of *iEnglish* are grouped into two categories. The first concerns students' personal growth into socially responsible, international citizens such as "EQ (emotional quotient) and charisma" in Book 1 and "kindness and indifference" in Book 2. The second category centers on enhancing students' social commitment such as in "law and morality" in Book 2 and expanding their international vision such as "China and the world" in Book 1. These topics, I hope, can all enable students to look at the world in a positive light, arouse their interest in important issues at home and abroad, and cultivate their analytical and synthetic thinking skills.

The second strategy is to design an optimal way of organizing students' activities. For instance, pair or group work can develop students' team spirit. Writing journals at regular intervals is beneficial for forming habits of self-reflection. Taking turns at being a group leader can give students opportunities to cultivate their leadership skills.

4.2 Hypotheses

4.2.1 Output-driven hypothesis (ODH)

The ODH says that second language (L2) learning with language output can lead to better learning outcomes than learning without output. Output serves as a driving force for language learning as well as being an eventual learning outcome itself. The POA starts with productive activities and ends with productive activities.

Students are asked to try out a productive activity before getting help from any ena-bling materials. By doing so, students can notice what they lack in performing the assigned productive activity so that they are eager to learn what they want to. The ODH claims that once students understand the value of a productive task and be-come aware of what they lack for fulfilling the task, they will become more active and more engaged in studying the enabling materials①.

The ODH draws on the strengths of the input hypothesis②, interaction hypoth-esis③, and output hypothesis④ while combining them to avoid the limitations of each individual hypothesis. The input hypothesis emphasizes the importance of lan-guage input while devaluing the function of output. The interaction hypothesis high-lights the role of interaction. Its earlier version proposed that interaction can make input more comprehensible, and its revised version points out that corrective feed-back can promote L2 acquisition. The output hypothesis extolls such functions of output as enhancing fluency, noticing, hypothesis testing and metalanguage. The ODH admits the value of input, output and interaction in L2 learning but disagrees with the assumption, shared by all three hypotheses, that learning begins with input followed by output. The ODH reverses the order of learning, that is, output is placed before input to serve as a driving force for L2 learning (as described below in a de-tailed example about teaching procedures). The ODH addresses the order of peda-gogical activities rather than making claims about the actual order of L2 learning.

① Q.F.Wen, "Debate on Teaching EGP or ESP in College English: Problems and Solutions", *Foreign Languages and Their Teaching*, 2014, No.1.

② S.Krashen, *The Input Hypothesis: Issues and Implications*, London: Longman, 1985.

③ M.H.Long, "Native Speaker/Non-native Speaker Conversation and the Negotiation of Com-prehensible Input", *Applied Linguistics*, 1983, No.3; M.H.Long, "The Role of the Linguistic Environment in Second Language Acquisition", in W.C.Richie & T.K.Bhatia, *Handbook of Second Language Acquisi-tion*, San Diego: Academic Press, 1996, pp.413-468.

④ M.Swain, "Communicative Competence: Some Roles of Comprehensible Input and Comprehensive Output in its Development", in S.M.Gass & C.G.Madden, *Input in Second Language Acquisition*, Rowley, MA: Newbury House, 1985, pp.235-256.

4.2.2 Input-enabling hypothesis(IEH)

Why does the IEH suggest that output-driven learning with enabling input materials can lead to better outcomes than without it? As a researcher with a keen interest in classroom instruction, I have had abundant opportunities to observe English lessons. I have found quite a few teachers like to assign students a speaking or writing activity preceded or followed by brain-storming. They may ask students to do pair or group work and then discuss that in class. Such a discussion does involve students at different levels of language proficiency, so students are able to learn from each other and co-construct knowledge together. However, this kind of discussion can only activate what students have stored in their memory, but it is not able to expand their knowledge and extend their English language abilities. To overcome this problem, the IEH advises these teachers, in addition to students' interactions among themselves, carefully to select reading or listening materials, or both, pertinent to the assigned speaking or writing activity. These materials become enablers leading students to approach their own zones of proximal development(ZPD)[1], as illustrated below in Section 4.3.2.

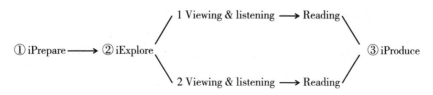

图 1.5   Structure of one unit of *iEnglish*

4.2.3 Selective-learning hypothesis(SLH)

Selective learning means that the learner chooses to learn only what is useful for the assigned productive activity. The SLH assumes that output-driven learning with enabling input materials can lead to better outcomes when the input is selec-

---

[1]   L.S.Vygotsky, *Mind in Society: The Development of Higher Psychological Processes*, Cambridge, MA: Harvard University Press, 1978.

tively processed with a specific purpose for a productive activity①. The first reason to promote SLH in the POA derives from the psychological theory② that in formal or informal learning successful learners always allocate their attention to making a deep analysis of the most important information rather than analyzing all the available information without differentiating the more important from the less important. Without such focus, attention would scatter on multiple tasks and learning efficiency would be low.

What should be selected from the language input to fulfill productive activities successfully? Functioning as enablers, receptive activities such as listening and reading must provide students with relevant ideas, linguistic expressions and discourse structures. The teacher is advised not to devote a large amount of time to a close analysis of input or to make great effort to prompt students to understand every bit of input. Instead, input should be dealt with selectively according to what it contains that is needed for productive activities. Although teachers can choose to focus students' learning efforts, they cannot, of course, consciously determine what students actually learn.

4.3　Teaching procedures

Teaching with the POA consists of three phases: (1) motivating; (2) enabling; (3) assessing. All three phases are mediated by teachers, whose mediating roles include guiding, designing and scaffolding in addition to being a facilitator and a consultant. To help teachers implement these teaching procedures without too much difficulty, *iEnglish* structures each unit so that the teacher has a blueprint to follow, as presented in Figure 1 (图 1.5). iPrepare matches with the first phase, iExplore with the second phase, and iProduce with the third phase.

---

① G.Hanten, X.Li, S.B.Chapman, P.Swank, J.Gamino, G.Roberson & H.S.Levin, "Development of Verbal Selective Learning", *Developmental Neuropsychology*, 2007, No.1.

② K.Miyawaki, "Selective Learning Enabled by Intention to Learn in Sequence Learning", *Psychological Research*, 2012, Vol 76, No.1, pp.84–96.

表 1.1 **Tasks and requirements of the first, motivating phase**

Tasks	Requirements
1.The teacher describes relevant communicative scenarios	Scenarios with high communicative value; the topics for communication need to be sufficiently cognitively challenging
2.Students try out the required productive activity	Make students aware of their problems in accomplishing the required productive activities and arouse their desire for learning to overcome these deficiencies
3. The teacher explains learning objectives and productive activities	Enable students to recognize both communicative and linguistic objectives; describe types of tasks and specific requirements

4.3.1 Motivating

Motivating is the initial phase of the POA, making it different from other teaching approaches from the outset. Table 1(表 1.1) presents specific tasks with requirements during the first phase of instruction.

Unlike the "lead-in" or "warm-up" activity in traditional language teaching, the first step of this phase of the POA expects the teacher to make explicit the scenarios of to-be-finished tasks and how they plausibly might happen in students' future lives. Take "Art and Nature", Unit 2, Book 2 of *iEnglish*, for example. Two scenarios are described by the teacher[1].

Situation 1: You and your foreign friend are talking about art in the West and in China. You are discussing with your friend the major features of Da Vinci's *Mona Lisa* and Chinese paintings of mountains and water.

Situation 2: Your school is going to hold an international students' forum. The theme is "East and West—Similar or Different". The forum is to promote understanding of Western art and Chinese art. You are attending the painting symposium and are going to give a presentation. The presentation will be about

---

[1] L.F.Yang, "How to Design a Video-taped Mini-lecture for the Motivating Phase of the Production-oriented Approach", *Foreign Language Education in China*, 2015, No.4.

the similarities and differences between Western and Chinese painting. What would you say?

To vividly enact the authenticity of the above scenarios, Yang chose to produce a video-tape for the first scenario where one Chinese student and one foreign teacher were invited to talk about the *Mona Lisa* and Chinese paintings of mountains and water. The Chinese student knows little more than the mysterious smile of the *Mona Lisa*. As for why most classical Chinese paintings depict mountains and water, she was caught blank. After watching the video-tape, students would naturally think about themselves and the extent to which they could perform the tasks. The POA assumes that if students realize their weaknesses, they, as adults, would like to learn more in order to avoid embarrassment and perform more effectively in the future. This kind of assumption, however, needs to be dealt with cautiously since it may be culturally sensitive.

The second step of the first phase is to ask students to try out the designated productive tasks. Through the students' initial trial, the POA hopes that students come to know specifically what they lack for the tasks: Do they lack sufficient knowledge about the topic? If they do have adequate knowledge, do they know how to express it in English? Are they able to organize information in an appropriate way? Their deficiencies might appear in one or two or all three areas. Once students can identify their difficulties, they will have a clear focus for their learning.

The last step of this phase is to explain what students are expected to achieve at the end of the unit. The POA emphasizes a balance between realistic and obtainable communicative and linguistic objectives. In this sense, learning objectives necessarily vary according to students' diverse abilities in English. The following are the communicative objectives of Unit 2 "Art and Nature" set up by Yang[1]:

---

[1] L.F.Yang, "How to Design a Video-taped Mini-lecture for the Motivating Phase of the Production-oriented Approach", *Foreign Language Education in China*, 2015, No.4.

· Name and explain some features of a world-famous Western painting.

· Identify and analyze the subject matter in classical Chinese paintings.

· Make comparisons between Western and Chinese paintings from one or more perspectives.

Linguistic objectives include both language expressions and discourse structures. For language expressions, the POA suggests that the teacher list only the most essential words, expressions and sentence structures to be mastered and closely related to the needs of accomplishing the assigned productive tasks. For discourse structures, although they might be various, students are expected to be able to use at least the most frequent and basic ones. A common implementation problem is that teachers may ask students to learn all the new items occurring in the text. However, if too many linguistic items are expected to be acquired, the results might contradict the SLH principles of the POA, and students' confidence and interests in learning might be diminished if they feel they cannot meet the teacher's expectations no matter how hard they work.

4.3.2　Enabling

The second phase of the POA is called "enabling", which means instruction must follow a series of steps designed by the teacher to lead students from being less to more able. This phase relates to the IEH and the SLH hypotheses described above. The IEH highlights the link between learning and using language while the SLH stresses how to learn selectively for a specific production purpose.

This phase is the essential part of the POA. On the one hand, all the teaching principles are primary in this phase. At the same time, the IEH and SLH are brought to the fore and tested in this phase[1]. Traditional Chinese teaching places too much emphasis on learning without enough attention paid to using language whereas Western, task-based or project-based approaches put too much stress on using language

---

① W.J.Zhang, *Implementing the Production-oriented Approach in Teaching English to Chinese University Students*, Beijing: Beijing Foreign Studies University, 2016.

without teachers providing students with systematic guidance for learning.During this enabling phase,the POA maintains that teachers should not simply or arbitrarily assign productive activities to students but rather find ways to guide students in learning step-by-step from their existing knowledge base,in a ZPD,expanding their linguistic systems and rhetorical devices gradually and progressively[①].

In the Chinese context, textbook writers have responsibilities for selecting input materials that help learners complete the assigned productive activities successfully.From my personal experience of textbook writing, it is extremely difficult to find input materials that match 100% with the designed productive activities.On the other hand, textbook writers do not actually want materials with 100% matching because students need to learn how to process new materials and find out what they need for language production. Therefore, the criterion for selecting enabling input materials is relevance rather than matching.In addition to the materials provided by textbooks, the POA also expects a teacher to find suitable materials from websites or for students to search the internet for relevant materials under the teacher's guidance.Adequate materials provide students with relevant ideas, language expressions, or discourse structures for the assigned productive activity.The POA does not want to provide input materials for learners just to imitate.

For each unit of *iEnglish*, there are two texts as enablers.Again, take"Art and Nature"as an example, Text A is about the *Mona Lisa* and Text B is about classical Chinese paintings.The exercises include three types.The first type centers on identifying and synthesizing information, which helps students obtain crucial ideas from the text relevant to the productive activity.The second type is for building students' language.The exercises within this type are various.The basic assumption is that although the text provided has many new words, expressions and sentence structures, the textbook writers only focus on the most important ones and design several

---

① Q. F. Wen, " Developing a Theoretical System of the Production – oriented Approach in Language Teaching", *Foreign Language Teaching and Research*, 2015, No.4.

rounds of exercises from comprehension to production, encouraging students to learn important material step-by-step. There is also an extended box to supplement sentence structures that do not occur in the text but are useful for the productive tasks. The third type prepares students for the key discourse structure in the unit, normally, through an exemplary essay or speech produced previously by a student or a teacher on a similar but different topic. For example, if the productive task is to talk about the *Mona Lisa*, the preparatory listening or written materials are about another painting, the *Last Supper*. The students are expected to analyze the given materials and summarize their organizing structure. Model, exemplar texts by students or teachers are assumed, by the POA, to be more learnable and within students' ZPD than would be texts published by famous native speakers of English.

My observations of English class instruction indicate that the second enabling phase is more demanding than the motivation or assessing phases. Instead of carefully guiding students to learn step-by-step, Chinese English teachers either give their students explanations or ask their students to provide answers to the questions in the exercise at the end of each text. Thus, their teaching does not involve a series of carefully designed procedures in which students are guided to learn new things progressively. Consequently, the enabling phase requires teachers spend considerable time understanding and preparing to follow the requirements of this enabling phase. Table 2(表 1.2) illustrates the specific tasks and requirements of the enabling phase.

表 1.2   **Tasks and requirements of the second, enabling phase**

Tasks	Requirements
1. The teacher explains how the productive tasks are to be accomplished, the enabling materials to be given or to be searched, and what learning objectives are to be achieved	Familiarize students with the tasks, procedures, and specific requirements for each step
2. The teacher divides a large productive task into several mini-tasks and provides students with enabling materials accordingly	Make sure students are able to describe the logical links between these mini-tasks and the links between segments of given materials and each mini-task

Tasks	Requirements
3.Students read or listen to the given materials selectively while the teacher gives guidance and checks their learning outcomes	Enable students to select relevant ideas, language, and/or discourse structures from the given materials
4.Students practice a mini-productive task once they finish their selective learning of the given materials	Prompt students to use what they have just learned from the given materials to accomplish their productive task

As Table 2(表 1.2) shows, the enabling phase of the POA consists of four major steps which can be rearranged and repeated according to the pedagogical situation. Teachers are often encouraged to segment a large productive activity into several mini-ones. For example, the overall productive activity for "Art and Nature" is to make comparisons between Western and Chinese paintings from one or more perspectives. To accomplish this extended activity, students must first finish two sub-activities-talking about Western paintings and about Chinese paintings-that enable them to carry out the longer activity. Accordingly, teachers need to plan at least three cycles of instruction, each repeating the four steps in Table 2(表 1.2).

4.3.3 Assessing

Here, assessment can be grouped into two kinds. The first is ongoing diagnostic and formative classroom assessment that takes place in the enabling phase when students do selective learning or practice their mini-productive tasks. Based on the result of the ongoing diagnostic and formative assessment, the teacher should adjust the pace of instruction. The second is achievement assessment, which refers to the assessment undertaken at the next round of classes through students' repeated practice outside class to check whether the students have achieved the objectives of the unit learned. Table 3(表 1.3) presents the tasks and the requirements of achievement assessment.

表 1.3　**Tasks and requirements of achievement assessment**

Tasks	Requirements
1. The teacher and students set up criteria of assessment together	Make criteria clear, comprehensible and easy to check by students themselves
2. Students submit their products to the teacher	Submit the product with an acceptable format before the deadline
3. The teacher and students evaluate the typical products collaboratively in class	The teacher prepares before class to ensure that evaluation comments are to the point and relate to students' production; enable all students to participate in assessment by all means
4. The teacher and students evaluate the remaining products after class	Put each student's personal products with assessments in portfolios as part of the grade for this course

The last phase of the POA is to assess students' language products, which might be written compositions, public speeches, translated texts, oral interpretations, simulated role plays, posters, and so on. The first step to this end is to set up criteria for assessment jointly among the teacher and students. Rather than constructing criteria for different types of language products at one go, it is better to construct sets of criteria while evaluating a particular type of language product. The criteria should be explicitly stated and easily comprehended so that students can make self-evaluations without difficulty. The second step is for students to submit their finished products. A deadline and format must be clearly specified in advance so that students' submitted products are presented in a required format and handed in on time. The third step is the most crucial, involving collaborative assessment. The teacher organizes the assessment, whether in oral or written format, by selecting a few typical student products (without mentioning the students' names) to be evaluated in class. For effective collaborative assessment, the teacher needs to prepare detailed evaluations of all students' products before class. Then, in class, the students may first make comments and make revisions in pairs or groups, followed by whole-class discussion. In between these steps, the teacher may make comments on or prepare revised versions of the students' products. Importantly, different revised versions should be compared and discussed as to why one version is better than another. This kind of collaborative assessment can lead to better learning outcomes than a teacher's individual feedback. On the one hand, the teacher can discuss common problems together among students; on the other, all the students' attention can be aroused to influence maximally the teacher's corrective feedback on all students. The last step is to evaluate those products that have not been assessed in class, inviting all to participate in this after-class evaluation, each student scoring one or two other students' productive work with detailed guidance from the teacher. The teacher's assessment is always needed along with these students' evaluations. Each student's products can be put together with their assessment records throughout the term in a portfolio, which serves a double purpose. Students can review their own progress within a semester, and the teacher can use this portfolio for the purposes of formative and achievement assessments and grading.

5. Conclusion

The POA is still in its early stages and further revisions and progress will be made based on results from ongoing research. The whole system needs to be elaborated and optimized. The three hypotheses of the POA should be evaluated in diverse experiments. Furthermore, the POA should be experimented with in English instruction at primary and secondary schools to see to what extent the POA can be implemented effectively in those contexts. Although the POA has been developed to overcome the weaknesses in current English instruction in China, I believe, it is also suitable for other contexts where English is taught as a foreign language such as Japan, South Korea, or Thailand.

Acknowledgements

I would like to thank Alister Cumming, Peter Gu Yongqi, Bonny Norton and the editor and reviewers of *Language Teaching* for their critical comments and suggestions for revisions.

(本文原载 *Language Teaching*,2016 年 4 月)

The Production-oriented Approach:
A Pedagogical Innovation in University
English Teaching in China

1. Introduction

Since the policy of reform and opening up was adopted in mainland China in the 1970s, the quality of English language education at tertiary institutions has attracted more and more attention. High-ranking government officials have made public speeches calling for reforms in English education to improve its effectiveness, since they firmly believe that the country needs competent English users for faster growth in political, economic and technological spheres[1]. As a result of their attention to English, people from all walks of life have very high expectations of English instruction at tertiary institutions. It seems that parents, students and employers in the mainland of China are all dissatisfied with the quality of university English in-

---

[1] L.Q.Li, "Reforming Foreign Language Education Methods and Improving Teaching Quality", *People's Education*, 1996, No.10; Q.D.Wu, "A speech at a Video-conference on College English Reform", *Foreign Language in China*, 2004, No. 1; Y.X.Zhang, "Enhancing the Teaching of Practical English, Developing Students' Ability of Using English", *China Higher Education*, 2002, No.8; J.Zhou, "Teaching Quality in Tertiary Institutions and Teaching Reforms", *Foreign Languages in China*, 2004, No.1.

struction, and criticism can be heard from almost every corner of the country①.

Against this background, I have proposed the Production-Oriented Approach (POA) as a potential remedy for current English instruction. I believe that POA can at least enable university students to transform most of their inert linguistic knowledge acquired in their secondary school into active linguistic behaviour by engaging in genuine productive activities, in the process raising their language awareness, perfecting their linguistic system and expanding their discourse competence far beyond their current levels.

By drawing on the strengths of several western theories② and integrating them with Chinese contextual features③, POA was finally theorized in 2015 as a result of continuous revisions based on the feedback from conference participants④ and the

---

① W. D. Dai, "Spending Enormous Time but Obtaining Poor Outcomes in Foreign Language Teaching", *Foreign Language and Foreign Language Teaching*, 2001, No. 7; J. G. Cai, *College English Teaching: Reviewing, Reflections and Research*, Shanghai: Fudan University Press, 2006; J.G.Cai, *What Is the Way Out for College English Teaching in China?*, Shanghai: Shanghai Jiaotong University Press, 2012; S.H.Jing, "Why does English Teaching in China Spend Enormous Time but Obtain Poor Outcomes?", *Foreign Language Teaching and Research*, 1999, No.1; S.H.Jing, "English Teaching is like A Kettle of Water Which is Always Lukewarm", *China Youth Daily*, 1999-03-10.

② R.Ellis, *Task-Based Language Learning and Teaching*, Oxford: Oxford University Press, 2003; S.Krashen, *The Input Hypothesis: Issues and Implications*, London: Longman, 1985; M.H.Long, "Native speaker/Non-native Speaker Conversation and the Negotiation of Comprehensible Input", *Applied Linguistics*, 1983, No.4; T.Markham, "Project Based Learning", *Teacher Librarian*, 2011, No.2; M.Swain, "Communicative Competence: Some Roles of Comprehensible Input and Comprehensive Output in its Development", in S. M. Gass & C. G. Madden, *Input in Second Language Acquisition*, Rowley, MA: Newbury House, 1985, pp.235-253.

③ C.M.Wang & M.Wang, "Effect of Alignment on L2 Written Production", *Applied Linguistics*, 2015, No.2.

④ Q.F.Wen, "The Production-oriented Approach (POA) to Teaching Chinese Adult L2 Learners", A Keynote Speech at the 7th International Conference on English Language Teaching (ELT) in China: Localization and Individuation: Reforms and Research from 24 to 26 October 2015, in Nanjing, China, 2015; Q.F.Wen, "The Production-oriented Approach to Teaching Adult English Learners", A Keynote Speech at the 35th Annual Thailand TESOL International Conference and PAC Meeting: English Language Education in Asia: Reflections and Directions from 29 to 31 January 2015, in Bangkok, Thailand, 2015; Q. F.Wen, "The Production-oriented Approach to Teaching Adult English Learners in the Classroom", A Keynote Speech at the 2015 TESOL International Conference by TESOL Asia, TESOL International Journal and School of Foreign Languages, Shanghai University from 14 to 16 May 2015, in Shanghai, China, 2015.

initial findings from several rounds of experiments using POA①.In 2015, a set of textbooks entitled *iEnglish* were compiled and published embodying POA principles②.Now thousands of university students are taught English through *iEnglish*.In general, POA is already practiced in classroom instruction, and has generated a considerable impact on English pedagogy in the mainland of China.However, its ultimate effectiveness takes time to fully show itself.

This chapter begins with the background of current English instruction against which POA has been developed, followed by a detailed explanation of the programme including its principles, hypotheses and teacher-mediated instruction procedure.Towards the end, there is an illustrative example of POA in use by a teacher from a Chinese university in Beijing who is doing her Ph.D under my supervision③.

2. Current situation of English instruction in tertiary institutions

In general, current university English instruction can be classified into two types, input-centred and output-centred, with the former being more popular.Each has its weaknesses, which will be discussed in the following sections.

---

① L.F.Yang, "How to Design a Video-taped Mini-lecture for the Motivating Phase of the Production-oriented Approach", *Foreign Language Education in China*, 2015, No.4; W.J.Zhang, "Applying the Production-oriented Approach to TEFL Classrooms: Focusing on the 'Enabling' Stage", *Foreign Language Education in China*, 2015, No.4; W.J.Zhang, "Applying the Production-oriented Approach to the College English Classroom: A Teaching Experiment", *Foreign Languages and Their Teaching*, 2016, No.2.

② S.R.Wang & Q.F.Wen, *iEnglish*, Beijing: Foreign Language Teaching and Research Press, 2015.

③ S.R.Wang & Q.F.Wen, *iEnglish*, Beijing: Foreign Language Teaching and Research Press, 2015.

2.1　Input-centred instruction(ICI)

ICI,also called text-centred instruction,means that English teachers treat the text as an end rather than a means.In general,there are two ways to deal with input.The first is bottom-up,which was popular from the 1950s to the mid-1990s and is still being used in some less developed areas.The second is top-down,which has been increasingly popular since the late 1990s and is now extensively practised in many universities[1].

Bottom-up instruction is traditionally called intensive reading,which is said to be imported from the former Soviet Union.It dissects the text into small bits for a detailed explanation aiming at a thorough understanding of the text by students. Normally,the teacher would expect students to preview the text,looking for new words,expressions and grammatical features and preparing answers to the teacher's possible questions.In class,the teacher would first ask students to read aloud one or more paragraphs depending on the length and then focus the students' attention on some difficult new words,expressions,or sentence structures.Once the barriers of linguistic forms are removed,the teacher would require the students to paraphrase some complicated sentences to check their comprehension,or to answer some reading comprehension questions.Sometimes,in order to help the students learn how to use the new words or expressions just encountered in the text,the teacher would ask the students to do translation or sentence-making exercises.After class,the students would read the text repeatedly until they are able to recite it. The advantage of this type of instruction is to maximize the use of the limited amount of input when abundant input is not available. However, its disadvantage is also self-evident.It puts too much emphasis on individual linguistic items and the text

① Q.F.Wen,"The Production-oriented Approach (POA) to Teaching Chinese Adult L2 Learners",A keynote speech at the 7th International Conference on English Language Teaching (ELT) in China:Localization and Individuation:Reforms and Research from 24 to 26 October 2015,in Nanjing, China,2015.

itself without providing students with opportunities to use the language for communicative purposes.

In top-down instruction, the teacher focuses students' attention on the general meaning of a text. The teacher usually starts teaching with warm-up activities, which are followed by skimming or scanning the text to get the main idea. The follow-up activity is typically an analysis of the structure of the text for the purpose of determining its overall organization. Some teachers might select for further discussion on a few sentences which are apparently difficult to understand or contain some expressions worth learning. Once the text instruction is finished, the teacher would ask the students to do the exercises at the end of each unit designed by the textbook writer. The other option is to do these exercises along with the teaching of the text. Finally, if time permits, students might be asked to undertake a productive activity as homework. For example, when the teacher taught the text entitled "To lie or not to lie—the doctor's dilemma", students were asked to write an essay by choosing one of the following topics: "To quit or to continue—a smoker's dilemma", "To run or to stay—a thief's dilemma", "To ___ or to ___ —a ____'s dilemma"①. The problem is that the writing task is not relevant to the text that has been studied. This kind of instruction is at most conducive to the development of macro-level comprehension skills. However, the important linguistic forms in the text are rarely focused on, and seldom taught for use by the students in their communication.

In general, ICI focuses on processing input rather than on producing output. By its nature, ICI does not aim at developing students' productive skills. Therefore, it has been criticized as involving "huge cost, little return"②, "spending enormous

---

① D. D. Zhang, "Injecting Humanistic Care and Intellectual Challenge into College English Teaching", in The National Foreign Languages Advisory Board under the Ministry of Education, *The SFLEP National College English Teaching Contest*, Shanghai: Shanghai Foreign Language Education Press, 2012, pp.84-99.

② J.G.Cai, *College English Teaching: Reviewing, Reflections and Research*, Shanghai: Fudan University Press, 2006.

time but obtaining poor outcomes"①, and "dumb English"②.

2.2   Output-centred instruction(OCI)

Apart from the popular ICI, some innovative teachers in China have experimented with output–centred instruction, such as project–based or task–based teaching, since the beginning of the 21st century. OCI has been adopted generally along with the teacher's strong belief in the learner-centred principle.

In project-based instruction, students are asked to accomplish a group project that may last two or more weeks: examples include performing a short play in English, producing an English newspaper, conducting an English debate, or making a short video programme in English. The students are encouraged to learn from each other and to collaborate within the group. Once the students finish the projects, the teacher may organize a big show, inviting some external judges to give their evaluations.

In task-based instruction, the teacher would require the students to undertake tasks such as writing a complaint letter, or making an oral presentation on the topic of environmental protection. Once the task is assigned, the students would be encouraged to brainstorm either in groups or as a whole class led by the teacher. Sometimes, under the guidance of the teacher, a general outline of the writing or the speaking task is generated, while some useful expressions and structures are sometimes offered by the teacher.

It seems that OCI is more effective than ICI. Some studies③ reported that

---

① S.H.Jing, "Why does English Teaching in China Spend Enormous Time but Obtain Poor Outcomes?", *Foreign Language Teaching and Research*, 1999, No.1.

② W.D.Dai, "Spending Enormous Time but Obtaining Poor Outcomes in Foreign Language Teaching", *Foreign Language and Foreign Language Teaching*, 2001, No.7.

③ J.Wen & W.Liu, "Applying a Task-based Approach to the Teaching of Interpreting: An Empirical Study", *Chinese Translators Journal*, 2007, No.4; Q.F.Wen & W.W.Song, "Project–based Course: From Theory to Practice", *Foreign Language World*, 1999, No.3; F.Xu, "Technology-enhanced Tertiary English Curricular Reform", *Computer Assisted Foreign Language Education*, 2004, No.5.

students were found to be more active and creative in their use of English. Moreover, they became more willing to cooperate with other students. However, students in this type of production often just use what has already been learnt and stored in memory[1]. If they happen to learn some new linguistic items from their classmates or through searching the Internet or dictionaries, this outcome does not result from the teacher's careful planning. POA believes that careful planning by the teacher can help students develop their communicative competence more efficiently than students' accidental learning. Some people might argue that the weaknesses discussed here are not inherent in the theory of project-based or task-based approach, but are instead derived from misunderstanding or misapplication of the theory. Their argument sounds reasonable. However, the POA is more concerned with problems in practice that can directly affect the learner's learning outcomes.

3. The theory of the POA

Compared with existing instructional approaches, the outstanding features of the POA can be characterized as production enhancement, input-as-enabler, and teacher mediation. "Production enhancement" means that POA starts with production and ends with production as an ultimate objective. The initial production is intended to help Chinese university learners who have already acquired some receptive knowledge but are weak in the use of English for communication to notice their deficiencies in production, and to stimulate those students for further learning. Taking productive skills as the eventual learning objective is to meet the needs of the job market in China, where productive skills (i.e., speaking, writing, interpreting and translating) are crucial for public professional or business communication,

---

① Q. F. Wen, "Evaluating Wang's Writing to Learn Approach", *Modern Foreign Languages*, 2005, No.3.

while receptive skills (i. e., reading and listening) only serve as mediators. "Input-as-enabler" means that all the reading and listening materials are directly selected to enhance production. This alignment between input and output aims to overcome the weaknesses in ICI and OCI. As mentioned before, ICI in China attaches too much importance to input, and thus cannot satisfy the learner's needs of producing English for communication, while OCI, although emphasizing the use of English, does not enable learners to expand their limited linguistic knowledge with a careful plan. "Teacher mediation" means that POA treats the teacher as a mediator who plays a professional role in scaffolding students' learning so that they can make faster progress than they would through learning by themselves or from their peers alone. As a mediator, the teacher is required to play a central role in instruction[1], rather than acting simply as a facilitator or a consultant. In the following section, the theoretical system of the POA will be expounded.

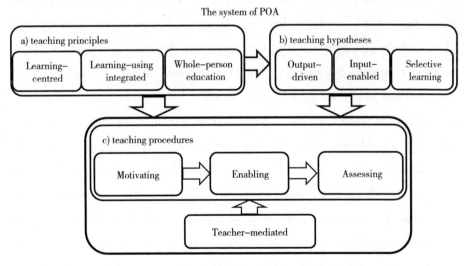

图 1.6 The POA system

① D.Atkinson, E.Churchille, T.Nishino & H.Okada, "Alignment and Interaction in Sociocognitive Approach to Second Language Acquisition", *Modern Language Journal*, 2007, No.91.

Figure 1(图 1.6)presents the POA model, which comprises three components: a) teaching principles; b) teaching hypotheses; c) teaching procedures. The teaching principles, serving as guidelines for the other two components, contain learning-centred, learning-using integration and whole-person education. The teaching hypotheses comprise output-driven, input-enabled and selective learning, serving as a theoretical basis for the teaching processes. The teaching process contains three phases: motivating, enabling, and assessing, with the teacher's mediation at every phase. The three hypotheses serve as a theoretical basis for the teaching process; the three-phase teaching process reflects and illustrates the principles while being aimed at testing the hypotheses[1].

3.1 Teaching principles

3.1.1 Learning-centred principle(LCP)

The first teaching principle of the POA is learning-centredness: teachers should make efforts to ensure that every minute of instruction is effectively used while students' engagement is vigorously promoted. The learning-centred principle is directly opposed to learner-centred instruction, which has been strongly advocated and widely accepted by westerners. The latter was first proposed in reaction against the teacher-centred approach. Learner-centred instruction appears to be more reasonable and meaningful than the teacher-centred approach, given the fact that without learners, there is no necessity for having teachers, while without teachers, some learners obviously can survive by themselves. Although learning taking place in the absence of a teacher is ubiquitous in daily life, formal schooling with teachers' guidance is more fruitful than informal schooling simply because formal schooling is systematically arranged and carefully designed by people who are

---

[1] Q. F. Wen, "Developing a Theoretical System of the Production-oriented Approach in Language Teaching", *Foreign Language Teaching and Research*, 2015, No. 4; Q. F. Wen, "The Production-oriented Approach to Teaching University Students English in China", *Language Teaching*, 2016, No.4.

professionally trained①.It is clear that learning in the classroom requires the joint efforts of both the learner and the teacher.It is evident that the ultimate goal of any formal instruction is to make learning occur. Therefore, learning – centredness can capture the nature of formal schooling, which can strike a balance between the roles of the teacher and of the student.

3.1.2 Learning-using principle (LUP)

The second principle is learning-using integration (LUIP), which maintains that the acquired input should be used in subsequent communicative activities.In other words, POA tries to align input with output so that the former can serve the needs of the latter. In this way, processing input and using acquired input are merged and linked seamlessly.As has been mentioned before, ICI focuses either on individual linguistic items or on the macro-meaning of the text, but the use of the processed input in communication is almost absent.Project-based or taskbased in-struction provides students with opportunities to use English, but this is not given timely support by necessary new input designed by the teacher.

3.1.3 Whole-person education principle(WPEP)

The third principle is that of whole-person education(WPEP), which main-tains that English instruction is not simply to achieve instrumental objectives such as developing skills for using English in communication but also entails humanistic objectives such as forming a positive world outlook and having healthy personal growth.Emphasizing this principle does not mean that POA teachers need to devote much class time to it if it is properly handled.For example, one strategy is to care-fully select input materials and topics for productive activities that are conducive to developing the learner's critical thinking skills, autonomous learning abilities, inter-cultural competence, and overall humanistic qualities.

---

① C.S.Wang,"Teachers' Decisive Role at the Center of Teaching and Students' Key Role at the Center of Learning",*Journal of Beijing Normal University*(*Social Science*),1983,No.6.

3.2 Hypotheses

POA proposes three hypotheses which guide the second component of the model, i.e., teaching processes.

3.2.1 Output-driven hypothesis(ODH)

The output-driven hypothesis assumes that output-driven is more powerful than input-driven in terms of learning outcomes. It means that if students start their learning with an output activity with potential communicative values, their initial trial can make them notice what they lack. Awareness of their deficiencies can stimulate the desire for learning and focus their attention on what needs to be learnt. Normally, any communicative task requires the performer to be equipped with relevant ideas, appropriate linguistic expressions, and an adequate framework to present the ideas. By analogy, this initial trial is like creating a state of "being hungry" so that the students are eager to "devour" what has been provided for them, instead of being "force-fed". It is understood that students in the same class can vary in what they lack in order to accomplish the same productive activity. This trial can help students pinpoint their learning needs from the input given.

The input-driven instruction proposed by Krashen[1] holds that, so long as learners are exposed to sufficient input, they can acquire a language naturally and effortlessly. This might function well in L1 acquisition or L2 acquisition by children. However, ODH does not consider that Chinese university students can learn an L2 as effectively as Krashen claims, since adult learners have already accumulated a considerable amount of receptive knowledge about English in primary and secondary schools, having "a full stomach without proper digestion". As the saying goes, "hunger is the best spice"; output-driven instruction is designed to stimulate the appetite of a learner, thus preparing her/him for processing with more appreciation the enabling input given subsequently. In other words, through an initial trial of

---

① S. Krashen, *The Input Hypothesis: Issues and Implications*, London: Longman, 1985.

the productive activity, the learner, just like a hungry person anxious for food, is ea-
ger to obtain relevant input.

3.2.2 Input—enabled hypothesis(IEH)

The second hypothesis, the input—enabled hypothesis, claims that any kind of
productive activity which students are asked to perform requires input of enabling
materials. With newly provided enabling input, the productive activity to be carried
out can develop the learner's lexical, grammatical and textual competence, in addi-
tion to increasing fluency and automaticity in using previously acquired knowledge.
Therefore, POA is based on the belief that input—enabled production can link what
has been acquired with production on the one hand and, on the other, lead to better
learning outcomes than production alone practised through task – based or
project—based instruction.

3.2.3 Selective—learning hypothesis(SLH)

The third hypothesis, the selective—learning hypothesis, advocates that instruc-
tion with limited classroom time should process the given input selectively. SLH as-
sumes that learning selectively can lead to better learning outcomes. What is
selected is expected to be aligned with the student's need to perform the designated
productive activity. It has been explained above that students within the same class
might have varied needs in terms of ideas, linguistic forms, or discourse
organization. The students thus have freedom to decide their learning focus. The hy-
pothesis directly argues against bottom—up input instruction. In real—life learning,
people often search for something relevant to learn for fulfilling a specific purpose.
For example, when writing a paper, we might download a huge amount of relevant
papers from websites, but we do not read every paper very closely. We normally
scan them first and select relevant ones for careful reading. SLH believes, therefore,
that classroom instruction should provide university students with opportunities to
experience real—life learning. Furthermore, human beings' attention span is limited
and their capacity for taking in new things is constrained. Instead of allocating their
attention to resources relating to too many new items, SLH can enable students to

focus their attention on the most crucial things so that learning efficiency can be maximized.

3.3 Teaching procedures

POA proposes three phases of English teaching, Motivating, Enabling, and Assessing, accompanied at each phase by the teacher's mediation.

3.3.1 Motivating

The first phase of motivating is linked with ODH. The teacher first presents a series of possible scenarios in which assigned productive activities can occur, and then briefly explains what the students are expected to attempt in these scenarios. Following the teacher's instruction, the students try to carry out the assigned activity, which can be either in written or in oral mode. In order to ensure that the students are serious about their trial, their initial performance can be taken as part of the formative assessment of learning a unit. Finally, the teacher explains what the students are expected to achieve. The learning objectives include communicative, linguistic and organizational targets that are comprehensive, manageable and measurable.

Alternatively, instruction at the phase of motivating can follow a " flipped - class" mode by which students are asked to watch a video clip before class. Authentic scenarios are shown, and productive activities are performed by invited participants who simulate the roles according to specific tasks. The invited participant, if playing the role of the student, has a similar English proficiency level to the students who watch the video clip. Difficulties or embarrassments displayed in the video clip would make the viewers realize that they might very likely experience similar or greater difficulties compared with the invited participant, so that they feel anxious and ready to try. The learning objectives are illustrated and explained at the end of the video clip. In class, the teacher simply checks whether the students have watched the clip carefully, and to what extent they have understood the learning objectives of the unit. If necessary, the teacher needs to give them further explanations.

3.3.2 Enabling

The second phase, "enabling", is crucial for the POA model to guarantee learning to take place. It is connected with IEH and SLH. In order to implement IEH, the teacher or the textbook writer must prepare either reading or listening materials as input geared to the designated productive activity, in the sense that the input can provide students with sufficient and adequate support for their production. The reason for implementing SLH is that POA believes that it would be very difficult for the given material to match the productive activity 100 percent. Therefore, the learner needs to learn how to select the useful materials from the given input while ignoring or skipping over those that are not immediately relevant to the activity at hand.

Before class, when the teacher prepares, the productive activity must be divided into several mini-activities; at the same time the given reading or listening materials are also divided into several segments, each of which matches one miniactivity. In the process, actual teaching can take place with several cycles. In each cycle, one segment of input materials is paired with one mini-activity of production so that the delay between input processing and production is effectively reduced. Furthermore, teaching takes place step by step and students learn bit by bit with a short productive activity hard on the heels of input processing. In actual instruction of the second phase, there are several options for promoting selective learning. One of them is to design a set of questions in relation to each segment of input materials that can help extract the essential ideas with corresponding linguistic forms. The other option is to organize pair-work in which students work together to decide what materials can be selected from the text to perform a corresponding activity. Then a teacher-led discussion checks the result of what has been selected from the given input materials while examining students' comprehension.

3.3.3 Assessing

The third phase, "assessing", examines to what extent the learning objectives have been achieved.POA adopts two types of assessment.The first is ongoing diagnostic assessment occurring at the enabling phase, where the teacher needs to diagnose from time to time to what extent the student's selective learning and miniproductive activity performance meet the requirement, so that the teacher can take timely remedial measures.The second type is achievement assessment at the end of each unit.This final product may take the form of compositions, oral presentations, public speeches, debates, posters, translated texts, or consecutive interpretations, which are normally prepared by students outside class.The final product may be one of two kinds.One is reproduction that logically connects several miniactivities practised during the enabling phase.The second is a result of transferring to a new scenario what has been learnt in the enabling phase.Students may choose either, depending on their proficiency level and their personal likes.

The major difficulty in the assessment phase is that POA requires students to produce considerably more numerous and varied productive activities compared with traditional teaching.Large class size and heavy teaching load, however, means that it is very challenging for the teacher to give each student's product timely corrective feedback. To meet this challenge, POA proposes a new method, Teacher—Student Collaborative Assessment (TSCA).In TSCA, a few representative products scrutinized by the teacher before class are then brought to the whole class anonymously.First of all, the students are asked to revise the selected products in pairs or in groups.Secondly, the teacher leads a class discussion in which different versions of revisions are compared to see which version is better than another, and why.During the discussion, the teacher may make her or his comments on different versions put forth by the students and then offer her/his own prepared version if needed.

Such collaborative assessment has several advantages over a teacher's feedback to individuals.On the one hand, the teacher can focus on the places where common problems are most pronounced.On the other hand, students participate in revisions and comparisons of different versions so that they can gain a better understanding of why one version is more appropriate. Consequently, it is more likely that the students will absorb the best versions resulting from a discussion. For those who have not been assessed in class, the teacher can invite the students to undergo a peer assessment coupled with the teacher's feedback. All the students' work can form a portfolio which serves as evidence of their progress and as part of the formative assessment of the course in the end.

4. Implementing POA: an illustrative example

Before explaining what is to be done at each phase of teaching in the following section, I will give a brief description of a topic, "Cultural shock in a courtroom", which Zhang[①] taught using POA.

4.1　A description of Zhang's teaching plan

Zhang's students are first-year university students majoring in law. The topic of the unit, "Cultural shock in a court room", is closely linked with their future career. The major teaching materials include an English-language movie, *Gua Sha*, and supplementary reading materials. The unit lasts three weeks, with two 50-minute lessons per week. The students are expected to achieve both communicative and linguistic objectives. The first objective is to develop students' intercultural competence. Specifically, they are expected to (1) identify clashes and injustice in court due to misunderstanding of other cultures; (2) explain cultural clashes in a legal case involving intercultural communication; (3) develop skills to resolve cultural conflicts and to defend individuals with a Chinese cultural background. The first two objectives are primarily based on students' understanding of the movie. The

---

① W.J.Zhang, "Applying the Production-oriented Approach to the College English Classroom: A Teaching Experiment", *Foreign Languages and Their Teaching*, 2016, No.2.

third requires the help of the supplementary reading materials. Linguistically, the students are expected to be able to use 40 linguistic items, which include 18 words, 12 expressions, and 10 legal terms such as *defendant*, *trial*, and *prosecution* as their focus. In addition to these lexical items, the use of past subjective mood and the rhetorical device of analogy are also regarded as linguistic objectives.

Gua Sha is a Chinese traditional medical treatment that helps blood circulation by using an instrument somewhat like a comb to make repeated vigorous movements at a specific acupuncture point on a patient's back. Such treatment leaves bruises on the patient's skin which can look like the marks of severe beating. The movie was shown in the U.S. in 2001, with the objective of showing how cultural conflicts between Chinese immigrants and American people can occur due to cultural misunderstanding. The hero is Datong Xu, an American Chinese, who settled in the U.S. as a designer of electronic games. He has achieved great success by years of hard work. Datong's father comes from China to visit his family. While there, he gives his grandson, Dennis, a treatment of *Gua Sha* to treat a slight fever. The authorities, however, mistake the harmless traditional Chinese treatment for child abuse due to the obvious bruised skin on Dennis's back. As a result, Datong has been accused of abusing his son.

Since the movie is fairly long, the teacher asked the students to watch it before class to get an overall picture of the story. In class, she only focused on two hearings in the movie aiming at collecting forensic evidence. The first hearing was to ask Datong to explain to the judges what *Gua Sha* is. Due to his explanations, which used literal translations of some important terms in Chinese medicine, the judges felt more confused and became even more suspicious of his maltreatment of Dennis. During the second hearing, one of the lawyers blamed Datong for designing a video game which promoted violence and displayed brutality, based on Sun Wukong. The lawyer's criticism made Datong burst into fury, since Sun Wukong or the Monkey King, a fictional figure in a classical novel, *The Pilgrimage to the West*, is acute, smart, kind and very adept at killing evil creatures, and is loved by all Chinese people. His mischievous behaviours are mistaken by the judges as evidence of violent tendencies, which increases their suspicions of Datong's child abuse. Due to these cultural conflicts, this case was put on file for investigation and prosecution.

The unit's productive task was to ask students to perform a court debate concerning two topics, with each debate lasting 6−8 minutes. The first one was " *Gua Sha*: treatment or abuse?" and the second, "Sun Wukong: a violent king?" The students were divided into four groups, each comprising five students, with two groups studying the same topic. The students were required to write scripts according to the roles of judge, lawyer, witness, defendant and accuser. The scripts were to be submitted to the teacher one day before their performance so that the teacher had time to prepare detailed comment. The ultimate purpose was to defend Datong by clarifying cultural differences and explaining why such differences could lead to cultural conflicts.

4.2   Three phases of Zhang's teaching

At the phase of motivation, Zhang discussed for a few minutes the nature of culture and of cultural shock. Then, before discussing the movie *Gua Sha*, she showed a few slides concerning more cases of cultural conflicts occurring in international settings, in order to make students realize that such conflicts are fairly common:

Case 1

In 2001, Chinese American Cao Xianqing was accused of child sexual abuse for applying ointment and changing clothes for his 8−year−old stepdaughter.

Case 2

An Indian couple was fighting in Norway for the custody of their two toddlers who were taken away by the Child Protective Service, who objected to the mother's hand feeding the baby (force feeding) and the child sleeping in the same bed with the father.

Case 3

A Chinese mother was arrested on suspicion of child pornography in Canada after she took and uploaded naked photos of her 4-year-old son.

After viewing the above cases, the teacher asked the students:

"Suppose you are a lawyer invited to defend your compatriots. Do you think you are capable of doing it successfully? I am afraid that we will encounter some difficulties. For example, how can we explain traditional Chinese culture in English readily comprehensible to people from different cultural backgrounds? Don't worry about it. Today we will learn how to cope with it. So long as we make efforts to learn, I believe that all of us will become more confident and more capable of dealing with such cases."

Finally, the teacher asked the students to focus on two selected topics in defence of Datong. As expected, the students found it difficult to act as a successful lawyer, since they did not know what to do and how to do it. Then the teacher gave a detailed explanation of the overall teaching plan of the unit, and of general learning objectives as well as specific ones.

At the phase of enabling, she designed three mini-activities which are logically connected (see Figure 2) (图 1.7). Each mini-activity is supported by enabling materials. Let's take the second mini-activity for example. In order to accomplish the productive activity for the unit, i. e., a legal debate in the court, the students must be able to explain what *Gua Sha* is and who Sun Wukong is in Chinese culture in a way American people can understand. Due to limited space, I will take up here just the topic of *Gua Sha*. The teacher selected two segments from the movie. In the first segment, Datong gives his explanation, and in the second, the explanation is given by a successful Chinese medical doctor working in the U.S.. The teacher asked the students to make a comparison between the two explanations to see in what way they were different, and why the Chinese medical doctor does much better than Datong. After that, the teacher provided the students with a reading passage in English for selective learning, which explains the history of *Gua Sha*, its working mechanism, and positive comments made by western patients. Once the students knew what to say and how to talk about *Gua Sha* with the help of enabling materials (i.e., two segments of the movie and one reading passage in English), they were asked to perform the second mini-activity in pairs, and then some of them reported in class what had been discussed. The teacher then gave feedback on the students' report in terms of linguistic forms, ideas and discourse organization.

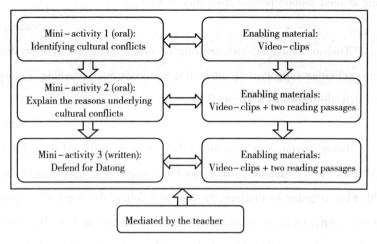

图 1.7　The enabling phase for the unit "Cultural shock in a courtroom" ①

At the third phase of assessment, the students performed in groups what they had already prepared and practised according to the guidelines given by the teacher. As mentioned before, the teacher and students participated jointly in evaluation. Such an assessment served a double purpose. On the one hand, it evaluated the effects of teaching; on the other, it helped each student evaluate how well she/he learnt compared with other students. In this sense, such assessment looks back at past learning and forward to future learning.

---

① W.J.Zhang, "Applying the Production-oriented Approach to the College English Classroom:A Teaching Experiment", *Foreign Languages and Their Teaching*,2016,No.2.

4.3　Students' feedback on POA

Once the unit was finished, the teacher collected the students' feedback on POA by asking them to write reflective journals. The following are some quotes from the students' journals:

"I love the POA by which I can concentrate on learning instead of looking at their mobile phones from time to time."

Student A

"The productive activity centring on one topic is clearly specified, with mini-activities supported by interesting materials. Such teaching is more effective than the previous teaching."

Student B

"Every lesson aims at accomplishing a mini-activity. I must be attentive and work hard. Fortunately, what has been learnt is almost seamlessly linked with what is going to produce. So long as I follow the teacher's requirements step by step, practicing speaking, then practicing writing. I needn't worry about the final assignment. Frankly speaking, I haven't attended English lessons so conscientiously for quite a long time."

Student C

Although the majority of students gave positive feedback about POA, some complained that they did not have sufficient time to prepare for the unit's productive activity, and that students' working loads were not evenly allocated. The complaints indicate that POA still has room for improvement.

5. Conclusion

POA is still at the experimental stage, where a number of tasks are expected to be undertaken. First of all, more empirical studies need to be conducted to measure

its effectiveness.Secondly, more action studies must be carried out to adapt to di-
verse learning conditions and students with varied English proficiency levels.Third-
ly, more varieties of textbooks for POA are expected by teachers teaching English
for academic purposes, or for vocational skills.Finally, the theoretical basis of POA
must be further explored so that its unique features can be well established when
compared with other influential instructional approaches.

（本文节选自 *Faces of English Education: Students, Teachers, and Pedagogy*,
Routledge 出版社 2017 年版）

"产出导向法"驱动场景设计要素例析①

一、引言

"产出导向法"(Production-oriented Approach,简称 POA)的教学流程包括驱动、促成和评价三个环节②。邱琳③和孙曙光④分别将促成和评价两个环节作为她们博士论文的研究选题,经过三四年的理论和实践探索,取得了一些研究成果⑤。相比之下,驱动环节的研究成果相对较少,且不够深入。呈现交际场景是驱动环节的第一步,是 POA 最具创意的部分。如何设计交际场景是实施 POA 的首要挑战。由于对产出场景理解不到位,部分新手教师设计的产出场景往往缺乏交际真实性,降低了产出场景本应具有的产出驱动力,明显影响了 POA 教学效果。笔者发现,经过不断修订的 POA 理论体系⑥对此阐释还

① 本文系教育部人文社会科学重点研究基地重大项目子课题"'产出导向法'理论体系与实施方法研究"(项目编号:16JJD740002)的阶段性成果。本研究得到北京外国语大学北京高校高精尖学科"外语教育学"建设项目的支持。

② 文秋芳:《构建"产出导向法"理论体系》,《外语教学与研究》2015 年第 4 期。

③ 邱琳:《"产出导向法"促成活动设计的研究》,北京外国语大学博士学位论文,2019 年。

④ 孙曙光:《基于产出导向法的师生合作评价研究:以写作活动为例》,北京外国语大学博士学位论文,2019 年。

⑤ 邱琳:《"产出导向法"语言促成环节过程化设计研究》,《现代外语》2017 年第 3 期;邱琳:《"产出导向法"促成环节的辩证研究》,《现代外语》2019 年第 3 期;孙曙光:《"师生合作评价"课堂反思性实践研究》,《现代外语》2017 年第 3 期;孙曙光:《"师生合作评价"的辩证研究》,《现代外语》2019 年第 3 期。

⑥ 文秋芳:《构建"产出导向法"理论体系》,《外语教学与研究》2015 年第 4 期;文秋芳:《"产出导向法"的中国特色》,《现代外语》2017 年第 3 期;文秋芳:《"产出导向法"与对外汉语教学》,《世界汉语教学》2018 年第 3 期。

不够深入细致。鉴于此,本文着重论述驱动环节中的交际场景设计,聚焦场景要素及各要素之间的相互关系,最后再通过案例说明场景要素在具体交际任务中的体现,供一线教师借鉴。

二、驱动环节的相关研究

POA 的驱动与传统外语教学中的"热身"(warm-up)或"导入"(lead-in)活动不同。"热身"或"导入"活动的目的是激发学生学习新课文的兴趣或者激活学生已有的背景知识,以便更好地学习课文。从这个意义上说,这些活动都是为后面学习课文做铺垫,或者说是为更好地接受输入做准备,而不是激发产出欲望。[①] POA 驱动环节的目的是通过让学生尝试完成产出任务而意识到自身的不足,从而激发学生学习新知识的积极性和产出的意愿[②]。

从笔者目前掌握的情况来看,仅有少数文献与 POA 驱动环节的设计相关。杨莉芳[③]从微课设计的角度介绍了驱动环节制作的优化过程。她设计的微课呈现了中国大学生与外国朋友交谈中西绘画差异的场景。交流时,中国大学生知识储备不足,难以回答外国朋友提出的问题。其场景真实,学生切身感受到自身情况和视频中的大学生类似,难以用英语和朋友谈论《蒙娜丽莎》的神秘之处和中国山水画的特点。但该文未涉及单元产出任务(比较中西绘画)可能发生在哪些场景中。邵颖[④]从马来语教材改编的角度探讨了驱动设计。她以"交际真实性""认知挑战性"和"产出目标达成性"[⑤]为理论指导,设计了驱动场景:学习马来语的中国学生到马来西亚朋友家过开斋节。产出任

---

① 文秋芳:《构建"产出导向法"理论体系》,《外语教学与研究》2015 年第 4 期。

② 文秋芳:《"产出导向法"与对外汉语教学》,《世界汉语教学》2018 年第 3 期。

③ 杨莉芳:《产出导向法"驱动"环节的微课设计——以〈新一代大学英语综合教程 2〉"艺术与自然"单元为例》,《中国外语教育》2015 年第 4 期。

④ 邵颖:《基于"产出导向法"的马来语教材改编:驱动环节设计》,《外语与外语教学》2019 年第 1 期。

⑤ 文秋芳:《"产出导向法"在辩证研究中逐步发展与完善》,2018 年中国英语教学研讨会论文,2018 年 10 月。

务包括口语和书面语两种,具体任务有三项:(1)用情景对话的形式展现受邀去马来朋友家参加开斋节活动;(2)以贺卡或邮件的形式为马来朋友送去节日祝福;(3)模拟向马来亚大学校刊投稿,以"中国穆斯林的开斋节"为题写一段不少于150词的文章。她在原课文的基础上以图片、视频展示和情景模拟等方式使学生真实并直观地感受到交际的真实性。但是,这篇文章聚焦如何通过改编教材来实施驱动,着眼点是整个驱动环节,对场景设计中的关键要素并未深入分析。

已有研究从驱动的实现方式(微课)和对驱动理论原则(交际真实性、认知挑战性和产出目标达成性)的应用等方面进行了探索,为 POA 驱动设计贡献了实践智慧。然而,目前仍有教师未能正确解读产出场景,设计的产出任务不符 POA 教学要求,从而导致任务的驱动力不强。在这种情况下,有必要进一步厘清"产出场景"概念,阐明内部要素,并明确各要素的作用。本文拟从这几个方面对驱动场景设计进行深入探究,旨在帮助一线教师更好地领悟场景设计的重要性和方法,提高教学效率。我们认为设计要素完整、具有真实场景的产出任务不仅能增强学生完成后续促成活动的驱动力,还能提高学生的语用和语体意识,增强学以致用的效果。

三、场景设计

交际真实性是场景(scenario)设计的基本要求。在实践 POA 初期,有些教师并不清楚什么是交际真实性,也没有注意到场景和情景的区别。哪些场景具有真实性? 哪些场景不具真实性? 何种产出任务符合真实交际场景的要求,何种产出任务不符? 本节先厘清场景和情景的区别,然后分别讨论二语和外语环境下的交际场景设计,用以说明学习环境对场景真实性的影响,最后重点论述真实交际场景的构成要素。

(一) 场景和情景

我们首先考察 situation(情景)和 scenario(场景)这两个词在英语词典中

的定义：

> situation：all the things that are happening at a particular time and in a particular place
>
> scenario：a description of how things might happen in the future①

从上述定义来看,这两个词有明显差异。situation 指实际发生在特定时空的一切事情,而 scenario 指对未来可能发生的事情的描述。根据情景设计的产出任务具有实用交际价值,简称为"情景化任务"。根据场景设计的产出任务具有潜在交际价值,简称为"场景化任务"。具有实用交际价值或潜在交际价值的任务都符合 POA 倡导的交际真实性这一要求,但在二语和外语环境中交际真实性的体现并不相同。

（二） 二语/外语环境下的场景设计

设计交际场景需区分二语环境和外语环境。目前,很多外国留学生在中国学习汉语,同时数以亿计的中国学生在中国学习英语。看上去,他们都在学习一种新语言,但环境完全不相同。前者是二语学习环境,后者是外语学习环境。在这两种环境下,学生所碰到的交际场景有差异。

1.二语环境

图 1.8 展示了外国留学生在中国学习汉语需要完成的实际发生和将来可能发生的两类产出任务。这两类任务形成一个连续统。第一类为情景化任务,即用汉语完成日常生活所需的各类产出任务。例如,用汉语去图书馆借书、去超市买东西、去银行办信用卡、购买火车票/飞机票、去餐厅点餐、去医务室看病等。这些产出任务发生在特定时空中,具有真实性和实用性。一般情况下,外国留学生初到中国学习初级汉语时,就会学习并完成类似的产出任务,使其在中国的生活更为便捷。

第二类为场景化任务,即用汉语完成将来可能发生的任务。以在中国学习汉语的美国大学生为例,他们用汉语与中国学生讨论美国社会问题、世界热

---

① A.S.Hornby, *Oxford Advanced Learner's Dictionary of Cnrrent English* (New 8th edn.) , Oxford: Oxford University Press,2010,p.1439,p.1364.

点问题、绘画、足球等。这些任务与情景化任务相比,实用性明显弱得多。学生未来不一定遇到场景化任务,只是可能遇到。例如,美国学生毕业后作为代表参加与中方的商务谈判,茶余饭后闲谈时,可能会涉及上述的非商务问题。这种"闲谈"很可能起到意想不到的作用,如加深彼此感情、增进彼此信任,甚至能够化解谈判中的矛盾。

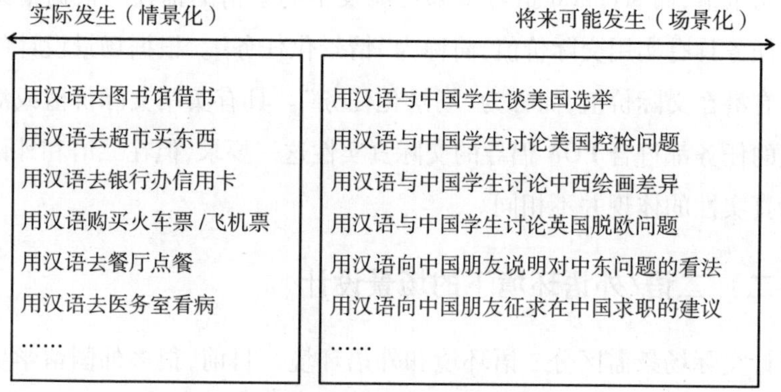

实际发生(情景化)　　　　　　　　　将来可能发生(场景化)

用汉语去图书馆借书	用汉语与中国学生谈美国选举
用汉语去超市买东西	用汉语与中国学生讨论美国控枪问题
用汉语去银行办信用卡	用汉语与中国学生讨论中西绘画差异
用汉语购买火车票/飞机票	用汉语与中国学生讨论英国脱欧问题
用汉语去餐厅点餐	用汉语向中国朋友说明对中东问题的看法
用汉语去医务室看病	用汉语向中国朋友征求在中国求职的建议
……	……

图 1.8　二语环境中的产出任务

2. 外语环境

图 1.9 展示了外语环境中的学习者可能完成的各种产出任务。与图 1.8 相比,这里没有再区分"实际发生"(情景化)和"将来可能发生"(场景化)的事情。在外语环境中,POA 将所有产出任务都纳入了场景中,原因是二语环境中实际发生的产出任务在外语环境中发生的概率相对较低。学生们走出英语课堂,可能不用英语也不会影响正常生活。例如,用英语问路可能是在英美国家生活的必备技能,而一部分中国的英语学习者即使学会了用英语问路,在国内也没有使用此技能的环境,更不用说用英语与外国人谈哲学、文学、艺术、体育、政治等。因此,我们把这些都归为将来可能发生的场景化产出任务。当然,我们鼓励教师对学生劝学,因为学习外语不只是为了实用。从长远看,学外语是为了提高国民素质,为自己打开一扇通向世界的窗户,让自己了解异域文化、拓宽视野,成为一个有中国立场、世界情怀的世界公民。从另一个角度说,一个人一生中会发生很多难以预料的事情。今天不需要使用外语不代表明天不需要。常言道"书到用时方恨少""少壮不努力,老大徒伤悲",如不

及早为未来做好准备,到时后悔莫及。

将来可能发生（场景化）

用英语去银行办理信用卡	用英语与美国学生讨论控枪问题
用英语去餐厅点餐	用英语与外国大学生比较中西绘画差异
用英语给外资公司写求职信	用英语与外国大学生讨论北京冬奥会
用英语给国外大学写入学申请	用英语与美国学生讨论中美贸易摩擦
用英语撰写并发表学术论文	用英语与外国大学生讨论全球气候问题
……	……

图 1.9　外语环境中的产出任务

（三）场景要素

本节主要讨论构成场景的要素及产出任务中各要素的不同作用。具体而言,场景包括四个要素:话题(产出的内容是什么)、目的(为什么产出)、身份(谁产出、为谁产出)和场合(在何处产出)(见图 1.10)。这四要素既有明显区别,又密切相关。如果场景要素不完整,其交际真实性就不能充分体现。

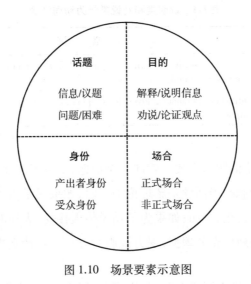

图 1.10　场景要素示意图

1. 话题

人们交际的话题多种多样,包括日常生活、社会、学术、政治、经济、科技、文学、历史和军事等。话题决定了产出内容。教师设定话题时,需要考虑学生对话题的熟悉度。有的话题贴近学生生活,他们有亲身体验,有话可说,例如用英语向外国留学生介绍校园生活;有的话题离学生生活相对较远,即便用汉语也可能难以表述清楚,例如用英语描述中国绘画的特点。教师在选择话题时需按熟悉程度由高到低的顺序,做到循序渐进。

2. 目的

说话者或写作者的目的大致可分为两大类①:(1)说明或解释信息;(2)劝说或论证观点。第一类目的是为了向受众交流和传递信息,大体属于事实陈述。第二类目的是要说服受众接受说话者或写作者的看法,大体属于观点陈述。虽然在这两种情况下,说话者或写作者均会采用各种手段使受众了解并相信自己传递的信息准确无误,但是出于不同的目的,交际者会采用不同的话语策略,选择和使用不同的动词。表 1.4 列出了说明类和劝说类文体常用的行为动词。交际者须对这些动词有一定敏感性,出于不同目的选择使用不同的动词。

表 1.4　说明类和劝说类行为动词举例

行为动词	举　　例
说明类	instruct, describe, illustrate, explain, define, demonstrate, notify, review, synthesize, summarize
劝说类	influence, persuade, advocate, propose, convince, justify, argue, defend, support, impact

目的决定讨论话题的方式。就同一个话题,交际者出于不同的目的会选择不同的方式。例如,当话题是新理论构想时,如果只是为了让他人了解,表述时要做到客观、公正、全面;如果为了劝说他人接受,表述时除了客观、公正外,还要想方设法列出充分理据,竭力说服对方。需要特别指出的是,在实际

---

①　此分类的主要依据是当前大学通用外语课堂上要求学生完成的产出任务。

生活中,这两类目的往往交织在一起,信息交流者可能难以避免劝说的目的,劝说者也一定以提供新信息为前提。这里的分类只是为了强调,说话者或写作者的目的一般呈现不同的倾向。

3. 身份

在言语交际中,交际双方(说者和听者、写者和读者)的身份关系影响言语的选择和运用。如果学生在完成产出任务时不清楚自己的身份,可能会导致交际不顺畅,甚至失败。我们可以从心理距离和社会距离两个维度来分析交际者的身份。就心理距离而言,交际者的心理关系密切程度不同。关系最为密切的通常是家庭成员,其次是朋友、同学和教师,再次是不常打交道的人或陌生人等。就社会距离而言,职位级别和年龄是影响社会距离的两个关键因素,民族和国家也是影响社会距离的重要因素。例如,同是陌生人,说同种母语的交际者之间的人际距离要比说不同母语者近。"老乡见老乡,两眼泪汪汪"表现出的就是这个道理。

4. 场合

学生日常交际的具体地点非常多,例如教室、学术报告厅、宿舍、食堂、操场、体育馆、图书馆、超市、餐馆等。如果交际任务发生在这些场合,学生会很容易产生代入感。这些场合可分为正式与非正式两类。正式场合一般具有仪式感,例如学术报告厅、礼堂等;非正式场合一般比较随意、轻松,没有固定仪式,例如同学聚会场所、超市、操场、教室走廊等。除此之外,学生作为社会人,交际也可能会发生在其他与身份相匹配的正式或非正式场合,例如实习单位商务谈判现场,出国旅游的国内外机场、火车站等。

5. 场景中的决定性要素

目的、话题、身份和场合四个要素共同形成一个场景,但这四个要素不总是具有同等作用。有时候话题是决定性要素。例如,在学生向教师请假这个场景中,教师是批假人,场合是办公场所,话题是请假,目的是劝说。在这四个要素中,关键因素是"请假"这个话题。"请假"不是一个常规行为,这就决定了请假人要有充分理由"劝说"批假人,无论批假人在办公室,还是在办公大楼走廊上,处理这个话题的方式没有本质差别。有时候场合是决定性要素。例如,学生在学术会议上宣读论文,听众是参会人员,包括资深教授、年轻学者、在读研究生等,但多种类型的参与者对发言人的形式和内容没有本质影响,其交流科研成果的目的也不会因为受众的多样化而改变。话题与学术会议主题相关,一般情况下,参与者事先做好准备,不会在现场进行大幅度调整。这就是说,在 POA 教学的驱动环节,教师要向学生介绍产出任务所涉及的场景四要素,同时还要让学生清楚哪个要素起决定性作用。

四、场景设计案例

下面展示的场景设计案例是根据曹巧珍的教学设计汇报改编而成的①。她教授的话题是中国饮食(Chinese Food),教学对象为大学一年级非英语专业学生,授课时间接近第一学期期末。教学目标是完成本单元的学习后,学生能够用英语:(1)向外国朋友描述如何包饺子;(2)向外国朋友解释中西饮食文化的差异。由于篇幅所限,本节仅集中讨论第一个教学目标及其相关内容。

教师准备了如下三个场景,目的是让学生了解这个产出任务极有可能在未来发生。她先和学生分享了自己在美国访学期间的亲身经历,作为用英语描述如何包饺子的第一个场景。

Scenario 1:I was a visiting scholar in an American University. I invited some American friends to come over to celebrate the Chinese New Year with me. I made dumplings for them of course. They all enjoyed them so much that they kept asking me how to make them. Imagine you are an exchange student in America and experience the same situation. How are you going to describe the procedure of making dumplings?

Scenario 2:You and your classmates invite your foreign teacher for lunch at a nearby restaurant.Dumplings are usually very popular with foreigners,so you order them for her and then she asks you a number of questions about how to make them.

---

① 2014年,曹老师参与8所院校教师组成的 POA 教研共同体,期间她汇报了自己针对中国饮食的教学设计。

You are going to describe the procedure of making dumplings so that she can do it by herself.

Scenario3: You and your friends are eating at a restaurant. Two foreigners sitting next to you are having dumplings and asking the waitress how to make them. However, they don't quite understand the waitress's Chinese very well. You step in to help translate the procedure she is describing in making dumplings.

POA 主张采用具有潜在交际价值的产出活动驱动学生的表达欲望,上述场景包含了话题、目的、身份和场合四个要素:话题是包饺子;目的是信息交流;身份是中国大学生,听众可能是外教、外国友人;场合是在学校附近的餐馆或者家中,这是非正式场合。在具体实践中,如果要更好地调动学生的积极性,教师可以让学生自己思考有哪些场景可能需要用英语描述如何包饺子,这样的教学效果会更好。

设想如果教师不提供场景,一开始就讲,今天我们要学习用英语来描述包饺子的过程,大多数学生难免会产生这样的疑问:我们为什么要完成这个任务? 这是考试内容吗? 如果不是,学这个有什么用? 这时,他们可能没有完成任务的积极性,而提供合理的场景,是激发学生英语学习积极性的重要手段。

五、场景设计需注意的问题

一般情况下,教学材料中已经给定话题,教师在设置场景时可能要更多地考虑交际目的、身份和场合,而在这几个要素中,"身份"在场景设计中最易被忽略或误解。依据笔者的观察,常见的问题包括"身份不当"和"身份不明"两种。

(一) 身份不当

身份不当有两种情况:一种是使用外语交际的对象不当,导致交际失去真实性;另一种是外语语体运用不当,未意识到产出者与受众的心理距离和社会距离,导致语用失误。目前在场景设计中第一种情况更为突出。图 1.11 中的产出任务均属于第一种情况。以第一项"用英语写信感谢父母的养育之恩"为例。看上去,这样的任务似乎没有什么问题。这个话题与学生的生活联系很紧密,也很富有教育意义。但仔细分析,我们不免产生疑问:作为一个中国学生,为什么要用英语给父母写这封信呢? 我们很难想象出学生需要完成这项任务的自然场景。如果用汉语写,肯定更能表达孩子细腻的感情,更能激发其深层情感。如果用英语写,一方面,孩子受英语词汇的限制,难以尽情诉说自己的真实情感;另一方面,父母英语水平不一定很高,如果要孩子翻译给父母听,就失去了一半的意义。

用英语写信感谢父母的养育之恩

用英语与社会各界人士讨论英语高考改革问题

用英语写一篇作文说明自己对安乐死的看法

用英语写一封邮件向市长询问未来城市环保计划

用英语采访以解学生对学校食堂的意见

用英语写一封信抱怨某商家的服务态度

用英语写一篇文章说明自己对医疗改革的设想

用英语写一篇文章讨论目前高校对学生的评价制度

图 1.11　交际场景真实性不足举例

再如第二项"用英语与社会各界人士讨论英语高考改革问题"。高考问题是社会热点,但教师为什么要求中国学生用英语与社会公众讨论这个问题呢? 如果真的要讨论,也应该用汉语。如果我们重新设计场景,这个产出任务就会变得更为真实。设想你校聘请的外教听说国家要对高考英语进行试点改革,他很感兴趣,想听听同学们对这个问题的看法。于是教师设计了一项活动"请你向外教解释你对高考英语改革的看法"。这类问题在大学英语教学中普遍存在,在中小学英语教学中也较为常见。小学英语教材中常见的英语句子是:What's your name? How old are you? 学生的回答是:My name is XXX. I am XX years old.试问,这样的对话可能会发生在什么人之间呢? 最先出现在笔者脑海中的可能是警察与被询问人之间。

（二） 身份不明

身份不明的问题在英语教学与考试中也很常见。以下是国外考试中的一个案例。

Test 1：Writing task 2

You should spend about 40 minutes on this task. Write about this topic：Living in a country where you have to speak a foreign language can cause serious social problems，as well as practical problems. To what extent do you agree or disagree with this statement? Give reasons for your answer and include any relevant examples from your own knowledge or experience. Write at least 250 words.（你需要在40分钟内完成写作任务，题目是：在必须说外语的国家生活会引发严重的社会问题和实际问题。你在多大程度上同意或反对这个观点? 给出你的理由，并依据经验或知识举例论证。不少于250词。）

以上作文题目缺乏身份信息：文章的目标读者是谁? 当身份不明时，考生一般会将这项任务看作单纯的试题，写文章的目的是用于考官评定成绩。这就是为考而考，缺乏潜在的交际价值。我们可以给这个写作任务补充下列信息：

设想你作为新移民的代表给某市议员写信阐明你对这个问题的看法，你的写作目的是要劝说这位议员同意你的观点。

补充以上信息后的场景比较完整。作者的身份是新移民代表，文章的读者是某市议员，讨论的话题是"外语是否会给新移民造成困难"，作者可以就这一话题发表看法，可以赞成，也可以不赞成。写文章的目的是要劝说议员赞成自己的观点。

类似这样的问题不仅经常出现在国外考试中，也出现在国内考试中。例如以下写作题目：

Directions：For this part，you are allowed 30 minutes to write an essay commenting on the saying "Learning is a daily experience and a lifetime mission". You can cite examples to illustrate the importance of lifelong learning. You should write at least 120 words but no more than 180 words.（这个题目要求考生在30分钟内

写一篇 120—180 词的文章,对"学习是日常活动,也是终生任务"这句话给予评论,并用例子说明终身学习的重要性。)

再如:

Directions:For this part,you are allowed 30 minutes to write a short essay on the importance of speaking/writing/reading ability and how to develop it. You should write at least 120 words but no more than 180 words.(这个题目要求考生在 30 分钟内写一篇 120—180 词的文章,来说明口语/写作/阅读能力的重要性及如何提高这种能力)。

中国大学生以什么身份用英语完成上述两个写作任务?这两个任务都只交代了话题,而没有提及身份信息。如果不是为了考试,学生似乎没有完成上述任务的必要性。这就是典型的身份不明的产出任务。

上述例子说明,在教学中,若是"身份不当"或"身份不明",设计的产出任务就明显缺乏交际价值。这不仅会降低 POA 设计驱动环节的意义,而且会导致学生形成一种为练语言而练语言的错误习惯,忽视交际中恰当身份的重要性。可能有人会讲,这个问题对外语环境中的英语教学不重要,只要学生通过练习,能够掌握语言知识和技能,将来就能在实际运用中自行培养和提高,有人甚至用他们自身的经验来证明这一论点:当年他们学英语时就未受过所谓"身份"重要性的教育,现在使用英语似乎也没有什么障碍。笔者认为,不重视"身份"教育的外语教学让学习者通过实践自行摸索,肯定有一部分人能够确立身份意识,但如果外语教学能采用显性方式进行培养,能让学习者少走弯路,提高教学效率,这难道不是更好吗?

六、小结

本文专门就交际场景的基本要求(交际真实性)进行了讨论,特别强调了两类具有交际真实性的场景。一类是实际发生的、具有实用交际价值的情景化产出活动,另一类是将来可能发生的、具有潜在交际价值的场景化产出活动。在二语环境中,情景化和场景化产出活动都有可能发生,而外语环境中只有场景化产出活动会发生。我国英语教师在介绍场景时必须要展现任务的话题、目的、身份和场合四个完整要素,设计的 POA 产出任务必须内嵌在交际场景中。如果场景四要素信息不完整,就不能达到交际真实性的要求。作为英语教师,我们应该对此保持高度敏感性,尽量避免四要素不完整的情况。

最后需要指出的是,交际场景设计只是驱动环节的第一步。目前对 POA 驱动环节的整体研究还很匮乏。我们期待更多对 POA 感兴趣的教师对驱动环节进行深入研究,从理论和实践两个层面,厘清实施驱动环节的原则和操作路径。

（本文原载《外语教育研究前沿》2020 年第 2 期,作者文秋芳、孙曙光）

"产出导向法"与"任务教学法"的异同评述①

一、引言

自从"产出导向法"(Production-oriented Approach,简称 POA)问世后,国内外学者提得最多的问题是:POA 与"任务教学法"有何区别？要回答这个问题,首先要弄清楚这里指的是哪一种"任务教学法"。Mike Long② 认为有两种"任务教学法":一种是大写的 TASK - BASED LANGUAGE TEACHING (TBLT),另一个是小写的 task-based language teaching(tblt)。目前国内学者未对这两者给予清晰界定,也未给出对应的中文译文。根据两种方法的内涵,笔者将 TBLT 译成"职业外语任务教学法",将 tblt 译成"通用外语任务教学法"。邓海龙③、毕争④分别从教学理论和教学材料两个角度比较了 POA⑤ 和 TBLT 的异同,唐美华⑥从操作层面比较了 POA 与 tblt 在教学设计上的异同。

① 基金项目:本文系教育部人文社科重点研究基地重大项目(项目编号:16JJD740002)子课题"'产出导向法'理论体系与实施方法研究"的阶段性研究成果。

② M.Long, *Second Language Acquisition and Task - Based Language Teaching*, Malden, MA: Willey & Blackwell,2015.

③ 邓海龙:《"产出导向法"与"任务型教学法"比较:理念、假设与流程》,《外语教学》2018年第 3 期。

④ 毕争:《"产出导向法"与"任务型教学法"比较:教学材料设计与使用》,《外语教学》2019 年第 4 期。

⑤ 文秋芳:《构建"产出导向法"理论体系》,《外语教学与研究》2015 年第 4 期;文秋芳:《"产出导向法"与对外汉语教学》,《世界汉语教学》2018 年第 3 期。

⑥ 唐美华:《"产出导向法"与"任务型教学法"比较:英语专业精读课单元教学设计案例》,《外语教学》2020 年第 1 期。

他们的论文为学界了解 POA 的特点起到了重要作用,但不足的是:第一,未揭示 POA 和 TBLT 在宏观层面上的异同;第二,未系统比较 POA 和 tblt。本文将 POA 与两种不同"任务教学法"(TBLT 和 tblt)分别进行比较。

二、文献综述

(一) Long 对 TBLT 和 tblt 的评述

Mike Long 于 2015 年出版了专著《二语习得和任务教学》(*Second Language Acquisition and Task-Based Language Teaching*)。Long 在书中明确提出要区分 TBLT 和 tblt。他声称 TBLT 由他首创,而 tblt 是其他学者对他提出的 TBLT 的泛化使用,并且理解有误。Long[1] 在书中写道,1980—1982 年间,他在宾夕法尼亚大学授课时,率先勾画出 TBLT 的理论蓝图。1983 年,在乔治城举办的跨机构圆桌会议上,他就 TBLT 作了主旨报告,首次在公开场合阐释了 TBLT 理论。两年后,他的发言得以正式发表[2]。在理论发展、实证研究结果和课堂教学实践的基础上,TBLT 不断扩充和修订,目前仍在完善的过程中。Long 认为,TBLT 尽管处于萌芽期,但该二语教学理论拥有清晰的教育哲学理念,已逐渐成为完善的教学方法,可用于课程设计、实施和评价。

Long[3] 在书中尖锐地批评道,当下 tblt 已经变得越来越时髦,同一批作者和出版商中的许多人在过去 30 年中不断更换结构、意念、功能、主题和词汇大纲,赚得盆满钵满,他们换上了"任务"这一时髦标签,但在重复过去的实践。而他们所说的"任务"只是名义上的而已,实际上是零散的、各种各样的"交际

[1] M. Long, *Second Language Acquisition and Task-Based Language Teaching*, Malden, MA: Willey & Blackwell, 2015, p.xii.

[2] M. Long, "A Role for Instruction in Second Language Acquisition: Task Based Language Teaching", in K. Hyltenstam & M. Pienemann. *Modeling and Assessing Second Language Development*, Clevedon, Avon: Multilingual Matters, 1985, pp.77–99.

[3] M. Long, *Second Language Acquisition and Task-Based Language Teaching*, Malden, MA: Willey & Blackwell, 2015, p.xi.

任务"的拼盘,其中许多都算不上真正的交际任务,它们只是过去的练习和活动,其作用至多是支持了任务(task-supported),而不是以任务为教学单位(task-based)。这些任务只是目标结构和词汇的载体,而不是任务大纲本身的内容。笔者不完全赞成 Long 对 tblt 的批评,特别是将作者和出版商更换教学理念的动机简单地归于"赚钱",这显得过于"狭隘"和"片面"。笔者猜想Long 气愤的主要原因是,他认为自己是 TBLT 的创建者,而其他作者使用这一概念时,对他的贡献没有给予足够认可,同时还在一定程度上曲解了他的看法。

国际学者(例如 Richards & Rodgers)①对"任务教学法"发展过程的描述与 Long 不完全相同,本文暂且接受 Long 提出的区别,将 POA 与 TBLT 和 tblt分别进行比较。

(二) POA 和 TBLT、tblt 比较研究综述

邓海龙②对比了 TBLT 和 POA 在教学理念、假设和流程上的异同。表 1.5展示了他比较的结果。邓海龙认为,在教学理念上,POA 和 TBLT 都重视"全人教育"和"做中学",不同的是,TBLT 主张以学生为中心,而 POA 倡导以学习为中心。在教学假设上,两者都承认输入和输出的作用,但 TBLT 更重视语言的运用,更看重意义的传递,似乎获得了意义,就掌握了语言形式;似乎表达了意义,语言知识体系就能自然拓展。与 TBLT 相比,POA 更强调输入和输出的有机结合,倡导学中用,用中学,边学边用,边用边学。在教学流程上,POA和 TBLT 都肯定语言运用在课堂教学中的作用。不同的是,TBLT 未能将评价和教学有机融合,而 POA 将评价分为即时评价和延时评价③,主张延时评价不能简单地作为考查和记录学生学习效果的手段,更为重要的是应该作为复习、巩固和深度学习的重要环节,是教学中不可分割的一部分。

① J.Richards & T.Rodgers,*Approaches and Methrds in Language Teaching*(2nd edn.),Beijing:Foreign Language Teaching and Recearch Press,2008.
② 邓海龙:《"产出导向法"与"任务型教学法"比较:理念、假设与流程》,《外语教学》2018年第 3 期。
③ 文秋芳:《构建"产出导向法"理论体系》,《外语教学与研究》2015 年第 4 期。

表 1.5　TBLT 和 POA 在教学理念、假设和流程上的比较

对比层次	相似	差异	
		"任务型教学法"	"产出导向法"
教学理念	重视"全人教育"和"在做中学"	学生中心	学习中心
教学假设	关注"输入"与"输出"的作用	重用轻学	学用一体
教学流程	强调以语言运用为基础组织课堂教学	评学分离	以评为学

　　毕争①比较了 TBLT 和 POA 在教学材料编写、使用和评价方面的异同。笔者用表格总结她对两者比较的结果(见表 1.6)。在材料编写上,她指出,TBLT 和 POA 教学材料编写都有较为系统的教学理论做支撑。不同点体现在:第一,TBLT 材料中的基本教学单位是真实发生在日常生活中的交际任务,而 POA 要求学生完成的是现在或未来有可能发生的交际活动;第二,TBLT 主张对材料进行深加工,以增强其可理解性。而 POA 主张选用真实文本,即使有个别调整,幅度不会超过 5%。在材料使用上,TBLT 和 POA 都主张语言学习必须与使用相融合。不同点体现在三个方面。第一,在教学流程上,TBLT 按照常规教学程序,先输入,再输出,而 POA 是始于输出,终于输出,输入是促成输出的助推器。第二,在处理语言意义和形式的顺序上,TBLT 明确指出要学生先关注语言的意义,再关注语言形式,而 POA 强调意义—形式一体化。第三,在师生角色上,TBLT 主张以学习者为中心,而 POA 倡导教师主导、学生主体的双主原则。在材料使用效果评价上,TBLT 和 POA 都主张评测学习者运用语言的交际效果,但是,TBLT 只评价目标任务的完成,并且评价主体主要是教师,而 POA 同时考查交际目标和语言目标的达成,并且由师生合作的方式共同完成。

① 毕争:《"产出导向法"与"任务型教学法"比较:教学材料设计与使用》,《外语教学》2019 年第 4 期。

表 1.6 TBLT 和 POA 在教学材料设计、使用和评价上的比较

对比 层次	相似	差异	
		TBLT	POA
教学材料编写	都有系统的理论做支撑	1)日常生活任务 2)加工教学材料,且不丢失真实性	1)有潜在交际价值的任务 2)真实文本
教学材料使用	用中学	1)先输入,再输出 2)先意义,后形式 3)学习者中心	1)输出—输入—输出 2)形式—意义一体 3)教师主导、学生主体
教学材料使用效果评价	运用语言的交际效果	1)完成目标任务的能力 2)教师是评价主体	1)评价交际和语言双重目标 2)师生合作评价

唐美华①聚焦教学操作层面,比对了 tblt 和 POA 教学设计上的差异,指出 tblt 教学流程按照时间顺序分为任务前、任务中和任务后环节,而 POA 教学流程是由驱动—促成—评价组成的若干循环链;在 tblt 教学流程中,评价不是必要环节,并且通常与学习分开,而 POA 主张评价是必不可少的教学环节,并且必须有教师的专业指导;tblt 主张在教学中赋予学生课程决策权,教师担任"协调者"角色,而 POA 提倡以教师为主导、学生为主体。然后,她以英语专业精读课一个单元为例,分别展示了 tblt 和 POA 指导下的单元教学设计,对比两者后指出,POA 的产出驱动更能有效激发学生内生动力,教师主导更能有效促成产出任务完成,师生合作的评价方式更能有效增加学生的获得感,与 tblt 相比,POA 更契合中国外语教学实际。

以上三篇文章分别从不同角度对比了 POA 与"任务教学法"的异同。这是现有期刊上仅有的比较 POA 与"任务教学法"的论文。它们有助于学界理解 POA 的中国特色,不足的是:第一,未从宏观层面讨论 POA 和 TBLT 的差异;第二,未全面、深入地比较 POA 和 tblt 的异同。本文接下来首先对 POA 与 TBLT 在宏观层面的差异进行解析,然后系统对比 POA 与 tblt 的异同。

---

① 唐美华:《"产出导向法"与"任务型教学法"比较:英语专业精读课单元教学设计案例》,《外语教学》2020 年第 1 期。

三、POA 与 TBLT 宏观差异的比较

笔者认为,POA 和 TBLT 的本质差异主要存在于教学对象和教学目标上。POA 的教学对象是学校接受正规教育的学生,他们未来使用外语的真实、具体的需求难以预测。以大学生为例,大学一年级新生学习英语时并不能准确预测自己未来的工作岗位。再说,他们还未接触具体专业课。即便进行需求调查,可以推测,调查结果肯定五花八门。要根据这些结果编写出符合每个学生需求的教学材料,几乎没有可能。因此,编写者只能按照国家规定的教学大纲,平衡学生、社会和学科三者的需求,让学生学习通用英语,发展交际能力、扩大国际视野、提升综合素质。随着专业课程学习的深入,对未来就业有了明确计划,学生需求才可能细化。

与 POA 的教学对象不同,TBLT 是就业去向明确的英语学习者。尽管学习者的英语水平、个性和学习能力有别,但他们在同一工作岗位上需要完成的任务极其相似。在编写这一类教学材料之前,可以按照 Long[①] 的要求,先做需求分析,然后对岗位工作需求进行详细分解,再按照这些任务的难易程度形成任务教学大纲。有了这个任务大纲,编写教学材料就有了依据。

Long 在《二语习得和任务教学》一书中列出了为航空乘务员设计 TBLT 大纲的步骤和过程:

第一步,根据需求分析,设计出目标任务,具体包括(1)提供早餐、中餐、晚餐、饮料、小吃等;(2)检查救生衣、氧气瓶、安全带等;(3)检查头顶上方的行李舱、座位下部的行李、乘客是否坐在指定座位上等。

第二步,将目标任务抽象为目标任务类型,具体地说,上述目标任务可以抽象为三类:(1)提供食物和饮料;(2)检查安全设施;(3)准备降落。

第三步,设计教学任务。具体地说,将上述三类任务进行分解。以提供食

---

① M.Long, *Second Language Acquisition and Task-Based Language Teaching*, Malden, MA: Willey & Blackwell, 2015.

物和饮料为例。这一项任务可以分解为:(1a)在两种食物中让乘客选择;(1b)在多种食物中让乘客选择;(1c)根据录音提示,回复乘客要求的食物无法提供;(1d)角色表演;……(1n)进行充分模拟训练,以确认乘客的选择(任务完成)。

从上述例子可以看出,Long 所说的目标任务是空乘人员的真实工作任务,教学任务只是将目标任务分解为系列小任务,终极目标仍是完成目标任务。如果英语教学针对的是从事某项职业的某类人,那 Long 提出的编写教材的步骤和流程就非常实用。这些工作岗位所需的教学内容明确,目标清楚,学习者动机也很强烈。我们还可以举出很多类似空乘人员岗前培训的例子,比如,给宾馆前台服务员、飞机驾驶员、导游、火车售票员、博物馆解说员等提供岗前培训。

根据课程论的观点①,教学目标决定教学内容、教学方法和评价手段。笔者认为,由于 POA 和 TBLT 的教学对象不同,导致其教学目标也不同。教学内容、教学方法和评价手段都由教学目标来决定,一旦教学目标大相径庭,再分析和比较 POA 和 TBLT 在其他方面的差异,意义就不是很大。

四、POA 与 tblt 的比较

有关 tblt 的文献很多。例如 Richards 和 Rodgers② 在《语言教学的流派》(第二版)(*Approaches and Methods in Language Teaching*)中特地增加了一章,集中说明 tblt。Ellis 和 Shintani③ 在《透过二语习得研究探索语言教学理论》(*Exploring Language Pedagogy through Second Language Acquisition Research*)中也专门有一章描述 tblt。朗文出版社④、牛津大学出版社⑤和剑桥大学出版

---

① R.W. Tyler, *Basic Principles of Curriculum and Instruction*, Chicago: University of Chicago Press, 1949.

② J.Richards & T.Rodgers, *Approaches and Methods in Language Teaching* (2nd edn.), Beijing: Foreign Language Teaching and Research Press, 2008.

③ R.Ellis & N.Shintani, *Exploring Language Pedagogy through Second Language Acquisition Research*, London & New York: Routledge, 2014, pp.135–136, p.142.

④ J.Willis, *A Framework for Task–Based Learning*, Harlow: Longman, 1996.

⑤ R.Ellis, *Task–based Language Learning and Teaching*, Oxford: Oxford University Press, 2003.

社①先后出版了关于 tblt 的专著。确实如 Long 所说,在过去 30 年中 tblt 已成了时尚。然而学者们对 tblt 的定义和解释不完全一致。坦率地说,笔者难以准确、客观、全面地对 tblt 加以描述。下文主要依据 Richards & Rodgers②、Ellis③ 和 Ellis & Shintani④ 的观点,从教学单位、教学大纲与教学材料,以及教学实施三个方面来讨论 POA 和 tblt 的异同。

(一) 教学单位

tblt 的基本教学单位是"任务"(task),POA 的基本教学单位是"产出活动"(productive activity)。如果不做仔细分析,两者似乎看不出明显差异。下文将对这两个概念做深入分析。

tblt 中"任务"的定义多种多样,至今未达成共识。Ellis 和 Shintani⑤ 参考 Ellis⑥ 的观点总结了以下四条标准来界定教学活动中的"任务":

(1)意义第一,即学习者在加工和产出过程中主要关心意义而非语言形式,这里意义包括语义和语用两个层面(semantic meaning and pragmatic meaning);

(2)有真实交际需求,即交际双方有传递信息、表达观点或推测意义的需求;

(3)依靠自身资源完成任务,即完成任务时,学习者无需新学语言,尽管他们可以从任务提供的输入中选用语言形式;

(4)有明确的交际结果,即语言是达到某种目标的手段,但语言本身不是目标。换句话说,当完成任务时,学习者不能只关注语言运用的正确性,而是要达成任务规定的目标。

① D.Nunan, *Task-based Language Teaching*, Cambridge: Cambridge University Press, 2004.

② J.Richards & T.Rodgers, *Approaches and Methods in Language Teaching*(2nd edn.), Beijing: Foreign Language Teaching and Research Press, 2008.

③ R.Ellis, *Task-based Language Learning and Teaching*, Oxford: Oxford University Press, 2003.

④ R.Ellis & N.Shintani, *Exploring Language Pedagogy through Second Language Acquisition Research*, London & New York: Routledge, 2014, pp.135-136.

⑤ R.Ellis & N.Shintani, *Exploring Language Pedagogy through Second Language Acquisition Research*, London & New York: Routledge, 2014, pp.135-136.

⑥ R.Ellis, *Task-based Language Learning and Teaching*, Oxford: Oxford University Press, 2003.

就任务类型而言,有不同的分类方式①。如 Willis② 根据学习者的认知行为,将任务类型分为:列举(listing)、排序与整理(ordering and sorting)、比较(comparing)、解决问题(problem-solving)、分享个人经验(sharing personal experiences)、创造性任务(creative tasks)等。Prabhu③ 依据交际涉及的内容,将任务类型分为信息交流(information-gap)、观点交流(opinion-gap)和推论交流(reasoning-gap)。根据运用语言的自由程度,Ellis 和 Shintani④ 把任务分为无焦点任务(unfocused-task)和焦点任务(focused-task),他们还根据加工对象,将任务分为输入型(input-based)和输出型(output-based)。

Richards 和 Rodgers⑤ 举出了一些"任务"的实例。例如,要求学生围绕报纸这一媒介完成下列任务:(1)让学生审编一份报纸,决定报纸栏目,并建议三个新增栏目;(2)要求学生从分类版上找到合适的例子学习,准备一份招工广告;(3)要求学生学习报纸娱乐版,准备他们自己的周末娱乐计划。再比如要求学生基于电视媒介完成下列任务:(1)学生边听天气预报,边做笔记,然后准备一份天气地图,根据未来天气变化情况,在地图上作出标记;(2)要求学生观看信息广告,识别并列出"促销"词汇,然后运用这些词汇设计一份类似广告;(3)观看一部未看过的肥皂剧中的一节,要求学生列出剧中的人物,并说明这些人物与其他人物的关系。

POA"产出活动"与 tblt"任务"相比,差异多于共同点。相同的地方是:它们都不是传统教学中的"练习"(exercise)。"任务"和"产出任务"都是由意义驱动,有明确的交际目的,完成任务后有清晰的结果。而"练习"只是为学习某种语言形式而设计。不同点大致有四个方面。第一,tblt 提倡意义第一,形式第二,而 POA 主张意义—形式一体化;第二,tblt 区分输入任务和输出任务,

---

① R.Ellis & N.Shintani, *Exploring Language Pedagogy through Second Language Acquisition Research*, London & New York: Routledge, 2014, pp.135-136.

② J.Willis, *A Framework for Task-Based Learning*, Harlow: Longman, 1996.

③ N.S.Prabhu, *Second Language Pedagogy*, Oxford: Oxford University Press, 1987.

④ R.Ellis & N.Shintani, *Exploring Language Pedagogy through Second Language Acquisition Research*, London & New York: Routledge, 2014, pp.135-136.

⑤ J.Richards & T.Rodgers, *Approaches and Methods in Language Teaching*(2nd edn.), Beijing: Foreign Language Teaching and Research Press, 2008, p.237.

而 POA 只有"产出任务"而没有单一的"输入任务",这不是说 POA 中没有输入,只是输入是用于促成产出任务的完成;第三,tblt 要求学习者依靠自身拥有的资源完成"任务",在这一过程中,教师不需要教授新语言项目,虽然这不排除学习者从任务本身提供的输入中选择语言项目来使用,问题是,通过这种途径获得的输入有一定偶然性,缺少教师专业、系统的指导。恰恰相反,POA 希望教师在合适时候精准施策,帮助学生增加语言资源,提升表达能力。具体做法是,学习者通过尝试产出,意识到自己表达能力上的缺失,从而激发学习新语言形式的欲望。教师正是利用学习者这种渴求新知识的愿望,提供相关输入,并根据产出将输入设计为一系列促成活动,学习者在教师指导下,从输入中选择恰当的内容、语言表达形式和话语结构,完成系列促成活动,最终顺利完成产出任务。

(二) 教学大纲与教学材料

tblt 的任务教学大纲一直是个颇具争议的话题。Ellis 和 Shintani[1] 认为,无论如何争论,教学大纲总要决定教什么,然后要对选择的教学内容进行排序。就大纲结构而言,Ellis[2] 区分了两种大纲:(1)基于无焦点任务的大纲(即对学习者使用的语言无限制);(2)基于焦点任务的大纲(即隐性规定学习者使用何种语言项目)。对于第二种大纲,设计者既要考虑任务,又要考虑语言项目。需要强调的是,这里的语言项目内嵌在任务中,不属于显性教学内容。Ellis 建议可以采用模块式,即有的模块基于任务,有的模块基于语言项目。虽有学者做过理论阐述,但完整的任务教学大纲至今未问世。

就任务主题(thematic content)和任务类型(task type)而言,大纲设计者该如何选择呢? 如果课程目的是提高学生的通用二语能力,Ellis 和 Shintani[3] 建议可根据三个因素来选择:(1)主题熟悉度(topic familiarity);(2)趣味性(in-

---

① R.Ellis & N.Shintani, *Exploring Language Pedagogy through Second Language Acquisition Research*, London & New York: Routledge, 2014.

② R.Ellis, *Task-based Language Learning and Teaching*, Oxford: Oxford University Press, 2003.

③ R.Ellis & N.Shintani, *Exploring Language Pedagogy through Second Language Acquisition Research*, London & New York: Routledge, 2014.

trinsic interest);(3)主题相关性(topic relevance)。

有关任务的排顺,Ellis① 建议可考虑下列四个方面:

(1)输入形式和语言难易度(即输入是语言还是非语言,语言的复杂度,主题的熟悉度,情景信息的丰富度);

(2)完成任务的条件(是完成单项任务,还是同时完成双项任务);

(3)加工难度(是传递信息,还是需要给出观点和理由);

(4)任务结果(是完成封闭性任务,还是完成开放性任务)。

就教学材料编写流程而言,tblt 与 POA 有完全不同的路径。Ellis② 提出的 tblt 教学材料编写流程分为三个阶段(见图 1.12)。第一阶段,编写者考虑任务和语言两方面需求。任务方面包括任务类型、主题/话题和任务排序标准,语言方面包括形式和功能。第二阶段,编写任务大纲,其中有无焦点任务和焦点任务两类。第三阶段,依据大纲编写教学材料和实施方案。

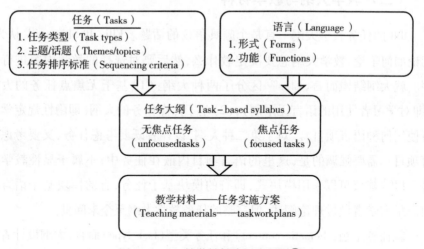

图 1.12 tblt 教学材料编写流程图③

尽管图 1.12 展示的编写流程清晰,但至今未见过纯粹依据 tblt 大纲编写

---

① R.Ellis, *Task-based Language Learning and Teaching*, Oxford:Oxford University Press,2003.

② R.Ellis, *Task-based Language Learning and Teaching*, Oxford:Oxford University Press,2003.

③ R.Ellis & N.Shintani, *Exploring Language Pedagogy through Second Language Acquisition Research*, London & New York:Routledge,2014,p.206.

的教材。POA 以教育部制定的《大学英语课程教学要求》(以下简称《要求》)(2007)和 POA 理念为依据,于 2015 年在外语教学与出版社出版了以 POA 为指导编写的《新一代大学英语》教材。图 1.13 展示了 POA 教学材料编写流程简易示意图。

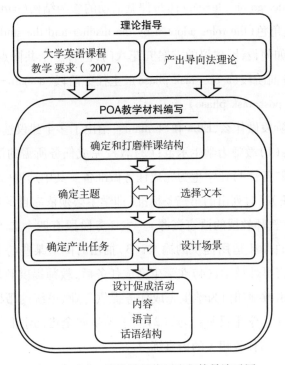

图 1.13　POA 教学材料编写流程简易演示图

将图 1.12 和图 1.13 比较,两者的差异显而易见。第一,POA 教学材料编写全程由顶层理论指导。第二,编写过程分为四个阶段。(1)确定和打磨样课结构,这项工作费时耗力,却是最重要的一步。一旦有了能够体现顶层理论的样课,全书编写就有了模板。(2)编者根据《要求》选定主题与课文,这两者之间有互动关系,有时因为课文不合适,便适当调整主题。(3)确定产出任务和设计场景。这两项工作紧密相连。确定产出任务就是明确单元教学目标,然后根据目标设计合适的交际场景。逻辑上说,目标确定在前,场景设计在后。实际情况是,两者不停地互动,最终达到协同。(4)设计促成活动。不同于以往的课后练习,POA 围绕产出任务所需的内容、语言表达形式和话语结构这三方面设计相应的促成活动。

（三）教学实施

就教学实施而言,Ellis 和 Shintani① 认为有三个因素必须考虑:(1)每节课的设计(the design of a lesson);(2)课堂活动的参与结构(participatory structure);(3)师生角色(the roles adopted by the teacher and the students)。

就每节课如何设计,建议的方案五花八门,但有一个共同点,即每节课分三个阶段:任务前阶段(a pre-task phase)、主任务阶段(a main-task phase)和任务后阶段(a post-task phase)。

关于每个阶段做什么,Ellis 和 Shintani② 给出了多个建议选项。任务前阶段有四个选项:(1)教师为学生示范;(2)教授完成任务所需的语言;(3)激活学生已有知识储备;(4)让学生为完成任务做准备。其中选项(2)明显违背了Ellis 在界定"任务"时列出的第三条标准(即学生必须依靠自身资源来完成任务,不允许依靠教师教授的语言资源)。主任务阶段有四个选项:(1)限时完成任务;(2)允许学生运用提供的输入;(3)抽出时间对某些与完成任务相关的语言项目进行显性教学;(4)在学生完成任务后,教师提供额外信息。从这四个选项看不出教师如何为学生完成任务提供专业、系统的帮助。任务后阶段有三个选项:(1)学生反复练习;(2)要求学生向全班同学汇报自己完成任务的结果;(3)做与任务相关的语言练习。

一节课的参与结构关注的是教师和学生对任务完成作出何种贡献。这里要区分参与活动的类型是个人活动,还是多数人参与的集体活动。如果是群体性互动,可选择的方式有多种。第一种,教师带领全班学生循序渐进地开展活动;第二种,让学生扮演教师角色带领全班活动;第三种,让学生以小组或对子形式开展互动。D.Willis 和 J.Willis③ 特别推荐小组活动,而 Prabhu④ 反对

---

① R.Ellis & N.Shintani, *Exploring Language Pedagogy through Second Language Acquisition Research*, London & New York: Routledge, 2014, p.141.

② R.Ellis & N.Shintani, *Exploring Language Pedagogy through Second Language Acquisition Research*, London & New York: Routledge, 2014, pp.141-142.

③ D.Willis & J.Willis, *Doing Task-based Teaching*, Oxford: Oxford University Press, 2007.

④ N.S.Prabhu, *Second Language Pedagogy*, Oxford: Oxford University Press, 1987.

小组活动,主张先由教师给予全体学生专业指导,再由学生自己练习。

tblt 与交际法一样,将课堂活动看作社会活动(social events)。既然是社会活动,师生角色就需要跳出"传统看法"。学生应该被看作能动、积极的参与者,要从"学习者"转变为"语言使用者",教师不再是知识的提供者,而是学生学习的促进者。但有的 tblt 支持者有不同看法,认为教师应该发挥专业引领作用,不该放弃语言项目的显性教学,应该对学生的活动进行有效监控并给予反馈。Ellis 和 Shintani[1] 认为将学生的角色分为"学习者"和"交际者"过于绝对,事实上,学生总是在这两种角色间不断转换。

笔者认为,Ellis 和 Shintani[2] 对 tblt 课堂实施的阐述比较零散,读者难以形成一堂课的具体样态。而 POA 以单元为教学单位,其教学流程清晰明了。图 1.14 展示了 POA 完整的教学流程。在总体驱动阶段,教师首先向学生展现产出任务的场景四要素(目的、话题、受众和场合),让学生理解完成产出任务的必要性,然后解释产出任务的具体要求,其中涵盖交际功能和语言项目两个方面,接着让学生进行产出任务的尝试。通过这样的尝试让学生和教师了

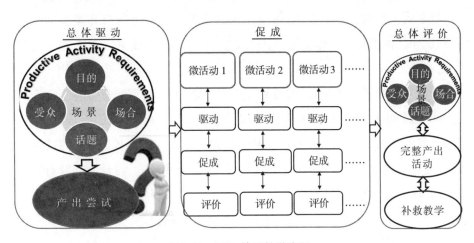

图 1.14 POA 单元教学流程

① R.Ellis & N.Shintani, *Exploring Language Pedagogy through Second Language Acquisition Research*, London & New York:Routledge,2014.

② R.Ellis & N.Shintani, *Exploring Language Pedagogy through Second Language Acquisition Research*, London & New York:Routledge,2014.

解学生完成任务有何种困难。了解产出困难一方面可以为学生学习提供动力源，另一方面可以为教学提供更精准的靶子。在促成阶段，教师将大的产出任务分解为逻辑上相互联系的若干微活动，每个微活动的完成都包含一个驱动—促成—评价的循环。当若干微活动完成后，进入总体评价阶段。这时的评价关注整个产出任务目标的达成度，师生合作对整个产出任务进行评价，发现问题，并及时进行补救教学。

五、讨论与结语

Long[①] 提议用大小写来分别代表他自认首创的 TBLT 和其他学者使用的 tblt。从本质上说，Long 的 TBLT 针对的是职业英语学习者，其他学者的 tblt 针对的是一般学习者。笔者认为 Long 的 TBLT 非常适合岗前集中培训。这些接受培训的人岗位明确，学习二语或外语的目的清晰。TBLT 以任务为教学单位，以系列任务构建教学大纲，由应用语言学家与行业专家合作编写教学材料；教学时，模拟真实工作情景，循序渐进地学习如何完成岗位任务，这个方法行之有效。

tblt 用于教授一般学习者，特别是在校接受正规教育的学习者。完全执行 tblt 难度很大，因为我们无法预测，更无法穷尽学生未来所需完成的任务。因此，我们无法编写出 tblt 教学大纲，也难以编写出纯粹基于 tblt 的教学材料。但日常教学可以根据教材内容，依据 tblt 的基本理念，设计一些具有交际价值的任务，让学生通过模拟性交际实践提高运用外语的能力。这里需要强调外语和二语环境的差异。在二语环境中，设计具有真实交际价值的任务比较容易；在外语环境中，难度就很大。大部分角色扮演的任务都缺乏交际真实性，因为在日常生活中，学习者一般不需要使用外语。

POA 与 TBLT 有着本质区别，两者的教学对象和教学目标都不一样。

---

① M. Long, *Second Language Acquisition and Task - Based Language Teaching*, Malden, MA：Willey & Blackwell, 2015.

POA教授的是一年级刚入校的大学新生,他们需要提高的是通用英语水平,而非职业英语。就业岗位不清楚,就无法进行准确的需求分析,也难以将教学内容按照岗位工作流程分解成系列任务。从这个意义上说,POA和TBLT可比性不强。

POA与tblt有着相同的教学对象和教学目标,但从教学单位、教学大纲、课堂教学实施三个方面来看,都有显著不同。POA以单元为教学单位,以产出任务的完成为教学目标,也有清晰的语言目标。POA的教学过程由驱动—促成—评价循环链构成。一个循环中的每个环节都与tblt不同,特别是POA强调教师在每个环节中的专业引领和指导作用,而tblt将教师作用边缘化。tblt以任务为单位,这里的任务有输入任务和输出任务之分,有无语言焦点任务和有语言焦点任务之分,教学大纲要以任务为基础,课堂实施分为任务前、任务中和任务后三个阶段,但缺乏操作程序,特别缺乏对教师在这三个阶段中具体活动的描述。

总体上说,POA、TBLT、tblt三者各适合不同教学环境和教学对象。目前缺乏合适的方法对这三者的教学效果进行比较。再说,这种比较也无必要,每种方法都有自己特定的用途。作为教师,可以从三种方法中选取适合自己教学目标的合理部分,运用于自己的课堂实践。我们无需成为某种方法的追随者或捍卫者。外语教学是个复杂的系统工程,需要采百家之长,为我所用。

(本文原载《外语教学》2020年第4期,作者文秋芳、毕争)

新中国外语教学理论 70 年发展历程①

一、引言

新中国成立 70 余年,我国外语教育跌宕起伏,经历了从"俄语独大,英语受压"到"全民学英语",继而到"英语热降温",再到"多语种黄金期"②。虽然外语语种的变化紧跟我国政治、经济、外交事业的发展,然而外语教学理论 70 年的变迁超越了语种的变化,呈现出一定内在规律。本文将讨论这些带有规律性的特点及其发展轨迹。

纵览 70 年,我国外语教学理论发展大致沿着三条路径前行:引进改造、扎根本土、融通中外。尽管外语教学理论推陈出新,但在历史纵轴上,这三条路径并不是截然分明的,呈现出重叠、交叉发展之势。所谓"引进改造"指的是,在吸收外来理论的基础上,通过实践,使其逐步适应中国国情,从而实现外来理论本土化。所谓"扎根本土"指的是,基于本土的教情、学情,在总结与梳理丰富实践经验的基础上,形成本土理论,致力解决本土问题。陈艳君③称其为本土教学理论,以区别"通过引进改造"后的本土化教学法④。

---

① 本文是教育部人文社科重点研究基地重大项目子课题"'产出导向法'理论体系与实施方法研究"(编号:16JJD740002)的阶段性成果。张文娟、邱琳、孙曙光、刘雪卉仔细阅读了文稿,提出了修改意见,在此表示衷心感谢。
② 文秋芳:《新中国外语教育 70 年:成就与挑战》,《外语教学与研究》2019 年第 5 期。
③ 陈艳君:《基于本土视角的中国英语教学法研究》,湖南师范大学博士学位论文,2015 年。
④ 本文未区分"教学方法"和"教学理论",因为文中提到的"课文中心教学""听说法""任务型教学""内容依托教学"指的是 approach。它们都有各自的语言观、教学观,而不是简单的教学技术。

本土教学理论土生土长,使用本土概念,采用本土表述方法,易懂、易记、易操作。"融通中外"汲取"引进改造"和"扎根本土"两条路径的各自优点,聚焦本土问题,吸收中外理论精华,提出创新性解决方案,追求理论表述的国际可理解性。

二、我国外语教学理论发展路径

总体上说,在我国外语教学理论 70 年发展过程中,"引进改造"始终占主流,影响面广,延续时间长;"扎根本土"在 20 世纪 80 到 90 年代受到青睐,多种"土法"相继涌现;"融通中外"还处在边缘,只有少数高校研究团队在探索。为了讨论方便,本文将依据三条路径分别阐述。

(一) 引进改造

按照时间顺序,引进改造的主要外语教学理论包括:课文中心法(Text-Centered Instruction)、听说法(Audiolingual Method)、交际法(Communicative Approach)、任务型教学法(Task-Based Language Teaching,简称 TBLT)、内容依托法(Content-Based Instruction,简称 CBI)。这些理论虽引进的时间有先后,但前期的并未被后期的所替代。事实上,同一时段,总有多种理论并存,呈叠加式态势。

1. 课文中心法

新中国成立初期,我国引进改造过苏联的精、泛读教学法,其本质是"以课文为中心"。本文简称"课文中心法"。1973 年,我在南京师范大学外文系英语专业学习,当时教师就采用这种方法。精读的课文不太长,从词到句,从句到段落,再从段落到全篇课文,词要反复记,课文要反复读,直到能够背诵为止。与精读材料相比,泛读材料比较长,但这两种课的教学方法界限不清,泛读教师仍旧把主要精力花在讲授单词和语法上。现在看,这种方法明显过时,不过在偏远或师资匮乏地区仍在使用。

"课文中心法"和我国传统语文教学不谋而合。教育部 1963 年颁布的语文教学大纲对选文的要求是:名家名篇、文质兼美、脍炙人口、素有定评①。1963年,我刚进中学,当时语文课的情景还历历在目。每篇课文都要学习词和词组、近义词和反义词,然后要讨论段落大意和中心思想,课文要求反复朗读,直到会背为止。教师经常挂在嘴边的话是:"书读百遍,其义自见"。2011年,《义务教育语文课程标准》中明确指出:要防止逐字逐句的过深分析和远离课本的过度发挥②。由此可以看出,进入新世纪,我国的语文教学也在努力摆脱"课文中心法"的弊端。

2.听说法

听说法兴起于20世纪50年代的美国,60年代后期开始走下坡路③。该方法以结构主义语言学和行为主义心理学为基础,把句型作为最基本的教学单位,要求学生口头替换,反复操练,直到熟练掌握为止。我国在20世纪60年代将此作为"先进"教学法引进。北京外国语大学率先实践,还编写了用于听说法的教材。胡文仲④对这一方法的评价是,"无论高低年级都出现了新的面貌,教学质量有了很大提高"。记得我1976年在南京师范大学留校后,系领导组织年轻教师去南京大学外文系观摩英语课。南大老师带领学生进行句型教学,学生反应快速、准确,一会儿横排练,一会儿竖排练。教师随时调换学生,以改变句型练习顺序。全班学生全神贯注,没有一个开小差,教学节奏快,学生参与度高,给我留下了深刻印象。20世纪80年代风靡一时的《英语900句》就是典型的听说法产物。实行听说法之前,高校英语教学以书面语为主,不重视口语,听说法从口语入手,这对纠正时弊起到积极作用。

"文化大革命"期间,华东师范大学章兼中在中学也试用了听说法,并实行本土化改造⑤。他自己撰写大纲和教材,提出"口语为先、听说读写全面前进、强化读写能力"三阶段教学安排。他自编的教材有"为革命学习",包括以

---

① 参见中华人民共和国教育部:《全日制中学语文教学大纲》,人民教育出版社1963年版。

② 中华人民共和国教育部:《义务教育语文课程标准(2011版)》,北京师范大学出版社2012版,第22页。

③ J.C.Richard & T.S.Rodgers, *Approaches and Methods in Language Teaching*(2nd edn.),Cambridge:Cambridge University Press,2008.

④ 胡文仲:《建国60年来我国外语教育的成就与缺失》,《外语界》2009年第5期。

⑤ 陈艳君:《基于本土视角的中国英语教学法研究》,湖南师范大学博士学位论文,2015年。

学习、锻炼身体、参加劳动、"向革命英雄人物学习"为主题,用英语编写的黄继光等 10 个英雄故事,每个故事配 6—8 幅挂画。课上看图说话,再阅读和写故事。课后再把图贴在墙上,让学生反复练习,在小组中轮流讲,学完 10 个故事后,再向全校讲。其他主题还有"好好学习,天天向上""支援西藏建设"等①。1977 年高考恢复后,他教授的班级英语成绩最好,受到教育部基础教育司高度赞扬,并让他向全国介绍经验,随后很多中学赴华东师范大学实验班参观学习。

今天,听说法仍旧在幼儿园、小学、初中阶段使用。年龄小的孩子喜欢开口,习惯通过声音接受信息,也没有成人"面子"障碍,听说符合儿童心理特征。但对成人而言,一般通过视觉通道接受文字信息的效果好于声音通道。成人强记能力不如儿童,再加上对"自我形象"的敏感度高于儿童,因此在没有文字材料辅助下进行听说活动有较大难度。

3. 交际法

交际法兴起于 20 世纪 70 年代初的英国,80 年代中期进入繁荣期,批评和质疑也从未停过②。改革开放后,作为中英合作项目,广东外语外贸大学李筱菊率先试行此法,她编写的《交际英语教程》1987 年正式出版③。她在消化外来理论的基础上,根据我国实际情况,对交际法进行改造。她带领团队边实验、边研究、边编写教材。她用本土化语言解释什么是"交际能力",认为"交际能力"就是要求学生"有所知、有所会、有所能"④。"有所知"就是要掌握语言知识和语言功能知识,"有所会"就是要拥有听说读写译的技能,"有所能"就是能够运用语言规则和功能知识,通过听说读写成功完成交际任务(见图1.15)。她进一步解释了实行交际法的四条原则:(1)要把学生置于尽可能真实的交际情景中;(2)交际是一种活的过程;(3)交际活动必须由学生本人去经历;(4)语言形式的掌握必须见于交际当中。她主编的《交际英语教程》

---

① 章兼中主编:《英语十字教学法》,福建教育出版社 2016 版,第 6 页。

② 史宝辉:《交际式语言教学二十五年》,《外语教学与研究》1997 年第 3 期。

③ 李筱菊:《浅谈外语教学的交际教学法》,《现代外语》1984 年第 1 期;李筱菊:《一套新颖的教材——CECL 教程介绍》,《外语界》1987 年第 3 期。

④ 李筱菊:《浅谈外语教学的交际教学法》,《现代外语》1984 年第 1 期。

1992 年获原国家教委全国优秀教材奖,受到国内外专家高度评价,此教材已在多所高校应用,目前正在修订之中。

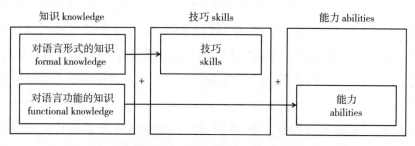

图 1.15　交际能力的内涵①

回顾交际法推广历程,当时受到明显阻力,其原因非常清楚。20 世纪八九十年代,我国广大外语教师中有相当一部分不具备外语交际能力,他们一无出国经历,二未受过交际法训练,因此难以成为交际法的成功使用者。换句话说,当时我国刚刚改革开放,还不具备实施交际法的师资条件。

4.任务型教学法

任务型教学法(TBLT)是交际法家族的一员,信奉交际法的基本原则,例如交际性任务对语言学习很重要,运用语言完成交际任务能够促进语言学习。TBLT 主张"任务"是贯彻这些原则的载体,语言教学内容应该基于"任务"而不是语言结果或功能来安排顺序。不过,Richards 和 Rodgers② 在 *Approaches and Methods in Language Teaching* 一书中并未对 TBLT 给予高度评价。他们指出,TBLT 只是一种理想,其任务类型、任务顺序、任务评价,特别是优于其他教学法的基本假设并未得到充分证明。

TBLT 在我国率先应用在对外汉语教学中。例如,马箭飞③设计了汉语短期教学的任务型大纲。他根据项目的难易度,将交际任务项目的等级划分为三级:简单交际任务、一般交际任务、复杂交际任务。简单交际任务指在目的

_____

① 李筱菊:《浅谈外语教学的交际教学法》,《现代外语》1984 年第 1 期。

② J.C.Richard & T.S.Rodgers, *Approaches and Methods in Language Teaching* (2nd edn.), Cambridge:Cambridge University Press,2008.

③ 马箭飞:《以"交际任务"为基础的汉语短期教学新模式》,《世界汉语教学》2000 年第 4 期;马箭飞:《任务式大纲与汉语交际任务》,《语言教学与研究》2002 年第 4 期。

语环境中生存所要完成的日常任务,例如换钱取钱、问价购物、点菜吃饭等。一般交际任务指个人信息的交流,例如自我介绍、描述自己的学习、说明自己的职业工作等。复杂交际任务指社会信息的交流,例如历史地理、经济贸易、国家政治等。他还提出教学原则和教学过程。王尧美①讨论了任务型教学法在某些汉语教材编写中的应用。刘壮等②不仅说明了任务型教学法的理据与原则,而且运用对外汉语教学案例,演示了信息差、观点差和推理差三种不同任务类型,说明设计和应用任务的原则,最后阐述了任务式三阶段(任务前、任务中和任务后)教学模式的应用过程及其步骤。总体上说,对外汉语教学是在目的语环境中进行,TBLT 应用的自然条件比较好。

相比对外汉语教学,TBLT 在英语教学中的应用稍稍滞后。2001 年教育部颁发的《全日制义务教育、普通高级中学英语课程标准(实验稿)》(以下简称《课程标准》)倡导使用 TBLT。《课程标准》中明确写道:本《标准》以学生"能做某事"的描述方法设定各级目标要求。教师应避免单纯传授语言知识的教学方法,尽量采用"任务型"的教学途径③。随后有学者撰文或著书说明 TBLT 的理论依据和操作建议④,也有教师报告 TBLT 在大学英语⑤和英语专业⑥中的应用。有关 TBLT 在中学英语中的应用大部分记录在硕士论文中⑦。

阅读了 TBLT 在英语教学中的应用成果,我怀疑声称使用 TBLT 的部分英

---

① 王尧美:《对外汉语教材的创新》,《语言教学与研究》,2007 年第 4 期。

② 刘壮、戴雪梅、阎彤、竺燕:《任务式教学法给对外汉语教学的启示》,《世界汉语教学》2007 年第 2 期。

③ 中华人民共和国教育部:《全日义务教育、普通高级中学英语课程标准(实验稿)》,北京师范大学出版社 2001 年版,第 29 页。

④ 参见程晓堂:《任务型语言教学》,高等教育出版社 2004 年版;龚亚夫、罗少茜:《课程理论、社会建构主义理论与任务型语言教学》,《课程·教材·教法》2003 年第 1 期;魏永红:《任务型外语教学的研究:认知心理学视角》,华东师范大学出版社 2004 年版。

⑤ 李耸、李杨、邱磊:《在大学英语教学中实施任务型教学法的探索》,《东北大学学报(社会科学版)》2006 年第 5 期。

⑥ 丰玉芳、唐晓岩:《任务型语言教学法在英语教学中的运用》,《外语与外语教学》2004 年第 6 期。

⑦ 罗彩玲:《通过任务型语言教学提高初中学生口语交际能力的研究》,西北师范大学硕士学位论文,2006 年;赵雪慧:《初中英语阅读教学中任务型教学法的实验研究》,河北师范大学硕士学位论文,2018 年。

语教师并未认真仔细研究过这一理论,更未像李筱菊一样,将实践、研究、编写教材融为一体,致力于 TBLT 的本土化。根据《课程标准》对任务的解读,似乎可以推测,人们将"任务"简单地认为是有交际目的、有意义、趣味性高的课堂活动。事实上,作为一种教学理论,TBLT 的关键是要实施以任务为教学内容的教学大纲,而我国至今未有遵循"交际任务"大纲编写的外语教材。从这个意义上说,目前在国内采用"TBLT"可能缺乏应有的前提。

5. 内容依托法

内容依托法(CBI)指围绕教授内容(学科知识)来组织外语教学的一种方法。其基本原则有两个:(1)语言作为获取信息的手段而非学习目标时,学习的效果会更好;(2)内容型教学更能满足学生学习第二语言的需求①。20 世纪 80 年代 CBI 在北美广泛使用,到 90 年代中期被介绍到国内②,后陆续有教师在外语教学中尝试应用③。在外语课堂系统应用 CBI 的改革尝试中,常俊跃带领的大连外国语大学团队最具影响力。2006 年他们申报了校级项目,2007 年获得国家社科项目"英语基础阶段内容依托式课程改革研究"④,2012 年又成功申报了"CBI 理论指导下的英语专业整体课程体系改革研究"。他们以项目为抓手,依据 CBI 理念重构了英语专业课程体系,还为英语专业一、二年级编写了 CBI 系列教材 11 本,由北京大学出版社出版。两个项目进行了将近十年,取得了明显成效。该项成果获得省级和国家级教学成果奖。在探索 CBI 的过程中,他们不断反思、不断总结,逐步发现 CBI 的缺陷,即只重视内容,不重视语言形式的学习,因此他们逐步产生了内容—语言融合(Content - Language Integration,简称 CLI)的新教学理念,决定开展新一轮教学实验,来逐步完善 CLI。2017 年他们成功申报了国家社科基金重点项目"英语专业服务国家战略的区域国别课程体系构建及人才培养实践研究",目前项目正在进行中。综上所述,常俊跃带领的团队正处于从"引进改造"到创建新理论的过程中。

---

① J.C.Richard & T.S.Rodgers,*Approaches and Methods in Language Teaching*(2nd edn.),Cambridge:Cambridge University Press,2008.
② 王士先:《CBI——专业英语阅读教学的方向》,《外语界》1994 年第 2 期。
③ 曹贤文:《内容教学法在对外汉语教学中的运用》,《云南师范大学学报》2005 年第 1 期。
④ 常俊跃、董海楠:《英语专业基础阶段内容依托教学问题的实证研究》,《外语与外语教学》2008 年第 5 期。

（二）扎根本土

扎根本土创建教学法大致可以分两个领域来讨论。第一是中学外语教学，第二是对外汉语教学。中学外语教学产生本土教学法的黄金期为 20 世纪 80 年代和 90 年代。这一时期涌现的本土教学法包括章兼中①的"英语十字教学法"、张思中②的"十六字外语教学法"、张正东③的"外语立体化教学法"、马承④的"英语三位一体"教学法、包天仁的"四位一体"教学法⑤等。与中学外语教学相比，新中国成立以来还未有人明确提出对外汉语教学的本土法，本文所说的"汉语综合教学法"是后人对前人多年实践的总结⑥。由于篇幅所限，本文选择张思中"十六字外语教学法"和赵金铭总结的"汉语综合教学法"作为案例，探究"扎根本土"路径所产生的理论及其影响。

1. 张思中外语教学法

张思中花费近四十年心血，借鉴了当时部队采用的"集中识字扫盲"经验，依据自己大学阶段赶超高水平俄语学习者的亲身体验，通过多轮教学实验，终于在 20 世纪 80 年代后期，形成了"十六字教学法"，具体内容为"适当集中、反复循环、阅读原著、因材施教"，北京师范大学教授胡春洞将其命名为"张思中外语教学法"⑦。"适当集中"是指对语言知识和技能的集中处理。"反复循环"指的是利用同一语言知识的高复现率，采用多种记忆法，帮助学生与遗忘作斗争。"阅读原著"指学生在集中学习语言知识后，及时大量阅读。通过阅读，一方面学生可以培养良好的阅读习惯，巩固已学语言知识；另一方面获得新信息，提高学习外语的兴趣。"因材施教"指的是根据学情、教情和教材的不同，采取不同的办法施教。具体来说，张思中采用复式教学，创造性地处理了

---

① 参见章兼中主编：《英语十字教学法》，福建教育出版社 2016 年版。
② 参见张思中主编：《张思中外语教学法的理论探讨与实践》，上海交通大学出版社 1993 年版。
③ 张正东：《立体化外语教学法刍议》，《课程·教材·教法》1989 年第 1 期。
④ 参见马承：《英语三位一体教学法》，首都师范大学出版社 2011 年版。
⑤ 裴爱萍：《如何运用"四位一体"教学法进行高考复习——全国英语"四位一体"教学法中期实验报告》，《内蒙古师范大学学报（教育科学版）》2006 年 S3 期。
⑥ 赵金铭：《对外汉语教学法回视与再认识》，《世界汉语教学》2010 年第 2 期。
⑦ 参见张思中：《张思中与十六字外语教学法》，北京师范大学出版社 2006 年版。

学生间的差异,让能飞的飞,能跑的跑,能走的走,各学所需,各尽所能。

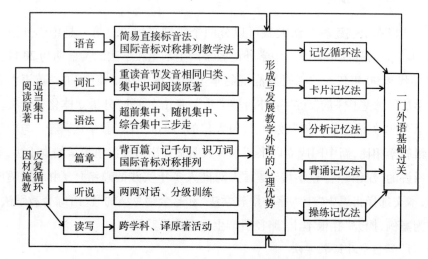

图 1.16　张思中十六字教学法流程示意图①

图 1.16 是张思中十六字教学法流程示意图。图的右边是中学外语教学目标:一门外语基础过关;左边是实现教学目标的十六字教学法,左边框内涵盖学习内容和教学策略。以语篇为例,要求学生必须背百篇、记千句、识万词。情感目标是中介,即形成与发展教学外语的心理优势。在激发了学生学习外语的兴趣和积极性后,教师还通过多种多样的记忆法,使学生巩固所学的语言知识和语言技能。

2. 汉语综合教学法

2010 年,赵金铭在《世界汉语教学》第 2 期上刊发了《对外汉语教学法回视与再认识》。文中,他对我国过去 90 年的对外汉语教学理论发展进行了梳理与分析,认为我们不应妄自菲薄,眼睛盯着西方,事实上,我国有自己的教学法,即"汉语综合教学法"(下文简称"综合法"),这是"几代人共同努力所创建的汉语作为第二语言教学法","当务之急,应是从理论和实践上充实、完善、更要创新汉语综合法,使之自立于世界第二语言教学法之林"②。

---

① 赵金铭:《对外汉语教学法回视与再认识》,《世界汉语教学》2010 年第 2 期。
② 赵金铭:《对外汉语教学法回视与再认识》,《世界汉语教学》2010 年第 2 期。

他首先强调综合法不是"折中法",也不是将各家教学特点进行简单叠加或混合。综合法有自身的体系和内在逻辑,归纳起来有 5 个主要特点:第一个特点是以结构为主,将结构与功能有机结合。这一特点表现在教学环节和课程设置两个方面。所谓教学环节的综合指的是从生词教学到语言点讲授,从情景中的反复操练到自由表达,教学环节步步相连,环环相扣。所谓课程设置的综合指的是讲练课和操练课有机结合。前者以教词汇和语法为主,后者在具体语境(课文)中反复练习词汇和语法,最后达到活用。第二个特点是注重词汇和语法教学,主张字不离词,词不离句,词汇和语法有机联系。第三个特点是科学系统合理安排语言点的教学,循序渐进,循环往复,既有连续性,又有阶段性。第四个特点是重视语音教学,即在初学阶段集中力量打歼灭战,花两个星期攻克拼音关。第五个特点是综合法已经用于多套教材的编写。这些教材充分体现了综合法的理念和教学技巧,例如"层层铺垫、以旧带新、注重引入新语言点的技巧;滚雪球的方法,螺旋式的上升,不断巩固记忆,逐步深化;烘云托月的方法,无形中使其注意,不刻意加重;掌握学习难点,对可能出现的偏误,心中有数"[1]。

以上两种本土理论在国内都有很大影响,类似的还有在外语界广为流传的"精讲多练"。遗憾的是,这些长期积累的经验,难以跨出国门,在国际学界形成"中国学派",这一问题将在下文讨论。

(三) 融通中外

本文所提的"融通中外"路径,就是要站在中国土地上,解决我国外语教学中出现的真问题、急问题,解决方案要能融合中外理论精华,且拥有创新之处。此外,理论构建者要能够与国际学界对话。换句话说,所建构的理论译成外文能够符合外国人的表述习惯。下文将以王初明及其团队[2]和文秋芳[3]提

---

① 赵金铭:《对外汉语教学法回视与再认识》,《世界汉语教学》2010 年第 2 期。
② 王初明、牛瑞英、郑小湘:《以写促学——一项英语写作教学改革的试验》,《外语教学与研究》2000 年第 3 期。
③ 文秋芳:《输出驱动假设与英语专业技能课程改革》,《外语界》2008 年第 2 期;文秋芳:《"产出导向法"的中国特色》,《现代外语》2017 年第 3 期;文秋芳:《"产出导向法"与对外汉语教学》,《世界汉语教学》2018 年第 3 期。

出的外语教学理论为例,阐明"融通中外"路径的功能。

1. 从"写长法"到"续"论

从 20 世纪 90 年代后期起,王初明带领团队构建"写长法"理论,组织教学实验,召开学术研讨会,在国内产生广泛影响。该理论提出的背景是,中国学生学习外语多年,外语水平上不去,导致这一情况的重要原因是,学生羞于开口,担心不正确的语音会损害自我形象。王初明从中国人学外语听说需求不足、读写环境不差的实际出发,在听、说、读、写中选择了"写"为突破口,"以写促学"①,避免了先开口的情感障碍。他又根据学生怕写、教师怕改的"两怕"困境,创建了一套新评价体系。在量与质中,选择以量为先,以量促质;在表扬与纠错中,选择以表扬为主,以奖赏激发兴趣,以鼓励促进学习②。"写长法"与现有二语习得理论相比,创新点明显。例如,Krashen③ 的输入假说强调听读领先,Long④ 的互动假说突出面对面交流,Swain⑤ 的输出假说彰显"说"的功能,而"写长法"突出"写"的作用。写长法译成英文可以是"The Length Approach",也可以是"Write to Learn",无论哪种表述方法,外国学者都能理解。

在实践过程中,"写长法"的不足也逐渐显现。例如,强调输出内容的创新性,但未系统提供恰当输入;强调语言流畅表达,未对语言精准性给予足够关注;强调大胆写,缺乏篇章层面的充分训练⑥。为克服"写长法"的不足,王初明及其团队在理论创新的道路上继续前行。从"以写促学"到"以续促学",再到"续"论,他们深入探讨语言学习的本质机制,不断提炼升华理论,同时不

---

① 王初明、牛瑞英、郑小湘:《以写促学——一项英语写作教学改革的试验》,《外语教学与研究》2000 年第 3 期。

② 文秋芳:《评析外语写长法》,《现代外语》2005 年第 3 期。

③ S.Krashen, *The Input Hypothesis:Issues and Implications*, London:Longman,1985.

④ M.Long, "Focus on Form:A Design Feature in Language Teaching Methodology", in K.de Bot,G.R.Ginsbergr & C.Kramtch, *Foreign Language Research in Cross-cultural Perspective*, Amsterdam: John Benjamins,1991,pp.39-52.

⑤ M.Swain, "Communicative Competence:Some Roles of Comprehensible Input and Comprehensive Output in Its Development", in S.M.Gass & C.G.Madden, *Input in Second Language Acquisition*, Rowley,MA:Newbury House,1985,pp.235-253.

⑥ 王初明:《从"以写促学"到"以续促学"》,《外语教学与研究》2017 年第 4 期。

断创新"续"的形式,从"续写"到"续说、续译、续改",这些"续"活动就是将"输入"与"输出"有机融合的手段,从而提高外语学习效率。有关"续"论的研究成果已经陆续在国际杂志上发表①,引起国外学者的高度关注。这表明,"续"论能够与国际学界进行有效接轨。

2."产出导向法"

文秋芳带领的中国外语与教育研究团队经过 10 多年打磨,在理论和实践双向互动中,构建了"产出导向法"理论与实践体系(Production-oriented Approach,简称 POA)②。该体系包括 3 个部分:教学理念,教学假设,和以教师为主导、师生共建的教学流程(见图 1.17)。教学理念包括"学习中心说""学用一体说""文化交流说""关键能力说";教学假设涵盖"输出驱动""输入促成""选择性学习""以评为学";教学流程由驱动、促成和评价若干循环构成,在整个过程中教师要恰当地发挥主导作用,同时要充分调动学生的主观能动性。这三部分的关系是:教学理念起着指南针的作用,决定着教学假设、教学流程的方向和行动的目标;教学假设受到教学理念的制约,同时也是决定教学流程的理论依据,是教学流程检验的对象;教学流程一方面要充分体现教学理念和教学假设,另一方面作为实践为检验教学假设的有效性提供实证依据。

该理论继承了古代《学记》中优良的教育传统,借鉴了国外外语教学理论,体现了唯物辩证法基本理念,致力于解决我国外语教学中"学用分离"的弊端④。基于"产出导向法"编写的《新一代大学英语》(iEnglish)⑤已在全国多所高校应用,现已取得初步成效⑥。通过与国际学者多次对话,该理论也产

---

① C.Wang & M.Wang,"Effect of Alignment on L2 Written Production",*Applied Linguistics*,2015,No.36.

② 文秋芳:《构建"产出导向法"理论体系》,《外语教学与研究》2015 年第 4 期;文秋芳:《"产出导向法"与对外汉语教学》,《世界汉语教学》2018 年第 3 期。

③ 文秋芳:《"产出导向法"与对外汉语教学》,《世界汉语教学》2018 年第 3 期。

④ 文秋芳:《"产出导向法"的中国特色》,《现代外语》2017 年第 3 期。

⑤ 参见王守仁、文秋芳主编:《新一代大学英语(iEnglish):第一、二册》,外语教学与研究出版社 2015 年版。

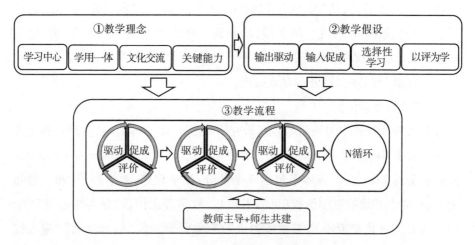

图 1.17 "产出导向法"理论体系①

生了一定影响②。除中国英语教学外,POA 还应用于对外汉语教学③和非英语语种教学,如德语④、罗马尼亚语⑤、韩语⑥、僧伽罗语⑦和马来语⑧等。

---

① 张伶俐:《"产出导向法"的教学有效性研究》,《现代外语》2017 年第 3 期;张文娟:《"产出导向法"对大学英语写作影响的实验研究》,《现代外语》2017 年第 3 期。

② A.Cumming, "Design and Directions for Research", *Chinese Journal of Applied Linguistics*, 2017, No.4; R.Ellis, "The Production-oriented Approach: Moving Forward", *Chinese Journal of Applied Linguistics*, 2017, No.4; P.Matsuda, "Some thoughts on the Production Oriented Approach", *Chinese Journal of Applied Linguistics*, 2017, No.4; C.Polio, "Reflections on the Production-oriented Approach vis-à-vis Pre-service Teachers", *Chinese Journal of Applied Linguistics*, 2017, No.4.

③ 桂靖、季薇:《"产出导向法"在对外汉语教学中的应用:教学材料改编》,《世界汉语教学》2018 年第 4 期;朱勇、白雪:《"产出导向法"在对外汉语教学中的应用:产出目标达成性考察》,《世界汉语教学》2019 年第 1 期。

④ 詹霞:《基于"产出导向法"的德语教材改编:促成活动过程化设计》,《外语与外语教学》2019 年第 1 期。

⑤ 董希骁:《"产出导向法"在大学罗马尼亚语教学中的应用》,《外语与外语教学》2019 年第 1 期。

⑥ 汪波:《"产出导向法"在大学朝鲜语专业低年级语法教学中的应用》,《外语与外语教学》2019 年第 1 期。

⑦ 江潇潇:《基于"产出导向法"的僧伽罗语教材改编:产出任务设计的递进性》,《外语与外语教学》2019 年第 1 期。

⑧ 邵颖:《基于"产出导向法"的马来语教材改编:驱动环节设计》,《外语与外语教学》2019 年第 1 期。

三、讨论

我国外语教学理论 70 年发展沿着"引进改造、扎根本土、融通中外"三条路径前行,各自为我国外语教育事业的繁荣发展作出了重要贡献。这几条路径互为补充,相互促进。一花独放不是春,百花齐放春满园。我们需要多条路径促进我国外语教学理论的构建。但这三条路径各有优劣势,我们必须进行分析,以便扬长避短。

引进改造西方理论的做法在我国外语界极其普遍。我们借鉴外国经验,促进了我国外语教学的繁荣和发展。特别在改革开放初期,我国外语教学理论与外界隔离多年,长期处于封闭状态。外来教学理论好似一股清风,带来了生机和活力。尽管我国与外界交往日益频繁,我们仍旧需要保持开放心态,时刻关注国外理论的最新发展,虚心学习外来新思想,及时消化吸收,实行本土化改造。但"舶来品"常常水土不服,人文社科理论一般具有很强的文化情境性,单纯依靠外来理论解决本国问题,肯定不是最佳路径。再说,如果沿着这条路径一直往前走,无论我们多么努力,终究是在为西方理论做"注脚""吹喇叭、抬轿子",难以走出自己的道路,发出自己的声音。此外,盲目跟风,也会出现错用、误用的可能性。

本土理论凝聚了中华民族的智慧和心血,被广泛应用并证明行之有效。以张思中"十六字外语教学法"为例①,在学界前辈的大力推崇下,在教育部、中央教科所的大力支持下,在各级领导的大力帮助下,这一教学法很快从个人实验进入上海多所中学,再到全国大面积推广。参加试点的有重点学校,也有一般学校;有快班,也有普通班。普遍反映是,这个方法易懂、易用、易见成效。1996 年,这一方法引起了时任国务院副总理李岚清的关注。1996 年 6 月 28 日,李岚清同志在国务院召开外语教学座谈会,会上他表彰了张思中外语教学法,并希望国家教委和中央教科所要"坚持不懈地继续做下去,进一步总结、

---

① 参见张思中:《张思中与十六字外语教学法》,北京师范大学出版社 2006 年版。

完善、推行,在实践中不断总结和提高,争取在一两年内取得更多的经验,然后在更大范围推广"①。

这样的"n字法"表述方法,非常符合中国人的思维习惯,易懂、易记、易学、易做,但很难与国际学界进行有效交流。我试着将十六字译成英文,似乎无论怎么译,都难以让国外学者理解这是一种"教学理论"。我认为,大面积被实践证明有效的本土方法,可以采用两套话语体系。对内仍旧采用符合中国思维的表述方法,对外可由国家组织研究团队,采用外国人听得懂的方式对理论重新表述,确保能和国际学界进行对话、交流。否则,这样富有中国特色的理论就只能关在国门之内。

沿着"融通中外"路径产生的理论,符合国际化创新理论的三个标准:本土化、原创性和国际可理解度②。"本土化"指的是,致力解决中国外语教学中的本土问题,"原创性"指的是,要能拿出解决现实问题的本土化措施,这些措施不仅具有操作性和有效性,而且要明显有别于西方理论;"国际可理解度"指的是,自创理论所用话语能够被国际学者理解。也就是说,本土理论一定要在借鉴西方话语体系的基础上,表述自己的理论,与西方已有的理论进行交流和对话,千万不能"自说自话""自我欣赏"。这既是我国本土理论"走出去"的要求,也是我国外语教学理论在国际语境中发展和完善的路径。

虽然"融通中外"好像优于"引进改造"和"扎根本土"这两条路径,但它也有自身的劣势。必须承认这条路径充满荆棘,理论构建者面临着不可预测的风险和挑战。即使形成了初创成果,实验与推广也困难重重。建议学界要为这类理论的发展创造良好的生态环境,不要攻其一点不及其余,求全责备;要鼓励争鸣,允许犯错。学界要组织对新理论的研讨和推广,助力新理论的改进与完善。

中国是外语教育大国,但尚未成为强国。成为外语教育强国,必须要有能够走向世界的中国外语教育理论。为此,我们可从两方面发力,一是组织研究

---

① 李岚清:《改进外语教学方法 提高外语教学水平》,《人民教育》1996年第10期。
② 文秋芳:《我国应用语言学理论国际化的标准与挑战——基于中国大陆学者国际论文创新性的分析》,《外语教学与研究》2017年第2期。

者将已有的本土理论国际化,二是为行走在"融通中外"道路上的学者创造平台,促进原创理论的蓬勃发展。我相信,只要学界共同努力,我国外语教育理论大发展的黄金期一定会到来。

(本文原载《中国外语》2019 年第 5 期)

新中国外语教育 70 年:成就与挑战^①

新中国成立 70 年来,外语教育走过了不寻常的历程。国运兴衰决定着外语教育发展的荣枯。新时代赋予外语教育新使命。回顾过去,总结经验,展望未来,我们才能承前启后,砥砺奋进。本文回顾和总结新中国外语教育 70 年发展的经验和教训,审视未来面临的挑战,提出应对策略,迎接新时代外语教育的腾飞。

外语界曾有学者对新中国 60 年和改革开放 40 年的外语教育发展进行过阶段划分^②。借鉴已有成果,笔者将新中国外语教育发展划分为四个阶段^③:(1)探索期(1949—1977 年);(2)发展期(1978—1998 年);(3)加速期(1999—2011 年);(4)新时期(2012 年至今)。

一、外语教育发展阶段性特点

由于篇幅所限,下文从外语语种专业、外语人才培养目标、课程教学目标、

---

① 本文是教育部人文社科重点研究基地重大项目(16JJD740002)子课题"产出导向法理论体系与实施方法研究"的阶段性成果。本文根据 2019 年 1 月 20 日笔者在中国社科院语言所、北京语言大学和商务印书馆联合举办的"2019 中青年语言学者沙龙"上的主旨发言整理、修改而成。张文娟、邱琳和孙曙光仔细阅读了文稿,提出了修改意见,在此表示衷心感谢。

② 胡文仲:《建国 60 年来我国外语教育的成就与缺失》,《外语界》2009 年第 5 期;刘道义、郑旺全:《改革开放 40 年中国基础英语教育发展报告》,《课程·教材·教法》2018 年第 12 期。

③ 第一阶段的起点是新中国成立,第二阶段的起点是改革开放,第三阶段的起点是高校扩招,第四阶段的起点是 2012 年党的十八大召开。

教学内容、教学方法和教学手段六个方面对上述四个阶段的特点进行逐一讨论。

（一）外语语种、专业的变化

探索期的外语专业主要是俄语和英语，20 世纪 60 年代增加了一些亚、非、欧国家的语言。在发展期，外语通用语种专业迅速增加，英语专业尤为凸显。改革开放后，国门打开，大批外资涌入，中外合资、外方独资企业如雨后春笋般涌现，就业市场上英语人才紧俏。20 世纪 80 年代末 90 年代初，我国开设英语专业的高校只有 300 多所，1998 年增加到 790 所[1]。在加速期，"英语热"继续升温。1999 年高校开始扩招，大批学校建立新校区，增设外语专业。与其他专业相比，英语专业报考生源相对充足，学校投入低且回报高。截至 2007 年底，全国已有 899 所高校开设了英语专业[2]。在新时期，"英语热"开始降温，"一带一路"建设促进了非通用语专业的发展。截至 2016 年，全国共开设 66 种非通用语专业，专业点 391 个，分布在 167 所高校[3]，2018 年北京外国语大学已基本开齐 175 个与我国建交国家的官方用语专业。截至 2019 年，北外获批开设的外语语种数量达到 101 种。语种数量的增加反映着国家培养新语言人才资源能力的提升，这是国家语言能力逐步增强的重要标志[4]。

（二）外语专业人才培养目标的变化

外语专业人才培养服务于国家政治与经济发展，因此外语专业人才培养目标也跟随社会需求的变化不断扩大内涵。新中国成立 70 年来，外语专业人才的培养目标逐步变得更全面、更合理[5]。

---

① 参见戴炜栋主编：《高校外语专业教育发展报告（1978—2008）》，上海外语教育出版社2008 年版。
② 何其莘、黄源深、秦秀白、陈建平：《近三十年来我国高校英语专业教学回顾与展望》，《外语教学与研究》2008 年第 6 期。
③ 丁超：《对我国高校外语非通用语种类专业建设现状的观察分析》，《中国外语教育》2017 年第 4 期。
④ 参见文秋芳、张天伟：《国家语言能力理论体系构建研究》，北京大学出版社 2018 年版。
⑤ 文秋芳：《英语专业创新人才培养体系的研究与实践》，《国外外语教学》2002 年第 4 期。

在探索期,外语教育强调培养德智体全面发展的高级外语人才。所谓高级外语人才就是周恩来总理提出的拥有三个基本功(政治思想、语言和文化)的又红又专外语人才①。显然,这样的培养目标是应用性的技能型人才。在当时的社会背景下,外语人才供不应求,而大学新生的外语水平不高,要达到周总理提出的要求,教师和学生仍要付出极大努力。

发展期的前期仍以技能型外语人才为主,中期对复合型人才培养进行了有效探索,后期复合型外语人才的培养目标得到了政府的明确支持。1978 年改革开放初期,外语人才奇缺,市场对外语人才"饥不择食"。外语专业毕业生不仅不担心就业,且待遇还比其他专业好。20 世纪 80 年代,随着外贸企业、外资和合资企业的蓬勃发展,社会对外语专业人才培养提出了新要求,期待他们除了拥有高水平外语技能外,还能够掌握某个领域的专业知识。在这一背景下,1983 年、1984 年上海外国语学院和北京外国语学院分别试行复合型人才的培养②。同期,一批中央和地方的重点理工院校率先开办了"科技英语专业"或"专门用途英语专业",培养复合型英语人才③。1996 年,时任国务院副总理李岚清在视察广东外语外贸大学时,对复合型人才的培养提出了明确指示④。1998 年 12 月,教育部高教司转发了高等学校外语专业教学指导委员会英语组编写的《关于外语专业面向 21 世纪本科教育改革若干意见》(以下简称《若干意见》)⑤,进一步明确了复合型人才的内涵与模式。

加速期前一阶段,复合型人才目标持续得到推崇。截至 1999 年,我国已有 110 余所理工院校开设了英语专业⑥。2000 年颁布的英语专业新大纲中清

---

①　参见付克:《中国外语教育史》,上海外语教育出版社 1986 年版。

②　胡文仲:《试论我国英语专业人才的培养:回顾与展望》,《外语教学与研究》2014 年第 1 期。

③　秦秀白、吴古华:《发挥理工院校的办学优势　努力培养复合型的英语专业人才——理工院校英语专业办学模式综述》,《外语界》1999 年第 4 期。

④　李岚清:《要培养高层次、掌握专业和外语的人才》,《广东外语外贸大学校报》1996 年 10 月 31 日。

⑤　参见高等学校外语专业教学指导委员会英语组:《高等学校英语专业英语教学大纲》,外语教学与研究出版社 2000 年版。

⑥　秦秀白、吴古华:《发挥理工院校的办学优势　努力培养复合型的英语专业人才——理工院校英语专业办学模式综述》,《外语界》1999 年第 4 期。

楚写明，培养目标是复合型英语人才。此后不少学者撰文对《英语教学大纲》中有关复合型外语人才的论述进行解读和宣传，支持英语专业教学目标的转型①，也有学者担心如此复合，可能导致英语和专业双不强②。2006 年以后，学界陆续有学者提出，英语专业已经完成了培养复合型英语人才的历史使命，回归学科本位是当务之急③。催生学界产生这一观点的重要事件是英语专业本科教学工作评估。该项工作于 2004 年 4 月开始试点，2008 年结束。何其莘等④在总结评估时指出，英语专业总体发展健康，进步显著，但存在的问题也很明显。其中两个问题都与培养目标有关。第一，部分院校未开齐 4 门英语专业必修课（英美文学、英语国家文化、语言学导论、论文写作），或开课学时不足。第二，部分院校学生英语基本功较差，未达基本要求。对此，他们建议："外国语言文学专业有必要坚持'正本清源'，切勿违背本学科的内涵和发展规律"⑤，外国语言文学专业最根本的内涵是语言和文学。

在新时期，学界并未对外语专业人才培养目标达成共识。2018 年 11 月 6 日，蔡基刚在《文汇报》上发表了《英语专业是否是"对不起良心的专业"?》⑥一文，认为"英语专业要成为对得起良心的专业，要么停办，要么转型到英语专门用途方向，培养新工科的国际复合型人才——没有其他路可走"。这一观点引发外语界热议。笔者认为这一观点混淆了专业设置与培养目标选择。首先，他错误地认为全国所有外语专业都以英美语言文学作为培养目标。其次，因为某些院校英语专业被撤销，就错误地认为所有英语专业都应该停办或转型。目前的现状是，各校并未被学科名称所束缚，而是根据自身办学历史与

---

① 黄源深：《21 世纪的复合型英语人才》，《外语界》2001 年第 1 期；秦秀白、吴古华：《发挥理工院校的办学优势、努力培养复合型的英语专业人才——理工院校英语专业办学模式综述》，《外语界》1999 年第 4 期。

② 黄源深：《21 世纪的复合型英语人才》，《外语界》2001 年第 1 期。

③ 胡文仲、孙有中：《突出学科特点，加强人文教育——试论当前英语专业教学改革》，《外语教学与研究》2006 年第 5 期。

④ 何其莘、黄源深、秦秀白、陈建平：《近三十年来我国高校英语专业教学回顾与展望》，《外语教学与研究》2008 年第 6 期。

⑤ 何其莘、黄源深、秦秀白、陈建平：《近三十年来我国高校英语专业教学回顾与展望》，《外语教学与研究》2008 年第 6 期。

⑥ 蔡基刚：《英语专业是否是"对不起良心的专业"?》，《文汇报》2018 年 11 月 6 日。

现有条件在实践多元人才观①，即根据学生个性化需求和就业意向，培养不同类型的外语人才，既培养复合型外语人才，也培养专门人才，如口译、笔译、外语教师，还为我国语言、文学、翻译与国别区域研究队伍输送后备力量。笔者认为，在市场经济推动下，某些后期扩招的外语专业质量不达标，就会被社会淘汰。这是市场规律，它也同样适用于其他专业。外语专业人才培养目标应随时根据社会需求进行调整，但千万不能一刀切。

（三）外语课程目标的变化

四个阶段外语课程目标有所不同。探索期强调"双基"，即基本知识、基本技能；发展期从强调"双基"过渡到培养交际能力；加速期从注重交际能力的培养转变到综合素质的提升；新时期从提高综合素质转变到学科核心素养的养成。人们对前面两个阶段课程目标变化比较熟悉。这里主要讨论后两个阶段的课程目标。

加速期所说的综合素质培养，涉及三个维度：知识与技能、情感态度与价值取向、学习过程与方法。学生的综合语言应用能力处于中心地位，在培养语言应用能力时，还要改变学生的情感态度、提高学生的文化意识、增加学生的语言知识和语言技能以及学习策略。这几个方面都要兼顾，所以叫"全人教育"。

新时期强调外语学科的四类核心素养。2018 年教育部颁布的《普通高中英语课程标准（2017 年版）》（以下简称《课标》）中对学科素养做了如下解释：(1)语言能力，这是基础要素，是核心；(2)文化意识，注重价值取向内涵，要求学生拥有坚定立场，同时要面向世界吸收多元文化的精华；(3)思维品质，强调学生思维应具有逻辑性、深刻性、批判性；(4)学习能力，这是发展前提，是动力。学科核心素养具有迁移性、灵活性、跨学科性、跨领域性②。它不仅有利于学生未来的工作和生活，也有利于学生自己与他人相处。它是可教、可

---

① 文秋芳：《英语类专业实践多元人才观面临的挑战与对策》，《外语教学与研究》2014 年第 1 期。

② 参见中华人民共和国教育部：《普通高中英语课程标准（2017 年版）》，人民教育出版社2018 年版。

学、可测、可量的行为,而不是抽象概念①。

为了与中学外语学科素养相衔接,文秋芳②提出大学外语课程目标的关键能力培养,其中包括 6 种能力:语言能力、学习能力、思辨能力、文化能力、创新能力和合作能力。语言能力处于中心地位,是所有关键能力的基础,其他 5 种能力与语言能力交织在一起,相互联系、相互作用。在这 6 种能力中,语言能力、学习能力、思辨能力和文化能力分别对应《课标》中的 4 种核心素养;创新能力和合作能力是学生踏入社会、进入职场的必备能力。

(四) 外语教学内容的变化

探索期的外语教学内容以本土文化为主。当时教材中有"馒头""油条""资产阶级"等词汇,还有《半夜鸡叫》等政治性很强的课文。课外外语阅读材料只有《北京周报》和《中国建设》,听力材料只有 *Radio Peking*。

发展期的教学内容以目标语文化为主,出现了"三明治""奶酪"等词汇,不少学校还直接使用国外引进教材,如 *New Concept English*,*Readers' Choice*,*Essential English* 等。不少学者写文章呼吁学习外语时,必须要学习、了解外国文化。如胡文仲在 20 世纪 80 年代初就指出:"语言是文化的一种表现形式,不了解英美文化,要学好英语是不可能的。反过来,越深刻细致地了解所学国家的历史、文化传统、风俗习惯、生活方式以及生活细节,就越能正确地理解和准确地使用这一语言。"③这一观点对早期外语教学内容的纠偏有积极意义。

加速期开始重视多元文化的学习。进入 21 世纪,经济全球化浪潮汹涌,但宗教、文化冲突不断,文化霸权主义凸显。多元文化如何能和谐共处,互相尊重,互相欣赏,互相促进,互相学习,又保持各自特色,成为世界各国教育所面临的新问题。在这一背景下,2001 年联合国教科文组织第 31 届大会通过了《联合国教科文组织文化多样性宣言》。就英语教育而言,英语不再仅用于

---

① 褚宏启:《核心素养的国际视野与中国立场——21 世纪中国的国民素质提升与教育目标转型》,《教育研究》2016 年第 11 期。

② 文秋芳:《新时代高校外语课程中关键能力的培养:思考与建议》,《外语教育研究前沿》2018 年第 1 期。

③ 胡文仲:《文化差异与外语教学》,《外语教学与研究》1982 年第 4 期。

与英语本族语者沟通,而是成为世界不同母语者之间的通用语,因此只学习目标语文化,已不符合时代要求。笔者和英国的 Simon Greenall 合作编写的《新标准大学英语》就融入了世界各国文化习俗、生活习惯和价值观念。教材通过选材、实景拍摄视频、文化专题、文化注释、文化对比、翻译练习以及专门的《文化阅读教程》等各种形式,培养学生对多元文化的平和、开放、宽容心态。

新时期从多元文化的学习转变为多元文化与本土文化并重,尤其增强了本土文化内容,要求学生既能把世界介绍给中国,也能把中国介绍给世界。2013 年底,习近平总书记在中共中央政治局第十二次集体学习时指出,让 13 亿人的每一分子都成为传播中华美德、中华文化的主体。要以理服人,以文服人,以德服人,提高对外文化交流水平,完善人文交流机制,创新人文交流方式,综合运用大众传播、群体传播、人际传播等多种方式展示中华文化魅力。2018 年,习近平总书记在全国宣传思想工作会议上又强调,要推进国际传播能力建设,讲好中国故事、传播好中国声音,向世界展现真实、立体、全面的中国,提高国家文化软实力和中华文化影响力。

这一中央精神已经充分体现在教育部最新颁发的 2017 年版普通高中英语、俄语、日语、法语、德语、西班牙语六个语种的课程标准中,《课标》中明确写道,"文化意识"是外语学科的核心素养,指的是:"对中外文化的理解和对优秀文化的认同,是学生在全球化背景下表现出的跨文化认知、态度和行为取向。"我国大学英语教育前几年就对文化教学内容进行了调整。例如,2015 年外语教学与研究出版社出版的《新一代大学英语》(*iEnglish*)①就遵循了双向文化交流的理念,认为英语教学的目标不能只要求学习者学习目标语文化,或单纯要求学生用英语传播中国文化,而是要求在比较视角下学会理解和欣赏中外文化的异同。

(五) 外语教学方法的变化

教学方法的变化往往是叠加式的,新法可以与旧法并存,百花齐放、百家

---

① 参见王守仁、文秋芳主编:《新一代大学英语(*iEnglish*):第一、二册》,外语教学与研究出版社 2015 年版。

争鸣。总体上说,我国外语教学方法的变化经历了从引进与模仿到探索与创新的过程。

探索期早期的高校外语教学主要依靠苏联专家的指导,采用的是以课文为中心的精读和泛读教学法。自 1964 年开始,原北京外国语学院(今北京外国语大学)率先引进了听说法,并编写了基于听说法的教材,"无论高低年级都出现了新的面貌,教学质量有了很大提高"①。

发展期的高校外语教学仍旧以引进为主。1979 年,原广州外国语学院李筱菊开始试行交际法,1982 年作为中英合作项目,所编写的《交际英语教程》1987 年由上海外语教育出版社正式出版②。笔者重新阅读李筱菊当年撰写的有关交际法的文章,发现交际法的基本原则至今仍不过时。之所以未收到预期效果,根本原因在于当时我国广大英语教师本身的英语水平未能满足交际法的要求,很多人从未走出过国门,也少有与外国人交际的真实体验。教师缺乏交际能力,如何能培养学生的交际能力呢?

与高校外语教学不同,中学外语教学从"文化大革命"结束后,就有人尝试本土化教学方法,其中影响最大的是张思中十六字教学法:"适当集中、反复循环、阅读原著、因材施教"。这一方法在全国多地实验,收到了明显成效③。1996 年,时任国务院副总理李岚清在全国外语教学座谈会上对这一方法进行了充分肯定,并提出要对其总结和推广④。

在加速期,教育部以大纲的形式在中小学大力推广任务型教学法,与此同时在高校也出现了中国人自创的教学法。2001 年,中华人民共和国教育部颁布的《全日制义务教育、普通高级中学英语课程标准(实验稿)》首次在教学建议中写道:"倡导'任务型'的教学途径,培养学生综合运用能力。"⑤在《课标》推动下,任务型教学逐步在全国外语课堂中运用。2000 年广东外语外贸大学

---

① 胡文仲:《建国 60 年来我国外语教育的成就与缺失》,《外语界》2009 年第 5 期。

② 李筱菊:《浅谈外语教学的交际教学法》,《现代外语》1984 年第 1 期;李筱菊:《一套新颖的教材——CECL 教程介绍》,《外语界》1987 年第 3 期。

③ 胡春洞:《论张思中外语教学法——兼谈外语教改的方向》,《外语界》1992 年第 3 期。

④ 李岚清:《改进外语教学方法 提高外语教学水平》,《人民教育》1996 年第 10 期。

⑤ 中华人民共和国教育部:《全日制义务教育 普通高级中学英语课程标准(实验稿)》,北京师范大学出版社 2001 年版,第 29 页。

王初明教授带领团队尝试自创的"写长法"①。该方法可以归为两个特色:
(1)提出新教学途径,在听、说、读、写中选择了以写为突破口,以写促学;(2)
建立全新评价体系,在量与质的评价标准中选择了量为先,以量促质;在奖赏
与批评的评价方法中,选择奖赏为主,以鼓励学习热情。②

　　进入新时期,我国学者有意识地推广富有中国特色的教学法。王初明③
及其团队在发展自创理论的道路上一直前行,从"以写促学"发展到"以续促
学",再到"续论",揭示了语言学习的核心机制,为外语教学设计各种"续"活
动提供了理论依据。"以续促学"强调在完成任务的开头提供输入,然后开展
"续写、续说、续译、续改"等各种"续作"活动。这些"续"的活动本质上就是
"促学"。

　　同期,文秋芳带领的中国外语与教育研究团队经过 10 多年打磨,在理论
和实践双向互动中,构建了"产出导向法"理论与实践体系④,多所学校已就这
一方法开展教学实践的尝试。实践证明,该方法具有一定成效。现在除中国
英语教学外,该法还应用于对外汉语教学⑤和非通用语教学,例如罗马尼亚
语⑥、僧伽罗语⑦。

(六) 外语教学手段的变化

　　外语教学手段的变化最为明显。探索期教师上课用的是黑板、粉笔、挂
图,到了 1975 年,难得才有一台非常笨重的台式录音机,一个班同学共用。发

---

　　① 　王初明、牛瑞英、郑小湘:《以写促学——一项英语写作教学改革的试验》,《外语教学与
研究》2000 年第 3 期。
　　② 　文秋芳:《评析外语写长法》,《现代外语》2005 年第 3 期。
　　③ 　王初明:《从"以写促学"到"以续促学"》,《外语教学与研究》2017 年第 4 期。
　　④ 　文秋芳:《构建"产出导向法"理论体系》,《外语教学与研究》2015 年第 4 期;文秋芳:
《新时代高校外语课程中关键能力的培养:思考与建议》,《外语教育研究前沿》2018 年第 1 期。
　　⑤ 　桂靖、季薇:《"产出导向法"在对外汉语教学中的应用:教学材料改编》,《世界汉语教
学》2018 年第 4 期。
　　⑥ 　董希骁:《"产出导向法"在大学罗马尼亚语教学中的应用》,《外语与外语教学》2019 年
第 1 期。
　　⑦ 　江潇潇:《基于"产出导向法"的僧伽罗语教材改编:产出任务设计的递进性》,《外语与
外语教学》2019 年第 1 期。

展期教师可用便携式手提录音机上课。20 世纪 80 年代后期，师生可直接在语言实验室内教学。到 20 世纪 90 年代后期，语言实验室数字化，教室装上了多媒体，学生有了多媒体自学中心，有的还有视频点播阅览室。几乎所有学生都拥有录音、收音为一体的微型机，随时训练自己的听力。课堂教学与计算机辅助教学的模式明确写进 2004 年 1 月印发的《大学英语课程教学要求（试行）》中。到了新时期，多媒体教室逐步被智慧课堂所代替。课前，教师只需一键导入课程，就可轻松完成备课；同样，教师只需轻轻点击按键，即可让录播系统、光能黑板、交互大屏与物联设备等进入上课状态。上课期间，投屏共享可供教学演示，也将学生对课程的理解实时同步。与此同时，学生每人都有与互联网相联的手机，录音、收音、阅读、观看视频，无所不能，泛在化外语学习已成为常态。2014 年 10 月 18 日，外语教学与研究出版社正式发布 Unipus。这种集多种数字化材料为一体的网络外语教学平台，为广大教师和学生提供了丰富的外语学习资源，外语慕课、微课、测试库、备课材料等应有尽有，为外语教学提供了极大便利。

二、面临的挑战与对策建议

我国外语教育面临诸多挑战，本文只讨论以下两点。

（一）来自语言智能技术的挑战

人工智能和大数据已给语言教育带来明显变化。形式多样的网络课程如雨后春笋般涌现。例如，本族语教师一对一在线课程的语言地道、鲜活，互动性强，针对性高，学习有效率。大数据支撑的智慧课程广受青睐，学习者根据电脑的测试成绩，选择学习级别，再通过后测成绩，决定学习材料难度和进度。这种个性化学习既灵活又方便，不受时间、地点限制。面临这些变化，教师的职业受到挑战，有人甚至怀疑外语教师将来是否会失业。笔者认为肯定不会，因为外语教育的任务是培养全面发展的人，学生不仅要有熟练的语言应用能力，还要有正确的价值观、人生观和世界观，拥有良好的合作能力、人际沟通能力。这种高素质人才的培养必须通过群体面对面、心与心的交流。当然,外语教育工作者必须张开双臂,拥抱语言智能技术发展的新时代,以积极、开放的心态,尽快熟悉、掌握相关技术,将课堂教学与网络课程融合、将纸质教材与网络资源结合、将教师评价和机器自动评价相互补充,让语言智能技术助力外语教育,使教师有更多时间和精力从事创造性劳动。有一点是肯定的,未来不了解、不熟悉、不会使用语言智能技术的外语教师大都会被淘汰。

我国在语音识别和机器翻译的研究和运用上确实已经取得了显著成绩,并已走进我们的生活,成为平民百姓出行和学习的助手。但我们并不能据此得出机器翻译可以代替人工翻译的结论,更不能否定国家对外语教育的投入。笔者认为,凡涉及国家利益,需要人与人之间的情感交流、建立相互信任的关系时,仅借助翻译机器肯定达不到目标。从这个意义上说,机器永远不能代替外语人才,高端外语人才与人工智能将会长期共存。再说,学习外语已经不单为谋生,还要通过外语学习扩大视野,拓宽眼界,获得人的全面发展。

2018 年 12 月 24 日,首届"语言智能与社会发展"论坛在北京召开。四十余位来自语言教育界、信息技术界、企业界、新闻界和政界的有识之士共同就语言智能与外语教育协同发展建言献策,并形成了《语言智能与外语教育协同发展宣言》,倡议教育界和技术界相拥相爱,停止相搏相杀①。笔者坚信语言智能技术将对未来外语教育的形态产生深远影响,但绝不会像机器人代替流水线上的工人一样,让外语教育失去存在的必要。我们应该高瞻远瞩,提前布局语言智能推动下的外语教育事业。

(二)来自对"教育公平"误读的挑战

目前外语专业毕业生中,低层次人才供过于求,而高层次人才极其匮乏。例如,我国缺少能够胜任联合国下属国际机构工作的高端外语复合型人才。他们不仅要熟练掌握英法两门外语,而且还要有某个领域的专长,同时他们还需要拥有合作能力、沟通能力等综合素质。针对国家这一需求,北京外国语大学设立了英法双语+专业实验班。该实验班具有以下特色:前置式预科培养,

---

① 饶高琦:《语言智能和语言教育不应"相杀"》,《光明日报》2018 年 12 月 27 日。

本硕贯通、学制六年，中外联合培养，多语种、跨学科融合式培养模式，培养实践创新能力，建设整合国内外优质教育资源、面向国家战略人才储备亟须的高端人才培养平台。为此，我们也经常受到质疑：这符合"教育公平"吗？

"教育公平"是社会主义教育的基本要求。党的十九大报告强调："努力让每个孩子都能享有公平而有质量的教育。"什么是"公平而有质量的教育"？笔者认为杨九诠①的解释对澄清人们对"教育公平"的误读很有帮助。他提出"公平而有质量的教育"包括两种类型：一类以均等化为目标，另一类以多样化为目标。孔子的"有教无类"体现的是第一种"公平"；孔子的"因材施教"追求的是第二种"公平"。这两类"公平"不是相互替代关系，而是重叠互补关系。他还指出，人们往往对第一类"公平"容易理解，而对第二类"公平"解释不透彻，易把这两类"公平"看成是相互对立的一对矛盾。例如，人大附中联合总校校长刘彭芝在"创新人才教育研究会 2019 年年会"上提到："当前，一些人有意无意地将英才教育、拔尖创新人才培养放到教育公平的对立面，误导公众。"②

我国一直在平行推动这两类"公平"政策的实施。以高等教育为例，为了努力实现"均等化"的公平，高校建立了全覆盖的助学金制度，力求让农村和贫困地区的高中毕业生不会因为经济困难上不起大学；同时为了让这些地区的孩子有机会接受优质教育资源，从 2012 年起，政府制订了各种类型的专项计划，要求地方和教育部重点院校按照一定比例招收来自农村和贫困地区的高中毕业生。③ 为了追求"多样化"的公平，2017 年 1 月，经国务院同意，教育部、财政部、国家发展和改革委员会印发了《统筹推进世界一流大学和一流学科建设实施办法（暂行）》；再如 2018 年 9 月 17 日《教育部关于加快建设高水平本科教育全面提高人才培养能力的意见》（教高〔2018〕2 号）中提出："教育部会同有关部门围绕高水平本科教育建设，加大政策支持力度，制定实施'六

---

① 杨九诠：《"公平而有质量的教育"的双重结构及政策重心转移》，《教育研究》2018 年第 11 期。

② 刘彭芝：《因材施教是真正的教育公平，英才教育不是教育公平的对立面》，http://edu.people.com.cn/n1/2019/0202/c1006-30608895.html，2019 年 2 月 2 日。

③ 王爱云：《改革开放 40 年中国共产党推进教育公平的实践和经验》，《党的文献》2018 年第 6 期。

卓越一拔尖'计划 2.0 等重大项目"等①。

2018 年 3 月 7 日,习近平总书记在参加十三届全国人大一次会议广东代表团审议时强调,发展是第一要务,人才是第一资源,创新是第一动力。拔尖创新人才对国家可持续性发展起着关键性作用。目前我国还有不少科技领域尚需进一步发展,我们在政治、外交、经济等领域领军人才还相对匮乏。我们必须把培养拔尖创新人才放到国家发展的大格局中去考量,为高端外语人才的培养制定更好的政策法规,提供更宽松的实践环境。

三、结语

回顾新中国外语教育走过的 70 年,社会办学也发挥了不可或缺的作用。例如,改革开放初期,中央电视台播放的 *Follow Me*(《跟我学》)②以及各省市广播电台的外语节目吸引了成千上万的业余学习者。此后,商业化的外语教育呈爆发式增长,1993 年创建的"新东方"和 1994 年兴起的"疯狂英语"已成为我国重要的语言产业。本文只是抓取了正规外语教育体制内的重要事件,描述新中国外语教育 70 年发展历程的概貌,难免挂一漏万、以偏概全。

2011 年 8 月,第 16 届世界应用语言学大会在北京外国语大学成功召开。这标志着中国外语教育正迈步走向世界,未来虽有困难与挑战,但前途充满希望。我们坚信,中国外语教育在学界、政界及社会各界的密切互动中,一定会发展得更健康、更规范、更具创新性,必将为中华民族的伟大复兴和人类命运共同体的构建作出更大贡献。

(本文原载《外语教学与研究》2019 年第 5 期)

---

① 中华人民共和国教育部:《教育部关于加快建设高水平本科教育全面提高人才培养能力的意见》,http://www.moe.gov.cn/srcsite/A08/s7056/201810/t20181017_351887.html,2018 年 10 月 8 日。

② 胡文仲:《外语教育改革二三事》,《外语界》2018 年第 4 期。

外语人才培养

"一带一路"语言人才的培养[①]

我国当前的"一带一路"倡议对语言教育带来新挑战，外语教育工作者需要做战略性思考。"一带一路"沿线国家和地区的官方语言超过40种非通用语，我国2010—2013年高校外语专业招生的语种只覆盖了其中的20种。[②]从供需对接情况来看，缺口非常明显。许多学者撰文呼吁，"一带一路"的建设必须要语言铺路，语言人才先行。[③] 众多高校决策者积极思考如何在"一带一路"的建设中把握发展机遇。例如，北京大学从2015年秋季学期正式启动了"一带一路"课程项目[④]；北京外国语大学、上海外国语大学、广东外语外贸大学、广西民族大学、云南民族大学、西安外国语大学等高校也纷纷采取措施，努力增加非通用语种[⑤]。

笔者认同互联互通中语言人才的重要性。然而语言人才的培养是一项既关乎国家发展又关乎学生个人命运的系统工程，它周期长，投入大，仅凭一腔

---

① 本文是"一带一路"背景下国家非通用语人才培养战略研究（WT125-84）项目的阶段性成果，感谢匿名评审专家对本文提出的修改意见。

② 文秋芳：《亟待制定"一带一路"小语种人才培养战略规划》，《国家哲学社会科学规划办·成果要报》2014年12月10日，第96页。

③ 沈骑：《"一带一路"倡议下国家外语能力建设的战略转型》，《云南师范大学学报（哲学社会科学版）》2015年第5期；魏晖：《"一带一路"与语言互通》，《云南师范大学学报（哲学社会科学版）》2015年第4期；张日培：《服务于"一带一路"的语言规划构想》，《云南师范大学学报（哲学社会科学版）》2015年第4期；赵世举：《"一带一路"建设的语言需求及服务对策》，《云南师范大学学报（哲学社会科学版）》2015年第4期。

④ 马海燕：《北京大学与20多国合作打造"一带一路"系列课程》，http://www.chinanews.com/sh/2015/09-15/7525347.shtml，2015年9月15日。

⑤ 刘曙雄：《与"一带一路"同行的"非通人才"培养》，《神州学人》2016年第1期。

热血和大干快上的决心,风险太大,需要学界冷静思考,认真调研,制定方案,且行且试,逐步完善。

一、语言人才培养中存在的主要问题

"一带一路"语言人才培养中究竟存在哪些主要问题?准确描述问题及症结所在,需要深入细致调查。然而调查需要较长时间,而人才培养属当务之急。下面提出的三个问题,虽然是基于经验的思考,但应具有参考价值。

(一) 未能双向思考语言人才培养

当年我国的改革开放是外国资本和企业走进来,而"一带一路"建设是我国资本和企业走出去。这表明我国已从"引进来"向"走出去"转型①,从"本土型"向"国际型"国家转变②。目前我国"走出去"与当年外国资本和项目进入中国时的"走进来"相似。如今的投资方当年曾经是被投资方,当时双方解决语言人才短缺的做法值得我们今天回溯和类比。

30多年前,我国的改革开放政策吸引了大量的外资,大批合资与独资企业在中国遍地开花。外方一般只派少数高层管理和技术人员来华常驻,雇佣的大部分是中方员工,中方的中高层管理人员通常双语水平比较高。绝大部分外方人员不会汉语,与中方员工沟通一般使用英语,尽管有时外方员工的母语是德语、法语或其他语言。如需在正式场合使用汉语时,一般由双语特别好的中方员工担任翻译。

外企的高工资、好待遇引发了我国高校的"外语热"和"留学潮"。外语人才成了就业市场中的"香饽饽"。以英语专业为例,20世纪80年代末90年代初我国开设英语专业的高校只有300多个,1998年增加到790个③,截至2012

---

① 沈骑:《"一带一路"倡议下国家外语能力建设的战略转型》,《云南师范大学学报(哲学社会科学版)》2015年第5期。

② 李宇明:《中国外语规划的若干思考》,《外国语(上海外国语大学学报)》2010年第1期。

③ 戴炜栋主编:《高校外语专业教育发展报告(1978—2008)》,上海外语教育出版社2008年版,第54页。

年底,超过 1000 个①。其他通用外语专业(俄、法、西、阿、德、日)的设点也呈上升趋势。与外语专业点同步增长的是来华教授外语的外籍教师人数和我国政府公派留学人数,以及投资国提供给我们的奖学金名额。

除了外语专业点增加、招生人数扩大外,作为被投资国,我国外语专业人才培养模式也经历了大幅度改革。20 世纪 80 年代初期全国外语院校和理工院校开始尝试复合型英语人才的培养。1998 年 12 月教育部高教司转发的《关于外语专业面向 21 世纪本科教育改革若干意见》②,第一次以文件的形式阐述了复合型外语人才培养的必要性,确认了复合型外语人才的概念和培养模式。随后,2000 年颁布的《高等学校英语专业英语教学大纲》首次将复合型人才列为英语专业的培养目标③,并对复合型英语人才提出了明确要求。

面对今天的语言人才短缺,我们学界和众多决策者往往只从我国作为投资方出发,未充分考虑"一带一路"沿线国家作为被投资方对语言人才的供给。循着上述路径思考,我国到"一带一路"沿线国家投资的企业正像当年进入我国的外资企业一样,我国企业也会雇佣大批当地员工,他们当中部分双语水平高的会参与中高层管理。这样做能为我国企业"走出去"节约成本,也能为被投资国创造就业机会。再则,雇佣当地员工担任管理工作更易与本国雇员和政府官员沟通。另一重要原因是,在中国对外承包工程项目中,许多国家对中方劳务的输入控制很严,明确规定了雇佣当地劳务数量的最低限额。④

由此可见,随着"一带一路"项目在沿线国家落地生根,会汉语的当地大学毕业生会有更好的就业机会,获得更好的待遇。可以预测,被投资国学习汉

① 刘贵芹:《2013—2017 年教育部新一届外国语言文学类专业教学指导委员会在北京外国语大学举行成立大会上的发言》,2013 年 7 月 13 日。
② 教育部高等学校外语专业教学指导委员会:《关于外语专业面向 21 世纪本科教育改革的若干意见》,教育部高教司,1998 年。
③ 何其莘:《培养 21 世纪的外语专业人才——新〈大纲〉的修订过程及主要特点》,《外语界》2001 年第 1 期。
④ 陈勇强、卓瑞、王秀芹:《中国对外承包工程劳务属地化策略研究》,《中国软科学》2014 年第 12 期。

语的热情会逐步升温。与此同时,我国政府为"一带一路"沿线国家提供来华学习的奖学金数量也会大幅度增加。

以上分析表明,在"一带一路"建设中,投资国与被投资国的语言人才会双向流动、内外联通。因此除了我国要培养供需对路的语言人才外,还应该认真思考如何满足被投资国学习汉语的需求。他们的需求得到了满足,便一举多得,互助共赢。

(二) 缺乏非通用语专业布点顶层设计机制

我国增设本科专业点分两种情况。一种是审批制,适用于需在全国招生目录上新增的专业。高校须提出申请,经教育部组织的专家委员会审查获准后,才能招生。另一种是备案制,适用于学校需自主增设教育部专业目录上已有的专业。它们的申请报告须在校内通过审批,并报所在地区的教育部门批准且在教育部备案后,方可招生。①

为简政放权,2015 年 6 月 15 日,教育部将本科专业设置的审批权下放到省级政府,教育部只负责备案。② 目前我国招生目录上有 65 个非通用语专业,教育部计划到 2020 年增加到 99 个。为适应"一带一路"倡议的实施,各高校都表示出为国家服务的强烈愿望,加之财政部对非通用语人才培养加大经费投入,留学基金委又增加到对象国留学的名额,高校增设非通用语专业的热度骤增。在高校有了更大的办学自主权、增设新专业的门槛降低的情况下,有些高校根本不具备招生的基本条件,就准备开设新的非通用语专业。例如从本科生中挑选学生送到北京外国语大学跟着本科生学习,本科毕业后,就作为本校师资使用。2015 年,某校教师得知笔者来自北京外国语大学,便问:"你们那儿有印尼语毕业生吗? 我们明年要开设印尼语专业。本科毕业生也可以。"

笔者担心非通用语专业"一哄而上",将来过量的毕业生可能会带来就业

---

① 教育部高等教育司:《普通高等学校本科专业设置管理规定(教高〔2012〕9 号)》,http://www.moe.gov.cn/s78/A08/gjs_left/moe_1034/s3881/201305/t20130523_152287.html,2013 年 5 月 23 日。

② 教育部高等教育司:《关于 2015 年度普通高等学校本科专业设置工作有关问题的说明》,http://www.moe.gov.cn/,2015 年 6 月 16 日。

难题。通常就业市场对于供大于求的现象反应滞后。例如英语专业布点过多,直到前几年英语专业就业才被挂上了"红牌"。① 前车之鉴,当下增设非通用语本科专业决不能重蹈覆辙。

(三) 培养模式科学性不强,目标不够明确

目前非通用语人才的培养有两条途径:一是增设本科专业点,通过高考招收高中毕业生,培养语言专业人才;二是面向全体大学生开设公共外语课。这两种培养模式都存在明显隐患。

一般情况下,非通用语专业就业面没有通用语专业广,特别是一些不发达国家的官方语言。为了增加对考生的吸引力,高校设计出多种培养模式,如"通用语+非通用语""多语种+X""非通用语+非语言专业(如国际关系、法律等)"。培养模式多种多样,未来就业看似灵活性很强。问题是,非通用语的本科教学都是零起点,要从字母教起。成功的外语学习既需要强度又需要密度。② 按照一个星期 15 课时计算,一年总学时约为 480。根据外语学习规律,要把一门外语学到能熟练地用于工作的程度,至少要花 2000 小时以上。③ 按照现有的课程体系,学习 4 年,总课时还不足 2000。这就意味着,4 年全部投入,学习时间还不充分。如果 4 年中有一年到对象国学习,估计语言能够过关。若是在学习一门非通用语的同时,再将英语作为通用语继续学习,还比较可行,因为他们已经有了 9 年学习英语的基础。如果零起点再学习一门法语或俄语或德语,对绝大部分学生来说,要达到用外语工作的程度,几乎是天方夜谭,当然不排除少数具有语言天赋的学生能够做到。同理,要在学好一门非通用语的同时,系统修学一门其他专业,学习时间从何而来? 如果只是学点基本知识,培养普通的复合型外语人才还有可能。

将非通用语作为公共选修课开设,是培养"专业+非通用语"复合型人才

---

① 参见麦可思研究院编著,王伯庆、郭娇主审:《中国大学生就业报告》,社会科学文献出版社 2013 年版。

② 文秋芳:《压缩教学周期,增强教学密度——大学英语教学改革新思路》,《中国外语教育》2008 年第 3 期。

③ [美]约翰·康威:《培养外语人才:美国空军如何与民间高校合作共赢》,《空天力量》2010 年秋季。

的另一条途径。例如,北京大学在全校开设"一带一路"沿线国家的 40 种非通用语课程。根据报道,北京大学每个语种开设 1—2 个班,本科生、研究生均可报名,目前已经吸引了 3000 余名学生。学习时间一年或一年半,每周 4 小时,每学期 3 学分,教师全部为母语本族语者,小班授课,少至 3 人,多至 40 人。每个语种都制定了教学大纲和清晰的教学目标。采用文化与语言融合的方法,每学期规定要学习 500 个单词,完成整个课程时,要求学生能用所学语言进行自我介绍,并就家庭、社会、兴趣爱好、民族风情等话题进行交流。

北京大学这种为国家服务的热情值得点赞,然而这种既无密度又无强度的非通用语课程很容易导致"高投入、低产出"。一年只有 128 学时,一年半也只能达到 190 学时。即便学生和教师都非常努力,也很难想象用不到 200 小时的学习就能够把一门零起点的外语学好。尽管目前课程有着明确的目标,但目标的实现不取决于目标制定者的良好愿望。退一步说,即便目前所定的目标能够实现,他们的水平至多相当于《欧洲语言共同参考框架:学习、教学、评估》(以下简称《欧框》)[1]中初学阶段的 A2 级,根本谈不上能在职场中发挥作用。更何况一年半后若无后续学习,前期所学会逐步遗忘,等到毕业时,恐怕所剩无几。笔者建议一定要对目前的课程进行改造,以加强密度和强度。

二、语言人才培养的对策

上述三个问题具有全局性的特点,如不及时解决,将影响我国"一带一路"语言人才培养的宏观布局和培养质量。为此,笔者提出以下建议。

---

[1] 参见欧洲理事会文化合作教育委员会编:《欧洲语言共同参考框架:学习、教学、评估》,刘骏、傅荣主译,外语教学与研究出版社 2008 年版。

（一）处理好国家需求、学生个人发展与外语习得规律三要素的关系

从课程论视角,图2.1描述了制定语言人才培养规划三要素之间的关系:(1)国家/社会需求;(2)学生个人发展;(3)外语学习规律①。过分偏重任何单因素,都难以产生科学的语言人才培养规划。这三要素有时会有一种张力,平衡这三要素之间的关系,应是制定科学、高效课程设置的指导思想。

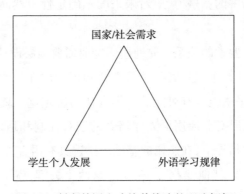

图2.1　制定外语人才培养战略的理论框架

我国的非通用语一般指英、法、俄、西、阿、德、日七个语种以外的所有语言。② 很显然,从大到上亿人使用的印地语、印尼语,小到十几万人使用的岛国语言,国情、社情差别迥异。从国家政治、经济、军事、外交需求来说,与我国建交国家的所有语言,政府都应该有相应的语言人才储备,这关系到国家形象和地位。例如北京外国语大学1961年建立亚非系,僧伽罗语是五个首批开设的语种之一③。王一兵作为第一届僧伽罗语毕业生被分配到外交部工作作为人才储备,直到1972年斯里兰卡总理班达拉奈克夫人访华时,他才第一

---

① 参见钟启泉、汪霞、王文静编著:《课程与教学论》,华东师范大学出版社2008年版。
② 丁超:《中国非通用语教育的前世今生》,《神州学人》2016年第1期。
③ 丁超:《中国非通用语教育的前世今生》,《神州学人》2016年第1期。

次在公开场合获得翻译僧伽罗语的机会①。设想当时如果没有僧伽罗语人才储备，我国政府该如何满足班达拉奈克夫人要求用自己国家国语来演讲的要求呢？

从学生个人发展的需求来看，学习非通用语不如通用语的就业面广、发展机会多。无论是学生本人还是家长一般都较少选择学习非通用语，特别是经济落后、政治不稳定国家的语言。很显然，学生个人的需求和我国覆盖所有建交国家的语言需求有着明显的冲突。从未来就业考虑，非通用语专业的学生都希望能在校多学一点东西，如多学习一门通用语或者其他一门非语言专业，以增加在就业市场中的竞争力，应对未来的不确定性。然而这个愿望又不符合学科学习规律。

如何协调这三要素的关系？非通用语专业需要顶层设计，以国家/社会需求为出发点，同时兼顾个人发展和学习学科知识的内在规律。这三者有时会产生矛盾，但协调平衡也是有可能的。笔者认为决定这三要素关系的平衡有两个关键：第一，政府对非通用语人才培养的宏观控制和顶层设计。第二，学校要在科学规律的指导下，在志愿的基础上挑选具有语言天赋的学生，让其学习多语或"非通用语+其他专业"。抓住了这两个关键，就不会出现人才短缺或者人才过剩的社会问题。

（二）双向考虑"一带一路"语言人才培养的多元化路径

"一带一路"沿线国家国情迥异、文化多样、宗教多种，我国与这些国家互助共赢的模式也不完全相同，有的直接投资，有的通过项目竞标，有的合作建立工业园，有的对外承包工程项目，也有的在国内从事跨境电子商务。我们应从投资国和被投资国两个方向思考"一带一路"建设所需的语言人才，充分认识人才的多样性、培养人才的多元路径。表2.1列出了部分示例。

①　王一兵：《加强"非通人才"培养是一次创新与改革》，《神州学人》2016年第1期。

表 2.1　"一带一路"建设所需语言人才的类型和培养路径示例

任务类别		我国所需非通用语人才与培养路径		"一带一路"沿线国家所需中文人才与培养路径	
政府间人文交流		国别/区域通	本科+硕士 语言+专业 专业+语言	国别/区域通	本科+硕士 语言+专业 专业+语言
		高级翻译人才		高级翻译人才	
项目决策与谈判		国别/区域通		国别/区域通	
		高级翻译人才		高级翻译人才	
		行业通		行业通	
项目落地国外	投资办企业	—	—	高级翻译人才	
				行业通	
				国别/区域通	
	投资建设基础设施	普通复合型非通用语人才	本科 语言+专业/ 专业+语言	普通复合型中文人才	本科 语言+专业/ 专业+语言
	对外承包工程	普通复合型非通用语人才	本科 语言+专业/ 专业+语言	普通复合型外语人才	本科 语言+专业/ 专业+语言
	跨境电子商务	—	—	普通复合型中文人才	本科 语言+专业/ 专业+语言
项目落地国内	跨境电子商务	普通复合型非通用语人才	本科 语言+专业/ 专业+语言	普通复合型中文人才	本科 语言+专业/ 专业+语言
	国际贸易	普通复合型非通用语人才	本科 语言+专业/ 专业+语言	普通复合型中文人才	本科 语言+专业/ 专业+语言

　　根据表 2.1,"一带一路"建设需求大致分为四类:(1)政府间人文交流;(2)项目决策与谈判;(3)项目落地国外;(4)项目落地国内。每种需求对我国和"一带一路"沿线国家所需语言人才类型不尽相同。我方需要的是非通用语人才,外方需要的是汉语人才。就语言人才层次来看,双方都需要一批高端人才,其中包括高级翻译、国别/区域通、行业通。他们的培养需要采用本硕贯通模式。笔者曾就这一模式在南京大学做过教学试验,实践证明,这种模式

有效、可行。① 与此同时,双方也需要大量普通语言人才。他们可以是"外语本科专业+一般非外语专业知识"(5—6 门课)或者"非语言本科专业+外语"(不少于 1000 学时的强化训练)。

特别需要注意的是,由于任务类别不同,投资国与被投资国的需求有时相同,有时不同。例如政府间的人文交流和项目决策与谈判,我国与被投资国都需要高端复合型外语人才。短缺这类人才的一方,国家利益和形象就有可能受到损害。我国由于缺少懂外语的法律人才、金融人才和区域研究人才,在海外并购中失败的例子并不鲜见。如果项目谈判落地在国外,可以雇佣当地懂中文的复合型人才。这也会推动所在国外语教学的发展,对于不直接涉及国家利益的一般性工程项目,需要的都是普通复合型外语人才。非通用语本科毕业生或者非语言专业学生经过外语强化训练,外语水平大致达到《欧框》的B2 级即符合要求。

(三) 借鉴美国经验,培养我方所需的复合型语言人才

美国培养非通用语人才的经验值得借鉴。

第一,美国由国防语言和教育办公室(Defense Language and National Security Education Office,简称 DLNSEO)统一协调美国急需的"非通用语+专业"高端复合型人才的培养,而我国缺乏在国家层面上进行顶层设计的政府机构。为了减少无序性和盲目性,教育部可以委托行业组织来负责宏观规模的控制。全国高等教学指导委员会非通用语组是个有着 20 多年历史的行业组织②,该组织成员均为来自全国主要高校非通用语专业的专家学者,对全国非通用语教学情况和专业整体布局非常熟悉。如全国各高校增减非通用语专业由这个行业组织来审批,既能达到教育部简政放权的效果,又能增加决策的科学性。

第二,美国非通用人才的培养,DLNSEO 以项目集群为抓手,用竞争申请奖学金的方法,在全国范围内挑选优秀本科生和硕士生。所有获得资助者都

---

① 文秋芳、王艳:《"英语+X"本硕贯通人才培养体系成效:基于学生视角》,《外语界》2015 年第 5 期。

② 丁超:《中国非通用语教育的前世今生》,《神州学人》2016 年第 1 期。

必须将非通用语学习与相关专业相结合。① 例如美国 1991 年设立的国家安全教育项目中有四个与"非通用语+专业"的复合型人才培养有关:(1)博仁本科生奖学金;(2)博仁研究生奖学金;(3)语言旗舰项目;(4)全球军官工程。始于 1994 年的博仁本科生奖学金和研究生奖学金均有总量控制,前者总额为20000 名,后者为 30000 名,两项奖学金每年批准的人数在 300—500 人之间。截至 2012 年底,这四个子项目已经为美国培养了近万名"非通用语+专业"高端人才,其中博仁奖学金近 5000 名,旗舰计划近 3000 名,全球军官计划近2000 名。他们的非通用语技能一般能达到专业水平,并拥有不同的专业特长。②

第三,尽早设立学习非通用语"一条龙"专项奖励基金。"语言旗舰"为中小学设立了"一条龙"基金,以鼓励在中小学开设非通用语课程,吸引有兴趣的中小学生从小开始学习,同时大学有与之衔接的语言课程。早在 20 世纪60 年代,周恩来总理就提出"多语种,一条龙,高质量"的要求,然而这个计划至今还未得到完全落实。③ 我们可以通过招标方式,在部分中小学开设非通用语课程。大学要为其中的优秀高中毕业生提供绿色通道,并能学习与中小学衔接的非通用语课程。国家还可以为这些"一条龙"培养出的优秀生提供本科和硕士在校学习的奖学金,并为其中优秀毕业生提供奖学金,到对象国学习。获奖者必须签订为国家服务的承诺书。

第四,将目前类似北京大学的公共非通用语课程改造为语言强化训练课程。美国始于 2002 年的语言旗舰项目和始于 2007 年的全球军官工程都要求获奖者到对象国学习之前,在国内参加语言强化训练,提供高密度高强度的短期课程。这种课程一般不短于 8 个星期,每天 8 学时,每星期至少有 6 天上课,总学时一般接近 800 学时。我国改革开放初期,不少高校为出国学习者提

---

① 文秋芳、张天伟:《后"9·11"时代美国国家外语能力建设成效及其启示》,《中国外语》2013 年第 6 期。

② NSEP, *National Security Education Program*: *Annual Report* 2012, http://www.nsep.gov/about/support/2012-NSEP-Annual-Report.pdf,2013-08-21.

③ 陈琳:《让"多语种、高质量、一条龙"愿望完满实现》,《山东师范大学外国语学院学报(基础英语教育)》2008 年第 5 期。

供了类似培训,效果显著。① 这种强化训练课程可以在暑假开设,假期中,学生无其他课程,可以集中精力学习外语。达到标准后,再派到对象国学习某个专业课程。由于有后续出国学习机会,培养成才的概率能够大大提高。

三、结语

"一带一路"倡议是非通用语专业千载难逢的发展新机遇。我们要充分考虑投资国与被投资国双方在语言战略上的互动性,采取多形式、多层次办学,对口培养我国在"一带一路"建设中所需的语言人才,同时还要积极发展汉语国际教育,帮助被投资国汉语人才的培养,切忌单向思维,不负责任地"一哄而上",把人才市场的风险留给学生。

受篇幅限制,本文未能讨论目前非通用语师资队伍建设中存在的问题。教育大计,教师为本,高质量的非通用语师资队伍应该是培养语言人才的前提与保证。

(本文原载《语言战略研究》2016 年第 2 期)

---

① 文秋芳:《压缩教学周期,增强教学密度——大学英语教学改革新思路》,《中国外语教育》2008 年第 3 期。

从英语国际教育到汉语国际教育:
反思与建议^①

    我国 1985 年开始设立汉语国际教育(teaching Chinese to speakers of other languages,下文简称 TCSOL)本科专业^②,2007 年开始试点 TCSOL 硕士专业学位,随后有 20 多所高校陆续设置博士专业学位。这些不同层次学位点的设立为我国汉语教学"走出"国门,作出了不可替代的贡献。然而国内学者对 TCSOL 的学科归属、课程设置、办学方向等一系列重要问题仍有不同程度的"焦虑和不安"^③。在此背景下,《世界汉语教学》编辑部于 2019 年 1 月 10 日举办了"汉语国际教育知识体系的特色与构建"高端论坛。本文基于在该论坛上的发言,集中讨论国内外英语国际教育(teaching English to speakers of other languages,下文简称 TESOL)对我国 TCSOL 的启示。

一、国内外 TESOL 发展简况

    TESOL 发展已有 70 多年历史。第二次世界大战后,在 Fries 和 Lado 等语言学家领导下,美国密歇根大学率先创立了英语学院,专门研究如何教授外国

---

    ① 朱勇副教授仔细审读与修改了全文,《世界汉语教学》编辑部提出了宝贵建议,特此一并致谢。

    ② "汉语国际教育专业"的早期名称为"对外汉语教学专业",2012 年更改为现名。

    ③ 宁继鸣:《汉语国际教育:"事业"与"学科"双重属性的反思》,《语言战略研究》2018 年第 6 期。

人英语,这就是人们常说的 TESOL。随着英美国家经济的快速发展和科技实力的不断增强,英语使用范围不断扩大,各国对英语教师的需求与日俱增。为满足这一需求,英语国家开设 TESOL 硕士、博士课程的大学越来越多。来自世界各国的大批学生涌向英语国家攻读 TESOL 硕士、博士学位。中国也不例外。自 20 世纪八九十年代起,随着国家的改革开放,外资企业大批涌入,英语人才成了就业市场上的"香饽饽"。为了培养出社会所需的合格英语人才,国家亟需高水平的英语教师,于是有相当一批高校教师在我国政府留学基金或国外奖学金的资助下赴英国、美国、加拿大、澳大利亚等英语国家学习 TESOL 课程,或攻读 TESOL 硕士、博士学位,也有部分教师自费前往这些国家学习。这些留学人员完成学业后,大部分回国任教,成为我国英语教师队伍中的骨干力量。

我国 TESOL 实践也有 70 年的历史(1949—2019 年),大致经历了四个发展阶段:(1)起伏动荡期(1949—1977 年);(2)恢复发展期(1978—1999 年);(3)快速发展期(2000—2011 年);(4)深入发展期(2012 年至今)。[①] 除第一个阶段外,后三个阶段中,我国大、中、小学英语教育的发展都呈直线上升趋势,在亚洲非英语国家中处于领先地位。

笔者从事英语教育 40 多年,既是我国英语教育改革的见证者、亲历者、参与者,也对国外 TESOL 课程比较熟悉。他山之石,可以攻玉,借鉴国内外 TESOL 的理论与实践,将有助于办好汉语国际教育专业。

二、汉语国际教育专业层次与招生对象

在专业层次设置上,国外 TESOL 与我国 TCSOL 的主要不同点有两个:(1)只有硕士和博士专业学位点,没有本科专业[②];(2)招收对象大部分为外国留学生,英语母语者所占比例极小。外国留学生获得学位后,大部分回

---

① 文秋芳:《新中国外语教育 70 年:成就与挑战》,《外语教学与研究》2019 年第 6 期。
② TESOL 本科专业设在非英语国家,而不在英语国家高校。

国选择英语教育为职业,也有少部分留在英美国家求职,或教授移民英语,或教授赴英美国家留学的大学预科生英语,仅有少数能获得大学的终身教职。那些获得 TESOL 硕士、博士学位的英语本族语者,有的到海外高校就职,有的留在本国担任 TESOL 教职,参与 TESOL 硕士、博士课程教学和论文指导。

借鉴国外 TESOL 经验,我国 TCSOL 应该重新考虑专业设置层次和招生对象。目前我国 TCSOL 的本科专业布点数量多,覆盖地域广,招收的几乎全部是中国学生。截至 2017 年,全国共有 384 所高校设置了本科专业;截至 2015 年,本科生在校人数为 63933 名。① 这直接导致了 TCSOL 本科专业的无计划、超规模增长,给就业带来极大压力。事实上,只有极少数本科毕业生能作为汉语教师志愿者外派到国外工作。即便外派,任期也很有限,回国后面临二次就业,一般难以找到对口工作。朱淑仪、陈乔君②选取了惠州学院 5 届(2011—2015 届)汉语国际教育本科专业毕业生中的 120 名作为问卷调查对象,了解了他们毕业后的就业情况。孙月红等③运用学校就业指导中心提供的数据,分析了广西民族大学近五年 139 名毕业生的择业情况。他们所调查学生的毕业时间段虽不完全相同,但结果大体一致。第一,从事对外汉语教学的毕业生寥寥无几。以惠州学院为例,2013 届 50 名毕业生中只有 2 人成了汉语教师志愿者,2014 届 31 名中有 3 人,2017 届 22 名中有 1 人,2015 届 16 名和 2016 届 20 名中无一人。第二,绝大部分选择在国内就业,主要去向是中小学或企事业单位。导致这一结果的原因很多,其中,"产销不对路"是根本原因。本科毕业生如直接派往国外担任汉语教师志愿者学历太低,能力不足,即便有少数符合条件能够派出,短暂的海外工作经验也无法为他们二次就业增加额外优势。即使就业对口,能去的单位主要只是面向外国人的汉语培训机构。国内中小学如需语文教师,更为合适的人选多为来自师范院校中文系

① 宁继鸣:《汉语国际教育:"事业"与"学科"双重属性的反思》,《语言战略研究》2018 年第 6 期。

② 朱淑仪、陈乔君:《汉语国际教育专业本科毕业生就业情况调查分析——以惠州学院为例》,《河北工程大学学报(社会科学版)》2018 年第 4 期。

③ 孙月红、韦丽达、谢家容:《近五年汉语国际教育专业就业情况调查报告——以广西民族大学相思湖学院为例》,《中国市场》2019 年第 3 期。

的毕业生。不要说本科生,即使是汉语国际教育专业的硕士生同样面临就业困境。虽然国内已有147所高校开设"汉语国际教育硕士"专业,每年毕业生数以千计,但相当一部分毕业生并未从事汉语教学相关工作。2018年,笔者曾在匈牙利罗兰大学孔子学院遇到两个非常优秀的硕士志愿者,由于聘期快结束,他们也在为回国后再就业而深感焦虑。

目前对TCSOL本科生就业困难似乎没有异议,但对于如何解决这个问题,几乎无人提出要取消TCSOL本科专业。现有建议大致包括两类:第一类,停止盲目扩招TCSOL本科专业,即减少本科专业;第二类,改进TCSOL本科专业课程体系,提高该专业的人才培养质量,增强就业竞争力。而笔者的建议是,借鉴国外TESOL经验,尽快有计划取消高校的TCSOL本科专业,少数双一流学校可以试点TCSOL本硕连读项目。

与TCSOL本科相比,我国的硕士、博士点发展滞后,但硕士点增加速度过快,博士点数量不足。2007年有25所高校试点招收专业硕士生,到2018年增加到147所高校;2018年开设博士点的有21所高校,与此同时有7所高校在教育专业试点招收TCSOL教育专业博士。本人建议首先停止盲目扩招硕士点。从目前的硕士点设置来看,一些培养单位的专业师资力量薄弱,培养水平不高,有必要加大评估力度,针对师资队伍(队伍结构、导师水平)、人才培养(招生选拔、培养方案、课程教学、学术训练或实践教学、学位授予)和质量保证(制度建设、过程管理、学风教育)进行定期评估。然后根据情况,要求限期整改或者取消学位点。同时要加大投入,提高硕士、博士点的培养质量。除了办学层次要调整外,招生对象也要进行彻底改变,主要生源要从中国学生转为外国留学生。外国留学生可由本国政府资助,或由中国政府提供奖学金,或个人自费。中国学生的比例应有所限制,录取时可有特别要求和一定优惠待遇。如报考硕士生,他们须同意优先服从分配去国外孔子学院任教3—5年,服务期满回国后,可获得攻读TCSOL博士专业课程录取加分的待遇。获得硕士、博士学位的外国留学生回国后大部分可成为本土汉语教师中的骨干力量;中国学生获得博士学位后,可在国内外高校谋求教职,也可从事与汉语国际教育相关的出版、管理或师资培训工作。

三、TCSOL 国别化教材编写

教材是课程内容的载体，连接着学生和教师，在教学中起着关键作用。[①] 随着世界"汉语热"持续升温，国别化汉语教材的编写成了热点话题。[②] 笔者认为，汉语教材编写首先需要回答谁来编的问题。由本族语者来编，还是非本族语者来编？我国大中小学英语教材是如何解决这个问题的呢？我国现行做法也许能对 TCSOL 教材的编写提供一定启示。

我国教育部组织专家编写大中小学不同层次的英语教学大纲，并随着时代的发展不断地修改调整。同一教育层次的大纲全国只有一个，为英语教材编写提供依据。但教材可有多套，这称为"一纲多本"。在这一背景下，我国目前使用的多套中小学英语教材，其主编基本为中国学者。他们在认真研读大纲的基础上，仔细选择教材内容、设置单元结构、安排练习、设计版面，确保符合大纲要求。为了保证教材的英语语言质量，一般会在编写过程中邀请外方英语专家对语言把关。也有少部分教材采用中外合作模式，但中方主编在教材整体安排、篇章主题选择、练习类型等方面都起主导作用。2018 年我国国家教材委员会对教材的选择还出台了新规定：除了国家批准的国际学校外，我国公、私立学校一律不允许直接使用从国外引进的教材，因为教材是国家事权，要体现国家意志。这一权利国家一般不会轻易让渡。

据笔者所知，韩国、日本等非英语国家与我国有着类似情况。他们都有教育部制定的英语教学大纲，教材也一般根据"一纲多本"的原则，鼓励本土教

[①] 周小兵、张哲、孙荣、伍占凤：《国际汉语教材四十年发展概述》，《国际汉语教育》2018 年第 4 期。

[②] 狄国伟：《国际汉语教材本土化：问题、成因及实现策略》，《课程·教材·教法》2013 年第 5 期；董琳莉：《论汉语国际教育国别化教材的编写》，载何文潮、刘玉屏、靳洪刚主编：《全球化的中文教育：教学与研究——第十四届国际汉语教学学术研讨会论文集》，中央民族大学出版社 2017 年版；李泉：《汉语教材的"国别化"问题探讨》，《世界汉语教学》2015 年第 4 期；于锦恩、蒋海宁、程倩倩：《当前国际汉语教材国别化的走势简析——以 2010 年 20 种优秀国际汉语教材为例》，《国际汉语教育》2011 年第 2 期。

师编写。"国别化"这一概念根本不存在,因为各国都为本国编写教材。即便是国际知名出版社,也没有出版"国别化"英语教材的宏大规划。他们通常负责出版通用英语和学术英语两种教材,非英语国家可向知名出版社购买版权,再根据本国情况进行改编。另一种情况是,非英语国家出版社主动联系著名的英语国家出版社,希望合作编写本国所需的英语教材。无论是哪一种情况,目的语国家都不会主动承担编写、出版"国别化"教材的任务。

根据英语教材编写的情况,反观"汉语教材应该谁来编写"这一问题,答案似乎很清楚。海外汉语教材自然应由本土教师根据本国教育部要求去编写。如对方邀请,我国汉语教师可参与语言审定工作;外国出版社也可与我国出版社合作,对我国已有教材根据具体国情进行改编。照此做法,"国别化"教材问题就不值得讨论,因为目的语国家没有责任、也没有必要为全世界不同国家的汉语学习者编写教材。

为什么"国别化"教材的编写成了我国 TCSOL 学界的热点话题呢? 其重要原因可能是 TCSOL 的发展与 TESOL 处于不同阶段。目前,世界各国出于自身经济、政治、科技等发展的需要,已经主动将英语纳入本国国民教育体系。英语国家无需主动出击去鼓励大家学习英语。而 TCSOL 仍处在发展的初级阶段,"走出去"是我国政府的战略决策。这种由目的语国家向外推动的汉语教育,自然要采用不同策略。但从我国目前教材使用规定来看,可以推测各国对外语教材的使用也有各自不同的制度。我们难以向世界各地"输出"中国学者编写的"国别化"TCSOL 教材。退一步说,即便某些国家对使用引进教材无特别限制,中国人也不可能完成编写全世界所需的"国别化"TCSOL 教材这一艰巨任务。每个国家都有自己的国情、社情、学情、教情,作为长期生活在中国的汉语教材编写者,无论做出何种努力,都难以满足当地学习者的语言背景、文化背景等方面的需求。正如李泉[①]指出:"……从汉语教材编写与研究的顶层设计和长远发展趋势来看,'国别化'的理念和导向很可能会'更改'汉语教材应有的多元化即常态化发展进程,并'错位'性承担了更多的由有关国家自己去完成的国别型教材编写任务。"

---

① 李泉:《汉语教材的"国别化"问题探讨》,《世界汉语教学》2015 年第 4 期。

鉴于此,笔者认为操作性强的做法有三。第一,国家汉办设立本土化教材编写资金,采用招标方法,挑选符合要求的当地学者作为 TCSOL 教材主编,并为其开放我国各种汉语教材的资源库,推荐拥有教材编写经验的中方专家作为合作主编。第二,将国别化教材开发作为中国与外国教育部之间的合作项目,双方派出有实力的编写队伍,共同完成教材开发任务。事实上,国家汉办在这方面已做出了努力。例如,2010 年国家汉办组织的"优秀国际汉语教材评选"活动选出的 20 种优秀教材中,8 种是中外合作成果。① 例如,《新乘风汉语》就是中美两国教育部之间的网络语言教学合作项目。该项目根据两国的英语和汉语教学大纲,开发了以动画为主的教学课件,教学内容与中美相应的考试对接,取得了合作共赢的效果。第三,国家汉办设立汉语教材编写基金,向国内学者招标,为来我国学习汉语的留学生编写通用汉语和学术汉语两种汉语教材。这类教材要能体现中国特色的外语教学理论,为外国学者编写本国汉语国际教育教材提供借鉴的样本。'

四、教材中的文化内容

纵观百年外语教学史,目的语文化教学应融入课程内容②,这"已被认为是一条黄金定律"③。但进入 21 世纪后,英语目的语文化教学受到多种挑战。例如,在经济全球化的背景下,英语文化呈明显强势,非英语文化往往遭到挤压。面临英语文化独大的严峻局势,多国政府首先从教育入手,要求学校课程承担弘扬本国文化的任务。印度尼西亚政府就明确规定各门课程都有传承本国文化和民族传统的责任。④ 再如,目前世界上影响最大的媒体仍旧由英美

---

① 于锦恩、蒋海宁、程倩倩:《当前国际汉语教材国别化的走势简析——以 2010 年 20 种优秀国际汉语教材为例》,《国际汉语教育》2011 年第 2 期。

② J.C.Richard & T.S.Rodgers,*Approaches and Methods in Language Teaching*(2nd edn.),Cambridge:Cambridge University Press,2008.

③ 虞莉、刘懿萱:《文化在哪里:文化教学与外语教材(连载一)》,《国际汉语教育》2011 年第 1 期。

④ Y.Prastiwi,"Transmitting Local Cultural Knowledge through English as Foreign Language (EFL)",*Academic Journal of Interdisciplinary Studies*,2013,No.3.

国家主导,某些非英语国家的政治制度、外交主张、经济对策常被美英等国媒体误解,甚至歪曲、诋毁。因此这些受挤压的非英语国家,迫切希望运用英语向世界说清楚本国的政治主张和文化传统。2016 年 5 月,习近平总书记在哲学社会科学工作座谈会上的讲话中指出:"我们不仅要让世界知道'舌尖上的中国',还要让世界知道'学术中的中国'、'理论中的中国'、'哲学社会科学中的中国',让世界知道'发展中的中国'、'开放中的中国'、'为人类文明作贡献的中国'"①;2018 年 8 月,习近平总书记还在全国宣传工作会议上强调,要推进国际传播能力建设,讲好中国故事、传播好中国声音,向世界展现真实、立体、全面的中国,提高国家文化软实力和中华文化影响力。

为了响应我国政府的号召,我国英语教学已从目的语文化转向中外文化双向交流。根据中央精神,《普通高中英语课程标准》(2017 年版)②中明确指出,英语学科核心素养之一是"文化意识"。文化意识指的是:

> "对中外文化的理解和对优秀文化的认同,是学生在全球化背景下表现出的跨文化认知、态度和行为取向。文化意识体现英语学科素养的价值取向。文化意识有助于学生增强国家认同和家国情怀,坚定文化自信,树立人类命运共同体意识,学会做人做事,成为有文明素养和社会责任感的人。"③

2018 年和 2019 年国家教材委员会外语学科组在初审和复审高中非统编教材时,严格遵循新课标对英语学科核心素养的阐释,在审查"文化意识"这一要求时,主要考察教材内容是否能够做到中外文化内容相对均衡,目的是让中国学生学习世界文明的精华,同时又让他们学习用英语向世界表述中国文化;对于那些有意无意宣传外国文化优于中国文化,不利于社会主义核心价值观形成的选篇,坚决要求更换。

几年前,我国大学英语教育对文化教学内容也进行了调整。例如,2015

---

① 《习近平谈治国理政》第二卷,外文出版社 2017 年版,第 340 页。
② 中华人民共和国教育部:《普通高中英语课程标准(2017 年版)》,人民教育出版社 2018 年版,第 4 页。
③ 中华人民共和国教育部:《普通高中英语课程标准(2017 年版)》,人民教育出版社 2018 年版,第 4 页。

年外语教学与研究出版社出版的《新一代大学英语》(*iEnglish*)①遵循了"产出导向法"②主张的"文化交流说"。这一教学原则主张不同文明之间相互对话、相互尊重、相互理解、相互学习。换句话说，英语教学的目标不是简单地要求学习者学习目的语文化，或者是单纯要求学生用英语传播中国文化。双向文化交流就是努力在比较视角下展现中外文化的异同。需要强调的是，这里的文化不单单指目的语文化和中国(本土)文化，而是包括所有异域文化。例如，《新一代大学英语》(*iEnglish*)中第二册第一单元的主题是"哲学与思想"(philosophy and thoughts)，其中包括两篇阅读文章，一篇关于苏格拉底，另一篇关于孔子，另外还有相关的视听说材料。本单元要求学生完成的产出场景是：你应邀出席一个中外大学生对话论坛，通过抽签，你被要求讨论两位同期古代哲人的生平、思想等方面的主要异同。

"推己及人""己所不欲，勿施于人"。既然我国对本土文化和异国文化采取平等交流的态度，在从事汉语国际教育时也应展现平和心态，无须公开宣传 TCSOL 就是要传播中国文化。每个国家都对异国文化和异国意识形态保持高度警惕，不允许他国对自己国家进行文化渗透。TCSOL 教授汉语文化的目的不是要别人认同或者接受中国文化，而是期待他们通过汉语了解中国、认识中国，尊重中国文化，同时能用汉语介绍他们自己的文化和传统。这样通过彼此交流就可以互相借鉴，不会让对方产生反感、甚至抵制，实现习近平总书记在博鳌亚洲论坛 2013 年年会上提出的目标："我们应该尊重各国自主选择社会制度和发展道路的权利，消除疑虑和隔阂，把世界多样性和各国差异性转化为发展活力和动力。"③

有人可能不赞同笔者的上述看法。他们不赞成的原因是，语言与文化有着天然的联系，这两者无法剥离。这里需要澄清的学术问题是："语言与文化究竟可分不可分"，如果这一问题厘不清，就很难处理好外语教学中的文化问题。笔

---

①　参见王守仁、文秋芳主编：《新一代大学英语(*iEnglish*)：第一、二册》，外语教学与研究出版社 2015 年版。

②　文秋芳：《"产出导向法"与对外汉语教学》，《世界汉语教学》2018 年第 3 期。

③　《习近平谈治国理政》第一卷，外文出版社 2018 年版，第 331 页。

者曾就这一问题进行过专门探讨。① 笔者首先将文化重新分为两大类：一类以语言为载体，例如文学作品、学术专著、口述史、演讲、讲座等；一类无须以语言为载体，例如艺术、音乐、建筑、服饰、餐饮礼仪等。笔者采用了混合造词法，将 language 的"langua"和 culture 的"ture"合在一起，创造了一个英语新词"languature"，用以表述以语言为载体的文化，用 non-languature 表达非语言载体的文化。目前还未找到准确中文词语对应 languature。为了表述方便，将 languature 译成复合词"语言文化"，non-languature 译成"非语言文化"。与语言教学关系最为密切的是语言文化，因此笔者对语言文化又做了进一步的分析阐释。从语言产品来说，语言与文化总"粘"在一起，世界上没有无文化的语言，也没有无语言的文化。从这个意义上说，不可分观点是正确的。但依据这一观点，人们就无法解释中文能传播马克思主义，也能介绍俄罗斯文学，外语教学就难以实现"文化交流说"。因此我们需要调换视角，从"语言产品"换成"语言产出过程"，重新审视语言与文化的关系。一旦角度换了，就会发现"不可分论"的局限性非常明显。

根据勒韦②的口语产出模型，可将语言文化分为四个维度：语言本体、语篇、情境与主题（见图 2.3）。这四个维度上的语言与文化可用图 2.3 弱—强可分度的连续统来描述。③ 主题维度的文化可分性最强，也就是说语言所表达的文化内容比较容易与语言形式分开。该维度的文化是指以语言传递的各类百科知识，各民族的价值观、信念、传统等，需要人们通过有意识学习获得。语言本体维度上的文化可分性最弱，也就是说最不易剥离。汉语中的汉字与成语有着独特优势，它们带着深深的文化烙印。又如，不同民族对概念的界定不同。以"书"为例，汉语中只有写上有意义的字并装订成册才能称为"书"，而英语中"book"指的是装订成册的一叠纸，至于是空白纸、还是纸上写着有意义或无意义的字，这都无关紧要。语篇维度上的文化指的是一种语言中表达

---

① Q.F.Wen,"Teaching Culture(s) in English as A Lingua Franca in Asia: Dilemma and Solution", *Journal of English as a Lingua Franca*, 2016, No.1；文秋芳：《在英语通用语背景下重新认识语言与文化的关系》，《外语教学理论与实践》2016 年第 2 期。

② W.Levelt, *Speaking: From intention to articulation*, Cambridge: The MIT Press, 1989.

③ 要了解鉴定语言与文化可分度强弱的依据，可阅读《外语教学理论与实践》2016 年第 2 期刊发的"在英语通用语背景下重新认识语言与文化的关系"。

连贯意义的口笔语篇的内在组织方式。例如，汉语书面语篇中的起承转合与英语有显著不同，需要经过正规教育获得，但部分口语语篇（如日常电话交流方式）可通过实践自然习得，这一维度上的语言与文化可分度比起主题维度上的要弱一些，但强于情境维度。情境维度上的文化指语言交际规范，即何时、何地、对何人、说何话符合目的语话语规范。例如，汉语中何时用"您"，何时用"谢谢""对不起"。母语中的交际规范，会随着认知水平的提高逐步获得，但与语言本体维度相比，可分度稍高，因为这一类母语知识即便不需学校的正规教育，仍要长辈在日常生活中给予指点。

图 2.3　语言文化的可分性演示图①

　　根据上述四个维度上语言文化的可分性差异，笔者建议在教授留学生汉语时，针对不同维度上的语言文化可采用不同的教学策略。严格说来，主题维度上的语言文化需要采用"文化交流说"，通过中外文化比较，说清中国文化的特点，让汉语学习者更好地认识中国、理解中国、尊重中国。我们虽然提倡文化自信，但不能文化自傲，更不能将自己的价值取向强加于人。我们欢迎汉语学习者成为知华、亲华、爱华人士，但这应水到渠成，而不是"拔苗助长"。相对于主题维度来说，其他三个维度的语言文化价值导向不明显，教授起来显得更自然、更具实用性。如果 TCSOL 教材由外国学者编写，他们肯定会根据本国教育部要求来处理语言与文化的关系，我们不必指手画脚。

五、结束语

　　本文借鉴国内外 TESOL 发展的经验与教训，对解决 TCSOL 中存在的三

---

　　①　文秋芳：《在英语通用语背景下重新认识语言与文化的关系》，《外语教学理论与实践》2016 年第 2 期。

个主要问题提出了几点建议。第一,建议逐步撤销本科专业,限制硕士点的增速,适度扩大博士点,提升硕士、博士点建设的质量;招生对象要从以国内学生为主转向以国外留学生为主,重点为培养国外本土化教师服务。国内少数拥有 TCSOL 高学历的人才可去国外高校任职,也可留在国内高校成为 TCSOL 的学科带头人或高层管理人员。第二,建议"国别化"教材的编写任务由外国学者承担,或中外合作完成,而不应由我国学者或出版社"越俎代庖"、错位谋划。我们应该做好"份内"事,出版高质量的汉语教学语法、对外汉语教学词典、对外通用汉语教程、对外学术汉语教程等,与此同时探索具有中国特色的外语教育理论和体系,增强在汉语国际教育中的话语权。第三,建议根据语言表达过程,将语言文化(languature)分为主题、语篇、情境和语言本体四个维度,同时将这四个维度置放于由强到弱的可分度连续统上。主题维度上的语言文化可分度最强。我们应以开放、相互尊重的态度,相互学习彼此文化,增加相互理解。其余三个维度上的语言文化可分度相对较弱,我们可依据不同学习动机,采取"明语言隐文化"或"明文化隐语言"的教学策略①。

国强,语强。随着我国国际地位的提升,汉语国际教育将在新时代进入腾飞期②,亟待政府与学界协同发力,共同谋划,迎接新挑战,迈向新征程。

(本文原载《世界汉语教学》2019 年第 3 期)

---

① 文秋芳:《"产出导向法"与对外汉语教学》,《世界汉语教学》2018 年第 3 期。
② 李宇明:《海外汉语学习者低龄化的思考》,《世界汉语教学》2018 年第 3 期。

新时代高校外语课程中关键能力的培养:思考与建议①

本文聚焦"产出导向法"(Production-oriented Approach,简称 POA)②迭代过程中理念的最新变化,探讨新时代高校外语课程中关键能力的培养。全文分为三个部分:第一,解释 POA 理念的变化及其原因;第二,"关键能力说"内容;第三,培养关键能力的建议。

一、从"全人教育说"到"关键能力说"

(一) 变化原因

在最新的 POA 理论体系③中,"全人教育说"被调整为"关键能力说"。变化的主要原因有 3 个。第一,"全人教育说"过于抽象,不易落实到外语课堂

① 本文是教育部人文社科重点研究基地重大项目(项目编号:16JJD740002)子课题"产出导向法理论体系与实施方法研究"的阶段性成果;本文内容基于笔者在 2018 年 3 月 25 日第三届全国高等学校外语教育改革与发展高端论坛"新时代、新人才、新方略"大会上的主旨发言"外语课程中关键能力的培养:思考与建议";衷心感谢孙曙光副教授和徐浩副教授对本文的仔细审读和修改。
② 文秋芳:《输出驱动假设与英语专业技能课程改革》,《外语界》2008 年第 2 期;文秋芳:《"输出驱动—输入促成假设":构建大学外语课堂教学理论的尝试》,《中国外语教育》2014 年第 2 期;文秋芳:《构建"产出导向法"理论体系》,《外语教学与研究》2015 年第 4 期;文秋芳:《"产出导向法"的中国特色》,《现代外语》2017 年第 3 期。
③ 文秋芳:《"产出导向法"与对外汉语教学》,《世界汉语教学》2018 年第 3 期。

教学中。该理念强调了外语教育人文性和工具性的融合,突出了外语课程的"育人"功能,说明了体现"全人教育"不需要花费额外教学时间,教师所需做的是,选择恰当的教学内容/活动主题和合适的活动形式。但如此简要的解释,很难使教师将其具化在教学实践中。

第二,为了和2018年中华人民共和国教育部颁布的《普通高中英语课程标准(2017年版)》(以下简称《课标》)对接。《课标》根据党中央精神,将"立德树人"的任务落实到4项核心素养上,并对这4项核心素养的内涵、属性及其关系以及育人价值作了明确说明(见表2.5)。很显然,高校外语课程应该与《课标》无缝对接,否则就跟不上时代的发展。

第三,党中央文件提出了培养关键能力的新要求。2017年9月,中共中央办公厅、国务院办公厅颁发了《关于深化教育体制机制改革的意见》(以下简称《意见》)①。《意见》指出,"要注重培养支撑终身发展、适应时代要求的关键能力。在培养学生基础知识和基本技能的过程中,强化学生关键能力培养"。《意见》提出了4种关键能力,并进行了解释(见表2.6)。表中黑体字为笔者所加,以突出《意见》中每一种关键能力的丰富内涵。例如,认知能力包括思辨能力、语言沟通能力和学习能力;合作能力既有管理和协作能力,又包括道德品质。

表2.5 对英语学科核心素养的解析②

名称	内涵	属性及其关系	育人价值
语言能力	在社会情境中,以听、说、读、看、写等方式理解和表达意义的能力,以及在学习和使用语言的过程中形成的语言意识和语感。	构成学科核心素养的**基础要素**,蕴含文化意识、思维品质和学习能力的提升。	有助于学生拓展国际视野和思维方式,开展跨文化交流。

---

① 中共中央办公厅、国务院办公厅:《关于深化教育体制机制改革的意见》,http://www.gov.cn/xinwen/2017-09/24/content_5227267.htm,2017年9月24日。

② 中华人民共和国教育部:《普通高中英语课程标准(2017年版)》,人民教育出版社2018版。

名称	内涵	属性及其关系	育人价值
文化意识	对中外文化的理解和对优秀文化的认同,是学生在全球化背景下表现出的跨文化认知、态度和行为取向。	体现学科核心素养的**价值取向**。	有助于学生增强国家认同和家国情怀,坚定文化自信,树立人类命运共同体意识,学会做人做事,成长为有文明素养和社会责任感的人。
思维品质	思维在逻辑性、批判性、创新性等方面所表现的能力和水平。	体现学科核心素养的**心智特征**。	有助于提升学生分析和解决问题的能力,使他们能够从跨文化视角观察和认识世界,对事物作出正确的价值判断。
学习能力	学生积极运用和主动调适英语学习策略、拓宽英语学习渠道、努力提升英语学习效率的意识和能力。	构成学科核心素养的**发展条件**。	有助于学生做好英语学习的自我管理,养成良好的学习习惯,拓宽学习渠道,提高学习效率。

表 2.6　对《意见》中四种关键能力的分析

认知能力	**思辨能力**:引导学生具备独立思考、逻辑推理、信息加工的能力	**语言沟通能力**:语言表达和文字写作的素养	**学习能力**:学会学习、养成终身学习的意识和能力
合作能力	**自我管理能力**:引导学生学会自我管理	**协作能力**:学会与他人合作,学会过集体生活,学会处理好个人与社会的关系	**道德品质**:遵守、履行道德准则和行为规范
创新能力	**创新精神**:激发学生好奇心、想象力和创新思维,养成创新人格,鼓励学生勇于探索	**创新产出能力**:大胆尝试、创新创造	
职业能力	**解决问题能力**:践行知行合一,积极动手实践和解决实际问题	**敬业精神**:引导学生适应社会需求,树立爱岗敬业、精益求精的职业精神	

（二）关键能力的种类及其关系

　　鉴于以上三个原因,POA 中的"全人教育说"改为了"关键能力说"。结合《课标》对核心素养和《意见》对"关键能力"的阐述,POA 提出了外语教育的 6

种关键能力①：语言能力（Language competency）、学习能力（Learning competency）、思辨能力（Critical thinking competency）、文化能力（Cultural competency）、创新能力（Creative competency）和合作能力（Collaborative competency）。采用英文首字母，上述能力简称为 2Ls & 4Cs。如图 2.4 所示，语言能力位于图的中央，是所有关键能力的基础，其他 5 种能力与语言能力交织在一起，相互联系、相互作用。在这 6 种能力中，前 4 种能力（语言能力、学习能力、思辨能力和文化能力）分别对应《课标》中的 4 种核心素养；后两种能力（创新能力和合作能力）在《意见》中有所描述，是学生踏入社会、进入职场的必备能力。从这个意义上说，大学外语课程除了要强化和发展《课标》中 4 种核心素养外，还要重点培养创新能力和合作能力，为学生未来的工作和生活做好准备。

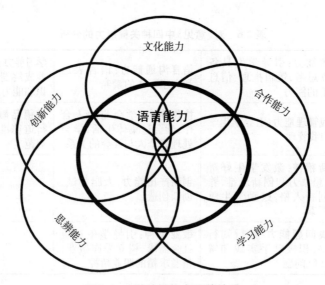

图 2.4　6 种关键能力及其关系

---

① 《课标》中的"核心素养"和《意见》中的"关键能力"，都可以译为"key competencies"（参见褚宏启：《核心素养的国际视野与中国立场——21 世纪中国的国民素质提升与教育目标转型》，《教育研究》2016 年第 11 期），因此本文对这两个中文概念不做区分。

二、关键能力的内涵

（一）关键能力的测量公式及其各要素的功能

关键能力具有迁移性、灵活性、跨学科性和跨领域性。它不仅有利于学生未来的工作和生活，也有利于学生与自己和他人相处。它是可教、可学、可测、可量的行为，而不是抽象概念[①]。褚宏启提出测量关键能力的公式：关键能力 = (知识+技能)^{态度}，即"态度是用乘方来连接知识和技能的。若态度为正值，知识和技能会产生乘数效应或放大效应；若为负值，知识和技能会产生缩小效应，甚至产生负面效果"[②]。但这个公式存在两个明显问题。第一，对负次方的运用和解释不当。一个数的负次方即为这个数的正次方的倒数，例如 2 的负 2 次方，其结果是 $2^{(-2)} = 1/4 = 0.25$。设想如果某人的价值观是负方向，它会对社会形成破坏力，变化应该是从+4 变为−4，而不是简单地从+4 缩小为 0.25。第二，用"态度"一个要素来涵盖所有非知识和非技能因素过于笼统，也不易准确反映关键能力的全貌。为克服上述两个问题，POA 提出如下计算公式：

关键能力 = (核心知识+核心技能)×情感品格×自我管理×(+/−)价值观

根据这一公式，每项关键能力都包括核心知识、核心技能、情感品格、自我管理、价值观 5 个要素，其功能各异。核心知识和核心技能位于中心，是其他要素的基础或载体，也是测量关键能力的起点。没有这两个要素，其他要素将变成空中楼阁。情感品格决定其他要素能否发挥效力(effectiveness)，自我管理决定其他要素发挥作用的效率(efficiency)，价值观决定各要素发挥作用的方向。正确的价值观能引导各要素造福于民、促进社会发展；不正确的价值观

---

① 褚宏启：《核心素养的国际视野与中国立场——21 世纪中国的国民素质提升与教育目标转型》，《教育研究》2016 年第 11 期。

② 褚宏启：《核心素养的国际视野与中国立场——21 世纪中国的国民素质提升与教育目标转型》，《教育研究》2016 年第 11 期。

会将各要素引向反方向,导致犯罪、危害他人或社会。图 2.5 展示了关键能力所涵盖的要素及其各自的功能。

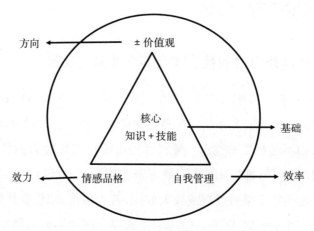

图 2.5　关键能力要素及其功能关系

(二) 关键能力中各要素的进一步解释

图 2.5 中所说的核心知识和核心技能涉及所有关键能力。下面以语言能力为例进行说明。语言能力涉及语音、语法、词汇和语用知识,其中何种知识能称为"核心"呢? 简单说,生成能力强的属于核心语言知识。例如,语音知识、语法规则、高频词生成能力很强:有限的音素、有限的超音段知识,就能满足口语发音的所有需求;有限的语法规则能够生成无数符合语法的句子;3000左右的高频词就能完成日常交际任务。语用知识比较复杂,很难界定生成能力的强弱。

如何处理生成能力弱的知识呢? 笔者认为案例教学最有效。这里不是学习知识本身,而是培养学生的学习能力。一旦学生具有了这种能力,就能自我学习、自我发展。以生成能力弱的低频词为例。学生如果掌握了构词法,学会了基本的词根和词缀知识,就能自我拓展词汇体系。

关于核心语言技能,POA 认为根据市场的需求,说、写、口译、笔译等产出技能是核心,听和读只是为产出服务。此外,在产出技能中,学生可以根据自己的特长和就业期待,选择成为"全能冠军"或"单项冠军",外语课程应该为学生提供多种选择。再者,要把知识转化为技能,需要大量时间练习。因此,在有限课时内,只能选择将部分知识转化为核心技能。重要的是,在训练过程中,让学生学会将知识转换成技能的方法,使学生未来可根据需要,进行知识与技能的自我转化。

　　关键能力中的第三个要素是情感品格。表 2.7 列出情感品格特征及其解释。① 需要指出的是,这里列出的 10 个情感特征不是均等地体现在每个关键能力上。例如,与其他特征相比,"自信""乐观""坚毅""求新""好学"和创新能力的关系更为紧密;"开放""包容"与文化能力的关系更为紧密;"谦虚""开放""正直""求新""好学"与思辨能力的关系更为紧密。这就是说,情感品格是个上位概念,体现它的特征有多个,要选择最恰当的情感品格特征融合到外语教学中。

表 2.7　情感品格特征及其解释

序号	特征	解　　释
1	自信谦虚	自信:深信自己一定能做成某事,以实现既定目标
		谦虚:不张扬、不狂妄,善于向别人学习
2	乐观开朗	乐观:身处劣境时,能够积极向上,不怕困难,不怕挫折
		开朗:正能量大,抱怨少,不猜疑,不计较
3	开放包容	开放:善于听取不同意见,乐于修正自己的不当观点
		包容:尊重不同意见、不同文化,对他人的缺点能够宽容
4	坚毅正直	坚毅:有决心、有毅力、不轻易放弃
		正直:追求真理,主张正义,坚持公正
5	求新好学	求新:对新事物有强烈的好奇心和敏感性
		好学:满腔热情学习新理念、新知识、新技能、新方法

　　关键能力中的第四个要素是自我管理。自我管理的对象包括目标、资源、

---

　　① 文秋芳、王建卿、赵彩然、刘艳萍、王海妹:《构建我国外语类大学生思辨能力量具的理论框架》,《外语界》2009 年第 1 期。

过程和结果。① 目标有短期和长期两种。长短期之分是相对概念。短期目标可以根据当下需要完成的任务来设定,也可以以一天或一星期为单位来设定。长期目标可以以学期、年度甚至更长时间为单位来设定。目标的恰当性是决定关键能力各要素效率的前提。资源有内部和外部两种。内部资源指人本身拥有的资源,例如人的语言水平、个性特征、学习风格等;外部资源指环境资源,例如财力、物力、时间和人际社会资源。过程分任务前、任务中和任务后。结果指任务完成的情况。结果的好坏一般以目标为参照系数。

　　对目标、资源、过程和结果的自我管理步骤包括:自我计划、自我监控、自我反思和自我调节。表2.8列出了自我管理的4个步骤以及每步应完成的具体任务。

表2.8　自我管理的步骤和具体任务

序号	步骤	具体任务
1	自我计划	根据内外部资源,区分轻重缓急,制定恰当目标,设计详细实施计划
2	自我监控	自我观察、自我检查计划执行情况
3	自我反思	反思目标和资源使用的恰当性、计划执行过程的有效性、结果与目标的吻合度;反思自己的不足之处
4	自我调节	基于反思结果,进行自我改变、自我革新

　　关键能力的最后一个要素是价值观。这里价值观指的是从公民行为层面对社会主义核心价值观基本理念的凝练,其中包括爱国、敬业、诚信、友善。② 我国高校外语课程一定要把握学生价值观的正确方向,使学生心甘情愿地为振兴中华民族贡献自己的才华智慧;兢兢业业、踏踏实实做好本职工作;坚守诚实守信的道德底线,说老实话、办老实事、做老实人;乐于与他人互敬互助互爱,形成健康、和谐的人际关系。如对学生价值观方向引导不正确,这些高智商的人对国家、对社会、对人类造成的危害更大、更严重。从这个意义上说,价值观对关键能力的培养起着统领作用,它是关键能力的"魂"。

---

① 参见文秋芳:《英语学习的成功之路》,上海外语教育出版社2003年版。
② 中共中央办公厅:《关于培育和践行社会主义核心价值观的意见》,http://cpc.people.com.cn/n/2013/1223/c64387-23924110-4.html,2013年12月23日。

三、关键能力培养路径的建议

上文说明了关键能力的 6 个类别（2Ls & 4Cs）、每个关键能力的 5 要素（核心知识、核心技能、情感品格、自我管理、价值观）及各要素之间的功能关系。在外语课程中承担关键能力培养的责任主体至少有两个：一个是教材编写者，另一个是授课教师。这两个主体虽然总体职责相同，但履行职责的途径有别。本节将分别针对这两个责任主体提出建议。

（一）教材编写者的责任及其履责路径

教材是教学内容的主要载体，是教书育人的重要资源，是课堂教学的主要依据。从这个意义上说，教材编写者是培养关键能力的先遣队、排头兵。2017 年国务院成立了自中华人民共和国成立以来的首个国家教材委员会。刘延东同志在国家教材委员会第一次全体会议上强调，教材建设是事关未来的战略工程、基础工程，教材体现国家意志。

图 2.6 简要显示了关键能力 5 要素与教材内容选择和练习项目设计的路径。教材编写者首先根据价值观内涵选择教材内容（例如主题、语篇等），将其作为统领整个教材内容和练习设计的"纲"、把握教材方向的"稳定器"。教材内容决定何种核心知识和核心技能作为教学目标；同时，教材与练习内容要受到

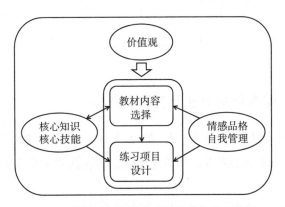

图 2.6　教材编写者落实关键能力培养的路径

核心知识/核心技能目标的制约,如大学英语教材需要关注学生须掌握的新词语。图中的双向箭头显示了教材和练习内容与核心知识/技能之间的互动关系。情感品格和自我管理要素不是教材编写者决定教材内容的出发点,但他们必须在后续阶段思考教材中涉及这两个要素的具体内容,然后将其融合到练习设计中。

　　以 *iEnglish*① 为例,这套教材不仅力图在单元主题和选篇的选择上注重关键能力的培养,在单元各项练习的设计上也充分体现各关键能力所涉及要素的融合。编者从每个单元的选篇到课文练习都力图将"育人"蕴含其中。表2.9 列出了 *iEnglish* 两册书的单元主题。选择这些主题的指导思想是:大学生要具有国际视野、中国立场,能够用英语向世界讲好中国故事,同时能够用英语学习国外先进科技和优秀文化。在这一总体思想指导下,编者决定主题和选篇,然后确立交际和语言目标,再根据交际和语言目标,设计各种活动。情感品格和自我管理要素根据教材具体内容,将其巧妙地嵌入练习活动中。

表 2.9　*iEnglish* 两册书的单元主题

序号	第一册	序号	第二册
1	社交媒体与友谊	1	哲学与思想
2	情商与魅力	2	艺术与自然
3	科学与方法	3	语言与交际
4	历史与记忆	4	善良与冷漠
5	中国与世界	5	商业与繁荣
6	文学与想象	6	读写与科技
7	人与自然	7	法律与道德
8	中国传统与文化	8	政治与权力

(二) 授课教师的责任及其履责路径

　　如果把教材编写者比作"育人"的设计师,授课教师就是"育人"的工程师。工程师的责任是要将设计师描绘出的蓝图在课堂上变为现实。更确切地

――――――――――

　　① 　参见王守仁、文秋芳主编:《新一代大学英语(*iEnglish*):第一、二册》,外语教学与研究出版社 2015 年版。

说,授课教师还需要根据学情和校情,对"图纸"进行调整和完善。图 2.7 大致描绘了授课教师培养关键能力的路径,包括两个主要阶段:理解教材和课堂教学设计。授课教师首先要理解教材,把握教材编写者的意图,即厘清各关键能力的全部要素。在此基础上,再进行课堂教学设计。

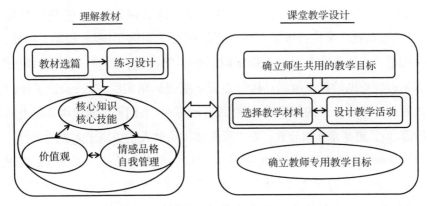

图 2.7 授课教师落实关键能力培养的路径

这里需要特别强调师生共用和教师专用两类目标的确立。有了明确的目标才能优化教学内容的选择。教师千万不要照本宣科,成为教材的"奴隶"。设计教学过程时,要精准对接目标和学生的困难,循序渐进,稳步前行。下面以 *iEnglish* 第二册第 4 单元"善良与冷漠"为案例①,说明这两类不同的教学目标②。

1. 案例概述

整个单元学习的交际场景是:有个外国学生在网上用英文写了帖子,描写了"小悦悦"事件(具体内容见下文),批评中国人"冷漠"。中国学生看了帖子后,用英文做了回应。回应的内容包括四个方面:(1)简要描述在纽约发生的案件,以此证明"小悦悦"事件在其他国家也发生过;(2)说明社会心理学家对类

---

① 本文介绍的案例分析以 2017 年 POA 团队集体备课后,各人上课的实际情况为参照,结合了笔者对他们授课的反思。这里还需要说明的是,虽然邱琳、孙曙光、张伶俐参与了集体备课,但由于各校学生水平不一,实施时有一定差异。本文重点不是比较他们之间的异同,因此未对此进行详细说明。

② 邱琳:《POA 教学材料使用研究:选择与转换输入材料过程及评价》,《中国外语教育》2017 年第 2 期;孙曙光:《POA 教学材料使用研究:产出目标设定过程及评价》,《中国外语教育》2017 年第 2 期;张伶俐:《POA 教学材料使用研究:基于不同英语水平学生的教学实践》,《中国外语教育》2017 年第 2 期。

似案件的分析;(3)解释人们如何能够摆脱"旁观者效应"(bystander effects),给危难中的受害者提供及时帮助;(4)讨论乐于助人是否属于人的天性。

本单元有两篇文章。授课教师选择以第一篇文章为主,第二篇文章为辅。第一篇文章介绍了发生在 20 世纪 60 年代的纽约惨案,引出社会心理学概念"旁观者效应"。该案件描述了一美国女子在凌晨回家途中,受到了歹徒攻击,最后被刺死。案件持续了 35 分钟,有 38 个人目睹了现场,却无人相救,只有一人报警。作者在分析这个惨案时提出了"旁观者效应",即旁观者越多,受害人得到救助的概率越低。社会心理学家还运用实验方法,验证了他们提出的假设。作者给予的解释是,当旁观者较多时,人们不易断定事件发生的真正原因,而且道德责任被分散。第二篇课文讨论助人是否属于人类的天性。作者将人与动物的表现进行比较后发现,人类助人出于善意,是人类天性的表现。

除了教材中的课文外,授课教师还补充了"小悦悦"事件的录像资料。2011 年 10 月,2 岁的悦悦在广东省佛山市相继被两车碾压,7 分钟内,有 18 人路过,但都视而不见。最后由一名拾荒阿姨将悦悦送往医院,但抢救无效,女孩最终离世。

2. 师生共用教学目标

根据上述交际情景,授课教师列出了师生共用的具体教学目标(见表 2.10),包括交际和语言两个方面(核心语言技能和核心语言知识)。

表 2.10　师生共用教学目标①

单元产出目标		
交际目标	语言目标	
	语言技能	语言项目
描述悦悦案或吉诺维斯案(旁观者视角)	Describing an emergency/crime	infamous case; shocking crime
	Referring to witnessing an emergency/crime	in case of/come across/witness/observe a criminal/ medical emergency/incident; be faced with an emergency

①　孙曙光:《POA 教学材料使用研究:产出目标设定过程及评价》,《中国外语教育》2017年第 2 期。

续表

单元产出目标		
交际目标	语言目标	
	语言技能	语言项目
描述悦悦案或吉诺维斯案(旁观者视角)	Describing positive/negative reactions	be afraid to endanger oneself; fear getting caught up in; reluctant to get involved/intervene in; take immediate/no action; offer assistance/help
解释人们在紧急时刻不提供帮助的原因	Explaining the bystander effect	level of ambiguity; the principle of moral diffusion
	Reasons for not helping	be afraid to endanger oneself; fear getting caught up in; look to others for cues
提出鼓励施救建议	Encouraging people to help	escape the collective paralysis; take an initiative; take immediate action; 100% responsible for; resist the urge; not follow the herd
讨论助人是否属于人的天性	Referring to an altruistic act	help without obvious/immediate benefits/gain/payoff; (selfless) act of kindness; out of good will/goodness of my heart; good Samaritan; altruistic motives to help
	Discussing helping and its motives	the fear of criticism; at a cost to one's own interests; lend a hand to (the elderly and the disabled)

3. 教师专用教学目标

表 2.11 列出了教师专用教学目标。授课教师运用这一框架指导教学,但不向学生公布。该表有两个维度:关键能力和关键能力要素。本单元涉及上述 6 种关键能力及其要素。需要说明的是,情感品格、自我管理和价值观三个要素的具体内容相同。

在本单元中,语言能力的核心知识覆盖了词、短语、句子和语篇各层次;核心技能的培养主要是写和说的能力,接受性技能为产出服务。学习能力涉及的核心知识是语块知识,让学生了解到在语言表达中孤立的单词作用有限。例如名词,需要知道修饰该名词的形容词以及该名词所需的动词和介词;其核心技能是运用语块进行语言实践。思辨能力的核心知识是了解陈述某现象原因的基本原则:提供理论和实验两种依据更有说服力;其核心技能是运用理论和实验依据说明旁观者效应。文化能力的核心知识是了解旁观者效应这一理论假设;其核心技能是说明纽约惨案与"小悦悦"事件所提供的启示。创新能力的核心知识是解释旁观者效应的其他原因,即课文中未提及的原因;其核心技能是能用准确语言把其他原因表述出来。

就情感品格、自我管理和价值观的内容来说,本单元有着共享目标。本单元侧重提高学生完成口头表达任务的自信心,重点培养他们在评价过程中善于发现别人亮点的好习惯;激发学生对社会学旁观者效应假设的好奇心,渴望学习这一新概念;鼓励学生根据自己的水平,确立自己的写作目标,合理安排教师在课堂上所给时间提炼阅读和视频材料的重点,完成口笔头任务;要求学生发挥想象力,讨论书中未提及的导致旁观者效应的原因,从而让学生自己意识到,要克服旁观者效应,除了旁观者自身努力外,社会和国家层面也需要采取措施保护助人者。

表 2.11　教师专用教学目标

关键能力＼关键能力要素	核心知识	核心技能	情感品格	自我管理	价值观
语言能力	词汇、短语句子、语篇	口笔头表达为终结目标;听和读为产出服务	自信谦虚求新好学	管理目标管理时间	友善(强调公民之间应互相关心、互相帮助)
学习能力	语块作用	在口笔头表达中运用语块			
思辨能力	了解陈述原因的基本原则:有理论和实验两种依据更好	能够用理论和实验两种依据说明旁观者效应			
文化能力	了解"旁观者效应"理论假设	说明纽约惨案与"小悦悦"事件的启示			
创新能力	提出解释旁观者效应的其他原因,即书中未提及的原因	能用准确语言表述其他原因			
合作能力	了解同伴评价的重点及其注意事项	能恰当对同伴的产出提出自己的评价			

四、结语

本文从理论和实践两个层面讨论了大学外语课程培养学生关键能力的相关问题：为什么(Why)，是什么(What)和怎么做(How)。一般来说，只要精心安排每个单元的教学，语言能力与学习能力、文化能力、思辨能力就能够做到如影随形。这就是说，课堂教学中的任何活动都能够覆盖这四种关键能力，而创新能力和合作能力的培养需要教师做额外"功课"，设计特定活动给予关照，因为这两种能力与前四种关键能力的天然黏合度不强。以合作能力为例，如单元涉及的主题是"合作"，学生通过阅读选篇能够了解合作的重要性以及合作的策略，但大多数语篇内容可能与"合作"无关。合作能力的培养可通过特定的活动组织形式来实现。例如，在小组活动中，授课教师有意经常调整小组成员，并告诉学生，将来到社会上，他们会遇到很多不同的人，要学习与不同的人打交道。再如，同伴评价和相互依赖的小组活动(jigsaw)都是培养合作能力的好方法。

新时代对高校外语教师提出了新要求，教师要不断学习，紧跟时代步伐，更新理念，提高培养学生关键能力的专业素养，牢记价值观决定方向，情感品格决定效力，自我管理决定效率，核心知识和技能是基础。具体到每个单元、每节课，授课教师需要根据教学目标和学生的水平确定关键能力所要覆盖的教学内容，要随机应变。

（本文原载《外语教育研究前沿》2018 年第 1 期）

外语专业大学生思辨技能
发展趋势跟踪研究^①

一、引言

在现代教育领域,思辨能力培养不仅是世界一流大学的共同追求与使命,也是中国高等教育的核心目标之一。本研究的动因既源于学界对培养大学生思辨能力重要性的共识,也源于学界内外对外语专业学生思辨能力现状的不同评价。近二十年来,我国外语界许多学者认为"外语专业学生的思辨能力不如其他文科专业学生强",但也有学者对此提出质疑^②。文秋芳等^③用实证数据推翻了"外语专业学生思辨能力弱于其他专业学生"的论断,但这一结论仅基于横向数据,未能充分揭示外语专业学生思辨能力的发展趋势。为弥补前期研究^④的不足,本研究对同一批外语专业学生跟踪 3 年,运用具有信度和效度的思辨技能量具^⑤考察其思辨技能水平,以探究其变化特点与趋势。

---

① 本研究系国家社科基金项目"我国外语专业大学生思辨能力发展差异的比较跟踪研究"(编号 12BYY051)的部分成果。

② 任文:《再论外语专业学生的思辨能力:"缺席"还是"在场"?兼论将思辨能力培养纳入外语专业教育过程——以英语演讲课为例》,《中国外语》2013 年第 1 期。

③ 文秋芳、张伶俐、孙旻:《外语专业学生的思辨能力逊色于其他专业学生吗?》,《现代外语》2014 年第 6 期。

④ 文秋芳、张伶俐、孙旻:《外语专业学生的思辨能力逊色于其他专业学生吗?》,《现代外语》2014 年第 6 期。

⑤ 文秋芳、刘艳萍、王海妹、王建卿、赵彩然:《我国外语类大学生思辨能力量具的修订与信效度检验研究》,《外语界》2010 年第 4 期。

二、文献综述

（一）基本概念和定义

本研究中思辨能力与国外学界"critical thinking"的内涵相同，定义为"依据标准，对事物或看法做出一种有目的、有理据的判断的能力"[1]，含有思辨技能（critical thinking skills）和思辨倾向（critical thinking dispositions）两个维度。思辨技能包括分析、推理和评价3种核心技能[2]，思辨技能发展是本研究关注的焦点。

（二）相关实证研究回顾

现有的大学生思辨技能发展研究大多采用标准化思辨技能量具，比如加州思辨技能测试（California Critical Thinking Skills Test，CCTST），通过横断法或历时法展开。横断法在同一时间点对处于不同阶段的学生进行横向比较，历时法则对同一组研究对象进行跟踪观察。Facione[3] 运用横断法，发现美国大学生的思辨技能从一年级到四年级稳步提高，其中最为突出的进步发生在一二年级之间。Hunter 等人[4]使用健康科学推理测试（Health Science Reasoning Test，HSRT）对澳大利亚高校护理学专业3个年级的本科生进行了横向比较，发现除分析技能以外，思辨技能总体上随年级的升高而提升。

与横断研究相比，历时研究收集数据过程更复杂、难度更大，观测时长的

---

① 文秋芳、王建卿、赵彩然、刘艳萍、王海妹：《构建我国外语类大学生思辨能力量具的理论框架》，《外语界》2009 年第 1 期。

② 参见文秋芳：《中国外语类大学生思辨能力现状研究》，外语教学与研究出版社 2012 年版。

③ N. C. Facione, *Critical Thinking Assessment in Nursing Education Programs：An Aggregate Data Analysis*, Millbrae, CA：California Academic Press, 1997.

④ S. Hunter, V. Pitt, N. Croce & J. Roche, "Critical Thinking Skills of Undergraduate Nursing Students：Description and Demographic Predictors", *Nurse Education Today*, 2014, No.5.

变化也可能影响研究结果。比如，*Cisneros*① 使用 CCTST 对美国药剂学专业 4 个年级的本科生分别进行为期一年的跟踪研究，发现各组学生的思辨技能整体均未发生显著变化。Miller② 使用 CCTST 的不同版本测试题对美国北达科他州立大学药物学专业学生进行了为期 4 年的持续跟踪，却发现学生的思辨技能逐年增强，研究结束时整体提升了 14%。

不少学者深入研究思辨技能发展的影响因素，如学生的思辨技能初始水平、教育环境及高等教育的影响等。研究发现，思辨技能低水平组学生的思辨技能提升更为显著。③ 教学环境因素对学生思辨技能发展具有隐性推动作用，学生思辨技能提高与其对教学条理性及讲解清晰性的评价呈正相关④；大学期间的"文化多样性体验"（diversity experience）对高中时期缺乏相应体验学生的思辨能力提高作用显著⑤。围绕高等教育对思辨技能发展的整体作用，Huber 和 Kuncel⑥ 对多项实证研究进行了元分析，指出大学生思辨技能整体有所提高，但不是所有学科专业学生的思辨技能都有持久、递增的进步。综而述之，由于教育环境、研究方法不同，已有研究结果并不一致，而且无一将外

① R.M.Cisneros,"Assessment of Critical Thinking in Pharmacy Students",*American Journal of Pharmaceutical Education*,2009,No.4.

② D.R.Miller,"Longitudinal Assessment of Critical Thinking in Pharmacy Students",*American Journal of Pharmaceutical Education*,2003,No.4.

③ R.M.Cisneros,"Assessment of Critical Thinking in Pharmacy Students",*American Journal of Pharmaceutical Education*,2009,No.4;W.Lee,C.H.Chiang,I.C.Liao,M.L.Lee,S.L.Chen & T.Liang,"The Longitudinal Effect of Concept Map Teaching on Critical Thinking of Nursing Students",*Nurse Education Today*,2013,No.10;E.Pascarella,G.Martin,J.Hanson,T.Trolian,B.Gilligb & C.Blaich,"Effects of Diversity Experiences on Critical Thinking Skills over 4 Years of College",*Journal of College Student Development*,2014,No.1.

④ C.N.Loes,M.H.Salisbury & E.T.Pascarella,"Student Perceptions of Effective Instruction and the Development of Critical Thinking:A Replication and Extension",*Higher Education*,2015,No.5;R.M.Cisneros,"Assessment of Critical Thinking in Pharmacy Students",*American Journal of Pharmaceutical Education*,2009,No.4.

⑤ E.Pascarella,G.Martin,J.Hanson,T.Trolian,B.Gilligb & C.Blaich,"Effects of Diversity Experiences on Critical Thinking Skills over 4 Years of College",*Journal of College Student Development*,2014,No.1.

⑥ C.R.Huber & N.R.Kuncel,"Does College Teach Critical Thinking? A Meta-analysis",*Review of Educational Research*,2016,No.2.

语学生作为对象,留下了进一步探索的空间。

文秋芳①曾于 2008 年、2009 年开展两次大规模实证研究,比较我国外语专业与其他专业学生的思辨能力。2008 年研究的受试是全国 11 所高校的 2677 名英语专业学生和其他文科生,2009 年研究的受试范围覆盖全国 51 所高校的 18825 名外语专业学生、其他文科生和理工生,两次研究的受试均含本科一、二、三年级学生。尽管两次研究调查的学校不完全相同,受试的规模相差很大,量具也稍有差别,但结果却非常相似,外语专业学生的思辨能力并不逊色于其他文科生和理工生。外语专业学生两次测试的成绩均显著高于其他文科生,2009 年测试的分析和计算分项技能成绩不如理工生,总体成绩则还高于理工生。这两次实证研究虽在一定程度上论证了外语专业学生的思辨技能优势,但并不能说明外语专业学生的思辨技能培养已趋于完善。外语专业学生思辨能力发展的特点和规律仍需深入探究,以促进思辨能力和语言能力同步提高。再从研究方法上看,已有研究虽然调查规模较大,但多采用横断法,缺乏跟踪比较,不能准确反映思辨技能的发展规律。

本研究聚焦我国外语专业本科生,尝试回答以下问题:(1)经过大学一至三年级 3 年的学习,外语专业学生的思辨技能是否得到提高?(2)英语、德语专业学生的思辨技能发展轨迹是否一致?(3)思辨技能不同初始水平学生的思辨技能发展轨迹是否存在差异?

三、研究设计

本研究的受试是来自一所原 211 外语类院校和一所原 985 综合性大学(现"双一流大学")的 139 名学生②,其中 A 校学生 106 名,B 校学生 33 名;英

---

① 参见文秋芳:《中国外语类大学生思辨能力现状研究》,外语教学与研究出版社 2012 年版。

② 最初参加本研究的学生来自两所大学的英语、日语和德语专业,总人数为 414 人。在跟踪研究过程中,由于专业负责教师出国进修、学生留学、测试答卷不完整等原因,有效受试大幅减少,最终纳入数据统计的共计 139 人。

语专业学生 83 名,德语专业学生 56 名①,分别代表高起点和低起点外语水平学生。受试的基本情况如表 2.12 所示。

表 2.12　受试样本构成

学校	学校类别	专业	人数	男	女
A 校	原 211 外语类院校	英语	61	6	55
		德语	45	19	26
B 校	原 985 综合性大学	英语	22	7	15
		德语	11	2	9
总计(%)			139 (100%)	34 (24.5%)	105 (75.5%)

在 2008—2012 年的前期研究中,我们已研制出 3 套通过信度与效度检验的客观测试题②,用于跟踪测试研究对象的思辨技能水平。3 套测试题的难易度在.60—.63 之间,标准差在 4.39—4.76 之间。文秋芳③根据因子分析结果,将试题分为 5 类题型:分析与计算、判断性评价、解释性/真实度评价、分析判断和可信度评价。每套量具含有 40 题,测试时间为 50 分钟。

在 3 个学年中,我们选择了入学初、一年级末、二年级末、三年级末 4 个时间节点,对两所大学的受试实施思辨技能测试。第一次和第四次测试相隔时间较长,练习效应(practice effect)微弱,因此均使用思辨技能测试题 A 卷。第二次和第三次测试分别使用 B 卷和 C 卷。在数据分析阶段,我们将思辨技能成绩④换

---

① 德语专业一年级新生中约有十分之一在中学学过德语,仅有极少数能在入学后两三周内通过考试直接跳到二年级学习,因此绝大多数属于零起点德语水平学生。稳妥起见,我们将德语专业学生称为低起点外语水平学生。

② 文秋芳、刘艳萍、王海妹、王建卿、赵彩然:《我国外语类大学生思辨能力量具的修订与信效度检验研究》,《外语界》2010 年第 4 期;文秋芳、李英杰、孙旻、张伶俐、杨松:《研制多套难度相似的思辨技能量具:实践与反思》,《外语电化教学》2014 年第 4 期。

③ 文秋芳:《中国外语类大学生思辨能力现状研究》,外语教学与研究出版社 2012 年版,第 97 页。

④ 两套试卷中出现了"分析与计算"个别题目表述不清的问题。为避免因删除不同试题造成各套试卷数据对比不一致,我们删除了所有数字题,因而最终计入总分的试题共 32 题。

算为百分制,并根据研究问题,运用 SPSS 24.0 对数据进行单因素重复测量方差分析、独立样本 T 检验及双因素重复测量方差分析。

四、结果与讨论

(一) 思辨技能变化的总体趋势

外语专业学生总体样本的描述性数据如表 2.13 所示。

表 2.13　思辨技能测试成绩的描述性统计结果(N=139)

测试时间	平均分	标准差	最小值	最大值
Ⅰ(入学初)	61.92	12.34	28.13	87.50
Ⅱ(一年级末)	67.33	12.51	25.00	96.88
Ⅲ(二年级末)	66.46	10.05	37.50	93.75
Ⅳ(三年级末)	71.51	11.74	37.50	93.75

整体来看,外语专业学生思辨技能水平呈上升趋势。学生思辨技能水平从入学初到一年级末有较大幅度上升,二年级末小幅下降,三年级末再次上升并达到 4 次测试的最高值。

入学初,外语专业学生的总体思辨技能平均分为 61.92,标准差为 12.34;一年级末,思辨技能的平均分为 67.33,增长 5.41,标准差为 12.51。这表明,在思辨技能整体提升的情况下,学生内部离散程度并没有发生明显变化。二年级末,思辨技能的平均分为 66.46,比一年级末下降.87,但仍比入学初高出 4.54,标准差为 10.05。也就是说,虽然总分没有持续增长,学生内部水平出现了趋中变化。三年级末,思辨技能的平均分为 71.51,高于前 3 次测试,比二年级末增长 5.05,比入学初则增长 9.59,标准差为 11.74,稍低于入学初的 12.34。

为了检验 4 次测试数据的变化是否具有统计学意义,我们进行了单因素重复测量方差分析。表 2.14 的检验结果显示,外语专业学生在大学 3 年的思辨技能水平变化存在显著性差异(p=.000)。依据 Cohen[1] 的效应量参照体系,思辨技能的 Partial Eta Squared 值.193 也达到大效应量(.14)的标准[2]。

表 2.14　思辨技能的重复测量方差分析结果

	Mauchly 球形检验		被测内效应检验		
思辨技能	Mauchly's W	Sig.	F	Sig.	Partial Eta Squared
	.950	.222	33.069	.000	.193

为进一步了解不同年级学生之间的思辨技能水平变化是否存在显著性差异,我们进行了多重比较检验。从表 2.15 检验结果可以看出,除了第二次(一年级末)和第三次(二年级末)思辨技能测试分数之间没有显著性差异之外(p=1.000),其他年级之间的分数均存在显著性差异。

表 2.15　思辨技能变化的多重比较检验结果

测试(前次)	测试(后次)	均分差 (前次—后次)	标准误	显著性
I	II	−5.41*	.970	.000
	III	−4.54*	.918	.000
	IV	−9.59*	.916	.000
II	III	.87	1.014	1.000
	IV	−4.18*	1.071	.001
III	IV	−5.05*	.908	.000

* p<.05

由此可见,经过 3 年学习,外语专业学生的思辨技能整体上显著提高,其发展轨迹可概述为"上升—持平—上升"。这一结果再次回应了外语教学阻碍学生思辨能力发展的批评。

---

[1] J.Cohen, *Statistical Power Analysis for the Behavioral Science* (2nd edn.), Hillsdale, NJ: Lawrence Erlbaum Associates, 1988.

[2] 参见秦晓晴、毕劲:《外语教学定量研究方法及数据分析》,外语教学与研究出版社 2015 年版。

在总体提升的趋势下,学生的思辨技能并未依循持续的线性发展轨迹,这与已有研究结论具有一致之处①。我们认为,在大学入学后的第一年,高校的教育环境能够明显促进学生的思辨技能发展,但这种增长势头随着语言技能训练展开,在第二学年有所停滞。从第三学年开始,学生逐渐接受以内容为依托的外语教学,其思辨技能水平又进入新的上升期。

本研究中的外语专业学生与2008年研究中的英语专业学生②在思辨技能发展上存在差异。在2008年的研究中,从大一(N=365)至大三(N=311),英语专业学生思辨技能的起点(60.38,标准差12.32)和终点水平(62.54,标准差11.31)均高于其他文科专业学生,但是进步幅度不如其他文科生:思辨技能从一年级到二年级基本上是原地踏步,二年级到三年级、一年级到三年级小幅提升,但均未达到显著性水平。本研究中受试思辨技能的第一次、第四次测试成绩及提升程度均高于2008年研究中的英语专业学生。

上述差异的形成可能源于学生的学前特质和大学阶段的教育环境两个因素。2008年横断法研究中的对象来自理工类、财经类、师范类、外语类和综合性院校等12所大学,本研究跟踪的对象来自原211外语类和原985综合性院校,综合素质整体优于横断法研究中的英语专业学生。此外,本研究中的A校、B校英语和德语专业的培养方案均注重学生思辨能力发展,在外语教学中广泛开展思辨技能培养的实践探索。本研究结果也从侧面证实,大学教育的不同环境能够影响思辨能力发展,而且外语专业学生的思辨技能仍有提升空间。

(二) 英语和德语专业学生思辨技能发展趋势比较

本研究的受试来自英语和德语两个专业,其中德语专业学生进入大学时目标语言水平相对较低。为探究语言水平对思辨技能发展的影响,我们对两个专业学生的思辨技能发展进行了分组比较,比较结果具体见表2.16。

---

① C.R.Huber & N.R.Kuncel, "Does College Teach Critical Thinking? A meta–analysis", *Review of Educational Research*, 2016, No.2.

② 参见文秋芳:《中国外语类大学生思辨能力现状研究》,外语教学与研究出版社2012年版。

表2.16　英语和德语专业学生思辨技能阶段性比较结果

测试时间	专业	平均分	标准差	标准误	Sig.
入学初	英语	62.39	11.67	1.28	.523
	德语	61.22	13.35	1.78	
一年级末	英语	67.47	12.12	1.33	.953
	德语	67.13	13.18	1.76	
二年级末	英语	67.13	9.25	1.02	.195
	德语	65.46	11.14	1.49	
三年级末	英语	71.84	11.17	1.23	.452
	德语	71.04	12.63	1.68	

由表2.16可知，从一年级入学到三年级末，德语专业学生的思辨技能得分虽然低于英语专业学生，但是二者差距非常小，差异未达到统计显著性。从标准差来看，德语专业组内得分的离散度略高于英语专业，但差别不大。独立样本T检验结果显示，两个专业学生不同阶段的思辨技能水平不存在显著性差异。

一般我们会预设，外语初学者需在语言学习（如单词、语法学习等）上投入更多时间和精力，从而可能阻碍他们思辨技能发展。但在本研究中，低起点德语专业学生的表现并不符合这种预期。这可用两方面原因来解释。首先，思辨技能发展的影响因素多种多样，不仅有专业学习，还有通识教育、课外阅读、校园活动、校外实践等；其次，两所高校均注重学生的思辨能力培养，在课程设置上不拘泥于语言技能训练，为学生提供了思辨技能发展的空间。

（三）思辨技能初始水平不同学生的思辨技能发展趋势比较

为进一步观察思辨技能初始水平不同学生在3年中的思辨技能发展轨迹，我们根据入学初思辨技能测试分数，将139名受试按照各约占三分之一的比例分为高分、中分、低分3个小组，高分、中分、低分小组最终的分数范围依次为72—88、59—71和28—58。表2.17呈现了3个小组思辨技能发展的描述性统计结果。

表 2.17　思辨技能初始水平分组的描述性统计结果

水平分组	分数范围	人数	测试时间	平均值	标准差
高分组	72—88	42	入学初	75.74	4.19
			一年级末	75.97	7.29
			二年级末	72.47	8.35
			三年级末	79.76	7.38
中分组	59—71	45	入学初	63.68	3.35
			一年级末	68.75	11.44
			二年级末	67.50	7.40
			三年级末	72.64	8.87
低分组	28—58	52	入学初	49.23	7.97
			一年级末	59.13	11.67
			二年级末	60.70	10.23
			三年级末	63.88	12.04

表 2.17 显示,思辨技能初始水平不同的 3 组中,学生思辨技能整体保持上升趋势,但各组进步幅度不同。从标准差来看,高分组整体水平的变化最小,低分组变化最大,然而各组后 3 次测试的标准差均明显高于第一次,这表明学生个体的思辨技能在大学期间出现了较大分化。

我们在各组内部进行了 4 次测试的单因素重复测量方差分析,结果显示:高分组在前 3 次测试中未取得进步,仅有第四次测试分数与第一次、第三次测试相比显著提升,第四次与第一次测试分数的差异达到.015 水平;中分组后 3 次测试与第一次测试相比均取得显著进步,其分数差异分别达到.033、.009、.000 水平,但第二次、第三次测试分数之间无明显变化;低分组整体均分持续增长,后 3 次测试的成绩均显著高于第一次测试,其差异都达到.000 水平,但是第二次和第三次、第三次和第四次测试分数的差异均不具有统计显著性。

为了观察各组学生 3 年中思辨技能的变化轨迹是否存在差异,我们又进行了双因素重复测量方差分析,以检验学生入学初期思辨技能水平对后期思辨技能变化的影响。被试间效应检验结果表明,3 个小组 4 次测试的均值呈现显著性差异(p<.01),组别效应量 Partial Eta Squared 值为.612,高于.14 的大效应量标准①。被试内效应检验结果表明,时间因素对思辨技能的效应量为.197,达到大效应标准,具有显著性(p<.01)。

图 2.8 展现了 3 组学生思辨技能的变化曲线。3 组轨迹整体上接近平行,无交叉,这说明时间和组别两个因素变量之间无明显的交互作用。同时,3 条轨迹在局部阶段呈现差异。在 3 组中,高分组整体进步幅度最小(+4.02,p<.05),先后在一年级(+.23,p=1.000)、二年级(-3.50,p=.373)经历小幅波动,到三年级才取得显著性提高(+7.29,p<.01);中分组在前两个学年先升(+5.07,p<.05)后微降(-1.25,p=1.000),三年级再次显著提高(+5.14,p<.01);低分组整体进步幅度最大(+14.65,p<.01),进步持续性也最明显,但在二年级也出现了相对停滞的平台期(+1.57,p=1.000)。从图 2.8 还可看出,二年级是各组思辨技能差距最为接近的阶段。中分组在三年级末(72.64)略超高分组二年级末(72.47)的水平,但仍低于高分组的初始分数(75.74);低分组则在三年级末(63.88)略超中分组的初始分数(63.68)。

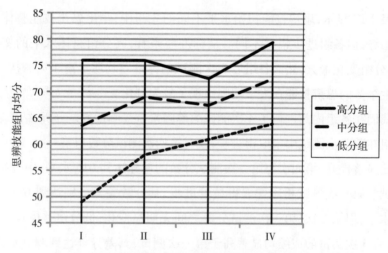

图 2.8　不同思辨技能初始水平小组的思辨技能发展轨迹

①　J.Cohen,*Statistical Power Analysis for the Behavioral Science*(2nd edn.),Hillsdale,NJ:Lawrence Erlbaum Associates,1988.

上述研究结果再次验证了思辨技能发展的"天花板效应",即思辨技能高水平外语学生的思辨技能提升空间相对较小,不易保持稳定、持续的进步。这可能反映出入学初期的思辨技能培养教学环境更多地满足了思辨技能中、低水平学生的需求,但对高水平学生的思辨技能挑战不足,促进效应不强。

思辨技能初始水平产生的"瓶颈效应"在本研究中也有所体现。低分组学生在一年级取得 3 组中最大幅度的进步($+9.90, p<.01$),二年级进入平台期,到三年级虽然仍有进步,但进步不具有显著性($+3.18, p=.358$)。反观高分组($+7.29, p<.01$)和中分组($+5.14, p<.01$),学生在三年级恢复了进步的势头。三年级是大学专业学习更加系统化和理论化的阶段,对学生思辨技能提出了高于基础阶段的要求。低分组在大学后期思辨技能提升趋势放缓,或可表明思辨技能的入学初始水平对学生的思辨技能发展具有一定制约作用。

五、结语

本研究是我国首项针对高校外语专业学生的思辨技能发展趋势跟踪研究。研究结果显示:外语专业学生经过 3 年学习,思辨技能整体显著提升。比较本研究的受试与 2008 年前期研究中的英语专业学生可以发现,不同教育环境对学生思辨能力发展起到的促进作用有所不同。本研究再次验证,大学外语教育能够促进学生思辨技能提高,这有助于外语专业教师和学生增强思辨技能培养信心,并为进一步提升思辨技能培养效率做出努力。

在 3 年中,3 组不同思辨技能初始水平学生的思辨技能发展轨迹整体相似,局部不同。从时间阶段来看,学生的思辨技能在一年级进步最突出,二年级进入平台期,三年级则再次显著提升。从初始水平来看,低分组进步最大且最具持续性,高分组进步最小且起伏最大。此外,各组之间的整体水平始终呈现显著差异。这说明,一方面思辨能力发展是一个长期过程,中小学与大学阶段的教育对思辨能力发展都具有重要作用;另一方面,大学阶段的思辨能力培养需要因材施教,在各个时期为不同思辨能力水平的学生创造良好的发展空间。

　　本研究尚存一些不足,比如两个语种的学生均来自双一流大学,思辨技能整体水平优于我国高校外语专业学生的平均水平,样本代表性有所欠缺;在长达3年的跟踪研究过程中,由于出国交流人数增多,尤其是高分组流失了很多受试,测试数据的整体客观性可能会受到一定影响。未来研究可进一步探讨普通高校外语专业学生、除英语和德语以外其他语种学生、同一语种不同培养模式下外语专业学生的思辨技能发展规律,并将结果与本研究进行对比。思辨技能测试还可采取标准化测试与非标准化测试相结合的方式,增加更多与外语专业知识相关的测试内容,推动思辨技能测评深入发展。

　　　　　　　　(本文原载《外语界》2018年第6期,作者文秋芳、孙旻、张伶俐)

外语教师发展

倾听来自高校青年英语教师的心声：
一项质性研究^①

一、引言

"百年大计,教育为本。教育大计,教师为本。"党中央在多个文件、多种场合下强调了教师队伍建设、特别是青年教师队伍建设的重要性。比如,2010年,《国家中长期教育改革和发展规划纲要(2010—2020年)》强调"以中青年教师和创新团队为重点,建设高素质的高校教师队伍"。2011年,《全国教育人才发展中长期规划(2010—2020年)》对"大力培育青年学术英才""实施鼓励青年英才脱颖而出政策"提出了一系列政策举措。2012年,《关于加强高等学校青年教师队伍建设的意见》围绕提高青年教师专业能力和综合素质、营造青年教师成长发展的良好环境,进行了全面部署。值得高兴的是,这一精神终于落实到教育部颁布的《高等学校外语类专业本科教学质量国家标准》(简称《国标》)和《大学英语教学指南》(简称《指南》)中。例如,《国标》从学校与教师个人两方面对教师发展提出了要求:"学校应制定科学的教师发展规划与制度……教师应树立终身发展的观念,制定切实可行的发展计划……",《指南》还特别强调了对青年教师的培养:"……发扬'教学相长、教书育人'的优良教风,以'传帮带'方式帮助青年教师成长,营造良好的院系教学文化。"

目前大多数文献从"应然"视角讨论了有关教师发展应该采取的行动和达

① 基金项目:本文系教育部人文社科重点研究基地重大项目"产出导向法理论体系与实施方法研究"(项目编号:16JJD740002)的阶段性研究成果。感谢北京外国语大学中国外语与教育研究中心博士后李民、博士生崔靓提供的统计数据。

到的要求,然而教师的"实然"状态如何呢?我们知之甚少,特别是高校中大多数一线青年英语教师,他们对生活、教学、科研有什么困难和需求?习近平总书记在庆祝中国共产党成立 95 周年大会上的讲话中特别指出,全党要关注青年、关心青年、关爱青年、倾听青年心声,做青年朋友的知心人。本着这一精神,本文将报告一项质性研究,以高校青年英语教师为调查对象,通过深度访谈,倾听他们的心声,近距离地了解他们的所思所想,旨在对我国高校青年英语教师的专业发展现状和需求做一个特写,促进外语界对高校青年英语教师发展给予更多的关注和研究。

二、文献综述

本节将简要回顾现有文献中有关高校英语(外语)教师发展的文章。我们将首先报告相关研究的总体情况,然后指出现有研究的空缺,最后总结本研究的创新之处。

数据显示,2010—2015 年《外语教学与研究》《外语教学》《外国语》《现代外语》《中国外语》《当代语言学》《外语与外语教学》7 本期刊共发表非文学类论文 3094 篇,其中只有 67 篇(2%)与高校英语(外语)教师有关。从研究内容上看,有的从整体上论述教师专业发展[1],有的聚焦于某一个方面,例如发展需求[2]、发展模式[3]、发展环境[4]、专业学习[5]、教师素质[6]、科研现状[7]、

---

[1]　杨希燕、杨澂:《高校英语教师专业发展的改革与创新研究》,《东北师大学报(哲学社会科学版)》2015 年第 5 期。

[2]　周燕:《高校英语教师发展需求调查与研究》,《外语教学与研究》2005 年第 3 期。

[3]　周燕:《中国高校英语教师发展模式研究》,《外语教学理论与实践》2008 年第 3 期。

[4]　顾佩娅、古海波、陶伟:《高校英语教师专业发展环境调查》,《解放军外国语学院学报》2014 年第 4 期。

[5]　李春梅:《上进型大学英语青年教师专业学习个案研究:社会心理学视角》,北京外国语大学博士学位论文,2015 年。

[6]　戴曼纯、张希春:《高校英语教师素质抽样调查》,《解放军外国语学院学报》2004 年第 2 期;蒙岚:《生态理论视角下的大学英语教师评估素养提升模式探索》,《西安外国语大学学报》2016 年第 2 期;周凌、张绍杰:《质量目标导向下高校英语教师素质建构》,《外语教学》2016 年第 6 期。

[7]　张慧琴、王红:《综合性高校外语教师科研状况的调查研究》,《教育理论与实践》2008 年第 36 期。

职业倦怠①等诸多领域。

现有研究结果发现,高校青年英语教师专业发展存在很多问题亟须解决。比如,高校英语教师的性别失衡,女性远超过男性;年龄结构不适当,中青年教师占绝对多数;职称结构不合理,高级职称凤毛麟角;评价体系不公平,唯科研成果和项目为硬指标②;专业发展环境复杂③等。

基于以上文献,我们发现目前研究仍旧有两个空缺:(1)与其他领域相比,对高校青年外语教师的研究明显偏少;(2)与量化研究相比,质性研究寥寥无几,对一线教师的研究更为鲜见。例如,李春梅④采用了质性方法,聚焦研究的是"上进型"的大学英语青年教师。为了弥补现有空缺,本研究通过深度访谈,倾心聆听来自一线的10位高校青年英语教师内心的想法和诉求。具体要回答的研究问题是:这些一线教师对目前的生活、教学和科研最想倾诉的是什么?

三、研究设计

(一) 被采访者

本研究中接受深度访谈的10位青年英语教师均在40岁以下,来自全国10所不同层次、不同类型的高校(见表3.1)。他们都是英语类专业和大学英语教师,其中3名博士后,2名博士,2名在读博士,3名硕士;教龄2—18年不

---

① 张庆宗:《高校外语教师职业倦怠的成因分析及对策思考》,《中国外语》2011年第4期。

② 戴曼纯、张希春:《高校英语教师素质抽样调查》,《解放军外国语学院学报》2004年第2期;李春梅:《上进型大学英语青年教师专业学习个案研究:社会心理学视角》,北京外国语大学博士学位论文,2015年;杨希燕、杨澂:《高校英语教师专业发展的改革与创新研究》,《东北师大学报(哲学社会科学版)》2015年第5期;周燕:《高校英语教师发展需求调查与研究》,《外语教学与研究》2005年第3期。

③ 顾佩娅、古海波、陶伟:《高校英语教师专业发展环境调查》,《解放军外国语学院学报》2014年第4期。

④ 李春梅:《上进型大学英语青年教师专业学习个案研究:社会心理学视角》,北京外国语大学博士学位论文,2015年。

等,职称涵盖副教授、讲师和助教。我们认为他们在一定程度上可以代表高校青年英语教师。

表 3.1　被采访者背景信息

研究参与者	学历	职称	教龄(年)	工作学校
多肉	博士后	副教授	9	某 985 师范大学
仙人掌	博士后	副教授	11	某省属综合大学
梅花	博士后	讲师	2	某外国语大学
杨树	博士	副教授	13	某省属师范大学
垂柳	博士	讲师	7	某 211 理工科大学
芥菜种	博士生	讲师	12	某民族大学
百合	博士生	讲师	18	某 211 师范大学
荷花	硕士	讲师	18	某 211 综合大学
雏菊	硕士	讲师	3	某外国语大学
绿萝	硕士	助教	2	某 211 理工科大学

（二）采访者与被访者的关系

本研究的采访者为本文第二作者。被访者都是采访者很熟悉的同学或者朋友,在多年交往中能够互相信任、互相理解。采访者从事过多项质性研究,具有熟练的访谈技巧,能够让被采访者坦率、真诚地倾诉自己的想法。这次访谈前,采访者也向被访者说明访谈资料的研究用途,并告知文中不会采用他们的真名,只会出现他们自己选择的别名(见表 3.1 第一竖行)。

（三）数据收集

本研究采取了半结构型访谈。访谈者根据研究目的和研究问题,事先准备了一个粗线条的访谈提纲,大致包括教师背景信息、是否接受过专门系统的教学理念与方法的培训、与同事的互动情况、在工作中关注的问题、专业发展规划、专业发展环境、专业发展困难等问题。但在实际访谈时,采用的是自然聊天式,有问有答,也允许被访者自己提问,访谈内容根据情况随时调整,为的是让被访者不感到压力，最大限度地保证数据的真实性和可靠性。

访谈逐个进行，每人访谈时间从 40 分钟到 100 分钟不等，总共 9.3 个小时。得到被访者的同意，对访谈全程进行了录音，后被转写成 166.716 千字的文本。

（四）数据整理和分析

本研究对数据采用了自下而上的扎根分析①，完成一、二级编码。接着，借鉴了 Maslow② 的需求层次理论进行第三级编码。具体分析分四个阶段：（1）数据预处理；（2）一级编码；（3）二级编码；（4）三级编码。

首先，对数据进行预处理。我们对访谈录音边转写、边整理。按照教师给自己取的名字进行编号，以方便对数据进行管理和引用，如"荷花"等。

第二步为一级编码。我们采用扎根、关键词搜索的方法，自下而上地对数据进行归类编码分析，让主题从数据中浮现出来。首先，对数据进行逐字逐句的阅读，根据研究问题提取被研究者使用的、用来表达他们自己看待世界方式的"本土概念"③，再以这些"本土概念"为依据进行开放式编码。比如，"'资深'讲师身份退休""能活下去就行了"等就是一级码。在对数据进行了开放编码后，将所有的一级码由高到低进行频率排序，查看哪些一级码蕴含的意义相对突出。

第三步为二级编码。我们反复阅读频率高的一级码，找到它们之间的联系，然后将表述相似意义的一级码再归类，形成更大的类属，这就是二级编码。比如，我们将"活下去就行了""不能体面地活着"聚类成"收入"二级码。在对二级编码后，仍旧按照频率排序，找出突出的二级码。

第四步为三级编码。在前期编码的基础上，继续仔细反复阅读数据和突出的二级码，直到主题慢慢浮现出来。这时，可以将二级码提升到更理论

① B.G.Glaser, *Theoretical Sensitivity: Advances in Methodology of Grounded Theory*, Mill Valley, CA: Sociological Press, 1978; A.Strauss & J.Corbin, *Basics of Qualitative Research: Grounded Theory Procedures and Techniques*, Newbury Park, CA: Sage, 1990.

② A.H.Maslow, "A Theory of Human Motivation", *Psychological Review*, 1943, No.4.

③ 陈向明：《质的研究方法与社会科学研究》，教育科学出版社 2000 年版，第 284 页。

化的编码,即三级编码。通过对二级码包含的概念类属之间的关系进行分析,确定用马斯洛①的"需求层次理论"进行三级理论编码,比如,将"收入"和"职称"列为"生存需求",由低到高顺次为"情感需求""精神追求"。在完成三级理论编码后,我们就根据每个三级码所对应的二级码和一级码所呈现的访谈数据再进行深入解读,并选择典型访谈摘录用于后期研究论文的撰写。

四、研究发现

本节我们按照三级编码的类属顺次报告我们从访谈数据中归纳出的高校青年英语教师对目前生活、教学和科研现状的所思所想。

(一) 生存需求

1. "以'资深'讲师的身份退休"

10 个被访者在谈到"职称"这一话题时,都表现出特别的焦虑。比如,接近 40 岁、拥有 18 年教学经验的荷花说道:

"我和我周围的同事准备以'资深'讲师的身份退休。"

荷花目前还是讲师,对教学认真负责。按照她所在高校职称评审的要求,她没有达到最低门槛——博士学位和出国 10 个月以上的经历,更不要说论文、专著、课题等标准。在荷花看来,这个年龄的她需要照顾家庭。读博、出国等离自己仿佛很遥远,等这些都完成,也要花至少七八年的时间,那时,离退休也很接近了。她认为尽管这么多年自己对教学付出了很多,但对于职称晋升作用不大。

梅花刚刚博士毕业,工作 2 年。当然,一位刚入职的年轻教师不会像荷花那样,准备以讲师身份退休。目前在她心头中占据最重地位的就是评职称。下面的表述形象生动地反映了她的心态:

---

① A.H.Maslow,"A Theory of Human Motivation",*Psychological Review*,1943,No.4.

"我对我自己的主要规划或者实际的规划就是要评职称,怎么样才能评上职称? 如果没有副教授这一职称,很多事情我都没有资格做。"

在梅花看来,副教授是她能够有机会做事情的门槛和资格。评职称是职业规划的主要内容之一,从实际上看,也是最重要的方面。我们认为梅花的这种想法很自然。目前不少高校采用"非升即走"的政策,对刚入职的教师压力很大,谁都不愿意作为未来被"赶走"的对象。而当前教师职称晋升的主要衡量标准是科研,这种单一化的评价标准明显影响教师对教学的热情。比如,工作7年、博士毕业,目前仍然是讲师的垂柳被问到在职业生涯中,什么事情阻碍了自己的发展并使其受挫时,她谈到了教师评价制度:

"不合理的教师评价制度打击了教师尝试新方法的热情,在现有评价制度下,教学随大流、不革新才最保险。"

垂柳认为,教学创新不仅有风险,而且对自己的职称晋升没什么用处。当前,教学在职称评审中虽有要求,但更多的是最低教学工作量和学生对教师教学的评价分数。然而学生评教有时会出现明显的不公正现象。比如,工作了3年的雏菊在被问到,"什么最让你感到职业发展受挫?"她回答说:

"有一个学年,英语读写课的评教成绩远低于我的预期和其他课程的评教,并且在学生评教栏看到了诸如'作业变态多'的评论,很受打击。自己很负责任地帮助学生提高读写能力,给他们精心挑选了课外泛读的书目,但是学生并不是很理解自己的辛苦和好意。"

雏菊有良好的教学素养,工作一年半时参加全国外语院校的说课大赛,获得了一等奖。这让她信心倍增,对自己的教学更加认真、负责。然而她对教学的辛勤付出却得不到学生的认可,她受挫的心情可以想象。当前,对教师课程评价有一定的随意性。有的学生给授课教师高分,并不是授课质量高,而是教师管理松,布置作业少,乐意给学生打高分;而严格要求、授课认真的教师有时并不能得到学生对其课程的高分评价。这种不公正的学生评教又影响教师的职称晋升。

2."不能够体面地让你生活"

除了职称,有6个老师谈到了"收入"问题。比如,来自某省属综合大学的副教授仙人掌坦然地说道:

"如果量入为出的话，收入只能解决温饱，但是不能够让你体面地生活。我只是为了吃口饭，混口饭吃而已，我没有很大的科研热情，说什么使命感之类的，我只是为了能活下去，这句话是发自肺腑的，我只是觉得能活下去就行了。"

我们没有追问仙人掌怎样的生活才能算得上"体面地生活"，但对于青年教师而言，日常收入能够维持基本生活需要，却难以自如应对不同层次的经济需求。仙人掌在青年英语教师群体中属于科研能力强的教师，但他说自己"没有很大的科研热情"或者"使命感"，"只是为了能活下去"。一方面，我们能够理解仙人掌的经济压力，但另一方面，我们不赞同他做科研的唯一目的就是为了生存。

来自某985师范大学的多肉是在站博士后、副教授，有9年教学经验，对目前的收入也表示不满意。他抱怨道：

"我们学校是985高校，可是工资满足不了教师最基本的生活保障，挺多年轻教师在外上课，校长不了解青年教师生存的状态。在一线城市，没有房子，找不到对象，家庭你得需要吧。如果连尊严都没有了，还谈什么科研。"

多肉谈到生活在一线城市的教师有买房的压力，这是现实问题。面临不断上涨的房价，仅靠学校收入，无论如何解决不了这个难题。某些青年教师在校外代课挣钱似乎成了不得已而为之的解决方案。但这种做法显然会占用相当的教学与科研工作的时间。当然，一线城市房价贵，也不是中国独有的问题，世界上大城市都有类似困难。如何解决？似乎也没有良方妙药。

本部分呈现了青年英语教师面临的最迫切的生存需求。他们所处的年龄段，上有父母，下有儿女，这种生活的现实状况使生存需求处于最重要的位置。其中，职称晋升又是最强烈的需求，因为职称对于知识分子而言，是尊严，是面子。当前有不少高校在探索晋升职称的多元评价体系，力图让教师做到分类卓越。问题是，科研成果容易列出硬性指标，而教学质量难以形成可测量参数。我们建议高校领导一定要在操作层面上开展研究，将多元化的评价体系能够"落地"，使广大一线教师能够实实在在地感受到卓越的教学和丰硕的科研成果能够得到同等程度的认可。

（二）情感需求

1."沙漠中寂寞行走的孤家寡人"

8 个教师提到了高校青年英语教师在专业发展过程中面临的困境——孤单。比如，工作了 18 年，目前仍然是讲师的百合说道：

"我是沙漠中寂寞行走的孤家寡人。"

百合的比喻形象生动，情真意切。可以想象，百合在一望无边的沙漠中独自前行的艰辛和痛苦。现在高校中的教师大多都单打独斗、孤军奋战。

2."我的发展是误打误撞的"

有的教师虽然没有直接提及"孤单"，但从 7 位教师的述说可以看出，他们的发展无人相助，完全靠自己盲目前行，带有很大的随意性。例如，工作了 12 年的讲师芥菜种说道：

"我的发展是误打误撞的，这个历程像波浪线，颠簸起伏，但还在流淌。"

芥菜种的"误打误撞""颠簸起伏"生动地描述了自己作为高校教师在专业发展过程中"摸着石头过河"的无助感和随意性，感觉漂浮到哪里就算哪里。幸运的是，芥菜种并没有因此而放弃自己，依然在向前"流淌"。同样，副教授仙人掌也谈到了自己专业发展的特点：

"我认为我的发展就是抽疯式的发展。比如说我读硕士，发了几篇论文，然后中间休息几年。后来我又去读博士了，我又发奋几年。博士毕业之后，我就又休息了。然后一看该评教授了，然后就再疯一阵，然后就再休息一会儿。我这是抽风似的发展，就是几个时间段。"

仙人掌用"抽疯式的发展"诙谐地表达了自己一路走来的历程，看似是随意的，其实他对自己的发展是有规划的，只是这种发展不是细水长流。多肉则明确将自己的专业发展归于自己的内因：

"我发展的规划一直都有，基本上是靠自己内在规划。2007 年工作后，我对自己的发展还是非常明确的，我自己给自己也定了一个计划，就是 5 年之内一定要考上博士，在多少岁之前要评上副教授，多少岁之前要评上教授。"

多肉在青年教师中属于自律性强、自我发展动力足的教师，但他不具代表性。绝大部分青年教师缺乏自我规划。

针对以上问题,9位青年英语教师明确提出自己的专业发展需要合作的环境和氛围,比如,工作了2年的助教绿萝在访谈中提及:

"摸石头过河,靠自己单打独斗实在是力量太小,急需一个教学科研团队帮助指导。"

绿萝提到了需要"教学科研团队"实质上需要的是教师之间的合作,这种对"合作"的需求与上面谈到的教师面临的困境之一"孤单"相对应,是教师对一个共同体、一种归属感的情感需求。我们理解绿萝等老师们的这一需求,但同时,教师应在自己发展的过程中自己寻找机会和志同道合的同事一起努力,自主创建合作共同体,而不只是被动等待。

3."我需要一个机会。W老师给了我这个机会,是我的贵人"

除了合作环境外,7位被访谈者还表达了自己需要"机会"和"导师"的强烈愿望。例如,刚工作2年的梅花说道:

"我不求回报,我就希望能做事情,有人给我这个机会。我需要一个机会。W老师给了我这个机会,是我的贵人。"

梅花所说的"我需要一个机会",就是希望有人给她做事的平台,有像W这样的"导师"的引导。"导师"广义地指在教师发展过程中遇到的引领过自己的人,这对于年轻教师来说非常珍贵。梅花谈及自己在工作单位中像她这种刚工作的讲师,得到信任、做事的机会是很难的,因此,W导师给她做事情的机会,让她非常感激。这种需求不只存在于梅花这样的工作时间很短的青年教师身上,对于在某省属师范大学工作了13年的副教授杨树来说,同样如此:

"大多数时候,摸着石头过河,幸好我曾经遇到过明灯。"

杨树提到的"明灯"就是自己的博士导师。他认为"导师"收他为学生,对促进他的专业发展起到关键作用,对于他曾经"摸着石头过河"的路程来说,就像在黑暗中看到了"明灯",引领他前行。

本部分呈现了教师的情感需求。教师谈到自己在专业发展中是一种"单打独斗"的状态,进而渴望"导师"的引领和同事之间的合作。为什么高校教师之间缺乏合作呢?首先,是教师这一职业的性质决定的。Lortie[①]将教师的

---

① D.C.Lortie, *School Teacher:A Sociological Study*, Chicago:The University of Chicago Press,1975.

职业状态描述为被囚禁在"蛋箱结构"(eggcrate structure)般的课堂里,相互孤立、彼此对立。这是长期以来教师这一职业的常态。其次,不具备物质条件。在福利房未改革之前,大部分高校教师都住在校内,同事之间串门、交流非常频繁。现在绝大部分教师都住在校外,有的每天还要到离家很远的分校区上课,一下课,大家都赶校车回城。第三,高校英语教师所学专业不同,教授不同的课程,课程之间的壁垒使得不教同一门课程的教师之间彼此很难交流。

(三) 精神追求

1."你会为学院或学校的发展作更大的贡献,而不仅仅是人浮于事"

教师们谈到了自己的焦虑、困难和期盼。我们可能会得到一个"被扭曲"的印象:现在的年轻人要么想的是与名利相关的职称、收入,要么关心的是看似离物质利益远一点的团队合作、导师引领,本质上后者与前者差别不大,后者也为的是更快地获得自己想要的名和利。需要说明的是,这些青年教师确实对职称和收入有自己的看法,但他们中的大多数都有自己的道德底线和精神追求。比如,仙人掌在谈到高校青年教师不钻研教学科研的情况时说道:

"生活压力每个人都会面临,对吧? 搞科研的老师就不面临生活压力了吗? 如果你用这个时间看教学理论、观摩教学课程,会不会把你的课上得更好呢? 上得更好之后,会不会评职称更早一点? 收入也更高一点? 你会为学院或者给学校的发展作更大的贡献,而不仅仅是人浮于事。……很多老师觉得上课就是只要到那里去,照着 PPT 读一读,也不去思考怎么教学、怎么布置作业、怎么去完善教学方法。这样,教学质量永远提高不了。这种人浮于事的现象太严重了,所以说教学质量才会不好。"

仙人掌也谈到了高校青年教师收入不高的问题,认为自己的收入"只能解决温饱",但这并不代表他会只为了提高收入而放弃对教学和科研的钻研。他不认同周围同事"人浮于事"的状况,虽然大家都有生活的压力,但如果把时间更多用在教学和科研上,既可以更快解决职称问题,也可以提高收入,更重要的是,可以对学院和学校有所贡献。这种作贡献的精神、责任感是社会以及教师个人对这一职业角色的期望,对这种期望的认同与承担就是教师的精神追求。

2."有了爱,一切都有了"

柏拉图曾将爱视为一切道德和精神进步的基础,甚至是一种非常特殊的普遍的本性①,同时,柏拉图将教师活动的基本动力归为爱。爱是学生人生发展不可缺少的润滑剂,也是成功教育的前提。这份师爱也包含着教师对学生和教育事业的责任心。② 教师发动的教育爱,直指人类精神高峰。③ 比如,梅花说道:

"有了爱,一切都有了。"

梅花是这么说的,也是这么做的,她爱学生,爱教师这份职业,这是她的信仰。没有爱,就没有教育。不管是教育还是科研,"爱"是根本。青年英语教师要坚守对教书育人的热爱,培养对探索求知的热爱。

本部分呈现了教师的精神追求。在商业大潮的冲击下,青年英语教师队伍并不都是灵魂工程师。当生存面临威胁时,精神追求会被压抑,但他们仍然有坚守的信仰,这是教师主流的声音。比如,仙人掌虽然说自己"做科研只是为了活下去",但他同时明确表达了对当前高校"人浮于事"现象的不认同,认为青年英语教师应有责任感和奉献精神。"导师"、管理者应关注教师不同层次的需求,针对教师的不同需求和个体差异,提供更有针对性的教师发展支持。同时,需将教师的个体需求和国家需求结合起来,搭建平台,加强对青年教师正面的引导,让青年教师意识到,科研不只是为了发几篇文章,更应有家国情怀,解决社会现实问题,为国家服务。

五、研究者的反思与建议

在本研究中,我们通过质性研究方法倾心聆听了 10 位高校青年英语教师

---

① 叶澜、白益民、王枬、陶志琼:《教师角色与教师发展新探》,教育科学出版社 2001 年版,第 57 页。
② 参见张虹:《高中英语教师文化的多维透视:一项民族志研究》,高等教育出版社 2017 年版。
③ 参见林逢祺、洪仁进主编:《教师不可不知的哲学》,华东师范大学出版社 2009 年版。

对职称、收入、工作环境、"导师"，以及精神方面的需求，这些访谈数据极其形象、生动地展现了这一批年轻教师的所思所想，让我们的心灵受到震撼。如果没有亲耳聆听，我们就不会感同身受，更难以体会到教师需求的层次性、复杂性和两面性。教师如果在基本需求层面得不到满足，则很难有更高的精神追求。如果不是质性研究，局外人往往对高校青年教师持有偏见，很难理解他们，更难以产生共情，还会责怪他们不努力。当真正聆听了他们的声音，就会发现自己的看法不全面。质性研究让我们看到了、听到了量化研究所不能发现的内容，加深和扩展了对问题的认识。因此，对教师的质性研究亟待加强。只有当我们更加具体、深入、全面地了解一线教师的实然状态后，才能针对问题提出筹措解决方案，为其发展搭建平台、提供资源，统筹各方面力量有计划、有引导地协同推进。

本次研究也让我们认识到，中央政策中关于教师发展的诸多思想、理念与高校层面的具体贯彻实施之间存在很大鸿沟。文件精神如何能够切实内化到管理者心中、落实到教师身上，还有很长的路要走，亟待从实践层面探索促进青年英语教师发展的机制和路径。目前，我们在北京外国语大学领导的支持下，依托许国璋高等研究院组建跨院系、跨学科的教师团队，我们期望通过行动研究，积极探索落实中央政策的具体措施，形成促进青年教师发展的长效机制。我们也呼吁各高校因地制宜，开展行动研究，将国家的好政策"落地"，使广大青年教师有"获得感"。

最后，我们也呼吁广大高校青年外语教师要有"板凳要坐十年冷，文章不写一句空"的执着坚守，要把社会责任放在首位，自觉践行社会主义核心价值观，以深厚的学识修养赢得尊重，在为祖国、为人民立德立言中成就自我、实现价值。①

（本文原载《外语教学》2017年第1期，作者文秋芳、张虹）

---

① 参见习近平：《在哲学社会科学工作座谈会上的讲话》（2016年5月17日），人民出版社2016年版，第29页。

我国高校非通用外语教师面临的
挑战与困境:一项质性研究

一、引言

随着"一带一路"倡议的快速推进,非通用外语教师在市场上突然成了"香饽饽",部分高校为了增设新语种,不惜重金从其他高校挖人才,少数稀有语种的本科毕业生甚至能在高校获得教职。非通用外语教师好像突然成了令人羡慕的职业。然而,他们的实际生存状况如何,外界并不知情。为了弥补现有空缺,本研究在历时一年多深度观察的基础上,通过访谈和叙事框架方法,揭示我国非通用外语教师面临的困境,并尝试提供相应的对策。

二、研究设计

(一) 研究参与者

本研究中 10 位非通用外语教师来自 10 个语种,其中 7 名博士,2 名在读博士,1 名硕士;教龄 2—17 年不等,职称涵盖副教授、讲师和助教(见表 3.2)。

表3.2　研究参与者背景信息

研究参与者	教龄（年）	职称	学历	语种
希冀	17	副教授	博士	罗马尼亚语
四月	13	副教授	博士	芬兰语
蓝颜	12	副教授	博士	马来语
向日葵	15	讲师	博士	德语
筱诚	10	讲师	博士	僧伽罗语
森林	3	讲师	博士生	挪威语
王震	3	助教	博士	韩语
谭镡	3	讲师	博士生	荷兰语
小卤蛋	3	讲师	博士	意大利语
莱卡	2	讲师	博士	日语

（二）数据收集、整理和分析

本研究是历时4年（2016年1月至2020年1月）非通用外语教师共同体建设项目的一部分。本文作者自2016年开始全程组织并参与共同体活动，与成员一起做研究，属于参与型观察①。数据以访谈和叙事框架为主，辅以部分观察数据。所谓叙事框架，就是研究者根据研究问题，给出一系列填充题，研究参与者只需根据给定题目补充信息。比如，我们设计了一个叙事题目"如果……我的科研可以做得更好"。访谈问题涉及非通用外语教师的学习经历、工作经历、职业生活、面临的困境、参与共同体的过程、专业发展、需求等方面。比如：在专业发展过程中，您遇到过什么困难吗？如果有，是什么？每人受访时间从90分钟到4小时不等，总共25.6个小时，后被转写成426814字的文本。

为了方便数据管理与分析，我们将数据按照不同类型导入质性数据分析软件NVivo11，采用自下而上的扎根分析②，根据研究问题进行逐级编码。首

---

① K.M.Dewalt & B.R.Dewalt, *Participant Observation: A Guide for Fieldworkers*, New York: Alta-Mira Press, 2011.

② A.Strauss & J.Corbin, *Basics of Qualitative Research: Grounded Theory Procedures and Techniques*, Newbury Park, CA: Sage, 1990.

先,我们以开放的态度逐字逐句阅读数据,围绕研究问题提取"本土概念",作为一级编码。然后通过不断比较和聚类建立一级编码之间的关系,从而确立概念类属,即二级编码。接着在前期编码的基础上,继续仔细反复阅读数据和突出的二级码,直到主题慢慢浮现出来,最后形成三级编码。表3.3列出了三级编码的示例。完成三级编码后,我们深入解读数据,并选择典型数据用于论文撰写。

表3.3　三级编码举例

研究问题	一级编码	二级编码	三级编码
非通用语教师的困境是什么?	"多面手""万金油""全能""全才"	行政事务多	外在困境
	"教学任务过重,平衡点还没找到"	教学与科研冲突	心理困境

（三）研究中的伦理道德处理

实施访谈和口头叙事数据收集的为本文第二作者。她从事过多项质性研究,具有熟练的访谈技巧。当2017年3月收集访谈和叙事数据时,研究者与研究参与者之间已经建立了相互信任关系。为了尊重质性研究的伦理道德,让研究参与者真诚倾诉自己的想法,研究者和研究参与者签订了"研究承诺书",对研究目的、过程、数据使用等方面进行书面规定,并告知文中不会采用他们的真名,只会出现他们自己选择的化名。

三、研究发现

（一）外在困境

非通用外语教师一方面面临着无教材、无工具书的困境,另一方面,非通用外语教师人数少,大多数是女教师。比如一个语种只有2个女教师,曾一度在同一时段,一个是"娃妈",一个是"孕妈",很多情况下整个专业就只有1名教师在工作。由于人少，他们面临着课程多、行政事务多的重重困难。

1.“备课很痛苦”

对于通用语教师来说，纸质资源（教材、工具书等）和网络资源极其丰富，但很多非通用语专业既无教材，又缺工具书，备课全部靠自己平时的点滴积累。蓝颜说：

“外人无法想象，我们专业一直到两千零几年都没有一本教材可参照，全部是老师们自己课余从杂志、报纸上找来一些新闻，全靠自己平时积累……压力大，备课量也很大，这是我们备课很痛苦的地方。”

蓝颜所描述的情况在很多语种都存在，因为没有教材，非通用外语教师需要花费大量时间和精力积累素材。为解决这一问题，学校要求他们都要参与编教材、编工具书。然而，即使编出来，出版也很困难。希冀深有感触地说道：

“我导师最大的贡献是编纂了中国最早的罗汉、汉罗两部词典。一开始还有个编写组，但最后坚持下来的就他一人，一个字一个字编了20多年。然后自己去一个公司拉赞助，词典上加了一页广告，才把这个做出来。”

希冀的描述反映出非通用语工具书编撰难、耗时耗力。由于任务艰巨，往往能坚持多年做下来的人寥寥无几。编出来得以出版还算是好结果，更多的教材和工具书根本无机会问世。希冀这样描述：

“很多非通专业编了几十年，一摞书稿就在教研室桌上放着，出版不了，也没装订，放在那儿都快翻烂了。很多事都是这样白干的。很多老前辈桌子底下这些东西堆得一摞一摞的，出不了。这些情况对非通用语界来说太普遍了。”

希冀谈到这里时，气氛一下子凝重起来，他的眼神和语气中有可惜、无奈，也有伤感，而作为倾听者，第一次了解到他们面临的这种困境，也深受触动。一方面，为他们数十年如一日坚持编写这些材料的精神而感动；另一方面，为凝聚着他们多年汗水和智慧的成果得不到正式出版感到震惊。更令人震撼的是，这一类成果在科研考核和职称评定时，所得的科研分值远远低于C刊论文等其他成果。例如，筱诚在朋友圈写道：

“我们教研室3人用了5年出了一本80万字的词典，一人得3.3分。以后谁找我出字典我都不干了！”

筱诚提到的词典是国内第一部僧伽罗语和汉语的双向词典,全国只有 3 位僧伽罗语老师,他们平时要教学、科研、做行政管理工作,还要承担新语种建设工作。一篇 C 刊论文可得 20 分,可以想象,3.3 分对于他们 5 年的辛苦工作意味着什么!虽然筱诚一时气愤地说过"以后谁找我出字典我都不干了",但在访谈中提及此事时,她仍然认为做这些工作"有意义,对教学和学生很重要",所以会"坚持做"。

2."什么课程都得教"

当问及如何形容自己的身份时,6 位受访者用"万金油""全能""全才""多面手"来形容自己。这些表达是对自己的称赞吗?显然不是。例如,蓝颜说道:

"我们的学生现在是四年三招,所以哪个年级段的都有。我们专业一共才 4 个老师,什么课程都得教。我目前教大一、大二和大三。低年级的基础课程,比如精读、口语、听力、视听说、语法这方面的课大家都得教,到三四年级,我们要教有学科方向性的、国情背景知识的课程,比如历史、中外关系、对象国国情文化、国家社会习俗、宗教、研究方法论、笔译和口译等,备课量特别大。"

蓝颜的话从一个侧面反映出外界不了解的情况:非通用语专业学生虽然少,但一名教师所承担的课程类型非常多。有些课程连他们自己也没有学过。例如,希冀说道:

"现在本科培养方案修订之后,一下加了很多课程,涉及历史、政治、经济、文化,有的我们从来都没有接触过,但是也得硬着头皮去开这门课,所以压力很大。因为这些课都是在高年级开,我们还想尽力去调和专业课和外语技能课的矛盾,所以尽可能用对象国的语言去开这样的课。这对我们来说也是一个挑战,首先这个学科我们不熟悉,然后还要用外语去讲这个课,所以很多时候是现学现卖。"

从希冀的叙述中,可以看出他们是在"硬着头皮""现学现卖"。他们既要培养学生的语言技能,又需要提升学生在专业知识方面的积累,这种情况对于通用语教师而言,难以想象。

3."什么都得我们来"

非通用外语教师除了教学之外,还有许多行政事务。他们在描述自己的工作内容时，会用"繁杂"这样的词汇来形容。例如，四月说道：

"非通用语老师只能全上，你不能说各方面都能很胜任，但确实什么都是我们做。有时候我更像一个活动家，比如说我要思考专业建设和发展，我要自己琢磨，我要开哪些课，我要寻求哪些海外帮助、国际合作，我要跟哪些院校签国际交流协议，我哪年要学生外派，要派哪几个大学，他们在国外的课程怎么安排比较合适，能不能有更好的方法架构来达到更深入、更密切的合作，等等。这些东西都是需要我自己去想的，没有人来指导你。所以我们是多面手。"

四月用"活动家""多面手"形容自己的身份和要承担的多项工作，这在通用语教师群体中几乎不存在。面临如此繁杂的工作，一方面他们的工作能力得到很好的锻炼，另一方面这也是他们迫于人手少的无奈选择。除此之外，还有很多琐碎的事务需要他们亲力亲为。例如，筱诚说道：

"我们还有很多行政事务，什么都得我们来。每年考试的时候，大语种试卷是统一发给教务处，教务处统一找印刷厂印，然后装订、密封，他们去找监考老师，专业老师是不用管这些事情的。而我们从出卷子、印卷子、监考、打分、装订，全部都是我们自己来。这么小的一件事情，只是我们所有日常工作中的一项……我们全是自己来，我们就是全能型的。"

筱诚的话充分说明非通用外语教师做的多项行政工作。这些事在通用语院系有专人负责，但非通用外语教师由于人手不够，往往一人承担多项工作，例如：日常教务管理、社会服务、新语种建设、本专业建设、提供对象国资料、外事接待、翻译、维护对象国语言公众号等。仅外事接待一项，就包括很多琐碎工作，比如负责外教及其家属的签证、新聘、换聘、报销等。他们所做的诸多隐性工作是外界看不到的。另外，作为专业教师，他们对学生的投入和付出也比通用语教师多。四月说：

"我们跟学生的关系跟大语种老师不一样。他们只有带到研究生、博士生，才觉得这是我的学生。我们大一到大四就这么一两个老师，什么事都要管学生。"

四月谈到的现象在非通用语专业非常普遍。由于非通用语专业学生很少，四年下来跟一两个老师朝夕相处，彼此之间交流多，感情也深厚。造成这种现象还有一个原因是非通用语学生就业情况更受国家政策影响。学生进入大学后就开始关心并向高年级同学打听就业形势,这时就需要非通用外语教师从多方面稳定他们的"专业情绪",培养他们的"专业热情"。

(二)心理困境

当受访者被问及他们认为什么工作更重要时,他们的回答充满了纠结和焦虑。他们认为自己应该是一个研究者,但在实际工作中却无法践行自己应该的"研究者"身份;他们有研究专长,却难以坚守。

1."精神上科研排在最前面,行动上教学排在最前面"

所有受访者在交流中都清楚地表达了他们对学校职称评审条件的理解和对参与科研的热望。然而在现实中,他们不得不将自己的主要精力放在教学上。莱卡说:

"我理想中科研和教学是并重的,五五开,但在现实中估计就是一九开,教学占大头。你看,我包里这么多作业。我有30个学生,每天听他们朗读课文,一般朗读一篇5—10分钟,我每个都要听,还要记录他们的问题,如果听不清,还要重听,这样起码2个半小时过去了。我改作业……这样,又2—3个小时过去了,所以,每天教学基本占了我绝大部分时间。如果剩下了时间,我会看看书,想写我自己的论文。我还有家人要照顾,我现在几乎没有周末、假期。"

莱卡的描述代表了很多教师的心声。他们虽然怀有科研和教学并重的理想,但理想与现实、精神和行动之间存在冲突。他们想做科研,却不忍心不认真教学。他们对教学的认真程度超出我们的想象。例如,森林说自己在新学期前的假期中"会把每节要上的课提前演练一遍,再上台讲",只有当自己"问心无愧"充分备好了课,才会给自己带来正能量和快乐。小卤蛋则明确表达了自己更加重视教学和学生的原因:

"我知道大趋势是要提升科研,但我觉得教学是对别人负责任,科研是我自己的事。因此,精神上排在最前面的是科研,但行动上、平时的时间里排在最前面的是教学。"

小卤蛋对教学和科研关系的表述在其他教师访谈中也有类似表达,他们认为教学是教师的"本职工作",如果教的学生拿不出手是"失职";科研则是教师自己的事情。如果本职工作没做好,而去关注科研,那是本末倒置。他们不愿意用"自己的事"忽略"对别人应负的责任"。向日葵将自己面临的这种心理冲突原因归结在自己身上,她认为由于"教学任务过重,自己的平衡点还没找到"。

2."不可能一条道走到黑"

从"什么课程都得教"和"什么都得我们来"部分可以看到,教师承担着多项教学和行政工作,但与此同时,他们对自己"研究者"身份的认识具有游离性,对研究方向没有归属感。希冀说道:

"我们是万金油,因为我们平台太小,所以必须往别的地方拓展……我们可能花了很多工夫学一个方面,但最后的结果是发一篇论文,因为不可能有期刊都给你这一个语种在一个方向上发很多论文,所以你要再发一篇的话,要换一个方向。我不可能研究某一个领域一辈子,甚至持续几年都做不到。我们专业跟两国政治关系太紧密,没有自己学术的独立性,必须得不断变化理论和视角,不可能一条道走到黑。"

希冀谈到自己的研究不断更换方向,其他教师也会谈到对所研究专业没有归属感,不知道自己究竟属于什么专业。一般而言,高校教师都有自己的专攻方向。但非通用外语教师往往各个方向都需要涉及。他们认为自己研究的是对象国语言,如果只研究其中一个方向是"没有活路的"。只要是跟对象国相关的项目,不管什么学科,都会找到他们。因此,他们什么方向都了解稍许,却又知之不深。

四、讨论与建议

从新中国成立到今天,我国非通用语种教学和人才培养事业走过的是一条充满困难和挑战的道路。① 随着"一带一路"倡议在全球推广,非通用外语

---

① 参见戴炜栋、胡文仲主编:《中国外语教育发展研究(1949—2009)》,上海外语教育出版社 2009 年版。

人才培养工作得到政府和相关高校的高度重视,从事人才培养的非通用外语教师在职业生活中的困境理应得到足够关注与帮助。

在对参与本研究的非通用外语教师历时一年多的观察和深度访谈过程中,我们看到这是一个朝气蓬勃的群体,是一个身处内外部困境仍积极工作的群体。他们对教学满腔热情、对学生充满爱心、对国家无限忠诚、对对象国情况充分了解,他们的诉说让人感动,让人心生敬意。针对以上研究发现,结合非通用外语教师自己的心声,我们提出下列两点建议。

第一,高校管理者应根据非通用外语教师的具体情况更加审慎地制定多元化的教师评价和职称晋升标准,不能用"C 刊""科研项目"等单一标准来衡量。正如希冀所说:

"非通用语学科很多基础性工作没有做,发展水平还没有到深入进行某一领域特别深的研究的地步。很多语种连词典和教材都没有,连最基本的历史和文学都没翻译过。没有基础性的工作,你去追求 C 刊这种空中楼阁的东西,意义不大。比如,波兰是文学大国,你要能把它的文学作品都翻译过来是非常了不起的事情。一个波兰语教授没发过 C 刊,但是资深翻译家。所以说那一代人可以通过这种方式去实现自己的价值。但现在非常无奈,你不发论文,不出专著,不申请项目,评不成教授。"

希冀描述的情况特别有针对性。近年来,不少高校增设了一大批非通用语专业。这些新开专业目前还处于起步阶段,既无教材,也无工具书。这些专业的教师当前面临最紧迫的任务应该是做好专业建设工作,产出像教材、工具书等基础性、开创性成果,而不是发 C 刊文章。因此,建议在职称评定时,对于他们的基础性成果应给予应有的认定,让他们在职业发展上有奔头,对自己的未来有希望。

第二,鼓励资深教授创建教师共同体,为非通用外语教师开展跨语种、跨院系、跨学科合作与交流搭建平台,让他们体会"家"的温暖,"集体"的相互帮助。

调查显示,非通用外语教师由于自己身兼数职,更多的时间忙于教学。他们迫切需要交流平台和共同体,需要"导师"引领他们从事科研。然而,由于语种和学科壁垒的存在,他们和院系内部同一语种或其他语种、学科的同事很

少交流,仅有的交流多以生活为主。正如蓝颜所说:

"我们各种语言都不一样,不像大语种有共同备课,相处时间会比较长。我们虽然说在同一个楼上课,但有的语种的老师有可能一个学期都见不到一次。"

蓝颜的话反映出当下诸多非通用外语教师的现实情况和需求。他们一方面羡慕大语种的共同备课,另一方面却由于非通用语专业只有一两个教师,大家各自负责几门不相关的课程,无法一起备课。因此,大家都是在自己语种、自己专业内部单打独斗、各自为政。本研究的所有被访者表示"如果有平台可以交流的话,自己的科研会做得更好"。

我们正在运行的历时一年多的教师共同体项目实践证明,在一个共同体内,大家有同伴的激励和压力,有"导师"的引领,有一种精神会拉着大家往前走。森林说道:

"像现在这种形式,把我们各个不同专业的人聚在一起,然后整成团队,有共同的主题,这对我们青年教师来说,有更好的帮助和指引作用……很现实的问题是青年教师缺乏经验,需要大师级的老师点播一下,这对我们来说收获特别大。"

森林对"团队""大师级的老师"的渴望,以及"收获特别大"充分表达了非通用外语教师的专业发展需求以及共同体对他们的作用。希望其他高校也能建立类似的教师共同体,为教师搭建交流平台,让他们有盼头、有获得感。

最后,我们想说明,本研究所揭示的问题具有一定的普遍意义。希望读者可以通过我们的研究消除对非通用外语教师的误解,增加对这个群体的理解;也希望本研究结果可以引起外语界及高校相关部门的重视,对这个群体给予更多关注和支持,充分肯定他们的工作价值,激发他们的教育热情,提高其职业价值感,在政策制度、行动和情感方面切实支持非通用外语师资队伍建设,帮助他们在困境中求改革,在改革中谋发展,使这个群体在为国家服务的同时,也能谋得自身的发展。

(本文原载《中国外语》2017 年第 6 期,作者文秋芳、张虹)

Language Teachers' Professional Learning in China

I have been a university English teacher in China for more than 40 years and have been doing research in the field of language teacher education (LTE) for about 30 years. Furthermore, I have successfully supervised 50 PhD students and over 50 Master's students. Almost all those who used qualitative research methods to investigate issues in LTE experienced great pains and frustration. Qualitative approaches are not taught as comprehensively as quantitative ones in graduate programs in China. The major reason is that the development of qualitative research-methodology in China is about 20 years behind international trends[1]. The common challenge postgraduates face at the start of their research is to select a suitable topic in LTE. In this chapter, I first propose two general strategies for topic selection and then propose five LTE-related topics based on my involvement in a large-scale project aimed at facilitating professional learning amongst college English teachers in China.

1. Strategies for Topic Selection

The first strategy is to choose the topic by asking yourself a sequence of five

---

[1]　Q.F.Wen & L.Lin, "A Comparative Study of Trends of Research Methods Use in Applied Linguistics (2001–2015)", *Modern Foreign Languages*, 2016, No.6.

questions:

    I. What is the research area you are interested in?

    II. What branch of the research area is your intended research object?

    III. What type of participants do you want to choose?

    IV. What particular aspect of your selected participants do you want to study?

    V. Is the topic worth researching?

The first question is for selecting a research area; the second one is for deciding the research branch within a particular area; the third is for choosing the relevant type of participants for the research; the fourth for determining your research focus; and the fifth question is for examining whether the selected topic is of significance.

The second strategy is to decide a theoretical perspective for your qualitative study. The perspective is just like a searchlight which helps people find a way in the darkness[1]. I often use an analogy to show the importance of determining the perspective at the beginning of a qualitative study. Suppose there is a house with four windows facing four different directions. Now you are inside the house and asked to describe the outside view of the house. How do you do it? Most probably, you have to decide from which window you would like to observe the outside views. Surely, the outside views are different if you choose a window on the north side rather than the south side. The decision on a research perspective taken is like selecting a window. By choosing a window, you delimit your scope of observation but you do not know what you will see through the selected window. You are open to all the possible views through that window. Similarly, the researcher needs to have a perspective for deciding a direction for data collection and data analysis. For example, to study the professional development of a teacher, you might choose a cognitive perspective or a sociocultural one. These two contrasting perspectives would lead you to different

---

    ① X.M.Chen, *Qualitative methods and research on social sciences*, Beijing: Educational Science Press, 2000.

aspects of the teacher. For the cognitive perspective, you need to collect data about the teacher's own cognition, while for the sociocultural perspective, you need to gather data on the visible interaction between the teacher and significant others (i. e., you-I interaction), and the invisible interaction between the participant and himself or herself (i.e., I-meinteraction)①. The decision on the perspective chosen should be clear from the start.

2. Research Topics

In the following section, I suggest five topics for research. These topics are based on my experience of being involved in a large project that aimed at developing an inter-university community of professional learning for university English teachers. The project lasted from 2011 to 2013. More than 50 English teachers from six different universities in Beijing participated in this project on a voluntary-basis in order to develop their teaching and collaboration competences, and conduct action research. The teachers varied in terms of age, teaching experience, education background and research knowledge and skills. All the teachers participated in monthly meetings at which they engaged in various kinds of learning activities, such as critical reading of journal papers, watching video-recordings of community members, discussing their action-research plans, revising drafts of their action research papers, and so on. In addition, all the participants were required to write monthly reflective-journals, which were shared with community members via the internet. The participants also communicated using emails and WeChat from time to time. The project successfully ended with the publication of 18 action research papers and the production of 12 video-recordings of teaching, which were discussed and

---

① Q.F.Wen, "On the Cognitive-social Debate in SLA for More than 20 Years", *Foreign Languages in China*, 2008, No.3.

evaluated.In general, all the participants admitted in their journals that they made progress in professional learning and gave illustrative examples.From this project, various topics can be selected for research.

2.1 Novice English Teachers' Professional Development in an Inter—university Community

The first topic is related to different categories of participants.The study might aim to find out to what extent this kind of inter—university community is beneficial to the novice teacher's professional development.Furthermore, it could explore how these novice teachers seek help from others. Usually, novice teachers face more challenges and difficulties in teaching and research, and thus need more help, but they can also offer help themselves.Related topics could be developed by asking the same questions to different types of participants, such as highly motivated English teachers, experienced English teachers, or team leaders.Furthermore, a similar topic could be developed by making comparisons between two groups of participants in the project; for example, comparing experienced and less – experienced English teachers or higher academic degree and lower academic degree holders in this community.

2.2 Particular Aspects of Professional Learning

An example for this topic is to investigate the development of action research competence of the participants in this community.Here action research competence includes two sets of skills.One set of skills involves carrying out the research(i.e., problem identification, proposing an initial solution to the problem, implementingthe proposed plan and reflecting on the research) , and another set of skills is writing a publishable paper based on the research. More topics related to professional learning within this community can be formed by shifting the focus from action research competence to collaboration competence or to teaching competence.

2.3 Emotional Challenges and Responses in an Inter-university Community of Professional Learning

The teachers involved in the project from six different universities did not know each other before the project started. Many of them felt uncomfortable or even embarrassed when their video-recordings or action research plans were discussed and evaluated by other community members. A research topic could focus on how this kind of community can develop an atmosphere of mutual trust and negotiate mutually beneficial cooperation to overcome the negative responses to such challenges. Thus, one topic would be how to meet emotional challenges in an inter-university community of professional learning, and another could explore variations in emotional responses within this community. Apart from emotional challenges, the teachers also experienced difficulties in professionally critiquing other community members. Discourse analysis of interaction among community participants would be one method to explore this topic.

2.4 Mechanisms for Developing an Inter-university Community of Professional Learning

Compared with primary and secondary school teachers, university teachers are more likely to prefer working individually than in groups. It is a daunting task to organize regular professional learning activities for such a large group of English teachers from different universities. Two related topics worth investigating include1) examining how interdependent relations could be established in an inter-university community, and 2) the role of leadership in developing the inter-university community.

2.5 Sustaining the Effects of an Inter-university Community of Professional Learning

Very often the participants in the community are very active when the project is going on.However,it is unknown to what extent the effects of the project are sustained after the project has ended.Do participants continue their professional learning after the project has been completed? Specifically,the research topic would be the further effects of community learning on subsequent individual development.

3. Research Questions

1. What mediations do teachers rely on when they participate in meetings of the inter−university community? And how?

Question one is focused on the mediations evident in the participants' interaction (i. e., You − I dialogue). Sociocultural theorists believe that people's learning starts from social interaction and then moves to internalization through self−interaction and that the changes in mediations exhibited can well indicate the participants'progress in learning[1].

2. What do teachers write in their self−reflective journals with reference to "you−I" interaction and "I−me" interaction?

Self − reflective journals can provide the researcher with teachers' inner thoughts regarding what they have gained from social interaction and what is possible to be internalized.

3. What kind of contributions do teachers make to the inter−university community and to their own university community?

Question 3 helps the researcher obtain a more comprehensive picture of the-community of professional learning.

4. What beliefs do teachers develop about teaching competence, action research competence and collaboration competence?

5. How do they evaluate their development in teaching competence, action re-

---

① J.Lantolf,"Second Language Learning as a Mediated Process",*Language Teaching*,2000,No.2.

search competence and collaboration competence?

Questions 4 and 5 are designed from a cognitive perspective as they aim to investigate the participants' cognition and their self-evaluation ability.

6. How do teachers feel when their video-recordings of teaching or drafts of their research papers are evaluated in the community?

7. How do they respond to any negative comments they might receive from community members?

These two questions aim to describe participants' emotional challenges and their responses to those challenges.

8. How are the teachers' relationships mutually constituted by the discourse in the community?

9. What roles do leaders play in developing the inter-university community?

Questions 8 and 9 attempt to find out how a community of professional learning can be established and developed.

10. To what extent does the project have subsequent effects on the participants' further professional learning?

This question aims at investigating whether the project has any sustained effects on the participants' professional learning.

(本文节选自 *Qualitative Research Topics in Language Teacher Education*, Routledge 出版社 2019 年版)

外语"金课"与"金牌外语教师团队"①

一、引言

为了贯彻 2018 年 6 月 21 日教育部召开的新时代全国高等学校本科教育工作会议的精神,高教司司长吴岩 2018 年 11 月 24 日在第十一届"中国大学教学论坛"上以"建设中国'金课'"为题作了大会发言,其主要内容包括"金课"标准、"金课"类型和建设"金课"的保障措施。我认为这是新中国成立以来我国高等教育改革中的一次重大调整。以前关注更多的是中观层面的专业建设,例如从 21 世纪初开展的全国高校专业等级评估到前几年的专业合格评估,现在从中观层面下移到微观层面,狠抓课程建设。这表明我国高等教育改革正在往深处走、往实处走、往细处走。

当下,"金课"成了"热词",建设"金课"成了高校"热任务",如何建设"金课"成为"热话题"。虽然各高校热烈响应教育部的号召,但不少教师对一些问题仍困惑不解。例如,如何理解"金课"的标准"两性一度"?"金课"与"精品课程"有何区别?怎样建设"金课"?为了更好地建设外语"金课",本文将致力于回答上述问题。全文分为两个部分,第一部分对"金课"标准和类型进

① 本文系教育部人文社科重点研究基地重大项目(项目编号:16JJD740002)子课题"'产出导向法'理论体系与实施方法研究"的阶段性成果。本文内容基于笔者在 2019 年 3 月 24 日"第四届全国高等学校外语教育改革与发展高端论坛"上的主旨发言"打造'金牌教师团队',建设外语教育'金课'"。衷心感谢常小玲博士、徐浩副教授、张虹副教授、刘雪卉对本文的审读和提出的修改意见。

行解读,说明"金课"与"精品课程"的异同点;第二部分提出建议,旨在推动外语"金课"的建设,提高全国本科外语教育的质量。

二、对"金课"的理解

(一) 解读"金课"标准

汉字"课"可以与英文的三个词对应:curriculum(专业的课程体系)、course(一门课程)、lesson(一节课)。因此,高教司提出的"金课"覆盖面很广,可以指某个专业的课程体系,也可以指课程体系中的任何一门课程,或者指教师教授的一节课,但在大多数情况下,教育部文件中的"金课"指的是一门课程。"水课"是相对于"金课"的一种形象的比喻,"金课"是最佳课程,"水课"是劣质课程。从"金课"到"水课"中间还应该有"银课""铜课""锡课"等,这些课程形成一个连续体,"金课"和"水课"处于连续体的两端。换句话说,高校课程的质量迥异。教育部号召各校要"淘汰'水课'、打造'金课'"。"金课"需要师生共同花力气"打造",而"水课"则是教师不用心、学生不入心的课,应该淘汰。这就表明,当下"金课"不多,"水课"不少,导致这一现象的主要原因是在一部分高校中,"重科研、轻教学"的倾向泛滥。

教育部高教司对"金课"提出了三条标准:"高阶性""创新性"和"挑战度",简称"两性一度"[1]。有人认为这三条标准有重叠,似乎不够科学。经仔细分析,我认为这三条标准具有内在逻辑性,可放到 Tyler[2] 提出的课程四要素框架中去理解(见表3.4)。

---

[1] 吴岩:《建设中国"金课"》,《中国大学教学》2018 年第 12 期。

[2] R.W.Tyler,*Basic Principles of Curriculum and Instruction*,Chicago:The University of Chicago Press,1949.

表 3.4   对"金课"标准"两性一度"的解释

"金课"标准	教育部要求①	课程论视角
高阶性	知识、能力、素质有机融合,培养学生解决复杂问题的综合能力和高级思维。	这表明课程制定的教学目标必须高标准、严要求。
创新性	一是课程内容有前沿性和时代性;二是教学形式体现先进性和互动性,不是满堂灌,不是我讲你听;三是学习结果具有探究性和个性化,不是简单告诉你什么是对的,什么是错的,而是培养学生去探究,能够把学生的个性特点发挥出来。	第一条对应教学内容,要求教学内容新颖、前沿;第二条对应教学组织,要求教学手段融合高科技,教学形式要体现师生深度互动;第三条对应评测体系,评测内容要大幅度增加开放性问题,倡导多样化答案。
挑战度	课程一定要有一定难度,需要学生和老师一起,跳一跳才能够得着……	这一条对应教学目标、教学内容以及评测体系中的测试内容。简言之,学生必须要花力气、下功夫才能完成学业。

Tyler② 提出课程有四个相互联系、密不可分的要素:教学目标、教学内容、教学组织和评测体系。目标是课程的起点和终点,内容是实现目标的载体,教学组织是实现目标的手段,评测体系是检验目标是否达成的工具。"高阶性"对应课程论中的目标,指的是培养学生解决复杂问题的综合能力和进行高级思维的能力。复杂问题一般是非结构性问题,缺乏标准答案,学生难以直接运用已有知识解决;高级思维指的是综合性、系统性、创新性思维。解决复杂问题的能力中自然包含了高级思维能力,但许多复杂问题的解决还需要领导力、组织力、沟通力和奉献精神。这表明,"高阶性"需要知识、能力和素质的有机融合。吴岩③对"创新性"提出的三条要求,正好对应课程论中的教学内容、教学组织和评测体系。第一,课程内容有前沿性和时代性,即课程内容需要不断更新,紧跟社会和科技发展,让所学知识能为现在和未来服务。第二,教学形式体现先进性和互动性。这意味着教学方法和教学手段既要能充

---

① R.W.Tyler, *Basic Principles of Curriculum and Instruction*, Chicago:The University of Chicago Press,1949.

② R.W.Tyler, *Basic Principles of Curriculum and Instruction*, Chicago:The University of Chicago Press,1949.

③ 吴岩:《建设中国"金课"》,《中国大学教学》2018 年第 12 期。

分发挥高科技的优势,同时又能利用面对面的交流和沟通,促进学生知识、技能和素质发展的有机融合。第三,学习结果具有探究性和个性化特点,这是对评测体系的要求。长期以来,我们用统一测量标准评估所有学生的学习结果,答案只有对错之分。这样的封闭性问题会在一定程度上扼杀学生求新、求异思维特质的发展。吴岩对"挑战度"的解释是:"课程一定要有一定难度,需要学生和老师一起,跳一跳才能够得着。"①我认为这一条既可以用来指教学目标,又可以用来指教学内容和评测内容。当下有少量教师不负责任,教学要求低,教学内容和评测内容缺乏认知难度,学生很容易"蒙混过关",拿到学分毕业。因此,吴岩提出的"挑战度"就是要求教师对教学目标、教学内容和评测内容合理地增加难度,不能让学生"轻易毕业"。

(二)厘清"金课"和"精品课程"的关系

2003 年 4 月 8 日,教育部发布了《教育部关于启动高等学校教学质量与教学改革工程精品课程建设工作的通知》(教高〔2003〕1 号),指出"精品课程是具有一流教师队伍、一流教学内容、一流教学方法、一流教材、一流教学管理等特点的示范性课程"②。2005 年 1 月 1 日,教育部又在《教育部关于印发〈关于进一步加强高等学校本科教学工作的若干意见〉的通知》(教高〔2005〕1 号)中指出,"要建设国家、省、学校三级精品课程体系,重点建设 1500 门国家精品课程和共享平台"③。2018 年 1 月 15 日,教育部召开新闻发布会,吴岩代表教育部在新闻发布会上宣布,教育部首次正式推出 490 门"国家精品在线开放课程"。这些课程"质量高、共享范围广、应用效果好、示范作用强"④。

---

①　吴岩:《建设中国"金课"》,《中国大学教学》2018 年第 12 期。

②　中华人民共和国教育部:《教育部关于启动高等学校教学质量与教学改革工程精品课程建设工作的通知》,http://www. moe. gov. cn/s78/A08/gjs _ left/s5664/moe _ 1623/s3843/201010/t20101018_109658.html,2003 年 4 月 8 日。

③　中华人民共和国教育部:《教育部关于印发〈关于进一步加强高等学校本科教学工作的若干意见〉的通知》,http://www. moe. gov. cn/s78/A08/moe _734/201001/t20100129 _8296. html,2005 年 1 月 1 日。

④　中华人民共和国教育部:《介绍首批"国家精品在线开放课程"有关情况》,http://www.moe.gov.cn/jyb_xwfb/xw_fbh/moe_2069/xwfbh_2018n/xwfb_20180115/201801/t20180112_324467.html,2018 年 1 月 15 日。

"金课"这一概念由教育部部长陈宝生于2018年6月21日在成都召开的新时代全国高等学校本科教育工作会议上首次提出。他在发言中强调要把"水课"变成有深度、有难度、有挑战度的"金课"。[1] 2018年8月,教育部发布的《教育部关于狠抓新时代全国高等学校本科教育工作会议精神落实的通知》(教高函〔2018〕8号)中,正式提出了"淘汰'水课'、打造'金课'"的要求。[2]

我认为"金课"和"精品课程"虽名称不同,但互相衔接、相互联系,其共同点是目标高、内容难、手段新、评测活。不过这两种课程仍存在差异。首先,"金课"的课程类型有所扩增,包括"线下金课""线上金课""线上线下混合式金课""虚拟仿真金课"和"社会实践金课"五种类型,而"精品课程"仅是"线上金课"的一种。"线上金课"有利于全国不同地区的学生共享优质教育资源,推动教育公平。单纯的"线下金课"是传统高等教育的主场,传统的学校正规教育不同于个人自学,其最大的区别就是,课堂教学有教师指导,有学生群体之间的互动和互助。现在高校中更普遍关注的是"线上线下混合式金课"。在高科技、智慧课堂蓬勃发展的今天,课程应充分发挥"线上金课"的特点,将其融合到线下课堂中。从这个意义上来说,"线上线下混合式金课"应成为将来"金课"的主流。"虚拟仿真金课"和"社会实践金课"是新时代提出的新型"金课"。"虚拟仿真金课"有利于培养学生的实践能力和解决问题的能力。以外语课程为例,同传、交传、旅游英语、商务英语等课程可以建设"虚拟仿真金课"。"社会实践金课"有助于树立学生的中国立场,滋养他们的家国情怀,拓宽他们的国际视野。这种"金课"可成为通识课,也可与外语教学结合,成为外语社会实践课,例如用外语介绍中华文化。如果我们把参观红色革命基地与外语教学结合起来,不仅可以提高学生的综合素质,还可以培养其运用英语讲述中国革命故事的能力。我认为"金课"类型的拓展清楚地表明了教育部与时俱进,从原来的"精品课程"拓展为五种类型的"金课"。我们在建设"金课"的

[1] 万玉凤:《陈宝生:坚持以本为本 推进四个回归 建设中国特色、世界水平的一流本科教育——新时代全国高等学校本科教育工作会议召开》,《中国教育报》2018年6月22日。
[2] 中华人民共和国教育部:《教育部关于狠抓新时代全国高等学校本科教育工作会议精神落实的通知》,http://www.moe.gov.cn/srcsite/A08/s7056/201809/t20180903_347079.html,2018年8月27日。

时候,一定不能只局限于原来的"线上金课",要花力气开发建设新型"金课"。

其次,与"精品课程"相比,"金课"明确把"立德树人"放在首位。"精品课程"有明确的"五个一流"标准,涵盖教师、教学内容、教学方法、教材和教学管理。这表明"五个一流"的基本出发点和落脚点是教师,而不是学生。这里的逻辑是,如果"精品课程"能够实现这"五个一流",我们培养出来的学生肯定是"一流人才"。不足之处是,"立德树人"未明确置于首位,人们对"五个一流"的解读可能会忽视"培养什么人"这个最为重要的问题。而"金课"的要求是全课程育人、全员育人、全过程育人。这就是说,担任每门专业课的教师都承担着"育人"任务。当然,我们不能把外语课上成"思政课",也不能把"价值观"教育与外语教学变成"两张皮"或者"盖浇饭"。我们需要选择恰当的教学材料,编写合适的练习,将"立德树人"潜移默化地融入外语教学。①

三、对建设外语"金课"的建议

先于"精品课程"和"金课"建设的提出,我在过去几十年的教学生涯中,一直致力于以"金课"标准要求自己。虽然不能说,我教授过的课程已是"金课",但可以说,我是努力走在建设"金课"的路上。本文依据我过去多年的教学和教学研究经验,提出几点建议,供建设外语"金课"的领导和教师参考。从逻辑上来说,院系领导建设"金课",应规划在先,建设金牌教师团队在后;从工作难度上来说,后者比前者要艰巨得多。因此,下文将从上述两个方面逐一阐述建议,但把重点放在金牌教师团队建设上。

(一)统筹全局,制定系统规划

"不谋万世者,不足谋一时。不谋全局者,不足谋一域。"这就是说,建设"金课"一定要有全局思维和系统规划。首先,拟建设的"金课"一定要符合本

---

① 文秋芳:《新时代高校外语课程中关键能力的培养:思考与建议》,《外语教育研究前沿》2018年第1期。

校的人才培养目标和特色,例如,军事院校与综合性大学拟建设的"金课"就不可能完全相同。其次,一定要有顶层宏观规划和具体实施方案。顶层宏观规划包括建设总体目标、课程名称、建设周期和保障措施等;具体实施方案要列出每门课程的负责人、团队成员、完成任务的时间节点、验收成果的标准、院系提供的具体支撑等。规划最好以3年为一个长周期,1年为一个短周期。每个院系可在一个长周期内建设6—9门"金课",其中包括"关键金课"和"特色金课"两类。所谓"关键金课"就是本校课程体系中最为重要的课程;所谓"特色金课"就是"人无我有"或者是"人有我优"的课程。在一个短周期内,拟建设两三门"金课"即可。

《大学》中说:"物有本末,事有终始,知所先后,则近道矣。""其本乱而末治者,否矣。其所厚者薄,而其所薄者厚,未之有也。"这就是说,我们建设"金课"要分轻重缓急,哪门课先建,哪门课后建,应该有个优先顺序。如果全面开花,则可能一事无成。我们应该认识到,希望把所有课程都建成"金课"是不现实的,应该集中精力,打攻坚战。

(二) 打造"金牌外语教师团队"

人是第一要素,只要有了合适的人才,就能创造奇迹。建设外语"金课",还要打造"金牌外语教师团队"。如果没有金牌教师团队,建设"金课"就成了空话。当然,这不是说,我们要先打造"金牌外语教师团队",然后再建设外语"金课"。事实上,打造"金牌外语教师团队"和建设外语"金课"要同步进行,两者形成良性互动,互相促进。我虽未有过打造金牌教师团队的亲身经历,但在过去的10年里,我参与建设了3种不同类型的教师专业学习共同体,积累了较为丰富的实践经验,并构建了理论框架。我认为这些经验和理论具有迁移作用,同样适用于"金牌外语教师团队"的建设。

1. 可借鉴的理论框架

我们建设的第一个团队是校本英语院系团队,成员均来自北京外国语大学;第二个是跨校团队,55名成员是来自北京不同高校的英语教师;第三个是跨院系的校本团队,成员从16名逐步增加到30多名,其中大部分成员来自北外欧洲语言文化学院和亚非学院,涉及13个不同语种(见表3.5)。前两个团队建设已经顺利完成,主要目标是提高教师的教学能力、教学研究能力、反思能力和合作能力。第三个校本跨院系团队由于语种不同,无法讨论各自的外语教学,因此,我们把主要精力放在提高研究能力上,间或讨论教学方法的使用。这一跨院系团队从 2015 年 11 月启动,至今仍在持续运行中。

表 3.5　三个不同类型教师专业学习共同体的建设概况

共同体类型	参加人数	时间周期	活动频次
校本英语院系	9 人	2009.09—2011.12	两周一次
跨校	55 人	2011.03—2013.01	每月一次校本 每月一次跨校
校本跨院系	16—30 人	2015.11 至今	每月不少于一次

　　基于上述前两个共同体建设的辩证研究①,我构建了四要素的理论模型②。根据第三个共同体建设的特点,我对前期的理论框架又进行了修订(见图 3.1)。在这四要素中,第一是成员,第二是目标,第三是中介(手段),第四是机制。这四个要素在共同体建设初期虽有先后顺序,但一旦运行起来,就成为一个相互联系、相互促进的整体,因此,各个要素之间都有双向箭头相连,彼此紧密联系在一起,缺一不可。

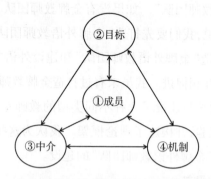

图 3.1　教师专业学习共同体建设的新理论框架

---

①　文秋芳:《"辩证研究范式"的理论与应用》,《外语界》2018 年第 2 期。

②　文秋芳:《大学外语教师专业学习共同体建设的理论框架》,《外语教学理论与实践》2017 年第 3 期。

2."金牌外语教师团队"建设的实施建议

根据上述修订的理论框架,我对"金牌外语教师团队"建设提出四点实施建议。

第一,慎选参与者。金牌教师团队的参与者有两类人,一是领导。核心领导可以是一人或多人小组。领导需要有领导力、亲和力和沟通力,更重要的是奉献精神。配备的领导人如是一个小组,必须要考虑多位领导人是否能很好地配合,否则会产生一些意想不到的矛盾。二是普通成员。一方面这些成员要自愿、肯干、善于合作,另一方面他们的年龄、职称、知识结构要合理,这样他们各有所长、相互补充,有利于促成良性竞争。

第二,目标要具体,要可测可量。从时间角度来看,有长期目标与短期目标。长期目标是培养整个团队的综合素质以及为教育事业奉献的崇高精神;短期目标是建设一门符合要求的"金课"。从成员的角度来看,有团队目标与个人目标。一般情况下,团队目标总会受到关注,但个人目标常被忽视。使每个成员都有清晰的目标且最终能有获得感是实现互助、共赢的关键。具体而言,每个成员的目标要任务化,每个任务要过程化,每个过程要可操作化,每个结果要可测量,这样每个成员才能在终结成果中作出自己的贡献。

第三,中介要恰当。中介是实现目标的手段,可以是抽象理论,也可以是具体物品,如网上精品课程、教学文案等。就抽象中介而言,建设外语教育课程需要学习二语习得理论和课程与教学论,因为成功的外语教学需要这两种理论的有机融合。西方二语习得理论构建者往往只考虑二语习得本身,例如Krashen① 关注输入,Swain② 强调输出,Long③ 突出互动,但如何将输入、输出、互动融入每一节外语课一般不是西方二语习得理论构建者所关注的问题。2018 年5 月我在和Diane Larsen-Freeman 私下交流时,她赞成我的观点,即二

---

① S.Krashen, *The Input Hypothesis: Issues and Implications*, London: Longman, 1985.

② M.Swain, "Communicative Competence: Some Roles of Comprehensible Input and Comprehensive Output in Its Development", in S.M.Gass & C.G.Madden, *Input in Second Language Acquisition*, Rowley, MA: Newbury House, 1985, pp.235-253.

③ M.Long, "Focus on Form: A Design Feature in Language Teaching Methodology", in K.de Bot, G.R.Ginsbergr & C.Kramtch, *Foreign Language Research in Cross-cultural Perspective*, Amsterdam: John Benjamins, 1991, pp.39-52.

语习得研究者的确不研究课程论。

　　关于二语习得理论,我们至少要学习两种不同视角的理论:(1)认知视角;(2)社会文化视角。在理论上,两派争论了几十年,互不相让①,但在外语教学实践中,两种理论并不矛盾。只有两者相互补充,才能确保教学成功。认知理论描述了外部输入如何从学习者的感觉记忆进入短期记忆,再进入长期记忆,最终能够随时被提取运用。如果我们不了解这一基本原理,就可能把复杂的教学环节简单化,忽略了多样化的重复练习和促成过程(见图3.2),学生可能左耳进、右耳出,教学无效。

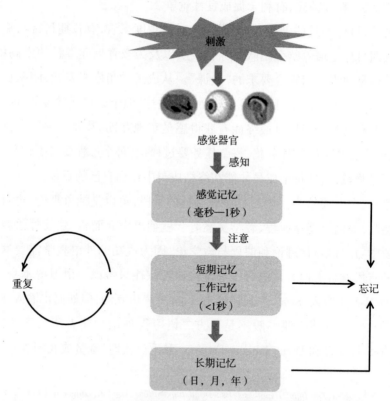

图 3.2　从感觉记忆、短期记忆到长期记忆②

　　①　文秋芳:《评析二语习得认知派与社会派 20 年的论战》,《中国外语》2008 年第 3 期。
　　②　The Brain, "Sensory, Short - term and Long - term Memory", http://thebrain. mcgill. ca/flash/i/i_07/i_07_p/i_07_p_tra/i_07_p_tra.html,2019-07-30.

与认知理论不同,社会文化理论强调语言学习始于社会中人与人之间的交流,再到个体内部的交流。学习进步体现在两个维度:(1)中介人从他人到学习者自己;(2)中介物从物理性到符号性,物理中介从具体程度高到具体程度低的,符号中介从抽象程度低到抽象程度高的。社会文化理论强调教师、同学对学习者的帮助,也重视中介物的作用,但是他人的帮助应逐步减少,中介物也应从具体逐步过渡到抽象,抽象程度越高说明学习效果越好。图 3.3 展示了中介类型变化情况。正规学校的外语教师要在教学中善用中介,从他人到学习者自己,从抽象度低的中介物到抽象度高的中介物,逐步调整,最终使个体的学习结果能够成功进入长期记忆。

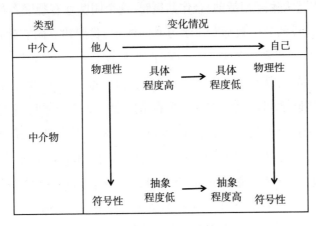

图 3.3 中介类型变化情况

除了二语习得理论外,教师团队还要学习课程与教学论。作为实践者,我们主要需要理解课程论的基本要素及其关系。上文在解释"金课"标准时,已经对课程论的四要素(教学目标、教学内容、教学组织和评测体系)进行了解释。需要强调的是,除了四要素外,课程取向也很重要。教育要满足社会需求、学生需求、学科需求,这三个需求通常有一定的张力,如何平衡这三个需求,使其互相协调,这对课程设计者来说,是一个很大的挑战。

经过教育部评选的网上"精品课程"可作为我们起步时借助的中介。一般教师对如何入手制作"金课"缺乏经验,团队负责人可以事先到网上搜寻,找出两三个适合的案例,进行深入分析,找出可借鉴之处。"三人行必有我师焉",向他人学习是获得新知识、新技能的快捷途径。

第四,机制要有效。一个"金牌外语教师团队"的建设需要有效机制的支撑。即使有了适合的领导和自愿参加且年龄、职称、知识结构合理的团队成员,清晰明确的目标和恰当的中介,一个团队能够正常运行,还需要有合理的机制。这是因为要维持一个团队持续运行一个周期,并能够取得预期效果,团队负责人往往缺乏法定权力,无权惩处任何随意缺席、工作马虎的成员。我在建设三个教师专业学习共同体的过程中深深体会到,我们不能只见"物"不见"人",团队负责人一定要从每个成员的切身利益出发,按照马斯洛的需求理论,从底层需求开始,逐步上移到高层需求。只有当每个成员体会到"我为人人,人人为我",大家互相帮助、合作共赢时,这个团队才有凝聚力和战斗力。

在过去建设的三个教师专业学习共同体中,我们建立的有效机制可简称为政策型"拉—推"和任务型"拉—推"两类机制。① 这里"拉"在前,"推"在后,一旦运行起来,就形成了互动。政策型"拉—推"机制适用于校、院、系等上级领导与团队之间。"拉—推"体现在情感和制度两个方面,情感上的"拉"就是激励、表扬;制度上的"拉"就是行政层面上的支持与奖励,例如配备好团队负责人,给团队提供适当的经费等。一般情况下,团队负责人不能依靠自告奋勇、自愿报名来产生,院系领导"登门拜访""亲自邀请"才能表示诚意。情感上的"推"就是让团队负责人感到接受这项任务是一份信任、一份责任,难以推卸。制度上的"推"就是要加"压",让被"拉"的一方明确要实现的目标。在政策型"拉—推"机制中,"拉"更多地体现在行政管理层面上的帮助和激励。例如,可将团队成员参与"金课"建设折算为一定的教学工作量,将"金课"成果折算为一定的科研绩效,提供经费资助等。"推"更多体现在对团队目标和个体目标的确定和检查上,即上级领导对"金课"团队有奖励,同时必须要对成果进行测评,并根据测评结果进一步给予奖惩。

任务型"拉—推"机制主要在团队内部之间运行。"拉—推"体现在情感和认知两个方面。团队负责人对团队成员情感上的"拉"就是要让整个团队

---

① 文秋芳、张虹:《跨院系多语种教师专业学习共同体建设的理论与实践探索》,《外语界》2019 年第 6 期。

生活在"安全、互信、互助"的氛围之中,让每个成员体会到,这样的团队活动不是为了完成某个领导的任务,更不是为了团队负责人自己完成项目或获奖,这是集体共同成长的团队项目,每个人的劳动都会得到应有的认可。情感上的"推"主要体现在对团队成员参与活动的严格管理上,比如:有要事缺席,须事先请假;每次活动要签到。这些制度的执行会增强团队成员情感上的责任感和荣誉感。认知上的"拉"就是要使目标任务化、任务过程化、过程可操作化,让每位成员感到有信心完成每项任务;同时,形成互帮互助的风气,让每位成员都感受到在这个集体中,有困难时总有人给予帮助。认知上的"推"就是团队对完成任务有时间和质量上的要求。我们通常要求在微信群中提交"作业",让各自的成果得到公开展示,这自然会形成"同伴压力"。简言之,认知上的"拉—推"要边"拉"边"推",小步快走。"拉—推"力量要均衡,因为"拉"多了,依赖性容易变强;"推"得过度,自信心容易受挫。

建立合理机制是团队顺利有效运行的基本保障。"拉—推"机制是我们经过 10 年的辩证研究,对团队有效运行机制形成的基本理论。我相信,这种机制能够成功运用到"金牌外语教师团队"的建设中去。

四、结语

教育部号召建设"金课"已有两年多,不少高校的外语院系已经行动起来。有的学院曾经建设过"精品课程",拥有一定的经验,但"金课"建设与"精品课程"建设不完全相同。因此,我们要认真学习教育部文件,吃透精神,深入分析本校的特色,充分利用本部门的人力资源优势,根据实际情况,有计划、有步骤、分批建设关键和特色外语"金课"。需要特别强调的是,建设外语"金课"既是目标,又是建设"金牌外语教师团队"的手段。作为院系领导,如果能够通过"金课"建设,打造几支金牌教师团队,那么,这将成为保持院系专业和学科建设可持续发展的最宝贵的人力资源。

最后需要强调的是,本文虽然突出了专业学习共同体(professional learning community,简称 PLC)建设的重要性,但绝不是要否定个人自身努力的必要性和优先性。PLC 只是为教师个人发展创造了良好的外在条件,但"外因是变化的条件,内因是变化的根据,外因通过内因而起作用"①。这就是说,教师个人的主观能动性是教师终身发展的必要前提和根本动力源。

(本文原载《外语教育研究前沿》2019 年第 4 期)

---

① 《毛泽东选集》第一卷,人民出版社 1991 年版,第 302 页。

跨院系多语种教师专业学习共同体
建设的理论与实践探索①

一、引言

北京外国语大学(以下简称北外)于 2015 年成立许国璋语言高等研究院(以下简称许院)。许院成立的目的有多个:一是为了发扬许国璋先生自强不息的学术精神;二是为了打破院系壁垒,激发北外教师的内在动力和活力,为建设一支具有战斗力的语言学研究队伍搭建创新平台;三是为了帮助北外建设一支高素质教师队伍。许院分设理论语言学、翻译学和应用语言学三个方向,前两个方向分别由王文斌教授和王克非教授负责,第三个方向由本文第一作者负责。每个方向组建一个研究团队,即专业学习共同体(professional learning community,简称 PLC)②。

2018 年 1 月,中共中央、国务院发布《中共中央 国务院关于全面深化新时代教师队伍建设改革的意见》,明确要求"加强院系教研室等学习共同体建设,建立完善传帮带机制",以"服务创新型国家和人才强国建设、世界一流大学和一流学科建设"。许院的成立完全符合这一文件的精神,能够助力北外"一流学科"建设。本研究将以许院应用语言学方向的 PLC 建设为例,阐述在

① 本研究是教育部人文社科重点研究基地重大项目(编号:16JJD740002)子课题"'产出导向法'理论体系与实施方法研究"的阶段性成果。

② R.Dufour & R.Eaker, *Professional Learning Communities at Work:Best Practices for Enhancing Student Achievement*, Bloomington, IL:Solution Tree, 1998.

一所外国语大学内有效建设跨院系多语种教师 PLC 的理论与实践。

二、文献回顾

PLC 能够促进教师专业发展,对教师教学实践和学生发展产生积极影响。① 国内外现有 PLC 研究集中在中小学,主要涉及四方面:(1)不同类型共同体的特征②;(2)共同体利益相关者的角色和影响③;(3)共同体发展的影响因素及其成功运行的条件④;(4)中学英语教师和高校研究者合作共同体的运行及其效果⑤。

高校跨院系 PLC 建设的相关研究较少,主要论述其意义与挑战,比如高校内部跨学科、跨院系的交流有助于成员增进对其他研究领域的理解,学会运用整合性思维产出创新研究成果,提升解决复杂社会问题的能力⑥。不同院系和学科之间存在明显的界限和壁垒,给 PLC 持续发展造成障碍⑦,而如何消除障碍、促进高校教师 PLC 运行的实证研究尚不多见。已有研究仅初步探讨

① K.Vangrieken,C.Meredith,T.Packer & E.Kyndt, "Teacher Communities as a Context for Professional Development:A Systematic Review", *Teaching and Teacher Education*,2017,No.61.

② P.Brouwer,M.Berkelmans,L.Nieuwenhuis & R.J.Simons, "Fostering Teacher Community Development:A Review of Design Principles and a Case Study of an Innovative Interdisciplinary Team", *Learning Environments Research*,2012,No.3.

③ S.Owen, "Teacher Professional Learning Communities:Going beyond Contrived Collegiality toward Challenging Debate and Collegial Learning and Professional Growth", *Australian Journal of Adult Learning*,2014,No.2.

④ J.Zhang,R.Yuan & S.Yu, "What Impedes the Development of Professional Learning Communities in China? Perceptions from Leaders and Frontline Teachers in Three Schools in Shanghai", *Educational Management Administration & Leadership*,2017,No.2.

⑤ Q.Wang & H.Zhang, "Promoting Teacher Autonomy through University-school Collaborative Action Research", *Language Teaching Research*,2014,No.2;参见王蔷、张虹主编:《高校与中学英语教师合作行动研究的实践探索——在行动中研究 在研究中发展》,上海教育出版社 2012 年版。

⑥ E.A.Erichsen & C.Goldenstein, "Fostering Collaborative and Interdisciplinary Research in Adult Education:Interactive Resource Guides and Tools", *SAGE Open*,2011,No.1.

⑦ R.R.Halverson, "Systems of Practice:How Leaders Use Artifacts to Create Professional Community in Schools", *Education Policy and Analysis Archives*,2003,No.37.

了校本和跨校高校英语教师 PLC 建设的理论框架①和实践成效②。

以"跨院系/跨学科(外语)教师共同体"为关键词在中国知网上的"主题"和"全文"检索结果显示,相关文献较少。相比之下,论述 PLC"应然"的文献层出不穷,更加突显了将"应然"构建成理论并将理论应用于实践的相关研究缺失。为弥补这一空缺,本研究着重阐述北外跨院系多语种教师 PLC 建设的理论构建与实践探索。

三、跨院系多语种教师 PLC 的理论与实践:"辩证研究范式"

本研究采用"辩证研究范式",从系统问题入手,旨在不断优化理论、优化实践和优化阐释。为实现"三优化",研究需要迭代循环,每个循环至少包括学习借鉴、提出理论、实践理论和反思阐释 4 个环节。③

(一) 研究问题

本研究需要解决的问题是:在一所外国语大学,如何有效建设跨院系多语种教师 PLC? 这一系统问题可以细分为 3 个子问题:(1)跨院系多语种教师 PLC 建设的理论框架及其要素是什么? (2)如何将其应用于 PLC 建设? (3) PLC 活动如何开展? 为回答这些问题,我们需要一个顶层设计的 PLC 理论框架,然后研究 PLC 的运行流程,边运行、边思考,再将流程理论化。

(二) 学习借鉴,构建新的理论框架

本研究第一作者曾组织并参与建设过两个为期两年左右的高校外语教师

---

① 文秋芳、任庆梅:《探究我国高校外语教师互动发展的新模式》,《现代外语》2011 年第 1 期;文秋芳:《大学外语教师专业学习共同体建设的理论框架》,《外语教学理论与实践》2017 年第 3 期。

② 参见常小玲、李春梅主编:《高校英语教师跨校互动发展团队的行动研究》,外语教学与研究出版社 2015 年版;文秋芳、任庆梅:《互动发展模式下外语教学研究者的专业成长》,《外语界》2012 年第 4 期;文秋芳:《外语"金课"与"金牌外语教师团队"》,《外语教育研究前沿》2019 年第 4 期。

③ 文秋芳:《"辩证研究范式"的理论与应用》,《外语界》2018 年第 2 期。

PLC：一个是校本英语教师 PLC，9 名成员均来自北外；另一个是跨校英语教师 PLC，55 名成员分别来自北京市 7 所大学（北外、中国政法大学、北京化工大学、北京林业大学、北京联合大学、北京工业大学和首都医科大学）。这两项研究都是中国特色 PLC 建设，经过两轮理论—实践互动①，取得了预期成效。

　　作为前两个 PLC 建设的延续，本研究的不同之处在于 PLC 虽然在同一所高校建设，但跨院系、跨语种，有其自身特点。例如，成员授课语种不同，无法互相帮助解决各自课堂教学中遇到的具体困难，并且 PLC 中部分非通用语教师从未发表过论文，也未受过研究方法的系统训练，成员之间的研究能力悬殊。根据前期两个 PLC 建设的理论与实践经验②，同时考虑跨院系多语种教师 PLC 的特点，文秋芳③对跨校 PLC 建设的理论框架（见图 3.4）进行了修订，为第三轮理论—实践互动提供理论框架（见图 3.5）。

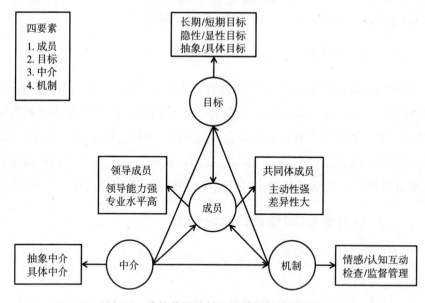

图 3.4　跨校外语教师 PLC 建设的理论框架

---

　　①　文秋芳：《大学外语教师专业学习共同体建设的理论框架》，《外语教学理论与实践》2017 年第 3 期。

　　②　吴岩：《建设中国"金课"》，《中国大学教学》2018 年第 12 期。

　　③　文秋芳：《外语"金课"与"金牌外语教师团队"》，《外语教育研究前沿》2019 年第 4 期。

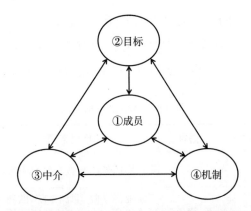

图 3.5　跨院系外语教师 PLC 建设的新理论框架

图 3.4 和图 3.5 的两个框架基本结构相同,都由四要素构成:第一是成员,第二是目标,第三是中介(手段),第四是机制。这四要素在 PLC 建设初期虽有先后顺序,一旦 PLC 运行起来就成为一个相互联系、相互促进的整体,因此各要素之间都用双向箭头相连,紧密联系,缺一不可。

与图 3.4 相比,图 3.5 有两个明显的不同点。第一,删除了每个要素的具体解释,原因有二:一方面,不同 PLC 可能具有自身特点,而图 3.4 将其固化,限制了理论的解释力和应用范围;另一方面,图 3.4 对某些要素解释不全面,例如将建设 PLC 的中介只分为抽象和具体两类,而根据社会文化理论,"人"也可以作为中介。第二,两两要素之间的单向箭头改用双向箭头,以突显各要素之间的互动性。

(三) 实践新理论

按照图 3.5 的新理论框架,我们逐一阐述新理论四要素的实施,再以案例说明 PLC 建设的流程①。

1.四要素的落实

(1)PLC 建设成员

许院于 2016 年下半年正式履行签约手续。初始领导小组成员 3 名,签订

---

①　建设跨院系多语种教师 PLC 时,我们与成员交流运用的不是学术话语"PLC",而是"教师团队""工作坊"等常用语。

"学者工作坊合同"①的一般成员 14 名。后来,由于研究项目变动,成员研究兴趣改变,个别人员有所调整,但是总体人数有增无减。目前 PLC 成员共有35 人,平均年龄 38 岁,平均教龄 13 年,其他信息如表 3.6 所示。

表 3.6　PLC 成员构成

成员类别	人数	语种	单位来源	职称
领导小组成员	3	英语	中国外语与教育研究中心	教授 1 名,副教授 2 名
一般成员	32	法语、德语等 25 个语种	亚洲学院、非洲学院、欧洲语言文化学院、专用英语学院、法语语言文化学院、德语学院、日语学院等	副教授 9 名,讲师 23 名

"学者工作坊合同"规定了 PLC 领导小组和成员各自的责任和义务。PLC 领导小组承诺做到:①学期内,每月开展 1 次应用语言学论文写作研讨活动,并对论文选题、撰写给予集体和个别指导;②每年为成员课题选题和申报书撰写提供 4 次辅导。PLC 成员承诺做到:①学期内,每月参与工作坊组织的学术活动,不得无故缺席;②按照工作坊领导小组制定的工作计划,按时完成规定任务;③参加工作坊期间,应能撰写论文,并提出课题设想、研究设计,撰写项目申请书;④每年提交达到发表要求的论文 1 篇;⑤3 年内,提交纵向课题申请书 1 份。合同制能在形式上保证双方对参加 PLC 的严肃态度。

　　(2)PLC 建设目标

　　目标既是 PLC 建设的起点,也是终点。目标有长期与短期、集体与个体之分。跨院系 PLC 建设的长期目标是为北外一流外国语言文学学科中应用语言学方向建设一支高素质教师队伍,促使成员形成为国家战略服务的学术自觉、学术视野和研究能力,并能正确处理教学与研究的关系,牢记教书育人的首要职责,成为研究—教学双能型师资。PLC 建设的短期目标是完成 3—5个课题、5 部专著,平均每年发表不少于 10 篇高质量论文;成员的目标是每年

---

　　① 后期新增人员尚未签订正式合同,但同样履行合同规定的责任。他们原本不能中途参加,但他们加入共同体的意愿强烈,因此我们采取了来者一律欢迎的态度。

撰写 1 篇达到发表要求的论文,3 年内提交 1 份纵向课题申请书,完成 1 部专著的撰写。

我们认为 PLC 任何长期目标的制定都要考虑北外的宏观规划,凸显多语种特色,牢记"为人民、为社会"研究的使命,并且必须从短期目标入手,将长期目标具化为可操作、可考核的短期目标。短期目标的确定要从 PLC 成员的"生存"需求出发,比如发表论文、晋升职称等。[①] 人的需求分为高、低等不同层次。我们要将高层次需求内嵌于低层次需求,从低层次需求入手,让 PLC 成员脚踏实地开展研究,逐步做到"仰望星空"。

(3)PLC 建设中介

中介是实现目标的手段,也是 PLC 成员之间直接互动的载体。中介有"物"和"人"之分。物质中介有抽象与具体之分。对跨院系 PLC 而言,抽象中介是指相关理论,如话语分析、功能语言学、"产出导向法"理论等;具体中介指研究选题、论文范例、论文写作框架、论文草稿等。"人"的中介有他人和自我之分。他人中介指能够提供各种帮助的人力资源,比如 PLC 内的领导小组成员、同伴或者 PLC 外的专家;自我中介指 PLC 成员自身的能力、付出和努力。如果只有他人中介,没有自我中介,PLC 任务也难以完成。随着 PLC 发展,他人中介的作用逐渐削弱,自我中介的作用日益明显,这说明 PLC 成员在不断成长。所有中介中,最为关键的是能够全面考虑所有成员兴趣和能力的课题。在过去近四年中,我们精心选择了多个研究课题(示例见表 3.7),实践表明这些课题都符合跨院系 PLC 建设的长期和短期目标。

表 3.7　PLC 课题示例

序号	时间周期	课题名称	研究成果
1	2016 年 1 月至 12 月	基于联合国成立 70 周年大会上各国领导人讲话的国家形象构建分析	2017 年发表论文 15 篇,其中 CSSCI 来源期刊(含扩展版)论文 11 篇,核心期刊论文 4 篇
2	2017 年 1 月至 12 月	外媒对"一带一路"倡议的认知	2018 年发表 CSSCI 来源期刊(含扩展版)论文 11 篇

———————

① 文秋芳、张虹:《倾听来自高校青年英语教师的心声:一项质性研究》,《外语教学》2017 年第 1 期。

续表

序号	时间周期	课题名称	研究成果
3	2018 年 1 月至 12 月	"产出导向法"在非英语语种教学中的应用	2019 年发表 CSSCI 来源期刊（含扩展版）论文 6 篇

注：课题的时间周期是研究计划时间。实际上，PLC 成员的论文从撰写到录用的时间并不一致，约需半年到一年多的时间。

（4）PLC 建设机制

在校本和跨校 PLC 建设中，机制问题并未得到充分探究，因此 PLC 建设机制是本研究的重点。经过几年探索，我们凝练出政策型"拉—推"和任务型"拉—推"两类机制（见图 3.6）。逻辑上说，前一类机制应先于后一类机制运行；每类机制中，"拉"应先于"推"，情感上的"拉—推"应先于制度或认知上的"拉—推"。PLC 实际运行过程中，两类机制需要共同发力，形成良性互动，因而难以分出先后顺序。

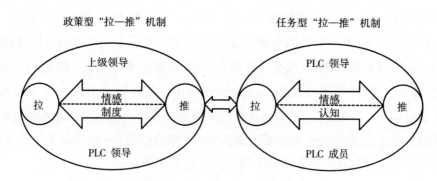

图 3.6　PLC 两类"拉—推"机制

政策型"拉—推"机制用于校、院、系领导与 PLC 领导之间，体现在情感和制度层面。情感上的"拉"指校、院、系领导在指派 PLC 领导时，要体现诚意和信任，亲自邀请，并说明理由。例如，许院的正、副院长均由北外校长聘任，并冠以"许国璋讲席教授"头衔。情感上的"推"是让 PLC 领导感受到 PLC 建设是一份光荣使命和责任，必须完成任务。制度上的"拉"主要体现在行政层面的支持。例如，北外给许院每年提供活动经费，配备兼职秘书、院长助理等。制度上的"推"指学校每学期检查与督促 PLC 运行。

　　任务型"拉—推"机制主要作用于 PLC 领导与成员之间,体现在情感和认知层面。情感上的"拉"首先体现在 PLC 领导身上。他们对 PLC 成员真诚相待,共事中友好热情,营造"安全、互信、互助"的集体氛围,树立"我为人人、人人为我"的风气。PLC 领导让每个成员感受到,在这样的 PLC 中互相学习、共同进步是一个赋能增效的好机会,每个人都在为自己的进步而付出。其次,情感上的"拉"指 PLC 成员之间的相互支持、理解、鼓励等,并且 PLC 成员对 PLC 领导也有"拉"的作用。随着 PLC 领导对 PLC 成员,尤其是对非通用语教师繁重工作和生活负担的了解,他们的敬业精神、敢于接受挑战的勇气、坚持不懈的努力深深感动了 PLC 领导,促使 PLC 领导更愿意为他们提供帮助。比如,有位教师在某日凌晨 2 点多通过电邮发送修改稿,并表示歉意:"家有小娃,除了开会和各种工作,只有半夜能安静专心地做自己的研究,一不留意又拖到这么晚才发给你。意见回来后我尽快认真修改。"

　　情感上的"推"主要包括两方面。其一,PLC 领导小组对 PLC 成员的严格管理。成员参与活动须签到,随意迟到、缺席应感到内疚;同伴之间应互相帮助,取长补短,自私自利应遭到摒弃。这些做法能够促使 PLC 成员形成集体荣誉感和责任感。其二,成员之间互相推动。我们建立了微信群,充分发挥群体监督作用。例如,别人都按时提交了"作业",未完成任务的成员自然会感受到"同伴压力",努力跟上研究进程。需要说明的是,PLC 成员没有从情感上明显地"推"领导小组成员,但存在隐性的"推"。领导小组必须履行对学校和 PLC 成员的承诺,不然良心会受到谴责。

　　认知上的"拉"大体包含三方面。其一,PLC 领导把 PLC 的大目标分解为小任务,每个小任务有清晰的程序指导,同时 PLC 领导给成员提供学术资源,细致耐心地指导成员的学术发展。比如,为了帮助 PLC 成员完成表 3.7 第 1 项课题研究,PLC 领导邀请专家开设了"中美官方话语的比较研究"和"批评话语分析的主要研究方法"两场讲座,并请他们推荐理论书籍,为 PLC 成员开展相关领域研究提供理论支撑。其二,PLC 成员在认知上"拉"动领导小组成员。比如,领导小组成员从成员那里学到不同国家的国情和文化,丰富了知识等。其三,PLC 成员之间在认知层面"拉"动彼此。PLC 成员发挥各自不同的优势,通过共同研讨、阅读和修改论文等方式互相帮助。

认知上的"推"主要涵盖三方面。其一,PLC 领导小组为课题每项任务设立明确的目标,安排具体任务,设定截止时间和质量要求,秉持"一个都不放弃"的态度,严格要求成员。其二,PLC 成员对 PLC 领导小组产生"推"力。比如,成员每次准时交送阶段性成果时,领导小组必须及时阅读、反馈,这样才能推动工作进展。带领整个 PLC 做各项课题研究的责任也推动着领导小组不断学习,从而给予成员较为恰当的指导。其三,PLC 成员之间的交流督促彼此尽力按时完成各自的研究。

对于政策型"拉—推"机制和任务型"拉—推"机制,我们强调先"拉"后"推",目的就是先提供情感支持和实际帮助,再提要求,这样未从事过学术研究的非通用语教师就不会畏难退缩。简言之,认知上的"拉—推"要边拉、边推,边推、边拉;每次步子要小,但节奏要快,"拉—推"之间的力度要恰当,避免过度"拉"滋长依赖性,过度"推"损伤自尊心。当然,"拉—推"力度的均衡不靠数学公式计算,而是靠人与人之间的交流和感受。

2. PLC 活动流程举例

本研究的跨院系 PLC 活动大致遵循图 3.7 的流程。整个流程分为三个阶段:第一阶段为论文成稿前的准备工作,第二阶段为反复修改论文,第三阶段为论文成稿后的活动。当然,图 3.7 是为了便于阐述的示意图,未能准确反映 PLC 学习的复杂性、交叉性和循环性。下面以跨院系 PLC 开展的第一个课题研究为例具体说明活动流程。

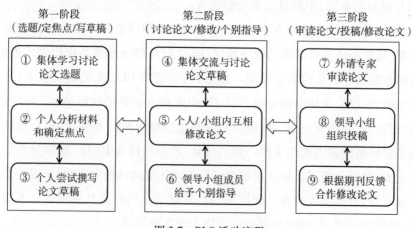

图 3.7　PLC 活动流程

（1）第一阶段：选题/定焦点/写草稿

第一阶段包含3项任务：①集体学习讨论论文选题；②个人分析材料和确定焦点；③个人尝试撰写论文草稿。这3项任务用双向箭头联系，表明相邻两项任务之间有循环，不是一次性完成。相比之下，第一项任务最困难，由于PLC成员的院系来源、授课语种和学科背景等因素，很难找到一个全体成员都有兴趣参与的课题。为提高效率，领导小组在集体讨论会之前召开预备会，形成初步构想供集体讨论。以2015年12月召开的第一次集体选题会议为例，预备会商量所得的课题是：各国领导人的话语特征分析。这一话题在集体会上提出时，立刻引发了热烈讨论，比如：不同国家有不同的政体，有的国家总统权力最大，有的是总理，哪些人能算作国家领导人？什么场合的发言能够代表国家，是在国内的发言，还是多边外交场合的发言？话语分析的目的是什么？经过争论和商议，集体会形成初步共识：发言材料要么主题相似（如新年贺词），要么场合相同（如G20峰会、世界气候大会等）；课题的目的是了解各国领导人话语的不同特征，以便我国外交话语更能被不同国家的受众理解，提高我国外交话语影响力。

第一次会议并未确定分析材料，但商定在寒假中先收集各国领导人的新年贺词和讲话原文，并将外语材料译成中文，以供不同语种的教师讨论。第二次会议之前，领导小组阅读成员提交的材料，商量如何分析材料。根据材料，我们认识到决定材料可比性的关键因素是相同的外交场合，而不是相似主题。为使所有成员都有材料可分析且使分析具有可比性，我们决定选择2015年第70届联合国大会一般性辩论中各国领导人的发言作为分析语料，因为分析各国领导人在这种重要多边国际场合的发言有其现实意义。这个建议在第二次会议上得到所有人的支持。之后，每个成员找到对象国领导人的发言，琢磨分析焦点，并尝试撰写论文草稿。实际上，第一阶段尽管所有PLC成员都赞同选题，但包括领导在内的所有成员都不知如何分析讲话内容、如何撰写话语分析论文。从这个层面来说，我们都在同一个起点上摸索前行。

（2）第二阶段：讨论论文/修改/个别指导

第二阶段的任务主要包括：④集体交流与讨论论文草稿；⑤个人/小组内互相修改论文；⑥领导小组成员给予个别指导。集体讨论与修改论文是PLC

成员互相学习的好机会。我们邀请草稿质量较好的作者先介绍论文撰写,分享自己的体会,然后其他人报告撰写内容,最后共同讨论写作中碰到的问题和困难,商量对策。这种交流非常有效。各个成员虽然分析的对象国话语不一样,但分析思路可以互相借鉴。

第4项和第5项任务经过五六个来回,才进入个别指导阶段。比如,《语言三大元功能与国家形象构建——以斯里兰卡总统第70届联大演讲为例》一文的作者前后修改了11稿,修改涉及论文题目、理论框架、结构、内容、措辞、摘要、参考文献等方面。PLC领导小组对该文第二稿提出的修改意见是:"全文只有第四部分是从语言学切入谈国家形象构建,而前面提到的关系、价值观分析并未融入语言学手段,建议将语言学手段与话语分析的内容结合展开分析。第四部分语言学手段过多,每一点都出击,但不深入。"这是第一个课题,修改的轮次较多。PLC成员学习能力很强,随着PLC建设的推进,个别指导的用时逐步减少。

(3)第三阶段:审读论文/投稿/修改论文

第三阶段的任务主要包括:⑦外请专家审读论文;⑧领导小组组织投稿;⑨根据期刊反馈合作修改论文。非通用语教师普遍反映在CSSCI来源期刊发表论文特别难。引用率是CSSCI来源期刊的重要参考指标,而非通用语论文一般不易获得引用,这是期刊必须考虑的现实问题。对此,PLC领导小组想到的解决方法是组织专栏论文。同一专栏刊发的论文涉及不同国家、不同语种,可能被同时引用,从而增加引用率。

为保证稿件质量,除了第二阶段的集体修改、同伴修改、个别指导修改,每篇论文投稿之前还要经北外曾担任期刊主编、编辑经验丰富的教授审读并提出修改意见,再由PLC领导小组协助检查论文格式与文献。投稿之后,期刊反馈论文外审意见,PLC领导与论文作者一起商量修改方法,作者修改论文,回应审稿意见。

每篇论文从选题到定稿至少需要打磨1年时间。特别是第一篇论文的撰写,大部分成员从零做起,PLC领导小组和成员需要付出的时间和精力相对更多,成员感受到学术写作的困难也更大。PLC成员不是单单完成论文撰写,更重要的是学习研究方法和掌握论文撰写的要领。第一篇论文完成之后,在后面论文撰写中 PLC 领导小组为成员提供的帮助逐步减少,成员独立研究的能力不断增强,论文质量相应提高。

（四） 反思与阐释

4 年多的跨院系 PLC 建设实践表明,新修订的四要素理论框架具有较强的应用性,尤其是两类"拉—推"机制的创新运用确保了 PLC 建设成效。为了更有效地推进 PLC 运行,以下从 3 个方面展开反思与阐释:(1)建设好跨院系 PLC 的关键;(2)PLC 组织者的收获;(3)PLC 存在的问题和发展方向。

四要素框架中,"成员"位于中心位置,表明"人"是第一要素。PLC 中每个个体都是经过千挑万选进入北外,语言水平高,思想素质好,但要使一群不同院系的教师组建 PLC,和谐、愉快地共同工作和生活三四年并有所收获,并非易事。建设跨院系 PLC 最关键的是,PLC 领导小组要有高超的组织力和心甘情愿为教师服务的精神。例如,研究课题都经过领导小组事先策划,充分考虑所有成员的需求,又避免互相碰撞而产生矛盾。领导小组还向所有成员说明论文署名只有作者本人,对论文写作提供过帮助的人可在文中加注致谢,从而提高了成员的研究积极性。再如,领导小组采取多种措施保障论文质量,包括一对一指导修改、外请专家审读等。

作为跨院系 PLC 领导小组,我们花费时间和精力帮助教师提高科研能力,同时我们也收获满满。第一,作为教育研究者,我们对不同类型 PLC 建设的理论与实践充满好奇,跨院系 PLC 为我们提供了最佳的实践场域和丰富的研究数据,以此反复检验理论的科学性和可行性。第二,我们对北外乃至全国高校非通用语教师的现状和困难获得深刻了解①。他们是一个值得尊敬、关心、帮助的群体。第三,我们开阔了视野,拓宽了眼界。跨院系 PLC 领导小组成员均为英语教师,对非英语国家情况了解有限。在论文讨论和修改过程中,我们初步了解了罗马尼亚、挪威、芬兰、荷兰、意大利、斯里兰卡、埃及等国家的国情、政情和社情。

---

① 文秋芳、张虹:《我国高校非通用外语教师面临的挑战与困境:一项质性研究》,《中国外语》2017 年第 6 期。

总体而言,跨院系 PLC"拉—推"机制行之有效,但仍需应对一些困难。第一,当工作职责或家庭负担过重时,教师有时难以按时完成 PLC 的任务,研究进度不能与其他成员同步,这就需要我们人性化灵活处理任务完成的截止时间。第二,教师分散在不同院系,确定每个成员都能参加活动的时间极其不易。我们有时只能挑节假日或周末,实在没办法就只能选择绝大多数人能安排的时间。尽管跨院系 PLC 遇到上述不顺利的情况,实践表明在非通用语专业建设初期,当教师面临教学、科研、职称晋升等多重挑战时①,高校出面支持教授组建跨院系 PLC 对年轻教师专业发展可谓"雪中送炭",是帮助他们走出困境的得力措施。

四、结语

本研究阐述的跨院系多语种教师 PLC 建设的理论框架仍在探索之中。我们相信通过"辩证研究范式",该理论会不断完善,实践会不断优化,反思和阐释会不断深化。关于 PLC 运行机制,本研究囿于篇幅,只是从 PLC 领导小组和研究者角度通过一个课题案例进行阐释。PLC 成员以及高校领导对"拉—推"机制实施效果的看法有待另文探究。习近平总书记在 2018 年全国教育大会上的讲话中对教师提出了新要求,他指出,教师承载着传播知识、传播思想、传播真理,塑造灵魂、塑造生命、塑造新人的时代重任。教师要承担此重任,必须要终身学习,持续发展。我们期待更多教育研究者和管理者参与建设不同类型的 PLC。各级领导要充分发挥 PLC 政策型"拉—推"机制的作用,拿出实招,为建设高素质教师队伍搭建坚实平台,为建设教育强国提供人力资源保障。

(本文原载《外语界》2019 年第 6 期,作者文秋芳、张虹)

---

① 文秋芳、张虹:《我国高校非通用外语教师面临的挑战与困境:一项质性研究》,《中国外语》2017 年第 6 期;张虹:《〈国标〉背景下高校非通用语教师身份认同研究》,《中国外语》2019 年第 5 期。

熟手型外语教师运用新教学理论的发展阶段与决定因素[①]

一、引言

兴国必兴教,强教必强师。外语教学质量取决于外语教师素质。外语教师素质的提高难以一次性完成,需要终身学习、持续发展。以往研究表明,教师发展呈现明显阶段性特征。[②] 国外研究教师发展阶段理论源于 20 世纪 60 年代末 Fuller[③] 对"教师关注"(teacher concerns)的问卷调查。此后教师发展逐步成为一个新兴的研究领域。[④]

现有教师发展阶段的研究大致可分为两大类。第一类聚焦职前教师的成长,例如 Fuller[⑤] 将职前教师发展分为四个阶段:(1)实习期关注;(2)早期生

---

① 本文是教育部人文社科重点研究基地重大项目子课题"'产出导向法'理论体系与实施方法研究"(编号:16JJD740002)的阶段性成果。张文娟、邱琳、孙曙光、刘雪卉仔细阅读了文稿,提出了修改意见,刘雪卉还帮助整理了文献,在此表示衷心感谢。

② D.Beliner,"Learning about Learning from Expert Teachers",*International Journal of Educational Research*,2001,No.5;F.F.Fuller,"Concerns of Teachers:A Developmental Characterization",*American Educational Research Journal*,1969,No.6;连榕:《新手—熟手—专家型教师心理特征的比较》,《心理学报》2004 年第 1 期;连榕:《教师教学专长发展的心理历程》,《教育研究》2008 年第 2 期。

③ F.F.Fuller,"Concerns of Teachers:A Developmental Characterization",*American Educational Research Journal*,1969,No.6.

④ 杨秀玉:《教师发展阶段论综述》,《外国教育研究》1999 年第 6 期。

⑤ F.F.Fuller,"Concerns of Teachers:A Developmental Characterization",*American Educational Research Journal*,1969,No.6.

存关注;(3)关注教学情境;(4)关注学生。第二类探究教师发展的全生命周期①,例如,Berliner② 提出从新手到专家教师的发展阶段包括:新手阶段(novice stage)、初级胜任者阶段(advanced beginner stage)、胜任者阶段(competent stage)、熟练者阶段(proficient stage)、专家阶段(expert stage)。再如,国内学者钟祖荣③将教师成长分为四个阶段:准备期、适应期、发展期和创造期。上述理论虽命名不同,但都强调了教师发展的阶段性。遗憾的是,这一类研究未聚焦熟手型教师这一群体④,而这类教师人数最多,也最易被忽视。根据Berliner⑤ 的观点,这些教师处于熟练者阶段,一般具有 8 年以上教学经验。他们能有效管理课堂,认真组织教学,但缺乏专家引领和指导,通常在进行重复的熟练劳动,缺乏创新性,如不能获得及时帮助,他们可能会停滞不前。⑥杨秀玉⑦指出,早期研究有一种预设,认为迈过"生存期"的熟手型教师会自发前行,不断进步;事实上,这仅是一种良好愿望。教师的职业生命一般有 30 多年,要想从熟手型教师发展为专家教师,再到"教育家型教师"⑧,这需要依靠教师本身的持续努力,并与良好环境不断互动。

为了弥补上述研究空缺,本研究致力于探索三位熟手型英语教师在教师专业学习共同体(professional learning community,简称 PLC)中如何通过使用新理论"产出导向法"(Production-oriented Approach,简称 POA)而获得发展。之所以选择新理论作为"抓手",是因为新理论的使用会对熟手型教师多年来形成的理念和实践形成巨大挑战。某种新教学理论的熟练运用并不是终极目

---

① 杨姝、王祖亮:《教师专业发展研究述评》,《教育科学论坛》2014 年第 5 期。

② D.Beliner,"Learning about Learning from Expert Teachers",*International Journal of Educational Research*,2001,No.5.

③ 参见钟祖荣主编:《现代教师学导论:教师专业发展指导》,中央广播电视大学出版社2001 年版。

④ K.Broad & M.Evans,*A Review of Literature on Professional Development Content and Delivery Modes for Experienced Teachers*,Toronto:University of Toronto Ontario Institute for Studies in Education,2006.

⑤ D.Beliner,"Learning about Learning from Expert Teachers",*International Journal of Educational Research*,2001,No.5.

⑥ 连榕:《教师教学专长发展的心理历程》,《教育研究》2008 年第 2 期。

⑦ 杨秀玉:《教师发展阶段论综述》,《外国教育研究》1999 年第 6 期。

⑧ 靳伟、廖伟:《论教育家型教师的内涵与成长路径》,《教师教育研究》2019 年第 4 期。

标。根据社会文化理论,这是一种有效"中介"。教学理论总是在不断发展,教师需要的是一种灵活应变的教学能力和不断创新、不断超越自己的意愿和决心,这种能力和素质能够驱动教师遵循教学规律,根据变化的学情、教情、社情,不断学习新理论,不断调整自己的教学,以提高教育质量。在这一过程中,教师不仅帮助学生成长,而且促进自身发展,使自己的教学生活更加幸福,生命更有价值。

二、研究设计

(一) 研究参与者

本研究参与者共有 3 名。他们年龄、职称、教学经历、教育背景大致相似(见表3.8),目前均已获得博士学位。她们的研究旨在检验与完善 POA 理论。我作为她们的博士指导教师,同时也是 POA 研究团队的负责人,有机会对他们进行细致观察,也有高频次的深度交流。

表3.8 三名个案的背景信息

姓名	性别	职称	教学经验	攻读博士时间	博士论文题目
张文娟	女	副教授	15 年	2013.09—2017.06	"产出导向法"应用于大学英语教学之行动研究
邱 琳	女	副教授	13 年	2015.09—2019.06	"产出导向法"促成活动设计的研究
孙曙光	女	副教授	13 年	2016.09—2019.06	基于"产出导向法"的师生合作评价研究:以写作活动为例

张文娟 2014 年从事博士课题研究时,POA 处在理论发展的第二阶段(雏形期)①。她的研究以"输出驱动—输入促成假设"为起点,覆盖了 POA"驱动—促成—评价"整个教学流程,为 POA 理论体系的形成提供了重要数据。

---

① 文秋芳:《"产出导向法"与对外汉语教学》,《世界汉语教学》2018 年第 3 期。

2015 年 7 月我撰写的《构建"产出导向法"理论体系》正式发表,基于 POA 理念编写的教材《新一代大学英语》(*iEnglish*)①也于 2015 年出版。在有了较为完善的理论体系和教材后,邱琳和孙曙光分别将研究聚焦于 POA 的"促成"和"评价"环节。这三位博士虽然参与 POA 研究的时间节点不同,但她们之间经常交流,互相解疑释惑,形成了一个互帮互学的共同体。此外,我指导的另外两名博士生的研究课题也与 POA 有关,平时也参与集体讨论。

(二) 数据收集

本研究收集的质性数据包括:(1)博士生研讨课与口头报告情况;(2)研究者与研究参与者的一对一面谈;(3)博士论文和发表的期刊论文(见表 3.9)。

1. 博士研讨课与口头报告

根据我指导博士生的惯例,所有博士生都要参加每周两学时的博士生研讨课。每周由两名博士生作口头报告。每个博士生从第二年开始,每月向全班同学口头报告一次研究进展,总共报告 14 — 16 次。课前,口头报告人把 PPT 发给教师和同学。口头报告 25 分钟,集体讨论 25 分钟。讨论时,导师和同学针对口头报告提问并给予建议。这些口头报告内容真实记录了他们研究的全过程以及变化轨迹。

2. 与研究参与者的一对一面谈

根据我和学生的事先约定,学期中每星期我与博士生都有不少于半小时的面对面交流。交流内容聚焦她们的研究进展和在研究中碰到的困难。这种交流以对话、讨论方式进行,学生一般会对交谈过程进行录音,以便回去重听。

3. 博士论文与期刊论文

她们的博士论文,一个采用了行动研究,两个采用了辩证研究,都经过多个循环。这些循环通常能够折射出她们的成长历程。此外,她们还分别发表了 2—3 篇与 POA 有关的期刊论文。论文中的反思也能很好地揭示她们专业发展不同阶段的特点。

---

① 参见王守仁、文秋芳主编:《新一代大学英语(*iEnglish*):第一、二册》,外语教学与研究出版社 2015 年版。

表 3.9　三名个案的数据概览

姓名	博士论文研讨课	研讨课口头报告	一对一面谈	期刊论文
张文娟	108 次	10 次	72 次	3 篇①
邱琳	160 次	14 次	96 次	3 篇②
孙曙光	102 次	18 次	80 次	4 篇③

（三）数据分析

1. 分析过程

本研究质性数据的分析分为两个阶段（见图 3.8）。在第一阶段，笔者游走在数据阅读与理论框架构建的循环之中。笔者不断地对各种类型的数据进行解读，形成初步的发展阶段框架，再到数据中进行验证。经过第一阶段的多次循环后，当笔者认为框架比较成熟时，便邀请三位研究参与者就理论框架给予反馈与建议，此为第二阶段。根据他们的建议，笔者再回到第一阶段的循环之中。修改完再送给研究参与者评价。如此多次循环，直到双方达成共识为止。准确地说，图 3.9 所展示的理论框架由笔者与三位研究参与者共同讨论、共同构建而成。

2. 分析视角

首先，笔者从研究参与者的视角，划分了教师发展的不同阶段。第一阶

① 张文娟:《学以致用、用以促学——产出导向法"促成"环节的课堂教学尝试》,《中国外语教育》2015 年第 4 期;张文娟:《基于"产出导向法"的大学英语课堂教学实践》,《外语与外语教学》2016 年第 2 期;张文娟:《"产出导向法"对大学英语写作影响的实验研究》,《现代外语》2017 年第 3 期。

② 邱琳:《"产出导向法"语言促成环节过程化设计研究》,《现代外语》2017 年第 3 期;邱琳:《POA 教学材料使用研究:选择与转换输入材料过程及评价》,《中国外语教育》2017 年第 2 期;邱琳:《"产出导向法"促成环节的辩证研究》,《现代外语》2019 年第 3 期。

③ 孙曙光:《"师生合作评价"课堂反思性实践研究》,《现代外语》2017 年第 3 期;孙曙光:《POA 教学材料使用研究:产出目标设定过程及评价》,《中国外语教育》2017 年第 2 期;S.G.Sun & Q.F.Wen, "Teacher-student Collaborative Assessment (TSCA) Ininterated Language Classrooms", *Indonesian Journal of Applied Linguistics*, 2018, No.2;孙曙光:《"师生合作评价"的辩证研究》,《现代外语》2019 年第 3 期。

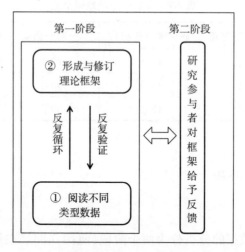

第一阶段　　　　第二阶段

② 形成与修订理论框架

反复循环　反复验证

① 阅读不同类型数据

研究参与者对框架给予反馈

图 3.8　数据分析过程

段,有尝试 POA 的意愿和行动,简称"尝试性";第二阶段,能够用 POA 理论对自己的教学行为给予解释,简称"解释性";第三阶段,能够对 POA 理论进行补充和完善,简称"创新性";第四阶段,能够超越创新理论的"工具理性",考虑到人的全面发展,简称"解放性"。这里需要说明本研究的"解放性"与哈贝马斯的"解放性"认知兴趣有何异同。根据部分学者对哈贝马斯三种认知兴趣(技术性、实践性和解放性)的解读①,本研究所用的"解放性"与哈贝马斯所用的"解放性"的相同点是:处于解放性阶段的教师不仅关注专业知识和技能,而且关注教师作为人的整体素质的提高。两者的不同点主要有三。第一,哈贝马斯认为自我反思和批判能力是获得"解放性"认知兴趣的关键因素,而本研究中的自我反思渗透在发展的全过程;第二,"解放性"认知兴趣存在于人与人交往之中的生活世界,而本研究凸显 PLC 是教师发展的必要因素;第三,"解放性"认知兴趣能唤醒教师的主体意识和自主性,而本研究中的教师在前三个发展阶段都能体现不同程度的主体性和自主性。其次,笔者依据社

---

① 李莉春:《教师在行动中反思的层次与能力》,《北京大学教育评论》2008 年第 1 期;徐今雅:《交往:教师专业发展的重要路径——哈贝马斯批判理论对教师专业发展的启示》,《教师教育研究》2008 年第 1 期;于建军:《哈贝马斯理性批判视域下社区学院教师专业发展探析》,《中国成人教育》2018 年第 7 期。

会认知理论界定每个阶段发展的环境因素和学习者主体因素。从社会认知理论来看①,一方面,人的学习源于社会互动,鉴于此,我把 PLC 作为教师发展的环境因素;另一方面,人的学习必须有学习者自己的主观意识、决心、目标、行动和反思,因此笔者把这五个要素(自我意识、自我决心、自我目标、自我行动、自我反思)作为个体因素。个体因素是内因,PLC 是外因,外因只有通过内因才能发挥有效作用。

三、研究发现

经过第一阶段和第二阶段数据分析的多次互动循环,本研究形成了教师发展理论框架(见图 3.9)。下文首先概述理论框架,然后阐述教师发展四阶段的主要特征,再解释 PLC 在四个阶段的不同样态,最后说明每个阶段教师个体五要素的变化情况。

(一) 教师发展理论框架概述

教师发展理论框架好似一座由五边形为底座的四层尖塔②。四层代表教师发展从低到高的四个阶段:(1)尝试性;(2)解释性;(3)创新性;(4)解放性。这四个阶段的发展是逐步升华的过程,后一阶段的发展包含前一阶段的活动。以解放性阶段为例,前期教师获得的尝试性、解释性和创新性能力仍旧在发挥作用,但需要超越这些能力,实现更高层次的目标。每个阶段都可用五个要素来描述:(1)自我意识;(2)自我决心;(3)自我目标;(4)自我行动;(5)自我反思。这五个要素反映个体的努力程度。需要强调的是,这五个要素并非按照次序挨个发挥作用。在现实生活中,它们通常融合为一体,协同发力。图 3.9 用虚线体现彼此之间的复杂关系和动态性特点。

---

① 韩曙花、刘永兵:《社会认知主义视域下的外语教师发展研究新取向》,《外国教育研究》2013 年第 11 期。

② P.M.Senge, *The Fifth Discipline：The Art and Practice of the Learning Organization*, New York: Doubleday, 1990.

　　置于图 3.9 底部的"专业学习共同体"指的是为五要素发挥作用所提供的良好外部条件。需要强调的是,PLC 样态和五要素会随着发展阶段的上升呈现出不同特点。换句话说,四个不同阶段是教师专业发展的结果,导致不同结果的动力源是每个阶段 PLC 和五要素的互动。

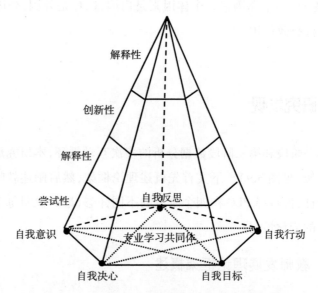

图 3.9　熟手型教师的发展阶段及其不同维度

　　需要说明的是,即使有教师进入解放性阶段,他们还有再次学习与使用新理论的需求。这就意味着,他们可能要再次经历"尝试性—解释性—创新性"阶段,但这种经历并非简单重复。在"解放性"意识的指引下,他们的主观能动性会发挥更大作用,工具性意识与全人发展意识会得到更好的平衡。从这个意义上说,图 3.9 展示的四个阶段相互联系,除了具有内包性(即后一阶段内含前一阶段的特征),还具有螺旋循环性,即教师可能在不同时间段,参与不同新理论的应用,他们的发展不是重复性循环,而呈螺旋上升态势。

（二）四阶段的主要特征

　　尝试性阶段的主要特征是,POA 使用者怀着满腔热情,边学理论,边尝试,但时常会出现困惑或疑虑,教学效果不如预期。他们会向周围的人或理论书籍寻求帮助,通过一段时间的尝试,对新理论的理解逐步加深,自信心逐步增强。我与他们每周面谈的数据能够充分反映他们在这一阶段忐忑不安、不知所措的心情。这时他们问得最多的问题是:"我这样做符合 POA 理论吗?我不知道该怎样做?"例如,孙曙光问过我:"学生英文作文中的问题一大堆,我在课上该如何评价呢?"他们在尝试阶段的感受也记录在论文中。又如,邱琳在论文中写道:"笔者在 POA 促成设计时常感困惑:学生的产出困难分布零散,种类不一而足,如何对'无穷尽'的产出困难进行系统性分析? 即便清楚界定了产出困难,如何对它们开展行之有效的促成应对?"①

解释性阶段的主要特征是,POA 使用者能够对自己教学计划的设计、实施效果或出现的问题给予理性解释。例如,张文娟②在课前备课时,清楚解释了她设计单位活动的基本原则,即任务难度、复杂度、挑战性与达成性之间的平衡。

在单元任务设计中,笔者特别考虑了任务的难度和复杂度,一方面使任务具有合理的挑战性,既有挑战,又是学生通过努力和教师帮助后可以达到的;另一方面使单元教学目标"可测、可量",便于教师发挥支架作用。本阶段,笔者决定暂时搁置课程学术写作任务,从小议论文写作开始,逐步帮助学生提升写作质量,为项目任务的完成构筑"台阶"。

创新性阶段的突出特征是,对 POA 理论进行创新性完善。这就是说,他们不再满足准确应用 POA,还能对 POA 理论的发展作出自己的贡献。例如,张文娟③根据自己对"驱动—促成—评价"三环节的解读和实践,对原来的线性流程进行了完善,设计了新流程模型,强调驱动贯穿教学各个环节(见图 3.10)。

① 邱琳:《"产出导向法"促成活动设计的研究》,北京外国语大学博士学位论文,2019 年。
② 张文娟:《"产出导向法"应用于大学英语教学之行动研究》,北京外国语大学博士学位论文,2017 年。
③ 张文娟:《"产出导向法"应用于大学英语教学之行动研究》,北京外国语大学博士学位论文,2017 年。

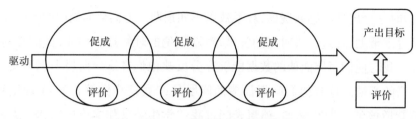

图 3.10　新教学流程模型①

再如,邱琳②对文秋芳③提出的三个促成有效性标准"渐进性""精准性"和"多样性"进行了补充和完善(见图 3.11)。从纵向维度来看,她逐层向下推进,增加了两个层次,越往下层走,目标分解得越细致,过程越清晰,措施越具体,操作越容易。以"渐进性"为例。她首先增加了"加大加工难度""减少脚手架力度",然后在下个层次对"加大加工难度"进一步说明了难度加大的两个方面:认知难度递增和语言单位递进。

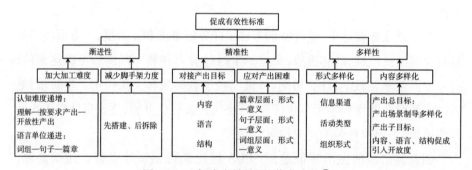

图 3.11　"促成有效性"的落实途径④

又如,孙曙光⑤在 POA 理论上的创新性主要体现在:扩展了"师生合作评价"理论框架,包括总设计原则和应对课前、中、后各环节难点的原则、策略以及操作步骤。评价总体设计遵循"重点突出、目标导向""问题驱动、支架递

①　张文娟:《"产出导向法"应用于大学英语教学之行动研究》,北京外国语大学博士学位论文,2017 年。

②　邱琳:《"产出导向法"促成活动设计的研究》,北京外国语大学博士学位论文,2019 年。

③　文秋芳:《"产出导向法"的中国特色》,《现代外语》2017 年第 3 期。

④　邱琳:《"产出导向法"促成活动设计的研究》,北京外国语大学博士学位论文,2019 年。

⑤　孙曙光:《基于产出导向法的师生合作评价研究:以写作活动为例》,北京外国语大学博士学位论文,2019 年。

进""过程监控、推优示范"原则①。她还用图示的方法说明了每个原则与
POA 理论假设的关系(见图 3.12)。

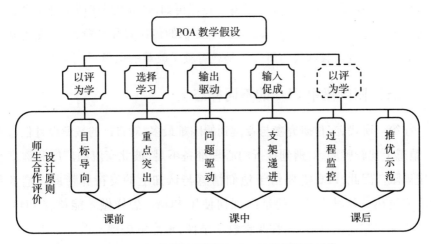

图 3.12　评价设计原则与 POA 教学假设关系②

　　解放性阶段的主要特征是,教师对教学理论的作用有了更全面的认识,对
教师专业发展有了更深刻的理解。一方面,他们逐步认识到 POA 是多种理论
中的一种,不是包治百病的"灵丹妙药"。外语教学极其复杂:学生需求多样,
水平悬殊;学校层次不同,培养目标有别;教师经验有异,背景不一等。整个教
学涉及的因素太多,为了克服不同类型的弊端,他们要从某种理论中解放出
来,俯瞰外语教学的全过程,根据不同情况,将 POA 理论与其他理论进行有机
融合。另一方面,他们进一步认识到有效应用新教学理论不是终极目标,更为
重要的是把自己培养为有理想信念、有道德情操、有扎实学识、有仁爱之心的
"四有"好教师,能一辈子心甘情愿地为我国社会主义教育事业服务。

　　根据笔者与这三位博士的交流,笔者个人认为他们还未完全进入解放性
阶段。虽然他们对 POA 的创新作出了明显贡献,但未彻底摆脱"工具性"理
念,仍在纠结"什么样的教学理论更有效"。令人欣慰的是,他们已经出现了

　　①　孙曙光:《基于产出导向法的师生合作评价研究:以写作活动为例》,北京外国语大学博
士学位论文,2019 年。
　　②　孙曙光:《基于产出导向法的师生合作评价研究:以写作活动为例》,北京外国语大学博
士学位论文,2019 年。

"解放性"萌芽。例如,张文娟[①]在博士论文结尾部分对使用 POA 的评价是:"增强了我的自我效能感和职业幸福感,让我真正体会到英语教师的职业价值和意义,也让我对今后的教学充满信心。"再如,孙曙光[②]在博士论文结论部分也写道:"这(教研相长)意味着教师从知识的传递者和消费者,转变为知识生产者和研究者。教师成为研究者是教育教学改革的保障。"

(三) 四阶段中 PLC 的不同样态

在第一阶段,三位研究参与者碰到的困难最多,对自己的教学设计信心不足,情感上比较脆弱,对遇到挫折的心理准备不足,彼此交流的广度和深度有一定局限。因此,PLC 需要给予他们情感与认知上的支持和帮助。笔者和 PLC 成员在一起讨论最多的是:"如何使用 POA?怎样做才能符合 POA 理念?"大家一起讨论教案,观看课堂教学录像,聚焦解决课堂教学中出现的各种问题。作为博士生导师,笔者与他们一起学习、一起思考,一起商量解决问题的方案。对于尝试过程中出现的挫折,笔者总是强调,尝试新理论不可能一帆风顺,也不可能一次性成功,遇到困难极其正常,不要有过重的精神负担。笔者的鼓励是对博士生最大的精神安慰。同时,PLC 成员之间也积极探讨、互相分析各自困难的原因所在,分享自己的体验,积极献计献策。

在第二阶段,笔者和三位研究参与者互助交流的深度明显增加。他们在口头报告课上互相提意见,更多的交流是在下午课后的晚餐讨论会上。此外,他们还利用微信进行书面和口头沟通。在笔者和他们见面时,他们会详细描述 POA 使用的步骤及其理据,成功的喜悦明显多于挫败的沮丧;对于效果欠佳的实践环节不再手足无措,而是积极探讨改进方案。整个 PLC 已经形成了互信、互助、互学的良好氛围。他们的自信心得到明显提升,对挫败有更充分的精神准备。

在第三阶段,三位研究参与者的注意力已从应用 POA 理论转移到改进与

---

① 张文娟:《"产出导向法"应用于大学英语教学之行动研究》,北京外国语大学博士学位论文,2017 年。

② 孙曙光:《基于产出导向法的师生合作评价研究:以写作活动为例》,北京外国语大学博士学位论文,2019 年。

完善 POA 理论。他们经过多轮 POA 理论与实践的互动,已经系统理解了 POA 的理念和操作流程,并在实践中发现 POA 的不完善之处。怎样完善 POA? 这个问题更具挑战性。我们一起讨论最多的是:"如何改进?"讨论方式通常是,博士生本人阐述初步想法后,大家给予评述。有的质疑,有的提建议,被评者也不时发问。在汇集群体智慧的基础上,每个个体再进行深入思考,设计自己的创新方案。

在第四阶段,本研究中的实体 PLC 已不存在,因为这三位研究参与者获得博士学位后回到各自学校承担正常教学。近来,笔者为撰写本文分析数据时,与这三位博士再次进行深度交流,反复讨论解放性阶段的特点,直至取得共识。如此磋商与斟酌唤醒了他们的"解放性"意识。他们表示,今后会继续努力,逐步摆脱"工具性"理念,有效运用工具为全人发展服务。虽然他们毕业了,但他们仍旧是"产出导向法"研究团队成员,每年我们举办两次专题学术研讨会,一次在国内,一次在国外。此外,每年我们还为全国 300 多名英语教师举办一次研修班。我相信,他们还会继续互相帮助、互相激励,携手努力行进在"解放性"道路上。

(四) 四阶段的五要素变化

表 3.10 列出了四阶段五要素的变化。由于三位研究参与者还未完全进入解放性阶段,下文先聚焦前三个阶段。每个阶段,笔者首先阐述"自我意识"和"自我决心"的内涵,然后说明"自我目标"和"自我行动"的表现,最后解释"自我反思"的特点。

1. 自我意识与自我决心

在本研究中,"自我意识"指三位研究参与者对自己的认识和评价。"自我决心"指他们不仅有认识,而且做出付诸行动的决定。这两者之间有一定的逻辑关系。只有当他们认识到自己的优势和不足,才有扬长补短的可能。这是自我教育的内在动力源。但有意识,不一定有解决问题的意愿。自我决心是内心的决定,这是意识化为行动的初始阶段。下文笔者将以邱琳为例,说明她在不同阶段的"自我意识"和"自我决心"的内涵。

在尝试性阶段,为了解决自身教学中碰到的难题,他们主动选择 POA 作为研究选题。例如,邱琳在公共英语部教学多年,发现学生课上沉闷,不愿说、不会写。她尝试各种能让学生"动嘴""动手"的课堂活动,但教学效果不是特别理想。对此,她感到非常困惑。阅读了笔者发表的《构建"产出导向法"理论体系》一文,她非常认同"输出驱动""输入促成"的理念,决定大胆尝试POA来改进自己的教学。

在解释性阶段,他们都能认识到全面、深入理解"产出导向法"理论的重要性和必要性,确立了吃透并贯彻POA理论的决心。邱琳依据POA教学理念设计促成活动并搬进课堂,发现部分促成活动未达到预期效果。她逐步意识到自己对"渐进性""精准性"和"多样性"三个促成有效性标准的理解还不完全到位。她决定进一步研读POA文献,寻找促成理据,并将这些理据融入促成活动设计。

在创新性阶段,他们通过POA的多轮实践后,都能意识到POA理论的不完善之处,并愿意为改进理论作出自己的贡献。例如,邱琳通过教学尝试,对"促成"环节有了较为全面的了解后,她意识到"渐进性"这一原则缺乏操作性,需要有具化的可行措施,于是她决定要为解决这一问题做出努力。

表3.10　四阶段五要素的变化

	自我意识	自我决心	自我目标	自我行动	自我反思
1.尝试性	意识到自己教学中的不足之处	确立运用POA改进教学的决心	POA尝试取得初步体验	在教学中尝试运用POA	厘清尝试POA中出现的问题,力图分析原因
2.解释性	意识到自己全面理解理论的必要性	确立深入学习和理解POA的决心	使用POA不仅要知其然,还要知其所以然	有理据地实施POA	说明POA教学成功的原因和出现问题的缘由
3.创新性	意识到创新理论的必要性	确立创新理论的决心	要实现对POA理论创新的预定目标	根据自己的预定目标,创造性地运用POA	思考自己的创新内容与POA理论的逻辑关系
4.解放性	意识到有效使用POA不是终极目标	确立关注自身全面发展的决心	超越"工具性"目标,实现全人发展目标	更花气力提高自己的综合素质	反思使用新理论与丰富自己生命的意义与关系

2. 自我目标与自我行动

"自我目标"与"自我行动"是一个联动链。这里目标先行,行动随后。这就意味着行动要以目标引领,而不是盲目实践。下文笔者将以孙曙光为例,说明"自我目标"和"自我行动"的表现。

在尝试性阶段,他们首先确立了通过 POA 尝试取得初步成效的目标,然后在教学中尝试运用 POA。例如,孙曙光确立的目标是:理解师生合作评价的基本要求,熟悉师生合作评价的整个流程。为了实现上述目标,她选择了教学材料,设计了 POA 教学活动,特别制定了周密的师生合作评价计划,进入课堂实践。

在解释性阶段,他们制定的目标有理有据,落实目标时,也有明确的理论指导。他们能够对自己的课前设计给予合理性解释,并理性地付诸实践。比如,孙曙光决定按照评价环节设计三个研究阶段,分别针对评价课前、课中、课后的设计细化和优化,每一阶段进行两轮辩证研究。在明确目标后,她设计并在课堂实施了教学方案。

在创新性阶段,他们根据前期实践发现的 POA 理论的不足之处,制定完善理论的目标;根据目标再制定行动计划,进入教学场域实践。孙曙光把解决样本选择的依据作为创新性阶段的第一个研究目标。她写道,"在前期研究、学习借鉴与反思的基础上,我们将选择性评价只聚焦于一点,称之为'选择性聚焦评价',即每次评价只选择样本中普遍存在的一个重要问题进行聚焦评价。教师根据学生写作文本和当前水平确定评价焦点,遵循典型性、可教性、渐进性和系统性原则。这四项原则处于两个层面:典型性和可教性是针对一次评价而言,属于共时性原则;渐进性和系统性是针对多次评价而言,属于历时性原则。"[①]从她的叙述可以看出,她确定"选择性聚焦评价"目标后,还设计了共时和历时的四项原则,再依据原则进入实践环节。

3. 自我反思

"自我反思"指教师对自己所做、所想做出的分析性评价,看到自己的长

---

① 孙曙光:《基于产出导向法的师生合作评价研究:以写作活动为例》,北京外国语大学博士学位论文,2019 年。

处和弱点。图 3.9 中"自我反思"置于"自我行动"之后,似乎指的是"行后思"。其实,自我反思也可以指"行前思"和"行中思",但图示难以展示其多维性。总体上说,不同阶段的反思方式没有明显不同,只是随着发展阶段的提升,反思内容的广度和深度有所区别。张文娟①的论文进行了三轮行动研究。这三轮研究大致与本文提出的三个发展阶段相吻合。下面笔者以她为例,说明"自我反思"在三个阶段的特点。

例如,张文娟在尝试性阶段做了如下反思:

"由于各种主客观原因,本阶段教学设计还不够成熟,课堂教学的很多细节还有待推敲。根据学生和同行的评价,以及我的授课体验和反思,本阶段教学存在以下问题:首先,部分学生反馈'写台词困难'说明我的促成不到位。究其原因,首先是我对任务的难度和复杂度的预估不足……"②

从上述反思可以看出张文娟对自己尝试性阶段的表现做了仔细分析,列出了系列问题,并说明原因。她分析的依据有多个维度,其中包括同学与同行的看法,也有自己的体验和思考。

在解释性阶段,她按照 POA 提出的教学原则精心备课、上课,但同学对教学效果有不同反应。针对不同反应,她做出如下反思:

"我发现'促成'满足了大部分同学完成任务的需求,但对于少部分基础较好的学生来说,在教师对促成环节的精细设计下,促成'到位'反而使任务缺乏足够的挑战性……我意识到我的'无微不至'为大部分学生带来收获的同时,也桎梏了部分学生的自主性的发挥……如何照顾到大多数学生的需求,同时又能充分延展教学空间,激励优秀学生'飞得更高',是我面临的又一挑战。"③

张文娟在这一阶段的反思为她创新性阶段找到要解决的问题,这一问题正是 POA 理论未充分解释之处。于是,她将如何提升高水平学生学习获得感

---

① 张文娟:《"产出导向法"应用于大学英语教学之行动研究》,北京外国语大学博士学位论文,2017 年。

② 张文娟:《"产出导向法"应用于大学英语教学之行动研究》,北京外国语大学博士学位论文,2017 年。

③ 张文娟:《"产出导向法"应用于大学英语教学之行动研究》,北京外国语大学博士学位论文,2017 年。

作为第三阶段教学目标。完成这个阶段的任务后,她做了如下反思:

"在本阶段的行动中,我尝试创造性地运用'产出导向法',在帮助学生完成基本任务的前提下,鼓励学生完成学术写作的拓展任务,并取得了较好的教学效果……教师应在'促成'学生完成任务的同时,'促成'学生自主学习能力的提升。"[①]

4. 解放性阶段五要素变化

由于笔者研究的这三位博士还未完全进入解放性阶段,因此缺乏实证数据给予具体描述。下文只能根据本人经验与认识对其进行说明。处于这一阶段的自我意识需超越"技术性""工具性"理念,把注意力转移到使用工具的"人"身上。这一意识是进入解放性阶段的起点,随后意识要能转化为意愿和决心,即立志在更高层次上提高人的综合素养。然而,综合素养内涵丰富、覆盖面广,难以在短时间内全面提升,因此,这就要求教师根据自身情况,按照轻重缓急的顺序,定出短期和长期目标以及实现目标的计划,再将计划付诸实施。在这一过程中不断反思、不断前行、不断学习。从这个意义上说,解放性阶段只有进行时,没有完成时。

四、结语

笔者对多种数据反复解读,与研究参与者多次讨论,并寻求两者之间的交互验证,最终形成了四层五边形底座的尖塔理论框架。所谓"四层"是指外语教师在使用新理论的过程中经历的四个发展阶段(尝试性—解释性—创新性—解放性),所谓"五边形底座"指促进发展的五个个体要素(自我意识、自我决心、自我目标、自我行动、自我反思)和位于底座中央的环境要素(专业学习共同体)。本研究表明,鼓励使用新教学理论可以驱动熟手型教师自我发展,同时,PLC 能够激发和强化个体发展能力,并为个体发展提供情感上的精

---

① 张文娟:《"产出导向法"应用于大学英语教学之行动研究》,北京外国语大学博士学位论文,2017 年。

神支撑和认知上的学术营养。只有个体因素和环境因素有机互动,才能达到教师发展阶段不断提升的理想状态。

　　最后有两点需要特别说明。第一,本文强调了三位熟手型外语教师发展阶段的共同特点,未探究各自的差异性。事实上,生活中共性和差异性永远交织在一起,在研究中择其一面重点考察,并不意味着要否定另一面。未来研究可侧重探究同一群体中的差异性。第二,目前划分的四个阶段过于简单,不足以反映不同类型教师发展过程的复杂性。未来研究可选择背景不同、经历不一、动机有异的教师作为研究参与者,对他们的成长进行深描,展现其真实、曲折、非线性的动态变化过程。

(本文原载《中国外语》2020年第1期)

国家语言能力

中文在联合国系统中影响力的分析及其思考①

一、引言

早在联合国成立之初,中文就被确认为联合国大会的官方语言,但其后并未成为实际使用的工作语言。其主要原因有两个:一个是当时的中国积贫积弱,国家政治地位低下;另一个是任职于联合国的国民政府官员以用英文为荣,缺乏对语言权利的政治敏感性。直到 1971 年中华人民共和国在联合国的席位恢复之后,中文地位的改变才有了重大转机。在中国代表团的多次呼吁和要求下,1973 年 12 月联合国大会通过第 3180、3189 号决议,中文终于成为联合国大会的工作语言。② 长期以来我国广大群众与干部一般满足于联合国这一语言政策,以为中文的国际地位已经得到了应有的承认。仅有少数有识之士撰文呼吁"中文在联合国中的地位应提高"③,鲜有人仔细分析中文在联合国各个机构中的法定地位与实际使用情况之间的差距,对其中存在问题更是知之甚少。

在外交事务中,语言是一种权利,也是一种资源,代表着一个国家在国际上的政治地位和国际影响力。有鉴于此,我们对联合国的 5 个主要机关以及下属 15 个专门机构的语言政策和实施情况进行深入分析,指出其中存在的问

---

① 本文是教育部语用司委托项目"提高中文在国际组织中影响力对策研究"的阶段性成果。
② 陈鲁直:《联合国的语文杂谈》,《世界知识》2001 年第 14 期。
③ 余华社:《中文在联合国中的地位应提高》,《世界知识》2001 年第 18 期。

题,并提出解决问题的建议。

二、关键术语定义与理论框架

(一) 官方语言与工作语言的关系

联合国机构语言政策涉及的语言类型有两种:官方语言(official language)和工作语言(working language)①。官方语言指获得某机构章程或议事规则确立政治地位的语言,例如中文、英文、法文、西班牙文、俄文和阿拉伯文是联合国的官方语言;工作语言指处理日常事务时所使用的语言,例如英文和法文是联合国秘书处的工作语言。联合国有 5 个主要机关和 15 个专门机构。由于联合国对整个系统内各个组织的语言政策没有统一规定,因此各机构对官方语言和工作语言这两个术语的用法不统一,具体见表 4.1:

表 4.1　联合国内官方语言与工作语言的关系

	官方语言	工作语言	解释	结果	举例
1	√	√	两个术语都用	(1)官方语言=工作语言 (2)官方语言≠工作语言	(1)安全理事会 (2)经济及社会理事会
2	√	×	只用"官方语言"这个术语	官方语言=工作语言	世界旅游组织
3	×	√	只用"工作语言"这个术语	工作语言=官方语言	世界知识产权组织
4	×	×	官方语言和工作语言都不用,只用"语言"这个术语	官方语言=工作语言	联合国粮食及农业组织

---

① 有人将"official language"翻译成正式语文,将"working language"翻译成工作语文。(例如,陈鲁直:《联合国的语文杂谈》,《世界知识》2001 年第 14 期)

由表 4.1 可知,联合国各机构对官方语言和工作语言这两个术语的用法大约有 4 种情况:(1)"官方语言"和"工作语言"并行使用,但两者时而有区别;(2)只用"官方语言";(3)只用"工作语言";(4)只用"语言"。在操作层面,这 4 种情况可归纳为:(1)官方语言 = 工作语言;(2)官方语言 ≠ 工作语言。为了表述的方便,下文中凡属于表 4.1 中第 2—4 种情况时,均作为"官方语言 = 工作语言"处理。当官方语言 ≠ 工作语言时,工作语言的数量总是少于官方语言。从这个意义上说,工作语言的地位高于官方语言。例如联合国大会的官方语言与工作语言均有 6 种①,但秘书处的工作语言只有英文和法文 2 种②。再如经济及社会理事会的官方语言有 6 种(阿、中、英、法、俄、西),但工作语言只有英、法、西 3 种③。

当某种语言是官方语言而不是工作语言时,其差别究竟在哪里呢? 这里仍以经济及社会理事会为例。在这个组织中阿拉伯文、中文和俄文虽是官方语言,但不是工作语言。也就是说,以阿拉伯文、中文和俄文中任何一种发言都会同声传译为英文、法文和西班牙文,但用英文、法文和西班牙文的发言不会同声传译为阿拉伯文、中文和俄文。如果阿方、俄方或中方代表不懂英文、法文或西班牙文,就需自带翻译为其服务。如果代表所说语言连官方语言的地位都未获得,就更谈不上赢得工作语言的地位。这些代表必须将自己的发言翻译成规定的官方语言中任何一种,并在会前将书面翻译稿提交给同声口译员,同时他们要自带翻译为其现场服务。④

(二) 评价国际组织中语言影响力的框架

图 4.1 展示了本文提出的评价国际组织中语言影响力的框架。

该框架包含两个重要参数:法定地位和使用功能。所谓法定地位,就是指

---

① 联合国:《大会议事规则》,www.un.org/zh/hq/dgacm/uploaded-documents/A.520.Rev.17. Chinese.pdf,2008。

② 顾育豹:《探访联合国语言机构》,《党政论坛》2005 年第 7 期。

③ United Nations,"Rules of Procedure of the Economic and Social Council",www.un.org/en/ecosoc/about/pdf/rules.pdf,1992.

④ United Nations,"Rules of Procedures of the General Assembly",www.un.org/pdf/rulesofprocedure.pdf/NewYork,2008.

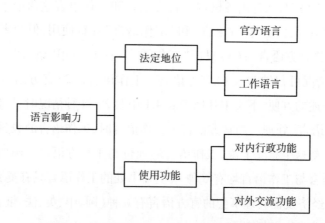

图 4.1　评价国际组织中语言影响力的框架

该语言是否是该组织的官方语言或工作语言,通常由该组织的章程或议事规则确立;语言的使用功能大致分为组织内与组织外两大类。组织内功能主要指为了维护与完成某组织的正常运行而开展的一切内部事务的功能,例如组织成员国大会、大会口译、会议记录、会议文件、发布招聘信息等;组织外功能主要指与社会其他组织或人员的交流的功能,例如维护联合国门户网站、编辑联合国的出版物等。

从逻辑上说,语言使用功能的范围取决于语言在该组织中的法定地位,然而在现实生活中,由于种种实际操作的困难,例如经费短缺,法定赋予某种语言的权利不一定在使用中得到实现,因此考察语言影响力时,需要首先考察其"法定地位",然后再检查其"使用功能"。

从法定地位来看,某种语言可能有三种情况:(1)既是官方语言,又是工作语言;(2)是官方语言,但不是工作语言;(3)既不是官方语言,也不是工作语言。就这三种情况来看,属于第一种情况的语言影响力最强,第三种最弱,第二种位于其中。要比较获得相同法定地位的语言影响力时,就需要查看每种语言的使用功能,使用的范围越大,行使的功能越多,影响力就越高。

三、对评价语言影响力框架的运用

（一） 中文在联合国系统中法定地位的总体情况

由于篇幅所限,本文仅涉及联合国 5 个主要机关①和 15 个专门机构②。就法定地位而言,中文大致有 3 种情况:(1)完全确立,即同时拥有官方语言和工作语言的地位;(2)部分确立,即拥有官方语言的地位,但未列为工作语言;(3)未确立,即既不是官方语言、又不是工作语言。在联合国 5 个主要机关中,只有在联合国大会与安理会中中文的法定地位获得了完全确立,享受与英、法、西、俄、阿同等地位;在经济及社会理事会中,中文的法定地位获得部分确立,仅有官方语言地位,而未获得工作语言的地位,在国际法院和秘书处中,中文的法定地位未确立,因为它既不是官方语言又不是工作语言(见表 4.2)。由此看来,中文的法定地位并没有在联合国的 5 个主要机关完全确立。

表 4.2　联合国 5 个主要机关的官方语言与工作语言

序号	组织名称	官方语言	工作语言	中文的法定地位
1	联合国大会③	6 种	6 种	完全确立
2	安全理事会④	6 种	6 种	完全确立
3	经济及社会理事会⑤	6 种	英、法、西	部分确立

---

①　联合国原有 6 个主要机关,但其中的托管理事会随着联合国剩下的最后一个托管领土帕劳于 1994 年 10 月 1 日取得独立后就停止运作,因此本文不再讨论该机关。

②　联合国网站,http://www.un.org/en/aboutun/structure/index.shtml/。

③　联合国:大会议事规则,www.un.org/zh/hq/dgacm/uploaded-documents/A.520.Rev.17. Chinese.pdf,2008。

④　United Nations,"Provisional Rules of Procedure of the Security Council",www.un.org/en/sc/inc/pages/pdf/rules.pdf/NewYork,1983.

⑤　United Nations,"Rules of Procedure of the Economic and Social Council",www.un.org/en/ecosoc/about/pdf/rules.pdf,1992.

续表

序号	组织名称	官方语言	工作语言	中文的法定地位
4	国际法院①	英、法	英、法	未确立
5	秘书处②	英、法	英、法	未确立

注：文中 6 种语言指中文、英文、法文、俄文、西班牙文和阿拉伯文。

在联合国下属的 15 个专门机构中，中文法定地位完全确立的只有 6 个，占总数的 40%，其中包括粮农组织③、民航组织④、电信联盟⑤、世卫组织⑥、世界旅游组织⑦、知识产权⑧；有 4 个是部分确立，其中包括海事组织⑨、教科文组织⑩、工发组织⑪、世界气象组织⑫；有 5 个未确立，其中包括世银⑬、国际基

---

① I.C.J.Wedsite,"Rules of Court",https://www.icj-cij.org/en/rules,2005.

② United Nations,"Rules of Procedures of the General Assembly",www.un.org/pdf/rulesofprocedure.pdf/NewYork,2008.

③ FAO,"Hundred and Thirty-second Session",www.fao.org/unfao/bodies/council/cl132/Index_en.htm,2007-06-22.

④ ICAO,"Standing Rules of Procedure of the Assembly of the International Civil Aviation Organization",http://www.icao.int/publications/Documents/7600_6ed.pdf,1980.

⑤ ITU,"Use of the Six Official Languages of the Union on an Equal Footing",http://www.itu.int/net/itu_search/index.aspx/,2010.

⑥ WHO,"Rules of Procedure of the Conference of the Parties",http://whqlibdoc.who.int/publications/2006/9789241594554_eng.pdf,2006.

⑦ UNWTO,"Statutes of the World Tourism Organization",http://unwto.org/sites/all/files/docpdf/unwtostatuteseng.pdf,2009.

⑧ WIPO,"Policy on Languages at WIPO:Document Prepared by the Secretariat for Forty-eighth Series of Meetings",Geneva,September 20-29,2010.

⑨ L.J.Mcentee-Atalianis,"Geostrategies of Interlingualism:Language Policy and Practice in the International Maritime Organisation",*Current Issues in Language Planning*,London,UK,2006,No.2&3.

⑩ UNESCO Website,"General Service Staff",http://en.unesco.org/careers/general-service-staff/.

⑪ UNIDO,"Multilingualism Report by the Director-General",http://www.unido.org/fileadmin/user-media/PMO/IDB37/idb37_9e.pdf,2010-05-12.

⑫ WMO,"Vacancy Notice",No.1915,http://www.wmo.int/pages/vacancies/documents/VN1915E.pdf,2014-12-23.

⑬ World Bank Group,"A Document Translation Framework for the World Bank Group",http://siteresources.worldbank.org/INFODISCLOSURE/Resources/Translation.Framework.WBG.2003.pdf,2003-08-06.

金组织①、万国邮政联盟②、农发基金③、劳工组织④。将部分确立和未确立的合在一起,占总数的60%(见表4.3)。

表4.3　联合国下属的15个专门机构的官方语言与工作语言

	组织名称(简称)	官方语言	工作语言	中文的法定地位
1	联合国粮食及农业(粮农组织)	6种⑤	6种	完全确立
2	国际民用航空(民航组织)	6种⑥	6种	完全确立
3	国际电信联盟(电信联盟)	6种	6种	完全确立
4	世界卫生组织(世卫组织)	6种	6种	完全确立
5	世界旅游组织	6种	×	完全确立
6	世界知识产权组织(知识产权)	×	6种	完全确立
7	国际海事组织(海事组织)	6种	英、法、西	部分确立
8	联合国教育、科学、文化组织(教科文组织)	6种	英、法	部分确立
9	联合国工业发展组织(工发组织)	6	英、法	部分确立
10	世界气象组织	6	英、法	部分确立
11	世界银行(世银)	×	英	未确立
12	国际货币基金组织(国际基金组织)	×	英	未确立
13	万国邮政联盟	法	法、英	未确立

① IMF,"Rules and Regulations of the International Monetary Fund",http://www.imf.org/external/pubs/ft/bl/rr03.htm#p4/,1978-04-01.

② UPU Website,"Language",http://www.upu.int/en/the-upu/languages.html.

③ IFAD,"Arrangements for the 102nd Session of the Executive Board",http://www.ifad.org/gbdocs/eb/102/e/EB-2011-102-INF-1.pdf,2011-04-01.

④ IL.O.Website,"Rules for the conference",http://ilo.org/ilc/Rulesfortheconference/lang--en/index.htm#Article24.

⑤ 粮农组织1977年明确取消了官方语言与工作语言的区别,后一律改用"语言",这里为了制表的方便,还是分开进行描述。

⑥ 国际民航组织一直使用"语言",而不是官方语言或工作语言,这里为了制表方便,还是分开进行描述。

	组织名称(简称)	官方语言	工作语言	中文的法定地位
14	国际农业发展基金(农发基金)	英、法、西、阿	英、法、西、阿	未确立
15	国际劳工组织(劳工组织)	英、法、西	英、法、西	未确立

上述结果表明,中文在联合国5个主要机关和下属的15个专门机构中的法定地位都还比较脆弱,盲目自信和乐观可能影响中文地位的进一步提高。

(二) 中文在联合国系统中使用的实际情况①

随着中国整体国力的增强和国际地位的提升,中文在联合国整个系统中使用的功能在扩大,尤其体现在对外交流功能上。例如,从1998年11月13日起,联合国推出了中文版的门户网站。这是联合国6种官方语言(阿、中、英、法、西、俄)中最后一个上线的网站。目前已有300多个栏目、分站,内容丰富,形式多样,涵盖文字、图片、音视频、网络直播、手机版、残疾人使用版等多种传播媒介。该网站的新闻中心每天提供新闻和电台节目,还转播联合国大会、安理会会议以及其他会议的实况。在所有视频直播、点播用户中,中文用户人数最多。中文网站中的联合国文件系统可以提供自1946年以来联合国印发的所有中文文件,并能对2001年1月1日以后印发的中文文件进行全文检索。联合国总部的导游部门增加了中文讲解员,同时扩大了录音中文讲解服务。②

不足的是,在联合国下属的15个专门机构中,中文使用功能的拓展不明显。即便有些组织形成了书面决议,阐述了6种语言平等使用的政策,然而在实际操作中,执行情况不容乐观。以知识产权组织为例,该组织声称工作语言有6种,但这6种语言都使用的场合极其有限。根据秘书处2010年的报告,成员国大会6种工作语言同时使用的场合只占总数的17%;其他委员会和工

---

① 因无法获得所有15个专门机构语言使用情况的资料,本文只能以部分专门机构为例,说明中文的使用功能。
② 联合国中文网站:《联合国与中文》,http://www.un.org/zh/events/chineselanguageday/history.shtml。

作小组会议中,6 种工作语言都用的只占总数的 18%;其余的场合只用英文和法文,有时外加西文①。虽然知识产权组织大会同意从 2011 年开始分阶段将知识产权组织主要机构会议、委员会和工作小组的文件、重要出版物以及新出版物覆盖联合国所有的 6 种官方语言。然而这个计划仅仅执行了两年,2013 年第 21 届项目与预算委员会上秘书长就提出了建议:(1)大幅度压缩翻译的工作量;(2)停止将工作小组文件翻译成 6 种语言,等到 2016/2017 届项目与预算委员会时再重新考虑这一做法是否恢复。其主要原因是由于多语言政策的执行,翻译工作量大增,随之翻译费用也激增。例如 2011 年的翻译费用为 141 万瑞士法郎,2012 年增加到 270 万瑞士法郎。②

再如国际民航组织,虽然在世界民航成员国大会的书面决议上清楚写明要执行联合国多语言政策,保证所有工作语言享有平等和高质量的服务,但在民航出版条例里有"要视现有资源而定"的附加条款。根据中国、埃及、俄罗斯、沙特阿拉伯、突尼斯、阿拉伯联合酋长国、委内瑞拉的报告,在过去的几年里,国际民航组织已经出现了英文独大的倾向,不少文件只有英文;有些会议只有英文的口译;作准文件③也不能译成所有的工作语言④。

四、思考及建议

上文列举的事实已经清楚地说明,中文在联合国的 5 个主要机关和下属的 15 个专门机构中的法定地位未得到完全确立,同时在完全获得法定权利的组织中,其权利也未得到充分行使。作为一个国家,如何保护自己的语言在联合国及其下属机构中的法定权利呢? 我们有三点建议。

---

① WIPO,"Policy on Languages at WIPO:Document Prepared by the Secretariat for Forty-eighth Series of Meetings",Geneva,September 20-29,2010.

② WIPO,"Progress Report on the Implementation of WIPO Language Policy",www. wipo. int/meetings/en/doc_details.jsp? doc_id=278556,2013-07-22.

③ 作准文件指的是具有法律效用、存储在联合国档案馆中的文件。

④ ICAO,"Resolutions Adopted by the Assembly",www. icao. int/Meetings/AMC/Assembly37/Documents/ProvisionalEdition/a37_res_prov_e,2010-11.

第一,要提高我国政府任职于这些机构代表使用中文的意识,对语言与国家权利的关系有强烈的政治意识,千万不能误以为自己的英文或法文水平很高,就主动放弃使用中文的权利;要定期对任职于相关机构中的中国代表语言使用情况进行考察与评估,对于不当之处要及时采取措施,予以改进。

第二,根据中文在各组织中的不同法定地位,让中国代表设立不同阶段性目标和相匹配的时间表。对那些中文未获得法定地位的组织,当下首先要经过努力赢得法定的平等权利。具体地说,要通过大会决议,形成“中文与其他官方语言具有同等权利”的决议;对那些法定地位部分确立的,首要目标是使大会形成决议,确立中文的工作语言地位;对那些已经完全获得法定权利的组织,需要深入分析,根据轻重缓急,有针对性地提出诉求,明确哪些领域需要增加中文的使用。

第三,从长计议,立法立规。建议尽快成立“国际中文语言政策委员会”(简称“中文语言政策委员会”)负责此项工作。我国国际组织由外交部管辖,语言政策的制定与管理由国家语言文字工作委员会(简称国家语委)负责。鉴于现有的行政管理条块分割的状况,建议由外交部牵头、协同国家语委成立中文语言政策委员会。该委员会还可吸纳相关部委和高校科研机构成员参加。其工作职责有三个。其一,就中文在国际组织中使用的相关问题制定法律法规。目前的国际组织有两类:一类是政府间的国际组织,另一类是非官方的国际组织,通常称为NGO。新制定的政策法规要覆盖这两类国际组织。有了专门的法规,中国代表就可以照章办理,避免主观性、随意性。其二,要定期检查与评估各国际组织的中方代表是否充分行使了中文的法定权利,统一体现国家意志。发现问题,要及时解决。我国政府参加的国际组织数量很多,单联合国的就有上百个,但政府目前对各组织中中文使用情况缺乏全面了解。建议在中文语言政策委员会的领导下,让各组织的中国代表团提供相关资料,委托高校科研机构全面调查各组织中文使用的情况,据此撰写调研报告,提交给委员会。此后,这项工作要常态化。比如说,每隔3年或5年进行一次,确保我国的中文语言政策有一个稳定而又能持续改进的机制。其三,为参与各国际组织的中国代表提供提高中文影响力策略的交流平台。每年可定期召开会议,交流经验,集思广益,共商对策,解决难题。

进入 21 世纪后,联合国非常重视语言的多样性和 6 种官方语言的平等使用。我国政府派往各组织的代表团一定要充分抓住这一机遇,在各种场合下大声呼吁贯彻落实联合国的语言政策。我国政府应该对国际组织的语言政策始终保持高度敏感性,对捍卫国家在国际组织中的语言权利始终给予高度重视。我们相信,只要我们做出坚持不懈的努力,中文在国际组织中的影响力一定会得到不断提升。

(本文原载《语言文字应用》2015 年第 3 期)

我国学者对人文社科领域内中文
地位的认知与原因分析①

一、引言

　　自 21 世纪初,国际学者开始关注学术语言英语化对非英语国家母语使用造成的影响。这些学者主要来自欧洲非英语国家,如法国、德国、荷兰、瑞典等②。而我国学者对这一问题的讨论才刚刚开始。随着我国"学术走出去"的呼声越来越强烈,许多高等院校和科研部门加大力度鼓励人文社科学者在SSCI、A&HCI 来源期刊发表英文论文,此类论文不仅可以获得高额奖励,而且在职称评审时一篇常可等同于国内中文期刊(CSSCI)的两篇或三篇③。这些政策提高了一些学者用英文到国际期刊发表论文的热情,增加了英文论文发表的数量。④ 我国学者对此类激励政策的态度大致有 3 种:(1)一些学者表示

---

　　① 基金项目:教育部语用司委托课题"我国学术领域中文使用现状、问题与对策研究"的阶段性成果。
　　② U.Ammon,*The Dominance of English as a Language of Science*,Berlin:Mouton de Gruyter,2001;K.Hyland,"Academic Publishing and the Myth of Linguistic Injustice",*Journal of Second Language Writing*, 2016, No. 31; F. Salager – Meyer, "Scientific Publishing in Developing Countries:Challenges for the Future",*Journal of English for Academic Purposes*,2008,No.2.
　　③ 文秋芳:《我国应用语言学研究国际化面临的困境与对策》,《外语与外语教学》2017 年第 1 期。
　　④ H.Feng,G.H.Beckett & D.Huang,"From 'Import' to 'Import-export' Oriented Internationalization:the Impact of National Policy on Scholarly Publication in China",*Language Policy*,2013,No.12;Y.Li,"Seeking entry to the North American Market:Chinese Management Academics Publishing Internationally",*Journal of English for Academic Purposes*,2014,No.13,pp.41-52.

支持,认为中国学术要发展,必须与国际学界交流,并在国际期刊上有一席之地;(2)一些学者认为这一政策有明显弊端,因为人文社科学者首先应关注本土问题,研究成果的优先受益者应是本国人民,因此发表中文论文不应受到不公正待遇;(3)还有一些学者表示左右为难,如果不用英语发表,中国的学术难以踏出国门;一味追求英文发表,长期下去,国内中文期刊可能会逐步降为二流期刊,中文对前沿学术知识的承载能力和传播能力亦会下降①。上述看法只是基于思辨性讨论,缺乏实证研究证据的支撑。鉴于此,本研究访谈了我国18位人文社科学者,以了解其对该问题的认识及其原因。研究回答以下两个问题:(1)受访者对国际学术语言英语化趋势下的中文地位有何认识?(2)受访者对上述认识作何解释?

二、研究方法

接受本研究访谈的18位学者来自10所高校的外语专业,均具有丰富的学术写作、发表经验;学科背景涵盖语言学、应用语言学和文学;18名受访者中有11位男性、7位女性;职称包括17名教授、1名副教授;受访者分布在不同的年龄段,其中9名还担任了外语期刊主编。如表4.4所示。

表4.4　受访者信息

年龄段(岁)	30—50		50—60		60—80	
人数	7		5		6	
类别	学者	主编	学者	主编	学者	主编
	4	3	3	2	2	4

---

① J.Flowerdew & Y.Li, "English or Chinese? The Trade-off between Local and International Publication among Chinese Academics in the Humanities and Social Sciences", *Journal of Second Language Writing*, 2009, No.1;文秋芳:《国家语言能力的内涵及其评价指标》,《云南师范大学学报(哲学社会科学版)》2016年第2期;文秋芳:《我国应用语言学研究国际化面临的困境与对策》,《外语与外语教学》2017年第1期。

本研究采用半结构式访谈,其中 10 位面谈,5 位电话访谈,3 位选择笔答。访谈语言为中文。访谈时间共计 529 分钟,访谈转写文字连同书面回答共 121473 字。访谈数据采取质性分析方法,从数据中提炼主题。首先,为回答第一个研究问题,我们反复阅读访谈数据,围绕受访者对国际学术语言英语化趋势下中文地位的认识,提炼出 3 个主题:(1)中文的学术影响力;(2)英文发表的趋势;(3)中文在我国人文社科领域的地位。我们集中归纳了受访者围绕每个主题作出的主观判断(比如中文的学术影响力是高还是低),并收集每位受访者对相应现象的描述(比如中文学术影响力低有哪些表现)。其次,为了回答第二个研究问题,我们从访谈数据中,找到受访者对上述现状的认识所做的解释。比如,一些受访者认为中文学术影响力弱是我国学术水平低所致,与语言本身无密切关系。

三、研究结果

下文按照中文学术影响力,英文发表趋势,以及中文在我国人文社科领域内地位 3 个主题依次呈现研究结果,每个主题下分别报告受访者的认识以及对自身认识的解释。

(一) 对学术语言英语化趋势下中文影响力的认识

受访者普遍认为,英文已成为国际学术通用语,英文承载着国际最前沿的学术议题和理论,这一现实在近期内不会改变。但部分受访者明确指出,在国际学术领域内,中文地位受到潜在威胁,这不仅是中文面临的困境,也是全世界非英语国家的母语共同面临的问题。有受访者把英语形象地比喻为狼毒花:

"如果特别悲观地讲,英语作为国际学术通用语,就像一种花,叫狼毒花。狼毒花在沙漠里生存,它会把周边不是沙漠的地区以更快的速度变成沙漠。它自己能生存得很好,但不会使得别人在那儿生存。"(受访者 9,2017 年 3 月 29 日,北京)

这个比喻从社会学视角勾勒出英语和其他语言间"你死我活"的关系,即英语的发展挤压了其他语言在国际学术领域的生存空间。有受访者还从语言承载信息的角度,进一步说明了学术语言英语化对母语学术功能的挤压。例如,《外语研究》李建波主编①指出:

"当今世界语言地貌已经形成,即包括汉语在内的其他语言的信息像江河一样每时每刻都在大量地向英语这个海洋里流淌。这种千条江河归大海的情况因英语作为国际通用语地位的确立和信息技术革命的助推而变得日益严重。从理论上说,这种情况不加干预,汉语和其他语言在信息承载量上将会成为英语这座大山脚下的大小石头。"(2017年7月12日,书面访谈)

李主编认为,尽管学术语言英语化恰似"千条江河归大海",势不可挡,但对此情况必须要有清醒的认识,在我国推进学术国际化的同时,注意维护中文在学术领域承载和传播信息的能力。否则,英语承载的学术信息会越来越多,相比之下,中文承载的学术信息则可能日益减少。

有受访者从心理学视角,解释了学术语言英语化对学者个人概念体系的"隐性进攻"。这种进攻"无硝烟""无流血",但学者的学术思维被悄无声息地"英语化"了。例如,有位从事外语教师领域研究的受访者说道:

"你学教师教育发展,基本上读的都是国外文献。它就是简单粗暴地把你的脑子占领了。你原本对你本土的教育现实、应用语言学的现象,还没有来得及用自己的语言做一个分类和定义,就已经被这个西方的语言已经都占满了。然后你只能做一件事情,就是拿这些所有的概念,去定义你在本土的经验。"(受访者8,2017年3月28日,北京)

这位受访者根据亲身经历,描述了自己的话语体系硬生生地被西方概念范畴化的过程。这种现象在人文社科领域非常普遍,目前人文社科研究的理论体系几乎被西方概念所垄断,而中文的本土概念一般都被边缘化,难以成为学术话语体系的一部分。

综上所述,在学术语言英语化变为既成事实的趋势下,中文在学术领域的地位相对较低;无论从宏观社会视角来说,还是从个人思维体系来说,学术语

---

① 应李建波主编本人要求,不做匿名。

言英语化趋势都有可能对中文的使用造成一定的负面影响。

（二）对中文学术影响较低原因的解释

在调查中,9 位受访者认为中文影响力较低的原因是我国学术水平尚待提高;7 位受访者认为,主要原因在于我国学术成果评价体系存在一些问题;另有 2 位受访者认为,语言影响力较低的根本原因是我国的国际地位尚待进一步提高。本研究根据这 3 种观点的提及频次和观点数量,按由多到少的顺序报告受访者观点。

1. 我国学术水平尚待提高

持有这一观点的受访者认为,中国的教育体制不注重培养抽象思维和理论建构能力,我国学者提出的理论概念常缺少精准定义,系统性不强(受访者 9,2017 年 3 月 29 日,北京)。此外,我国学术传统中有一种"崇尚实用、独尊儒家、不求道理(不追求理论建构)"的观念(受访者 10,2017 年 4 月 10 日,北京)。改革开放后,国内学者似乎更乐于借鉴国际已有理论,用于研究我国本土问题,很少主动建构原创性理论。但也有受访者认为,我国不乏学术理论创新,但国内学术界对国外理论"跟风"过度,对国内学者创造的理论有所忽视,在国内难成气候(受访者 2,2017 年 3 月 17 日,北京)。

2. 我国科研成果评价体系存在一些问题

有受访者认为,中文影响力较低的根本原因在于我国科研评价标准的制定本身是以西方规则为参照。比如一位受访者说:

"什么政策都没有办法改变一个事实,就是现在大学的评估体系是西方的。为什么学校会花重金奖励国际权威数据库文章,就是因为中国的大学排名跟着西方国家的指挥棒走,你要想把你的大学排名往前推,那么你必须要进入它这种排名体系,而这种排名体系就是三大权威数据库。如果不改变这个事实,别的都是小打小闹,没有任何意义。"(受访者 17,2017 年 6 月 29 日,电话访谈)

与此同时,也有受访者指出,这种评价体系并不合理,因为并非所有 SSCI 期刊中刊登的论文质量都优于 CSSCI 期刊论文,而且个别 SSCI 期刊也存在重商业利益、操作不规范问题(受访者 13,2017 年 6 月 25 日,北京)。因此,有受访者认为,盲目鼓励国际英文发表,是对我国本土期刊论文质量的"妄自菲薄",不利于提升中文的学术影响力(受访者 15,2017 年 6 月 26 日,电话访谈)。

3. 我国综合国力尚待提高

有受访者认为,中文学术影响力较低,表面上看是我国学界存在着"崇洋媚外"思想,但究其本质,中文影响力较低是我国综合国力尚待提高的反映,比如一位主编说:

"因为我们的科技,我们的教育,我们的经济在世界上不算最强。如果说我们最强,就像唐代的时候,他们跑到我们西安去朝拜,去学习,因为我们强。"(受访者 15,2017 年 6 月 26 日,电话访谈)

这位主编的看法从更深层次上揭示了一个国家语言的地位、学术影响力与综合国力的关系。还有受访者补充道:"除了综合国力外,一个国家的整体文化思想水平和国民素质也是重要的影响因素。"(受访者 14,2017 年 3 月 22 日,电话访谈)

(三) 对中英文论文发表数量增长趋势的预测及解释

对中英文论文发表的趋势,所有受访者持有相同看法。他们一致认为,从数量上看,我国人文社科领域的论文发表在相当长的一段时期内仍将以中文为主,但我国学者在国际英文期刊上发表的论文数量也会逐年增加。英文发表数量增加的原因有两个:(1)许多高校"加重了国外回来的高层次人才的比重"(受访者 14,2017 年 6 月 26 日,电话访谈);(2)我国的学术成果评价体系大力鼓励学者在 SSCI 和 A&HCI 索引期刊中发表论文(受访者 17,2017 年 6 月 29 日,电话访谈)。

对于鼓励英文发表的政策导向,受访者持不同观点。13 位受访者认为,适度鼓励英文发表,符合我国学术走出去的需要。学术研究要发展,必须增加和国际学术界的交流,"学术眼光仅限于国内的话,这种学术缺乏生命力"(受访者 11,2017 年 6 月 24 日,北京)。有学者强调,鼓励英文发表与学科性质有关,如理论语言学等基础学科,其研究不分国界(受访者 11,2017 年 6 月 24 日,北京)。有受访者认为,在当今的全球化社会,英文是学术研究的必备技能,不懂英文的学者有责任提高自身英文水平,以获取最前沿的学术信息(受访者 15,2017 年 6 月 26 日,电话访谈;受访者 10,2017 年 4 月 10 日,北京)。

但与此同时,也有受访者指出,针对本土社会问题的研究,最终目的是服务国家需要,因此对英文发表的鼓励有悖其学科特点(受访者 10,2017 年 4 月 10 日,北京)。也有学者看到,在人文社科领域对英文发表的过度鼓励,使得人们更加关注科研成果的语言形式而不是内容,"不利于大家探索议题和知识贡献本身"(受访者 9,2017 年 3 月 29 日)。

(四) 对中文地位的预测及解释

对未来中文地位的预测,9 位受访者认为在我国学术领域,中文地位会下降,另外 9 位则持相反意见。

1. 中文地位会下降的原因及后果

认为中文地位会下降的受访者指出,首先,学术语言英语化会减少中文在学术领域的使用,导致其学术功能退化。比如一位受访者说:

"如果一个社会的知识精英阶层都以用英语交流专业知识为荣,而公众的日常交流使用另一种语言,会使英语以外的其他语言(包括中文)在知识创新、文化负载乃至文明传承等方面的能力退化,甚至逐步蜕变为一种生活交际语言。"(受访者 6,2017 年 3 月 25 日,书面访谈)

这位学者认为,如果最前沿的学术信息多用英语发表,那么中文虽然仍是主要的日常口语交流工具,但其学术表达力和文化传承能力会有所下降,不利于我国学术话语体系的建设。

其次,过度鼓励英文发表,会传播"唯英文刊物发表是论"的错误意识,不利于我国学术研究为本土社会发展服务。例如,有受访者指出:

"我们所进行的任何研究,实际上是服务于我们自己国内的社会需求和国家需求,或者是我们人才培养的需求。如果是用中文写,肯定效果非常直接,无论是教化功能、科研引导,或引领学术……如果我们还拐个弯去国外发表,我觉得有些是没有必要的。"(受访者 13,2017 年 6 月 25 日,北京)

再次,一些主编认为,随着英文发表数量的增加,国内顶尖期刊也可能流失一部分高质量的稿源,期刊质量可能下降(受访者 11,2017 年 6 月 24 日,北京)。

2. 中文地位不会下降的原因及其后果

在认为中文地位不会下降的 9 位受访者中,有 1 位认为语言问题只是表层现象,不值得关注,还有 1 位认为目前缺乏可靠证据,不必杞人忧天。其他 7 位认为:中国学者群体数量庞大(受访者 11,2017 年 6 月 24 日,北京),有能力使用英文发表的学者数量少、比例低。即便在英文发表激励政策的影响下,我国英文发表的数量会增多(受访者 17,2017 年 6 月 29 日,电话访谈;受访者 9,2017 年 3 月 29 日,北京),但由于国际英语期刊数量有限,发表周期长,而我国学者群体人数众多,因此英文发表不会冲击中文在我国学术领域的地位。对此,一位受访者进一步解释道:

"如果说这个学术成果要成熟了,能够在外边得到认可了,要经过最起码好几年时间。他做完了研究以后,然后他写,他投,投完了之后,别人让他修改,到这个作者成为一个成熟的作者,恐怕要来几个回合。所以这样的人也绝不会很多……英文发表也不会在一段时间内激增。"(受访者 12,2017 年 6 月 24 日,北京)

7 位受访者还认为,现阶段对英文发表的鼓励政策只是"权宜之计",不会长久。当我国学术国际化程度提高之后,这种鼓励措施会自然停止(受访者 1,2017 年 3 月 15 日,北京;受访者 15,2017 年 6 月 26 日,电话访谈)。

四、讨论与建议

(一) 提高学者的语言意识

本研究说明,受访者的学术语言意识有很大差异。在调查过程中,大部分受访者能够就学术语言使用和地位问题发表观点并给出理由,少数受访者表示从未从宏观层面思考过中文在学术领域的地位问题。约半数的受访者认为,语言只是一个表达工具,是学术信息的载体,中英文的选择并不是一个值得担忧的问题,对学术语言对国家战略的影响则意识相对较弱。

只有一半受访者能够看到学术语言使用现象背后的复杂原因,对学术语言与国家学术水平、评价体系的关系认识较为充分。

本研究认为,仅从学术水平的角度解释某一语言在学术领域的地位,具有一定局限性。首先,从历史角度看,英文成为国际学术通用语,起初并非仅仅因为英语国家的学者学术水平高,而是与那一时期英国的扩张、美国国力的提升等政治经济因素有关。德语在 20 世纪初和英语一样是国际学术通用语,后来德语退出国际学术舞台不是因为德国学者学术水平下降,而是因为德国在第二次世界大战中成为战败国。因此,不能仅从学术水平上理解某一语言在学术领域的地位。其次,在现阶段,英美等主流英语国家已经控制了国际学术规范,这对非英美国家学者的发展形成了一定制约。Lillis 和 Curry① 指出,不以英语为母语的研究者要想在国际研究领域获得一席之地,其研究要么印证英美中心国家学者的研究成果,要么通过展现异域文化特色与英美国家的研究形成对比,除此之外,基本只能使用英美视角进行研究,关心英美学者关心的问题。辜正坤②认为,科研成果评价体系对 SSCI、A&HCI 等索引的过度依赖,是后殖民主义在学术领域的一种表现,背后也受到一些国际机构商业目的驱使。因此,如果我国人文社科领域"一刀切"地将英语发表的成果视为水平更高,这意味着关注本土问题的研究者其知识和能力将会贬值,不利于我国学术的发展。③

有受访者认为,如果科研成果本身极具创新性和理论价值,即便用中文发表,国外学者也会主动将其译成英文。但事实上,在人文社科领域,只有极少数英美学者会有意识地关注非西方国家,尤其是发展中国家的学术成果,在评价研究问题的意义和创新性时,也大多会以西方既定的理论视角和社会意识形态为依据。也有受访主编提到,对母语地位的忧虑仅来自部分学者的猜想,而且目前鼓励英文发表的政策只具有阶段性。但本文认为,此种政策是否具有阶段性尚不确定,而即便政策本身具有阶段性,其导向作用也有可能引导学

① T.Lillis & M.J.Curry, "Professional Academic Writing by Multilingual Scholars: Internations with Literacy Brokers in the Production of English-medium Texts", *Written Communication*, 2006, No.1.

② 辜正坤:《中国外语学术自主创新:学术研究理路和前途展望——从单向殖文主义到双向互动的比较文化转向》,《中国外语》2007 年第 1 期。

③ 杨永林:《何谓学术?——学术研究的范式特征》,《中国外语》2007 年第 3 期。

者群体及公众形成一种价值取向,对英语承载的信息盲目推崇。学术语言的使用关乎国家学术话语体系的建设和学术发展的自主权,由于我国学界尚未对此类问题展开系统讨论,本文认为,有必要通过举办论坛等方式,深入探讨学术领域的语言使用问题,促进学者从多角度、多层面认识学术语言使用涉及的宏观问题,提高保护母语的意识。

(二)保护母语的措施

本文认为,如何帮助我国学者与国际接轨,同时促进我国本土问题的研究,这是人文社科领域在国际化进程中面临的挑战。要赶超世界学术强国,不得不采用西方游戏规则,使用西方的评价标准,融入西方的学术话语体系。正如一位受访者所说,鼓励英文发表是应该的,因为不用英文发表,国际研究领域就没有你的声音,"没你,你还有什么国际话语权"?(受访者 12,2017 年 6 月 24 日,北京)。但另一方面,从长远看,要真正提高我国的学术话语权,必须提高我国的学术理论创新水平,建立我国自己的学术话语体系和学术评价体系,还有必要从国家战略的角度思考学术语言的使用问题。

基于受访者的意见和我们自己的观点,本文提出若干建议,希望在促进我国学术国际化的同时,维护中文的学术地位。

1. 促进我国学术国际化

我国现阶段需要根据学科性质,对英文国际发表给予一定鼓励,提高中国学者融入国际学术界的积极性。这与大部分受访学者的建议一致,也与一些研究者的调查结果一致[①]。与此同时,受访学者也普遍认为,对英文发表的鼓励不应走极端,更不应贬低中文论文的价值。此外,需要鼓励我国学术成果的国际传播,包括鼓励学术成果外译,鼓励创办双语期刊并推动其国际发行,鼓励国内高水平学者创办英文期刊,以及鼓励双语发表。部分受访学者认为双语发表有一稿多投的嫌疑,但我们认为,在人文社科领域,基于同一个研究写成的中英文论文,其视角、问题切入点和文章结构都因读者群和学术惯例的不

---

① H.Feng,G.H.Beckett & D.Huang,"From 'Import' to 'Import—export' Oriented Internationalization:the Impact of National Policy on Scholarly Publication in China",*Language Policy*,2013,No.12.

同而存在差异,因此,我们认为应当允许双语发表,因为双语发表有利于学术成果的传播,有利于我国学者提高跨文化学术交流的能力。① 有学者建议,可以区分学术成果的创造和传播,对于首次发表的原创性成果和对于第二次以不同语言发表或在非学术期刊上发表的以信息传播为目的的文章,都应视为有意义的学术发表,但在成果认定上可以有所区别。我们认为,该建议对于尚有争议的双语发表问题,提供了一种较好的处理方式。

2. 维护中文的战略地位

李建波主编指出,人文社科领域的学术发表关乎国家的信息安全,使用何种语言发表学术成果,是一种"战略选择"。因此,李主编指出:

"在信息时代,信息对于我国的单向透明是我国优势建设的重要内容。着力将国外研究成果为我所用,做好自己的研究,才是我们在信息时代更应该做的。"(2017 年 7 月 13 日,书面访谈)

也就是说,人文社科领域的研究成果,其发表形式应以国家战略需求为重,因此学术评价机构必须增强安全意识,避免盲目"为外国打工"。

与此同时,在不涉及国家安全的学术研究领域内,有必要鼓励中文发表。对于高质量的中文学术研究成果,需要在物质和制度上给予足够的认可。由于中文发表周期相对较短,鼓励中文发表将有利于我国学术界抢先得到前沿的学术信息,也有利于"兼顾中英文作为知识传播载体的各自地位"(受访者7,2017 年 3 月 25 日,书面访谈)。同时,一位受访主编呼吁政府对国内的中文学术期刊增加投入,确保每份期刊的主编和相关人员都有条件为提高期刊质量而投入足够的精力。此外,还可以鼓励译入国际学术成果。虽然我国越来越多的学者已经熟练掌握英文读写能力,但翻译的意义不仅在于能够让不懂英语的学者获得学术信息,而且在于保持中文的学术表达力。如果某一领域的概念和理论无法用中文表达,也没有对应的中文翻译,长此以往,这个学科将在中文中消失。因此,我国政府有责任拨出专门的翻译经费,将重要的国际学术成果译成中文。

---

① Q.F.Wen & Y.H.Gao,"Dual Publication and Academic Inequality",*International Journal of Applied Linguistics*,2007,No.2.

3. 建立我国的学术评价体系，提高学术水平

8 位受访者提到我国必须建立自己的评估体系，其中 6 位是期刊主编。受访者认为，不能单纯以中英文作为评价标准，也不能以 SSCI 或 A&HCI 等国际索引期刊作为唯一的科研成果认定标准。本研究认为，可以采取"质量优先""分类卓越"的评价方式，鼓励不同类型、不同背景的学者做自己擅长的研究。① 此外，受访者表示，为了迅速提升在国际学术界的地位，我国的科研成果评价体系对论文发表的速度和数量要求日益提高，给人文社科类学者的理论创新造成了一定困难。比如一位受访者说：

"我们长期以来，要求短时间内出成果，不太利于（理论创新）。因为通过好多年的系列的研究，你才能够提出理论，不能说我写一篇文章，就提出一个理论，那是不现实的。但我们国内的这种评价体系，它不太有利于大家去十年磨一剑。这种理论的生态环境需要有一些改变才行。"（受访者 11，2017 年 6 月 24 日，北京）

这个看法反映出我国目前学术发展面临的困难。从长远看，要真正提高我国的学术话语权，必须提高我国学术理论创新水平，不能一味"求快"（受访者 14，2017 年 6 月 26 日，电话访谈），而是需要允许学者在相对较长的时间内，进行扎实的积累和思考（受访者 4，2017 年 3 月 22 日，北京；受访者 10，2017 年 4 月 10 日，北京）。因此，协调速度和质量二者之间的矛盾，是我国学术国际化进程中必须处理的问题。决策者需要充分听取学者的意见，了解他们在学术理论创新方面的需求，并从制度上为其创造更好的学术条件，只有这样，才能从根本上提高我国的学术水平，在我国国力不断提升的趋势下，提高中文在学术领域的价值和地位。

本研究就学术领域内中英文使用趋势的问题对国内外语专业的人文社科学者及期刊主编进行了调查，不仅了解到受访学者对于中英文语言使用的认识，而且分析了背后的原因，揭示了学术语言使用问题的复杂性。今后的研究可以扩大调查规模，使用问卷调查的方法，更加全面地反映我国不同学科的学

---

① 文秋芳：《我国应用语言学研究国际化面临的困境与对策》，《外语与外语教学》2017 年第 1 期。

者对于中英文学术语言使用状况的认识。与此同时，还可以更加深入地探讨学术语言使用问题的本质，通过个案研究的形式，从历时的角度，揭示我国学者对母语使用的认识与其自身学术经历、学术身份和学术发表成果之间的联系。

（本文原载《云南师范大学学报（哲学社会科学版）》2017年第6期，作者文秋芳、濮实）

学术语言英语化与中文地位的提升:问题与建议①

一、引言

当今,学术语言英语化席卷全球,势不可挡。面对这滚滚而来的浪潮,学界有三种态度:积极支持、坚决反对和困惑纠结。支持者认为,不实现学术语言英语化是生存危机,更是发展危机。例如,蔡基刚指出"在越演越烈的经济全球化和高等教育国际化的挑战下,只有选择企业国际化、学术语言英语化,一个企业或大学才能有生存,才能有发展,才能培养出世界一流人才"②。反对者指出,学术语言英语化意味着"自觉或不自觉地接受西方学术界的文化霸权,丧失中国本位的问题意识"③。纠结者处于矛盾困境,进退两难。如不积极投入学术语言英语化浪潮,根据目前的评价体系,个人学术发展必然受限;如全力投入,又缺乏足够的时间和精力探究中国本土问题,这似乎又不符合国家对科学研究者的要求④。

学术语言英语化是"福",还是"祸"? 2015 年《文汇报》曾对此组织过专

---

① 本文系教育部语用司委托课题"我国学术领域中文使用现状、问题与对策研究"的阶段性成果。

② 蔡基刚:《国际化和英语化——语言政策是一种选择》,《外语电化教学》2015 年第 3 期。

③ 熊易寒:《中国社会科学的国际化与母语写作》,《复旦学报(社会科学版)》2014 年第 4 期。

④ 文秋芳:《我国应用语言学研究国际化面临的困境与对策》,《外语与外语教学》2017 年第 1 期。

题研讨,陆续刊发了 5 篇文章①,但并未引起学界广泛关注。2016 年教育部语用司委托北京外国语大学国家语言能力发展研究中心就"我国学术领域中文使用现状、问题与对策研究"这一课题开展系统调研。依据前期研究成果,2017 年课题组刊发了 4 篇论文,再次呼吁学界深入讨论"学术语言英语化与母语地位的关系"。② 2017 年 12 月 29 日,笔者应邀在上海教育科学院举办的"国家安全中的语言战略"高端论坛上以"学术语言英语化与母语安全"为题作主旨发言。本文依据此次主旨发言内容及会后思考整理而成。笔者期待更多学者讨论这一问题,为汉语学术地位的提升,向政府建言献策。

二、学术语言英语化及相关奖励政策的两面性

学术语言英语化是"福",还是"祸"? 笔者认为,不能简单地采取非"福"即"祸"的二元对立立场。事实上,它是一把双刃剑,需要辩证、全面地分析,才能精准施策,趋利避害。

(一) 学术语言英语化的两面性

学术语言英语化的利弊很明显③,益处至少有三条。第一,大大加快了知识流动速度。由于全世界有几千种语言,如用不同语言报告科研成果,新知

---

① 郭礼和:《创造条件,让汉语作为国际科学交流的主要语言》,《文汇报》2015 年 2 月 27 日;陆建非:《语言文化何来高低贵贱之分》,《文汇报》2015 年 2 月 27 日;汪品先:《汉语被挤出科学,还是科学融入汉语?》,《文汇报》2015 年 2 月 27 日;徐英瑾:《母语自信与学术国际化之间的二律背反》,《文汇报》2015 年 3 月 5 日;薛宇:《人为扩大汉语在科研上的应用:此路不通》,《文汇报》2015 年 2 月 27 日。

② 李丰:《日本学术国际化中的语言使用问题》,《云南师范大学学报(哲学社会科学版)》2017 年第 6 期;濮实:《欧洲非英语发达国家学术领域母语使用的问题与对策》,《云南师范大学学报(哲学社会科学版)》2017 年第 6 期;汪波:《韩国学术领域内母语使用现状及发展趋势》,《云南师范大学学报(哲学社会科学版)》2017 年第 6 期;文秋芳、濮实:《我国学者对人文社科领域内中文地位的认知与原因分析》,《云南师范大学学报(哲学社会科学版)》2017 年第 6 期。

③ J.Flowerdew, "Some Thoughts on English for Research Publication Purposes(ERPP) and Related Issues", *Language Teaching*,2015.No.2.

识、新发现难以快速传播。人造"世界语"经过百余年的努力,仍未能实现使用同一语言的梦想,现在终于由自然语言英语完成。语言障碍一旦冲破,加之网络的普及,新知识可以在瞬间流向全世界。第二,大大降低科技知识交流成本。新知识的流动依赖翻译,不仅耗时费力,而且成本昂贵。例如,欧盟一年支付的翻译费用高达 10 亿欧元。① 尽管机器自动翻译发展迅速,但其准确性还不尽理想。第三,以英语为共同交际手段,可以促进不同国家的学术合作,组织跨国科研项目。例如,人类基因组工程项目由美国、英国、法国、德国、日本和中国的科学家共同完成,他们之间能够成功交流明显得益于英语这一通用语。第四,在单一语言中认定科学成果创新时间比在多语中要快捷、准确,不易被"误判"或者"埋没"②。例如,达·芬奇的所有科学发现都用意大利文撰写,而未使用当时的通用语拉丁文,因此沉睡了许多年;牛顿的论文用拉丁文撰写,虽比达·芬奇晚 100 多年,但很快就得到世界的认可,牛顿也因此被誉为"现代科学之父"。同样,我国古代科技贡献一直被埋在古典文籍中,未被世界知晓,直到 20 世纪中期,英国生物化学家李约瑟用英语撰写了专著《中国科学技术史》。

然而,学术语言英语化的弊端也很突出。第一,强化了英语学术霸权。③据统计,进入自然科学引文目录(SCI)的英文期刊占 95%④,进入人文社会科学引文目录(SSCI,A&HCI)的英文期刊接近 90%⑤。目前在英文期刊上发表论文的数量是评价高校和学者个人学术成就的重要指标。很自然,各国学者都争先恐后将最新成果发表在这些期刊上。这就意味着这些期刊掌握着全世界新知识的裁决权和传播权。换句话说,谁创造的知识是新知识、何时让新知识"问世",这些期刊操纵着"生杀"大权。这种学术霸权显然与政治霸权类

---

① 新华社:《欧盟今年用于翻译文件的费用高达 10 亿美元》,http://www.cctv.com/news/world/20051104/100232.shtml,2005 年 11 月 4 日。

② M.D.Gordin,*Scientific Babel:How Science was Done before and after Global English*,Chicago:University of Chicago Press,2015.

③ A.Paasia,"Globalisation,Academic Capitalism,and the Uneven Geographies of International Journal Publishing Spaces",*Environment & Planning A*,2005,No.5.

④ J.Flowerdew,"Some Thoughts on English for Research Publication Purposes(ERPP)and Related Issues",*Language Teaching*,2015.No.2.

⑤ 李文珍:《理性看待 SSCI、A&HCI 热(上)》,《中国社会科学报》2012 年 2 月 13 日。

似,但人们对学术霸权的意识要低得多。

第二,人为制造了生产和接受知识机会的不平等。① 这里既有英语本族语者与非英语本族语者之间的不平等,也有非英语本族语者内部英语熟练者与不熟练者之间的不平等。英语母语者从小自然习得英语,然后进入学校接受正规的英语学术训练。尽管这个群体内部的学术英语能力存在差异,但整个群体与非英语母语者相比仍旧处于优势地位。非英语母语者大多在外语环境中学习英语,由于输入不足和母语可能产生的负迁移,英语水平难以达到英语本族语者水平。他们的学术论文常常由于语言问题而被国际期刊拒之门外。② 其次,非英语母语国家中有一部分人虽在学校学习了英语课程,但不能熟练阅读英语学术论文,难以在第一时间获取最新的前沿知识,这就导致他们不能与英语熟练者获得同等的职业和学术发展机会。

第三,挤压了母语生存空间。为了完成教育部语用司委托的"我国学术领域中文使用现状、问题与对策研究"课题,课题组就这一问题采访了 18 位人文社会科学学者③,并以"我国学者对人文社科领域内中文地位的认知与原因分析"为题发表了论文④。其中部分受访学者对学术语言英语化挑战中文地位表示强烈担忧,甚至有人形象地将英语比作"狼毒花"。

狼毒花是多年生草本植物,根系发达,吸水能力极强,能适应干旱寒冷气候,其兴旺发达带来的是其他草本植物的灭亡。在学术语言英语化的过程中,英语就像狼毒花一样,挤压了中文和其他语言的发展空间。这种挤压表现在两个方面:一是促使西方学术概念体系强占了中国学者的心理空间⑤;二是蚕

---

① F.Salager-Meyer,"Scientific Publishing in Developing Countries:Challenges for the Future",*Journal of English for Academic Purposes*,2008,No.2;F.Salager-Meyer,"Writing and Publishing in Peripheral Scholarly Journals:How to Enhance the Global Influence of Multilingual Scholars?",*Journal of English for Academic Purposes*,2014,No.2.

② 徐昉:《非英语国家学者国际发表问题研究述评》,《外语界》2014 年第 1 期。

③ 本文凡是摘录受访者的看法都源于这一课题的访谈数据。

④ 文秋芳、濮实:《我国学者对人文社科领域内中文地位的认知与原因分析》,《云南师范大学学报(哲学社会科学版)》2017 年第 6 期。

⑤ 文秋芳、濮实:《我国学者对人文社科领域内中文地位的认知与原因分析》,《云南师范大学学报(哲学社会科学版)》2017 年第 6 期。

食了母语学术功能的社会空间①。

从社会层面来说,学术语言英语化会"削减"中文的交际功能。换句话说,由于中文承载新知识能力的降低,其交际功能就会相应缩小。汪品先②担心我国会步印度后尘,国人的母语只能用于传播初等教育和科普知识,而高端水平的科技话题只能用英语。

从上述分析来看,作为非英语本族语者,我们充分享受了学术语言英语化带来的益处,一方面我们运用英语可以与来自不同国家的学者进行口头笔头交流;另一方面我们也感受到在英语国际发表过程中英汉两种语言和文化差异所带来的困难和压力。然而,英语与汉语在心理空间和社会空间形成的竞争态势不易被觉察,往往被忽视,如不采取积极措施、任其发展,很可能对汉语未来的发展造成不可弥补的损失。

（二）激励英语论文国际发表政策的两面性

为促进中国学术走出去,各高校和科研机构出台了一系列激励政策。例如,北京某大学对发表在 SSCI、A&HCI 或 SCI 来源期刊上的研究论文,每篇奖励 6000 元作为科研经费;重庆某大学经济与工商管理学院的奖励办法(2010年)是:在英文 SCI、SSCI 经济管理期刊中,A+类 4 万元/篇,A 类 2 万元/篇,B类 1 万元/篇,C 类 6000 元/篇(包括除英文 SCI、SSCI 经济管理期刊中的 A+类、A 类和 B 类以外的其他英文 SCI、SSCI 经济管理期刊论文,以及英文 EI核心期刊论文);上海某大学(2013 年)的奖励办法是:SCI 和 SSCI 期刊中,国际顶级 10 万元/篇,1 区 1.5 万元/篇,2 区 1 万元/篇,3 区 5000 元/篇,4 区3000 元/篇,A&HCI 暂按照 5000 元/篇。

上述重奖政策对提高我国学术的国际影响力有积极推动作用。我国学者国际发表的积极性空前高涨,国际期刊论文数量明显增加。论文质量的高低姑且不论,数量的增加至少能够提高中国学者在国际学界的显示度,扩大中国学术的国际影响力。正如有受访者所言,鼓励英文发表是应该的,因为不用英

---

① 李宇明:《语言竞争试说》,《外语教学与研究》2016 年第 2 期。
② 汪品先:《汉语被挤出科学,还是科学融入汉语?》,《文汇报》2015 年 2 月 27 日。

文发表,国际研究领域就没有你的声音,"没你,你还有什么国际话语权"?(受访者 12,2017 年 6 月 24 日,北京)。这个逻辑非常清楚。要成为世界学术强国,当下我们必须遵循西方制定的游戏规则,成为世界学术共同体一员。就像我国当年加入世界贸易组织一样,经过 10 年艰苦谈判,我国才获得了入场券。只有进去,才有可能从边缘走向中心,进而参与规则的制定。

然而从长期效果来看,一味地鼓励用英文在国际期刊上发表论文,我们很可能忽视潜在、深层次的矛盾。首先,中国学者为了能在国际期刊上发表论文,常常以西方可以接受的理论为框架,选择西方读者感兴趣的研究课题。文秋芳①曾以我国应用语言学学者于 2001—2015 年间在国外 8 种 SSCI 来源期刊发表的 39 篇实证研究论文为分析对象,发现这些论文存在两个问题:一是"对中国本土问题关注不够";二是"创新程度较低"。长此以往,我国学者可能成为"外包加工商"②,为国外提供劳动密集型、粗加工的半成品,再由外国学者进行深度分析、处理,成为别人的"创新产品"。更为严重的是,不少学者已经习惯地认为,不用西方的理论和方法,研究就缺少理论高度和科学性。其次,对英文国际发表的"重金奖励",使优质稿源流向国外,国内顶级中文期刊很可能因收不到高质量论文,而逐步沦为"二流期刊"。

综上,学术语言英语化和相关奖励政策的利弊非常明显,我们该如何趋利避害? 毫无疑问,我们应该很好地运用英语这一世界通用语,尽快将中国学术推向世界,"不仅要让世界知道'舌尖上的中国',还要让世界知道'学术中的中国'、'理论中的中国'……让世界知道'发展中的中国'、'开放中的中国'、'为人类文明作贡献的中国'"③。在这个意义上,所有学者都要努力提高英语水平,做到能够熟练阅读英文学术文献,用英文撰写学术论文,无障碍地与国际学者用英文进行交流。只有如此,我们才能用别人听得懂的语言传播中国的学术理念、创新成果和智慧方案,才能与国际学者开展合作,组织跨国科

---

① 文秋芳:《我国应用语言学理论国际化的标准与挑战——基于中国大陆学者国际论文创新性的分析》,《外语教学与研究》2017 年第 2 期。

② 汪品先:《汉语被挤出科学,还是科学融入汉语?》,《文汇报》2015 年 2 月 27 日。

③ 习近平:《在哲学社会科学工作座谈会上的讲话》(2016 年 5 月 17 日),人民出版社 2016 年版,第 17 页。

研项目。如果我们持保守、极端的态度，拒绝学习和使用英语，那就会把自己孤立起来，与国际学界隔绝，无法融入世界学术共同体。但与此同时，我们必须充分认识到学术语言英语化及其相关鼓励政策带来的负面作用，积极采取有效措施，遏制其负面效应，特别是要拿出具体办法来应对中文学术地位受到的挑战。遗憾的是，我国学界在这方面还未形成共识。

三、重新审视学术领域中"英汉语之争"的必要性

进入 21 世纪，国际学界开始讨论学术语言英语化对非英语语言学术地位的冲击①，特别是法国、德国和北欧国家的学者②。他们敏锐地意识到，英语学术功能的迅速拓展意味着其他语言学术地位的削弱。而我国学者对这一问题的关注才刚刚开始。③ 本文开头提及，2015 年初《文汇报》曾就这一议题组织专栏讨论，用第 6 版整版刊发了同济大学汪品先院士的文章《汉语被挤出科学，还是科学融入汉语？》，同期还用第 7 版刊发了另外 3 篇文章，其中华中科技大学薛宇教授的文章《人为扩大汉语在科研上的应用：此路不通》与汪品先院士的观点针锋相对。同年 3 月 5 日《文汇报》第 10 版上刊发了复旦大学哲学院徐英瑾教授的文章《母语自信与学术国际化之间的二律背反》，对汪品先和薛宇的文章作了回应。笔者将这一讨论简称为学术领域中的"英汉语之争"。

重读《文汇报》上刊发的这些观点各异的文章，深感继续开展这一争论的重要性和必要性。汪品先出生于 1936 年，是海洋地质学家、中科院院士。八

---

① F.Salager-Meyer, "Scientific Publishing in Developing Countries：Challenges for the Future", *Journal of English for Academic Purposes*, 2008, No.2；F.Salager-Meyer, "Writing and Publishing in Peripheral Scholarly Journals：How to Enhance the Global Influence of Multilingual Scholars?", *Journal of English for Academic Purposes*, 2014, No.2.

② 濮实：《欧洲非英语发达国家学术领域母语使用的问题与对策》，《云南师范大学学报（哲学社会科学版）》2017 年第 6 期。

③ 文秋芳、濮实：《我国学者对人文社科领域内中文地位的认知与原因分析》，《云南师范大学学报（哲学社会科学版）》2017 年第 6 期。

旬老人学养丰厚、博古通今。他的文章《汉语被挤出科学,还是科学融入汉语?》有深度、有高度,也有温度,字里行间浸透着对汉语的深情厚爱和对英语化可能引发汉语危机的无限担忧。他的论述有理有节、层层深入,具有说服力、感召力、影响力,同时具有战略眼光和超前意识。他从印度学术语言英语化的教训指出学术语言英语化对我国汉语发展的潜在威胁;从目前年轻人"英语化"的科研路径(即在国外文献中找课题立项、运用国外仪器分析、把结果发到国外期刊上,获得高影响因子 SCI 论文的奖励再去申请新课题),批评我国科学研究缺少创新性,进而指出深层次创新需要母语文化的滋养;从汉字具有承载信息量大、信息熵高的特点推断汉字具有科学创新的潜力。最后他提出,应对学术语言英语化对中文学术地位挑战的措施是"以汉语为载体,开辟科学创新的第二战场"①。他还形象生动地运用美元和人民币的关系对这一问题进行了通俗易懂的解释:"和经济战线一样,这种转型要求在加强'外贸'的同时,也要扩大'内需',建成既有国际交流,又能相对独立的'内贸市场'。物质产品交换的媒介是货币,智力产品交换的媒介就是语言。如果我们在用美元扩大国际贸易的同时,也在积极用人民币结算,那么我们在用英文加强国际交流的同时,是不是应当考虑将汉语用作交流语言?"②

遗憾的是,在这场论战中,薛宇和徐英瑾都未认识到汪品先观点的实质,就匆忙表态不赞成。薛宇明确主张"语言发不发展,不是科学家该管的事""语言只是载体,用汉语还是用英语,哪种语言更方便、更精确、更容易交流,就用哪种语言""不能通过打人情牌,来建议使用汉语""中华文化是不是有优良传统,其深处是不是藏着科学创新的基因,有没有问鼎世界科学顶峰的前景,这跟用不用汉语没有一毛钱关系"③。他认为,中国有 14 亿人,英语使用者只是小众,所占比例微乎其微,谁会在乎他们使用中文还是英文。徐英瑾在反驳汪品先的观点时指出:要求人文社科学者更多地用母语写作,以承担"守护本土文化传统"的责任,"实际透露出的是浸透纸背的防守心态与弱者心

---

① 汪品先:《汉语被挤出科学,还是科学融入汉语?》,《文汇报》2015 年 2 月 27 日。
② 汪品先:《汉语被挤出科学,还是科学融入汉语?》,《文汇报》2015 年 2 月 27 日。
③ 薛宇:《人为扩大汉语在科研上的应用:此路不通》,《文汇报》2015 年 2 月 27 日。

理"。① 最好的策略就是主动进攻,即用英文撰文向世界阐述博大精深的中华文化,让不懂中文的人被中国学者的实力所折服。

薛宇与徐英瑾似乎代表了学界两种极端观点。一种认为科学家只管从事科学研究,无需关注语言发展;另一种主张人文社科学者重要的是用英文向世界传播中国文化,过分强调保护母语文化是弱者心理。这两种看法都对中文可能被排除在科学之外的危险缺乏清醒认识。汪品先的文章从未提出要排斥或拒绝学习和使用英语。他明确指出:"当今世界,科学全球英语化的趋势浩浩荡荡,顺之者昌,逆之者亡。"因此争论的焦点不是学术研究用不用英文,而是如何对待汉语在学术中的地位:让英语将汉语挤出科学,还是为汉语的发展打造空间? 这是个语言战略问题,因为中文的使用反映着国家的尊严②,中文能否为创造、传播新知识提供足够的语言资源影响着我国学科知识体系范畴化的自主性和独立性③。

四、应对"英汉语之争"的建议

目前在学术领域中,英语和汉语似乎陷入了自相矛盾的关系。我国已经成为世界第二大经济体,但我国的学术发展与国家经济实力差距明显。因此,提高我国学术创新力刻不容缓。一方面学术语言英语化已经势不可挡,我国学者别无选择,必须熟练掌握英语,参与国际学术竞争;另一方面还需要运用英语,向全世界解释中国的概念和理论。与此同时,我们还希望汉语拥有足够的创新能力,能够记载和传播古今中外的科技人文知识和智慧。那么我们该如何解决这一对矛盾呢? 笔者认为我们要主动"出招"积极应对,为此,笔者提出以下两点建议。

---

① 徐英瑾:《母语自信与学术国际化之间的二律背反》,《文汇报》2015 年 3 月 5 日。

② 文秋芳:《国家语言能力的内涵及其评价指标》,《云南师范大学学报(哲学社会科学版)》2016 年第 2 期。

③ 文秋芳:《学术领域内母语政策问题研究(主持人语)》,《云南师范大学学报(哲学社会科学版)》2017 年第 6 期。

（一）战略层面：为汉语成为世界第二主流学术语言，积极提升其语言积淀

Gordin[①] 指出，一部西方科学发展史也是一部语言变迁史。他解释道：人类早期，拉丁语曾作为唯一学术通用语；1850 年前后，英语、法语、德语在学界形成三足鼎立之势，但在同一学科内部分布不均衡；20 世纪 50 至 60 年代俄语是世界第二主流学术语言；学术语言英语化兴起于 20 世纪 20 年代，经过 50 年的较量，直到 20 世纪 70 年代才战胜了多语制，形成"英语独大"局面。简言之，学术语言英语化的历史不到百年。英语究竟能走多远？学术语言英语化在相当长时间内不会有明显变化，这一点学者们均有共识，但放到历史长河中，其前途究竟怎样？看法迥异。谁能保证"英语霸主"的地位永远不变呢？

学术语言的变迁由多种因素所致，其中政治因素、军事因素、经济因素、科技创新因素是关键。依据这些因素，笔者预测在未来 30 年内，英语仍旧是第一主流学术语言，但汉语可以成为第二主流学术语言，在某些领域有可能成为第一学术语言。如此预测基于以下两点理由。第一，我国目前是世界第二大经济体，随着经济实力的加强和军事力量的壮大，我国的国际政治影响力会随之增加，估计 30 年内中国能成为科技强国。第二，我国在某些领域已拥有创新成果，例如中医学、中国古代哲学和中国特色社会主义理论研究等。此外，我国人工智能、航天科技、通信技术等新兴领域的发展也展现出巨大创新潜力。

除了政治、经济、军事和科技因素外，陈保亚指出汉语能否成为通用语的关键是提升汉语的语言积淀。这里语言积淀是指语言承载的知识广度、深度和新颖度。他在文中指出："……经济实力超前于语言积淀的发展，往往是一种畸形发展，语言通用性并不会由此得到提升。"[②]中国虽然已经在经济实力

---

① M.D.Gordin，*Scientific Babel：How Science was Done before and after Global English*，Chicago：University of Chicago Press，2015.

② 陈保亚：《语势：汉语国际化的语言条件——语言接触中的通用语形成过程分析》，《语言战略研究》2016 年第 2 期。

上达到世界第二大经济体,但汉语的语言积淀还远未达到同等地位。以此标准,未来汉语能否成为通用语的关键是语言积淀的丰厚程度。就此,陈保亚提出了两条建议:(1)扩大翻译文本;(2)增加原创文本。所谓扩大翻译文本就是确保将世界上任何承载着原创性知识的语言文本都翻译成汉语。这样,汉语就能表达各种语言所承载的古今知识。他以佛教文本为例,说明了翻译的重要性。由于佛经经典都有汉译本,因此许多日本人、朝鲜人以汉语为媒介获取了佛教思想及其相关知识,而没有直接学习记载佛教的梵语或其他中亚语言。所谓增加原创性文本,本质上就是提高汉语文本的创新性。这就是说,汉语文本中承载的信息在其他语言中没有,汉语是获取这些信息的唯一媒介。笔者认为,20世纪50至60年代俄语能够成为世界第二主流学术语言,很可能就是因为苏联在这一时期人造卫星上天、航空航天技术处于世界巅峰。

要实施陈保亚提出的两条建议,目前还有操作困难。第一,国内科研评价体系对翻译成果的认可度比较低,翻译国外的理论著作远不如自己撰写专著。第二,对论文的原创性缺乏评价标准。目前的评价只看发表论文的期刊是否属于SCI、SSCI、A&HCI或CSSCI,根本不看论文创新性的高低。鉴于上述两个操作困难,笔者建议,当下亟须修改评价体系,应该将翻译具有原创性的外国学术著作工作量等同于学术专著的科研工作量,同时要对经典著作(世界主要国家的重要学术著作)英译汉工程加强顶层设计,鼓励高水平学者参与;学术成果评价一定要以"创新性"作为关键指标。一篇文章的质量要看发表刊物的级别,更要考察其创新性的高低。对于青年学者来说,可以从重复验证性研究入手,但不能就此止步。正如汪品先所希望的那样:"年轻人能够更上一层楼,成为具有双语能力、拥有东西方双重文化底蕴的人,通过科学去促进中华振兴,而不是蹒跚在世界科学村头,邯郸学步、东施效颦。"①

(二) 战术层面:区别自然科学和人文社会科学领域,采用不同的双语发表政策

在全球化时代,一名称职的学者必须要具备汉英双语写作能力,在中外学

① 汪品先:《汉语被挤出科学,还是科学融入汉语?》,《文汇报》2015年2月27日。

术交流中游刃有余,既能在国际一流期刊上发表论文,又能在国内中文期刊上发表高质量论文。由于自然科学领域与人文社会科学领域研究对象有异,自然科学学者可采用"先英、后中"策略,即先用英文发表,在世界范围内抢占创新制高点,再用中文发表,这样既可丰富汉语科技领域的语汇,又可让英语水平偏低的读者尽快获得前沿知识。人文社会科学学者可以采用"先中、后英"策略,即先发表中文论文,再用英文发表。事实上,与英文相比,中文发表周期短,及早在中文期刊上刊发研究结果,可让中国读者先受益,然后用英文发表,也可让中国成果走向世界。不过,这里可能需要国内在政策方面作些许调整。笔者曾经就"双语发表"这一问题在国内做过电话调查,大概有一半受访者不同意这一做法,他们认为这是一种变相的"自我剽窃",另一半人不置可否,认为这是"灰色地带"。就这一议题,笔者和高一虹曾发表《重复发表与学术不平等》("Dual publication and Academic Inequality")[1]一文。该文指出:两种不同语言学术论文的规范不同,撰写中文和英文论文的方式不能单纯靠翻译,因此双语发表不仅不能看作学风问题,相反应该大力提倡,这也是克服英语母语者和非英语母语者之间学术不平等的最佳措施。

　　鼓励论文双语发表至少有两个好处。第一,在鼓励"中国学术走出去"的同时,还能增强汉语的传播力。这里传播力指的是"中文创造或推广新知识的能力"[2]。语言不仅是符号系统,而且是意义系统。从这个意义上说,汉语的语汇只有随着社会政治、经济、文化、科技的发展不断更新与扩大,汉语才能具有传播力。用汉语发表最新学术成果,能够"迫使"学者将英文概念翻译成贴切的汉语;凡是汉语的原创成果,作者会首先使用母语中的"本土概念",然后再翻译成恰当的英文。如此实践,汉语的"语言积淀"就能够逐步丰富起来。目前"重英轻汉"或"唯英弃汉"的倾向在自然科学领域非常明显,"语言积淀"出现了危机,大量的英文学术词汇没有对应的中文译文,易导致国内学者交流时中英文混杂,汉语的交际功能受到挤压,同时在代际科技知识的传递

---

① Q.F.Wen & Y.H.Gao,"Dual Publication and Academic Inequality",*International Journal of Applied Linguistics*,2007,No.2.

② 文秋芳:《国家语言能力的内涵及其评价指标》,《云南师范大学学报(哲学社会科学版)》2016 年第 2 期。

上,汉语意义体系会出现"空缺"现象。这就是汪品先对"汉语被挤在科学之外"担忧的原因所在。第二,鼓励双语发表有利于加强"海归派"和"本土派"之间的团结协作,提高国内学术共同体的战斗力。目前有些"海归派"熟悉国际论文发表的流程和要求,善于用英文发表论文,而对中文期刊的规范不熟悉,论文发表困难重重。他们虽然在国外高影响因子期刊上发表了数篇论文,但在国内共同体内难以发出自己的声音。有些"本土派"在中文期刊上发表多篇论文,但不擅长用英文发表。少数人满足于自己在国内的影响力,但与国际交流不足。不可否认,我国仅有少数学者具有很强的双语能力,在国内外学界也很活跃,但大部分学者双语发表数量不均衡。如果"海归派"和"本土派"能够结成"互助"对子,彼此之间取长补短、互助共赢,走"双语"发表道路,我国学术发展肯定会上一个新台阶,同时也能为建立一个和谐、健康的学术共同体提供良好的学术氛围。

五、结语

国家强则语言强。随着我国经济实力的提高、国际影响力的增强,我们应该认真思考如何保护和提升中文的国际地位。目前,不少学者对这一问题敏感度很低,甚至熟视无睹、漠不关心。需要强调的是,提出讨论这一问题的实质不是要改变当前学术语言英语化的趋势,因为语言的使用不完全以人的意志为转移。但人为的努力有可能遏制某些负面倾向的蔓延。从宏观层面考虑,我们要将汉语成为第二主流学术语言作为长期奋斗目标。从微观层面考虑,我们需要采取积极措施,避免汉语的心理功能和社会功能遭到挤压和蚕食。只要政府和学界共同努力,笔者相信这一目标一定能够实现。

(本文原载《新疆师范大学学报(哲学社会科学版)》2018 年第 6 期)

对"国家语言能力"的再解读

——兼述中国国家语言能力 70 年的建设与发展①

　　强国必强语,强语助强国。② 在我国逐步走向世界舞台中心、世界需要中国智慧和中国方案的背景下,提升国家语言能力显得尤为重要。近十年来,我国学者在国家语言能力研究领域已取得一些开创性成绩,但在理论深度和彰显中国特色方面尚有不足。为此,2018 年国家语言文字工作委员会(以下简称国家语委)将"'国家语言能力'内涵及提升方略研究"列为重大项目,期待我国学者在这一领域有所突破,笔者带领团队有幸获批这一项目。本文将报告笔者对国家语言能力内涵重新解读的初步成果。全文由四部分组成:第一部分回顾前期研究,总结其优势及局限;第二部分说明国家语言能力的新内涵及其构成;第三部分根据国家语言能力的新阐述,以举例方式评述新中国成立70 年来在该领域所取得的成就和面临的挑战;第四部分对未来研究"国家语言能力"提出建议。

一、文献回顾

　　1993 年,美国学者 Brecht 和 Walton 率先提出"国家语言能力"(National

---

① 基金项目:本文系国家语委重大科研项目"'国家语言能力'内涵及提升方略研究"(ZDA135-7)的阶段性成果。

② 杜占元:《普通话助力建设语言文化强国》,《语言文字周报》2017 年 11 月 22 日。

302

Language Capacity)这一概念,并将其定义为"国家应对特定语言需求的能力"①,这实际上指的是国家外语能力。随后一些美国学者开展了相关研究②,但这些研究缺乏理论性和系统性。2011年这一概念被引进我国③,随后一些学者对其进行评述与讨论④。表4.5列出了这些研究的主要观点,并对其进行了评述。

表 4.5　关于"国家语言能力"的主要观点及评述

作者	定义	分项能力	评述
李宇明⑤	国家处理海内外事务所需的语言能力,其中包括国家发展所需要的语言能力。	(1)语种能力;(2)国家主要语言的国内外地位;(3)公民语言能力;(4)拥有现代语言技术的能力;(5)国家语言生活管理水平。	定义沿用美国学者思路,内容较全面,但分项能力中未区分国家层面和个人层面的语言能力,各分项能力之间缺乏内在逻辑关系;命名缺乏统一性,有的用"能力",有的用"地位""水平"。

① R.D.Brecht & A.R.Walton,"National Strategic Planning in the Less Commonly Taught Languages",NLFLC Occasional Paper,https://eric.ed.gov/? id=ED367184,1993.

② R.D.Brecht & W.P.Rivers,"Language Policy in the U.S.Questions Addressing a Sea Change in Language in the U.S.",*NFLC Policy Issues*,1999,No.1;R.D.Brecht & W.P.Rivers,"Language Needs Analysis at the Societal Level",in M.Long,*Second Language Needs Analysis*,Cambridge:Cambridge University Press,2005,pp.79-104;R.D.Brecht & W.P.Rivers,"US Language Policy in Defence and Attack",in S.Bernard,*The Cambridge Handbook of Language Policy*,Cambridge University Press,2012,pp.262-277;F.H.Jackson & M.E.Malone,"Building the Foreign Language Capacity We Need:Toward a Comprehensive Strategy for a National Language Framework",http://www.cal.org/resource-center/publications-products/building-foreign-language-capacity,2009;D.Murphy & K.Evans-Romaine,*Exploring the US Language Flagship Program:Professional Competence in a Secondlanguage by Graduation*,Clevedon:Multilingual Matters,2016.

③ 文秋芳:《关于提升我国国家外语能力的思考与建议》,《教育部咨询报告》,2011年。

④ 黄德宽:《语言能力与国家现代化建设刍议》,《语言科学》2016年第4期;李宇明:《提升国家语言能力的若干思考》,《南开语言学刊》2011年第1期;陆俭明:《"语言能力"内涵之吾见》,《语言政策与规划研究》2016年第1期;文秋芳:《国家语言能力的内涵及其评价指标》,《云南师范大学学报(哲学社会科学版)》2016年第2期;文秋芳:《国家话语能力的内涵——对国家语言能力的新认识》,《新疆师范大学学报(哲学社会科学版)》2017年第3期;魏晖:《国家语言能力有关问题探讨》,《语言文字应用》2015年第4期;赵世举:《全球竞争中的国家语言能力》,《中国社会科学》2015年第3期;周庆生:《国家语言能力的结构层次问题》,《语言政策与规划研究》2016年第1期。

⑤ 李宇明:《提升国家语言能力的若干思考》,《南开语言学刊》2011年第1期。

作者	定义	分项能力	评述
赵世举①	一个国家掌握利用语言资源、提供语言服务、处理语言问题、发展语言及相关事业等方面能力的总和。	(1)语言资源拥有能力;(2)语言使用及服务能力;(3)语言资源开发利用能力;(4)国民语言能力;(5)语言人才储备能力;(6)语言管理及语言事业发展能力;(7)语言影响力。	定义沿用美国学者思路,内容较全面,但概括性、系统性不够;分项能力命名具有统一性,但将国民语言能力纳入国家语言能力不够妥当。
魏晖②	国家分配和管理国家语言资源的效率,是一种突出内部要素禀赋的内生性能力,是建设文化强国的基础。	(1)国家通用语言文字的普及程度及水平;(2)国民掌握语种的数量及水平;(3)各语种人才的数量、水平和结构分布;(4)语言资源库的可开发性及开发效率;(5)语言学习资源的可利用性及利用效率;(6)语言信息处理能力;(7)管理社会语言生活的能力。	定义突出管理效率,视角新颖,但不完全适合分析国家语言能力,因为这是社会公共产品而非纯市场化产物;分项能力比较全面,符合中国国情,但缺乏内在逻辑结构。
文秋芳③	政府处理海内外涉及国家战略利益事务所需的语言能力。	(1)国家对涉及国家战略利益语言事务的管理能力(简称管理能力);(2)对语言人才资源的掌控能力(简称掌控能力);(3)对语言人才资源的创造能力(简称创造能力);(4)对语言处理技术的开发能力(简称开发能力);(5)对通用语言国际影响的拓展能力(简称拓展能力)。	定义仅限于战略层面,过于狭窄;分项能力仅适合分析美国国家语言能力的实践,不完全符合我国实际情况。

　　以上各位学者的定义既有共同之处,又有明显差异。李宇明、赵世举和文秋芳基本沿用了美国学者的思路,明确指出了国家语言能力的执行主体和应用范围,清晰说明了国家语言能力是语言能力的一种;差异在于,李宇明、赵世

① 赵世举:《全球竞争中的国家语言能力》,《中国社会科学》2015 年第 3 期。
② 魏晖:《国家语言能力有关问题探讨》,《语言文字应用》2015 年第 4 期。
③ 文秋芳:《国家语言能力的内涵及其评价指标》,《云南师范大学学报(哲学社会科学版)》2016 年第 2 期。

举的应用范围比较宽泛,而文秋芳的定义则重点强调战略层面的应用。依据杨亦鸣①的观点,李宇明和赵世举的定义属于对国家语言能力的宽泛解释,包括公民(国民)个人语言能力和社会语言能力,文秋芳的定义则属于狭义解释,仅指国家在战略层面处理政治、经济、外交、军事、科技、文化等各种国内外事务中所需要的语言能力。魏晖的定义以行政管理学为出发点,认为这是政府分配、管理和利用语言资源的效率,其优势是有理论视角,但似乎不适于讨论国家语言能力这一社会公共产品。

从分项能力来看,各定义的相似度很高。文秋芳②列出的 5 个分项能力基本上覆盖了其他学者阐述的内容(见图 4.2),但有两点未涵盖:第一,公民语言能力或国民语言能力,其认为这不属于国家语言能力范畴;第二,魏晖提及的国家通用语言文字的普及程度及水平,其当时认为这一点似乎与国家战略利益无关。事实上,从中国国家语言能力建设的角度来看,这是一项重要内容。

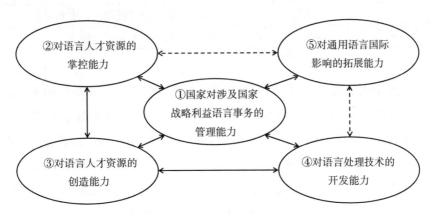

图 4.2　国家语言能力的构成及其关系

文秋芳③还就 5 个分项能力提出了评价指标(见表 4.6)。这是学界对国

---

① 杨亦鸣:《提高国家语言能力迫在眉睫》,《人民日报》2015 年 11 月 24 日。

② 文秋芳:《国家语言能力的内涵及其评价指标》,《云南师范大学学报(哲学社会科学版)》2016 年第 2 期。

③ 文秋芳:《国家语言能力的内涵及其评价指标》,《云南师范大学学报(哲学社会科学版)》2016 年第 2 期。

家语言能力认识的第一阶段。

表 4.6　国家语言能力分项能力的评价指标

	分项能力	评价指标	说明
1	管理能力	组织力	管理机构的布局及其任务的合理性
		规划力	对未来需求的预测以及制定应对方案的计划性
		执行力	落实规划的速度和效率
		应急力	处理海内外突发事件的快速反应能力
2	掌控能力	通晓力	对国家拥有语言资源的种类和质量的熟悉程度
		支配力	调用语言资源服务国家需求的速度和准确性
3	创造能力	实践力	培养国家短缺语言人才计划的落实能力
		科学力	培养国家短缺语言人才的有效性
4	开发能力	信息挖掘力	挖掘公开(开源)情报的自动化程度与准确性
		机器翻译力	运用机器翻译语言的速度和质量
5	拓展能力	影响力	国家通用语言在国际交流中使用的广度和深度
		传播力	国家通用语言创造或推广新知识的能力

在国家语言能力研究的第二阶段,文秋芳依据 Saussure① 的 Langue/Parole 和 Chomsky② 的 Competence/Performance 的观点,将其划分为国家语言资源能力和国家话语能力,前者类似于 Langue 或 Competence,后者相当于 Parole 或 Performance③。国家话语能力是对国家语言资源能力的运用,缺少国家语言资源能力,国家话语能力就成了无源之水、无本之木;缺少国家话语能力,国家语言资源能力就成了博物馆的陈列品,只能观赏,无实用价值。图 4.3 展示了国家语言能力的双层结构。

综上所述,目前我国学者已经对国家语言能力定义及其解读做了大量工作,具有一定的理论初创性,但其局限性仍非常明显。第一,未将国家语言资

---

① F.De.Saussure, *A Course in General Linguistics*, New York: The Philosophical Library, 1959.

② N.Chomsky, *Aspects of the Theory of Syntax*, Cambridge, Mass: MIT Press, 1965.

③ 文秋芳:《国家话语能力的内涵——对国家语言能力的新认识》,《新疆师范大学学报(哲学社会科学版)》2017 年第 3 期。

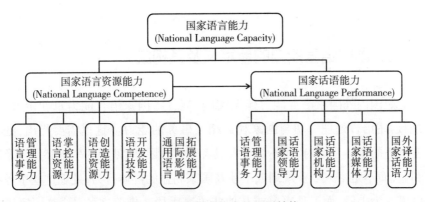

图 4.3 国家语言能力的双层结构

源能力和国家话语能力整合在统一框架内。第二,缺少双向研究思路,仅由外向内看,即以其他国家实践为标杆审视我国国家语言能力建设;缺少由内向外看的视角,即以我国实践为出发点,审视其他发达国家情况,考察我国自身优势,展现已取得的辉煌成绩。例如,文秋芳①、张天伟等②以美国为参照点,构建国家语言能力的理论框架,查找我国国家语言能力建设的短板,对提升我国国家语言能力起到了推动作用。习近平总书记指出:"观察当代中国哲学社会科学,需要有一个宽广的视角,需要放到世界和我国发展大历史中去看。"③因此本文将融合内外视角,把国家语言资源能力和国家话语能力整合在同一个体系内,对国家语言能力的定义和分项能力进行重新解读,调整文秋芳前期提出的理论框架及其评价指标④,使其更具概括性和普遍性。

---

① 文秋芳:《国家语言能力的内涵及其评价指标》,《云南师范大学学报(哲学社会科学版)》2016年第2期。

② 参见文秋芳、张天伟:《国家语言能力理论体系构建研究》,北京大学出版社2018年版。

③ 习近平:《在哲学社会科学工作座谈会上的讲话》(2016年5月17日),人民出版社2016年版,第3页。

④ 文秋芳:《国家语言能力的内涵及其评价指标》,《云南师范大学学报(哲学社会科学版)》2016年第2期;文秋芳:《国家话语能力的内涵——对国家语言能力的新认识》,《新疆师范大学学报(哲学社会科学版)》2017年第3期。

二、国家语言能力的新定义及其构成

参照国内外国家语言能力建设实践,笔者将国家语言能力重新定义为:"政府运用语言处理一切与国家利益相关事务的能力。"这里需要指出,处理语言事务的主体是政府,而不是个人或者非官方团体;处理的事务必须涉及国家利益,而不是个人职业规划或不涉及国家利益的群体行为;处理这些事务必须以语言为手段,而不是军事或其他非语言手段。借鉴文秋芳①对国家语言能力分项能力的界定,笔者提出了新框架。如图 4.4 所示,国家语言能力由三部分组成:(1)国家语言治理能力(简称治理能力);(2)国家语言核心能力(简称核心能力);(3)国家语言战略能力(简称战略能力)。三部分形成一个

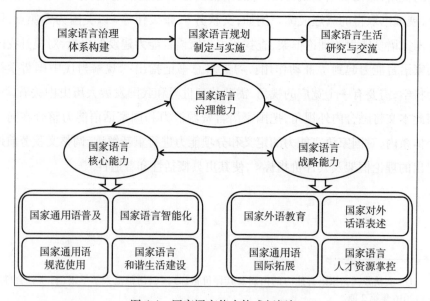

图 4.4　国家语言能力构成新框架

① 文秋芳:《国家语言能力的内涵及其评价指标》,《云南师范大学学报(哲学社会科学版)》2016 年第 2 期;文秋芳:《国家话语能力的内涵——对国家语言能力的新认识》,《新疆师范大学学报(哲学社会科学版)》2017 年第 3 期。

稳定的三角形。治理能力位于顶端,是指政府运用语言处理国内外两类事务的效力和效率,具有全局性和统领性特点,决定着核心和战略两类能力的发展方向和效果。核心能力具有基础性和先导性特点,是国家政治安全、领土完整、社会和谐、经济发展、文化繁荣、信息安全等的压舱石,是战略能力发展的前提,应置于国家语言能力建设的优先位置;战略能力着眼未来,具有前瞻性和长远性特点,是国家对外进行开放、维护国家主权、塑造国家形象、提升国家国际地位的支柱,对核心能力建设有促进作用。核心能力和战略能力又反作用于治理能力的建设和发展,故用双向箭头连接,表示它们之间的互动关系。

　　表4.7列出了国家语言能力的三类分项能力所涵盖的不同维度,以及其意义解释。每个分项能力涵盖3—4个维度,每一维度再分为若干方面。需要说明的是,国家语言能力的三个分项能力相对稳定,但每个分项能力所涵盖的维度具有开放性和动态性。这里的"开放性"和"动态性"是指随着国家语言能力建设和发展的需要,每个分项能力所覆盖的维度需有相应的变化和调整。

表 4.7　国家语言能力三类分项能力涵盖的维度及解释

类型	各维度名称	解释
国家语言治理能力	国家语言治理体系构建	政府能否有效构建国家语言治理的行政体系
	国家语言规划制定与实施	政府对国家语言事务治理是否有系统的计划和落实措施
	国家语言生活研究与交流	政府语言治理机构是否能组织对社会语言生活进行系统研究,并开展国内外交流
国家语言核心能力	国家通用语普及	政府能否依法依规有效普及国家通用语
	国家通用语使用规范	政府对通用语的使用是否采取了系列规范措施
	国家语言智能化	政府能否有效运用智能化技术输入和处理不同语言,从而满足机器翻译、人工智能、智慧教育等方面的需求
	国家语言和谐生活建设	政府能否恰当处理国家通用语、少数民族语言、方言之间的关系,纸质媒体和网络媒体之间的关系,构建语言生活的和谐社会环境

类型	各维度名称	解释
国家语言战略能力	国家外语教育	政府能否培养出外语语种数量多且质量高的国际化人才,以满足国家处理各种国际事务的需求
	国家通用语国际拓展	政府能否在国际上有效提升国家通用语的地位并达到预期效果
	国家语言人才资源掌控	政府能否掌控并有效使用国家的各种语言人才资源
	国家对外话语表述	政府能否在国际场合有效表述国家话语并恰当译成所需的外语语种

与文秋芳前期建构的理论框架(见图 4.2)相比,这个新框架具有两个特点:第一,根据内在逻辑关系,首先确立了国家语言能力的 3 个分项能力及其关系,然后再分析各分项能力所涵盖的不同维度;第二,3 个分项能力涵盖的维度更丰富、更全面,也更开放,能够充分解释中美两国的国家语言能力建设和发展实践。

三、我国国家语言能力 70 年建设的成就及不足

下文将根据表 4.7 中 3 个分项能力所涵盖的维度,以举例的方式说明新中国成立 70 年来我国在国家语言能力建设上所取得的骄人成就及其不足。

(一) 国家语言治理能力

建设国家语言治理能力可从三个维度入手:治理机构体系构建、规划制定与实施、语言生活研究与交流。新中国成立 70 年来,我国国家语言治理能力发生了翻天覆地的变化,从无到有,从弱到强,逐步适应并推动语言强国的建设。下文将以"治理体系构建"为例展示我国语言治理能力的快速发展和面临的挑战。

衡量治理能力的指标主要有完整性、协调度和执行力(见表 4.8)。完整

性是指政府对国家语言治理是否有上下联动,覆盖全国的机构体系。这是决定治理能力高低的行政基础。根据教育部、国家语委印发的《〈国家语言文字事业"十三五"发展规划〉分工方案》①,国家语言文字工作涉及政府不同部门,他们有分工、有交叉、有合作。以推广普通话为例,在农村开展普通话宣传推广工作、大力提升青壮年劳动力普通话水平的任务,由国家语委牵头,参与的单位有中宣部、文化部、原新闻出版广电总局、全国总工会、团中央、全国妇联和相关地方语委。在少数民族地区提升教师、基层干部和青壮年农牧民国家通用语言文字的应用能力的任务,由国家语委牵头,参与的单位有教育部、国家民委、人力资源和社会保障部、全国总工会、团中央和相关地方语委。虽然国家语言能力建设和发展涉及多个政府部门和社会团体,但在这多个部门中起关键和协调作用的是国家语委。因此,下文以国家语委为例,说明新中国成立 70 年来我国国家语言治理能力的发展。

表 4.8　国家语言治理能力三维度的评价指标

评价指标	说　　明
完整性	国家是否有从中央到地方上下贯通的语言治理机构体系
协调度	政府建立的各语言治理体系之间是否有很好的横向分工与协作关系
执行力	政府建立的各语言治理机构体系能否发挥应有功能,且取得成效

　　国家语委原名为中国文字改革委员会,直属国务院领导,于 1954 年 12 月正式成立,1985 年 12 月更改为现名。1998 年机构改革,国家语委并入教育部,对外保留国家语委的牌子。经过多年的不懈努力,教育部、国家语委领导下的语言治理机构体系已基本完善,这是世界上规模最大、上下联动的国家语言能力治理机构体系。

　　根据图 4.5 所示,整个治理机构体系分为国家和地方两个层面。国家层面的领导机构是教育部和国家语委。根据 2017 年发布的《中国语言文字事业发展报告》白皮书,国家语委是"由 29 个党政部门、社会团体等组成的规划并

---

① 国家语言文字工作委员会:《国家语言文字事业"十三五"发展规划(草稿)》,2016 年。

统筹推进国家语言文字事业的职能部门"①,是一个跨政府部门、跨社会团体的协同工作机构,同时也是一个领导决策机构,下设"两司""一所""一社"。"两司"指教育部语言文字应用管理司(简称语用司)和教育部语言文字信息管理司(简称语信司),负责承办国家语委布置的具体工作;"一所"属于科研单位,专门研究有关语言文字应用的实践和理论问题;"一社"为语文出版社。在国家层面上还设有国家语委咨询委员会,属于指导咨询机构,是执行机构的智囊团,负责提供咨询和指导建议。

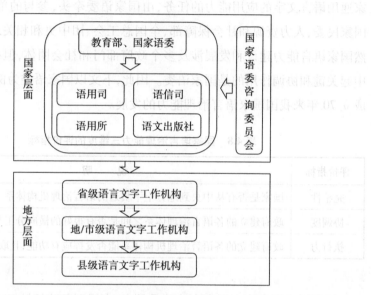

图 4.5 国家语委主导的国家语言能力治理机构体系

地方层面有省(自治区/直辖市)级、地/市级、县级三级自上而下的语言文字工作机构,与国家层面国家语委的工作相对接。截至 2016 年,全国 31 个省(自治区/直辖市)全部设立了语言文字工作机构。截至 2017 年,除港澳台地区,全国已建立地级和县级语言文字机构 2238 个,另有 277 个地级、县级行政区虽无固定机构,但有专职人员负责。将这两类合在一起,我国已有 78.35%的地、县两级行政区落实了语言文字工作的管理。

① 参见国家语言文字工作委员会组编:《中国语言文字事业发展报告(2017)》,商务印书馆 2017 年版。

前文中完整性指的是纵向行政体系的完善度,协调度是指横向机构之间的联动与合作。进入 21 世纪以来,国家语委的协调功能日趋增强。前文提到国家语委是一个跨部委语言文字工作的协调机构,由 29 家单位组成,其中包括教育部、中宣部、广电总局、外交部、文化部、公安部、科技部、民政部等。凭借这个协调机制,国家语委研制了系列外文译写国家标准。例如,《公共服务领域外文译写规范》的研制于 2014 年启动,历时三年,2017 年该标准由国家质量监督检验检疫总局、国家标准化管理委员会批准并向社会正式发布。目前已公布的译写规范包括《公共服务领域俄文译写规范》《公共服务领域日文译写规范》与《公共服务领域英文译写规范》。该系列《规范》是关于公共服务领域外文翻译和书写质量的国家标准,说明了 13 个服务领域(交通、旅游、文化、娱乐、体育、教育、医疗卫生、邮政、电信、餐饮、住宿、商业、金融)的外文译写原则、方法和要求。执行力关注整个行政体系运行的效果。要想确保治理机构体系的有效运行,必须要有督查机制。2000 年全国人大常委会第十八次会议通过的《中华人民共和国国家通用语言文字法》中第三章"管理和监督"列出了 7 条条款。自此,全国有 19 个省(区/市)将语言文字工作纳入教育督导评估。为了更好地落实《中华人民共和国国家通用语言文字法》并全面贯彻《国家中长期语言文字事业改革和发展规划纲要(2012—2020 年)》,2015年,国家语委、国务院教育督导委员会办公室共同制定了《语言文字工作督导评估暂行办法》(以下简称《暂行办法》),并附有清晰的评估指标体系框架(以下简称《评估框架》)。《暂行办法》包括 5 章:(1)总则;(2)督导评估内容;(3)督导评估的实施;(4)奖励与问责;(5)附则。第三章(督导评估的实施)内容明确、清晰,包括评估对象、评估周期、督导组组成、评估具体程序和评估方式。《评估框架》中包含 4 个一级指标:(1)制度建设(20 分);(2)条件保障(15 分);(3)宣传教育(30 分);(4)发展水平(35 分)。每个一级指标包含 2—5 个不等的二级指标。以制度建设为例,其二级指标包括:组织领导(7分)、政策规划(8 分)和督查机制(5 分)。由此可以看出,这个《暂行办法》具有很强的操作性。2016 年教育部、国家语委在河北、甘肃两省开展了评估试点。2017 年全国 36 个一类城市完成评估,二类城市完成率达到 90.06%,三类城市完成率达到 62.47%①。

将现有治理机构体系与国家语言能力构成相匹配,我国仍旧面临三个挑战:第一,地方层面还有 20% 以上的地(市)级和县级治理机构体系有待落实;第二,对国家语言战略能力的治理相对薄弱,国家对外话语表达这一维度目前尚无专门机构管理;第三,不同学段的外语教育由基础教育司、职业教育与成人教育司和高等教育司三个不同机构负责,未形成相互衔接的"一条龙";第四,国家民委与教育部在语言文字工作上有明显重叠。笔者建议将国家语委设置为统管国家语言能力建设的顶层机构,这样就可以保障语言治理能力的完整性、协调度和执行力。

(二)国家语言核心能力

国家语言核心能力涉及 4 个维度:国家通用语普及、国家通用语规范使用、国家语言智能化与国家语言和谐生活建设。衡量这 4 个维度的评价指标是政策力、实践力和绩效力(见表 4.9)。新中国成立 70 年来我国国家语言核心能力建设取得了举世瞩目的成就,为国家统一、民族团结、社会稳定和经济发展作出了不可或缺的贡献。下面将根据表 4.9 中 3 个评价指标,以国家通用语普及这一维度为例,说明我国国家语言核心能力 70 年的持续稳定发展状况。

表 4.9　国家语言核心能力四维度的评价指标

评价指标	说　明
政策力	对国家语言核心能力是否制定了相关法律、法规、条例、标准等
实践力	对国家语言核心能力的相关政策是否提出具体的落实措施
绩效力	对国家语言核心能力相关政策的落实措施是否取得预期效果

政策力是指政府对通用语的普及是否制定了比较完善的政策、法规。自新中国成立以来,中央政府对"书同文、语同音"这项事关各民族团结、国家安

定和社会和谐的工作高度重视。1956 年国务院发布《关于推广普通话的指示》,1958 年第一届全国人大通过《汉语拼音方案》,1982 年有关推广普通话的内容写进我国宪法①,特别是 2000 年全国人大通过的《中华人民共和国国家通用语言文字法》明确规定:我国通用语言文字是普通话和规范汉字。截至 2016 年,我国已经发布了与之相应的 23 部地方性法规。②

实践力是政府对普及国家通用语采取的措施是否具有广度和深度。中华人民共和国成立 9 天后,就成立了中国文字改革协会,组织专家队伍设计《汉语拼音方案》。该方案历经 8 年反复研讨与修改,于 1958 年正式公布。这为扫盲、识字和推广普通话打下了坚实基础。从国家语言文字工作"七五"规划(1986—1990 年)起,后续的每个"五年计划"都把"推广普通话"作为首要任务。我国改革开放前的推广普通话总方针为:"大力提倡、重点推行、逐步普及"。这 12 字方针体现了政府充分认识到在全国推广普通话的长期性、艰巨性和持续性,既需要广泛宣传,让全社会更多人参与,又需要突出重点,抓主要矛盾,以点带面,稳步前行。随着改革开放的推进,从"八五"计划起,把推广普通话总方针调整为"大力推行、积极普及、逐步提高"。这表明推广普通话工作进入新阶段。政府推广普通话的力度有所加大,措施有所加强,普及率的指标有所提高。2017 年国家语委印发了《国家通用语言文字普及攻坚工程实施方案》(以下简称《方案》)。这一《方案》制定了明确的目标(全国平均普及率达到 80%以上)、任务、措施和验收指标,使推广普通话工作的广度和深度又上了一个新台阶。

绩效力是指普及通用语所取得的成效如何。从 1956 年 2 月国务院公布《关于推广普通话的指示》起,普通话得到稳步推广。截至 2017 年,我国在全国范围内已经实现了 1997 年提出的普及率奋斗目标,达到 70%以上。③ 不足的是东西部、城乡之间发展不平衡,东西部的普及率差距达到 20

---

① 陈章太、谢俊英:《语言文字工作稳步发展的 60 年》,《语言文字应用》2009 年第 4 期。
② 参见国家语言文字工作委员会组编:《中国语言文字事业发展报告(2017)》,商务印书馆 2017 年版。
③ 参见国家语言文字工作委员会组编:《中国语言文字事业发展报告(2017)》,商务印书馆 2017 年版。

个百分点,大城市与一些农村的差别达到 50 个百分点。1998 年,经国务院批准,每年 9 月第三周定为全国推广普通话宣传周(以下简称推普周)。每年推普周都有不同的宣传主题,例如 2002 年是"大力推广普通话,齐心协力奔小康";2004 年是"实现顺畅交流,构建和谐社会";2012 年是"推广普通话,共筑中国梦";2013 年是"依法推广普通话,提升国家软实力";2017 年是推普周活动开展 20 周年。从中央到地方,长期举办各种类型的普通话培训班,有效提高了各民族干部、教师的普通话水平。仅 2017 年,地方上参加培训的人数就达 399692 人。①

新中国成立 70 年来,虽然我国普通话普及工作有部署、有落实、有检查,成效明显,但在法律法规上"刚性"显得不足,对违反法律法规者无惩戒措施;对普及普通话在维护国家统一、增强民族团结、提高国家认同方面的意义认识还不够充分;对在普及普通话中起关键作用的学校教师要求不够严格,培训不够到位。这些问题仍需花大气力加以解决。

(三) 国家语言战略能力

国家语言战略能力也涵盖 4 个维度:国家外语教育、国家通用语国际拓展、国家对外话语表述和国家语言人才资源掌控。与国家语言核心能力相比,我国国家语言战略能力发展速度与质量相对滞后。随着我国综合国力不断增强、国际地位持续提升,对国家语言战略能力的需求也在不断增强。进入 21 世纪,特别是党的十八大以来,"一带一路"倡议的提出对国家语言战略能力的需求尤为迫切。下文根据表 4.10 中"覆盖面""科学性""影响力"三个评价指标,以国家外语教育维度为例,说明新中国成立 70 多年来国家语言战略能力的建设与发展。

---

① 参见国家语言文字工作委员会组编:《中国语言文字事业发展报告(2018)》,商务印书馆 2018 年版。

表 4.10　国家语言战略能力四维度的评价指标

评价指标	说　　明
覆盖面	国家语言战略能力辐射多少国家、地区和领域。
科学性	国家语言战略能力的提升是否符合内在规律性,是否符合社会需求。
影响力	国家语言战略能力在多大范围内产生正面、积极效果。

　　覆盖面是指我国通过外语教育创造的语言人才种类能够涵盖多少国家、地区和领域。换言之,我国外语教育涉及的语种数量有多少,能与世界上多少种语言进行直接沟通,能在多少领域内发挥功能。根据国家外语人才资源动态数据库①的统计,2010—2015 年我国高校招收的非通用语专业仅有 44 种,6 年招收的总人数仅 8 万余人,其中朝鲜语占 33%。2016 年增加到 65 种,覆盖了欧盟国家 24 种官方语言和东盟 10 国官方语言,2017 年达到 83 种,2018 年达到 98 种,2019 年新增 3 个语种,到 2020 年,北京外国语大学将开齐与中国所有建交国家的官方用语专业②。虽然近十年来,政府下发了多个加强非通用语教育的文件,我国高等教育培养外语人才的种类有了快速发展,但与美国相比,我国仍有明显差距。2009 年美国高校已经能够开设 259 种语言的课程,其中非通用语 244 种。③

　　科学性是指外语人才培养方式是否符合内在规律,是否符合社会需求。20 世纪 80 年代后期,只有上海外国语大学、北京外国语大学等少数高校开展了复合型外语人才的教学实验,大部分外语专业主要培养外国文学、语言学和翻译人才。直到 1998 年 12 月,教育部高教司转发了《关于外语专业面向 21 世纪本科教育改革的若干意见》后,复合型外语人才培养的必要性、复合型外语人才的概念和培养模式才得到官方文件的正式确认④,复合型外语人才的

_____

　　①　笔者曾承担了全国哲学社科规划办的重大招标项目"国家外语人才资源动态数据库建设"(12&ZD176)。

　　②　《大学简介》,北京外国语大学官网,见 http://www.bfsu.edu.cn/overview。

　　③　N.Furman, D.Goldberg & N.Lusin, "Enrollments in Language other than English in United States Institutions of Higher Education",2009,http://www.mla.org/2009_enrollmentsurvey。

　　④　高等学校外语专业教学指导委员会:《关于外语专业本科教育改革的若干意见》,《外语界》1998 年第 4 期。

培养才逐步得到重视。目前的模式有："外语+专业知识""外语+专业方向""外语+专业""专业+外语"和双学位。2000年颁布的《高等学校英语专业英语教学大纲》首次将复合型人才列为英语专业的培养目标。[①] 自此,外语专业培养复合型人才"名正言顺"。不足的是,在这个阶段外语人才的培养强调了语言和专业的叠加,忽视了立德树人是教育的根本任务,一味强调对西方语言文化的学习,忽略了中华文化,未能恰当处理国际视野和中国立场之间的辩证关系。2017年以来,这一不良倾向正逐步予以纠正,但在课程、教材和课堂教学中得到全面纠正尚需时日。

影响力是指国家投入资源培养出的外语人才能在国内外语言事务处理中产生多大的积极影响。换句话说,他们是否为国家、为全人类的发展作出积极贡献。应该承认,我国培养出的外语人才为国家的外交、经济、文化、科技、军事发展发挥了重要作用,特别是改革开放以来,大批外语人才有力助推了改革开放初期外资、中外合作企业的发展和外贸进出口业务的扩大,对"中国企业走出去""中国文化走出去""中国旅游业走出去"也发挥了积极的促进作用,但短板还明显存在。例如,语种不足导致我国在国际事务中找不到合适人才承担相应任务;再如,高端外语人才缺乏致使我国在国际组织中任职人数不足。

四、结语与建议

本文对国家语言能力进行了重新解读,将其重新定义为"政府运用语言处理一切与国家利益相关事务的能力"。这里强调执行国家语言能力的行为主体是政府,而非个人或任何非官方团体,换句话说,个人、家庭或私营机构都不是国家语言能力建设的责任主体;处理语言事务的范围,既有国内,又有海外,相关事务须涉及国家政治、经济、外交、文化、科技、军事、信息等领域的发展与安全,但不直接涉及个人和私营团体的利益与前途。国家语言能力可分

---

① 何其莘:《培养21世纪的外语专业人才——新〈大纲〉的修订过程及主要特点》,《外语界》2001年第1期。

为治理能力、核心能力和战略能力。这三种能力形成一个相互支撑的稳定三角形。治理能力处于顶端,起着统领和引导作用,调控核心和战略两类能力的发展走向;核心能力处于优先发展位置,具有基础性和先导性特点;战略能力具有前瞻性和长远性特点,须从长计议,有重点、有步骤地进行规划和建设。每种能力又涵盖数个不同维度,应根据国家和社会发展不同阶段的需求,对其进行适时动态调整。

"国家语言能力"属于语言社会学的分支,是一块尚未充分开发的处女地,笔者建议未来研究可从四个方面入手:第一,根据本文提出的国家语言治理、核心和战略能力的三维结构,分别研究各自内涵与外延。第二,研究不同领域中的国家语言能力,如军事、外交、新闻、商务等。第三,将国家层面的语言能力下移到研究大都市和大区域的语言能力,例如,北京和上海大都市语言能力研究,京津冀地区、粤港澳大湾区语言能力研究,等等。第四,进行中外国家语言能力的比较研究。以上四方面研究均可包括描述现状、列出问题、提出对策。此外,作为学者,我们还有责任用通俗化的语言向社会普及"国家语言能力"这一概念,提高政府机关干部和全社会对提升国家语言能力的意识。

新中国成立70年来,我国经历了不同的发展阶段,从"贫穷落后"到"生活富裕",再到"繁荣富强",国家语言能力的发展与国家整体国力的增强形成互动关系。我国国家语言治理能力逐步完善,核心能力持续增强,战略能力建设加速,有力推动了我国国力和国际地位的提升,但总体上,我国国家语言能力与我国日益上升的国际地位还不够相称。国家语言能力与总体国家安全有着密切关系。在和平与发展为主流的时代,国家所有政策、主张都要通过语言向国内外民众宣传、阐释;遇到矛盾或者冲突,也要通过语言协商谈判解决,即便在战争环境中,信息战、心理战、舆论战都离不开语言这一锐器。目前政府和学界亟须联动,进行战略谋划,拿出实招、硬招,尽快将我国建成国家语言能力强国。①

（本文原载《新疆师范大学学报（哲学社会科学版）》2019年第5期）

———————

① 本文初稿经杨佳、孙丰果、马倩、刘雪卉多次审读并提出修改意见;国家语委王丹卉老师为本文的撰写提供档案资料,同时提出修改建议,在此一并感谢。

国家语言治理能力建设 70 年：
回顾与展望^①

一、引言

  根据文秋芳^②对"国家语言能力"的新解读，国家语言能力包括国家语言治理能力（简称治理能力）、国家语言核心能力（简称核心能力）和国家语言战略能力（简称战略能力）（见图 4.6）。治理能力指"政府运用语言处理国内外两类事务的效力和效率"，核心能力指"处理涉内事务的语言能力"，战略能力指"处理涉外事务的语言能力"。这 3 种能力形成一个三角形，其中治理能力位于三角形顶端。这是国家语言能力建设和发展的"大脑"，指挥着其他两种能力的建设和发展。文秋芳进一步指出，治理能力可以从 3 个维度来分析：国家语言治理机构体系构建（简称机构体系构建）、国家语言规划制定与实施（简称规划制定与实施）和国家语言生活研究与交流（简称研究与交流）。

  新中国成立 70 年来，在治理能力建设方面积累了丰富的实践经验，体现了鲜明的中国特色。本文将梳理这方面的工作，总结治理能力发展的阶段性特点，旨在为国家语言治理能力的进一步发展描绘出清晰的起点和未来的目标。

---

  ① 基金项目：国家语委重大科研项目"'国家语言能力'内涵及提升方略研究"（ZDA135-7）。

  ② 文秋芳：《对"国家语言能力"的再解读——兼述中国国家语言能力 70 年的建设与发展》，《新疆师范大学学报（哲学社会科学版）》2019 年第 5 期。

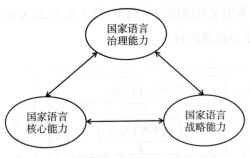

图 4.6　国家语言能力的新框架

二、治理能力的发展

回顾我国语言文字工作 70 年(1949—2019 年)发展情况,本文以中华人民共和国成立、"文化大革命"结束和《中华人民共和国国家通用语言文字法》审议通过为标志,将其划分为 3 个阶段:(1)建设期(1949—1977 年);(2)发展期(1978—1999 年);(3)繁荣期(2000 年至今)。总体上,我国治理涉内语言事务的能力稳步提高。经过 70 年的努力,现已构建了较为完善的行政治理机构体系;制定并落实了多个语言文字事业发展的五年规划。进入 21 世纪,各方面工作更是朝着规范、系统、创新方向发展,语言生活研究的顶层设计进一步优化,对研究成果的国内外交流力度明显加大,各方面工作呈现出一派欣欣向荣的景象。限于篇幅,本文聚焦涉内事务的语言治理,围绕"机构体系构建""规划制定与实施""研究与交流"3 个方面,呈现各阶段的特点与成就。

(一) 机构体系构建

"机构体系构建"指政府是否建立了自上而下的国家语言治理行政机构体系。我国国内语言事务的治理工作沿着两方面进行:国家通用语和少数民族语言。这两方面的工作时而分开、时而交叉。为了便于撰写,下文将依据两方面分别加以阐述。

1. 我国国家通用语事务

在建设期,国家通用语治理机构体系整体上处于初创阶段。尽管如此,中央政府因地制宜,采取了特殊的自上而下、自下而上、反复征求意见的方式,弥补了当时行政体系不健全的弱点。

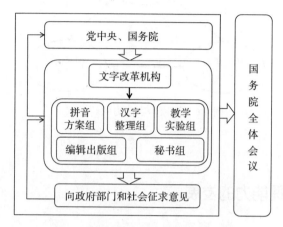

图 4.7　建设期国家通用语事务治理结构

　　图 4.7 大致展示了这一阶段国家通用语事务治理状况。位于图 4.7 中央的文字改革机构,几经更名,但中心任务未有根本变动。1949 年 10 月 10 日中国文字改革协会在北京成立,这是政府支持成立的首个研究文字改革的民间组织。[①] 1952 年 2 月 5 日更名为中国文字改革研究委员会,隶属于政务院文化教育委员会,内设拼音方案组、汉字整理组、教学实验组、编辑出版组、秘书组[②],这是首个国家级文字改革研究机构。1953 年 10 月 1 日党中央成立了中央文字问题委员会,主要任务是协调党内对于文字改革的不同意见,研讨文字改革工作上的重大原则和实行步骤,向党中央提供切实可行的意见。[③] 1954 年 12 月 23 日中国文字改革研究委员会正式改为中国文字改革委员会(以下简称"文改会"),直属国务院领导。1956 年 1 月 28 日中央推广普通话工作委员会成立,具体工作由文改会负责,不另设机构。1956 年 6 月文字出版社成立,专门出版文字改革和语言文字书刊。1956 年 8 月《拼音》杂志创

---

　　① 　王理嘉:《汉语拼音 60 年的见证与前瞻》,《语言文字应用》2009 年第 4 期。

　　② 　参见王均主编:《当代中国的文字改革》,当代中国出版社 1995 年版,第 60、62、81—82、106 页。

　　③ 　参见王均主编:《当代中国的文字改革》,当代中国出版社 1995 年版,第 60、62、81—82、106 页。

办,1957 年 8 月改名为《文字改革》①。1966 — 1971 年由于"文化大革命","文改会"工作被迫停止。1972—1976 年在周恩来同志的指示下,文改会职能逐步恢复,普通话推广工作得以延续。

上述这一体系具有两个显著特点:第一,文字改革机构的工作直接受党中央、国务院的领导,其文字机构人员与中央领导循环互动,反复斟酌和打磨各种将要出台的文字改革方案,文字改革出版社为文字改革机构服务,宣传其方针、政策。例如,就汉字简化方案,毛泽东同志就做过两次批示;第二,文字改革机构拟订的草案获得中央领导同意后,立即向各相关政府部门和全社会征求意见,集思广益,对草案进行多轮讨论和修改,直至获得国务院全体会议正式通过。

在发展期,我国语言事务治理逐步形成了国家级与省/自治区/直辖市的两级机构体系。截至 1979 年,全国已有 27 个省/自治区/直辖市成立了文字改革的专门机构、临时领导机构或指定机构,完成中央布置的有关文字改革任务。② 1984 年国务院批准成立语言文字应用研究所。③ 1985 年 12 月,"文改会"经国务院批准更名为国家语言文字工作委员会(以下简称国家语委)。其主要职责是:贯彻执行国家关于语言文字工作的方针、政策和法令,促进语言文字的规范化、标准化,继续推动文字改革工作,做好有关的社会服务工作。④ 1986 年 2 月原国家教委推广普通话办公室正式划归国家语委。1986 年 3 月《文字改革》杂志更名为《语文建设》,由国家语委主办,成为向社会宣传国家语言文字政策、方针等的刊物。⑤ 1990 年 5 月国务院批准国家语委正式成立文字应用管理司。⑥ 1998 年国务院机构改革,国家语委由教育部领导,对外仍

---

① 参见王均主编:《当代中国的文字改革》,当代中国出版社 1995 年版,第 60、62、81 — 82、106 页。

② 参见王均主编:《当代中国的文字改革》,当代中国出版社 1995 年版,第 106 页。

③ 参见费锦昌主编:《新时期语言文字工作记事:1978 — 2003》,语文出版社 2005 年版,第 37、50、55、82 页。

④ 参见费锦昌主编:《新时期语言文字工作记事:1978 — 2003》,语文出版社 2005 年版,第 37、50、55、82 页。

⑤ 参见费锦昌主编:《新时期语言文字工作记事:1978 — 2003》,语文出版社 2005 年版,第 37、50、55、82 页。

⑥ 参见费锦昌主编:《新时期语言文字工作记事:1978 — 2003》,语文出版社 2005 年版,第 37、50、55、82 页。

旧保留语委的牌子,内设语用司和语信司。表4.11列出了这一时期从文改会到国家语委的机构变迁情况。由此可以看出,从改革开放之初至世纪之交,我国国家层面的语言治理体系在不断探索中逐步完善。

表 4.11　发展期国家语言文字机构的变迁①

年份	国家层面文字改革机构的变化
1980	根据国务院精神,文改会人员增补了10人,由20名委员组成;将文字改革出版社更名为语文出版社,直属文改会领导;普通话推广工作正式划归教育部。
1984	成立语言文字应用研究所(简称语用所),接受中国社科院和文改会双重领导,以社科院为主。
1985	文改会改为国家语言文字工作委员会,由26名委员组成。
1986	原教委属下的推广普通话办公室划归国家语委。
1990	国家语委内设普通话推广司、文字应用管理司。
1991	国家语委公布经国务院批准的国家语委委员名单37人。
1994	国家语委设立宣传政策法规室;国务院批准调整后的国家语委委员名单33人。
1995	国家语委机关进行调整,普通话推广司改名为语言文字应用管理司,文字应用管理司改名为中文信息司,信息司下设信息处和文字处。
1998	国务院机构改革,国家语委并入教育部,对外仍旧保留国家语委的牌子,内设语言文字应用司(简称语用司)和语言文字信息管理司(简称语信司),每个司下设两个处。
1999	国家语委调整国家语委科研规划领导小组和语言文字规范审定委员会,科研办设在教育部语信司规划协调处,审定会办公室设在语信司标准处。

在繁荣期,以国家语委为主体的语言事务治理体系已基本完善(见图4.8),整个体系由国家和地方两个层面构成。国家层面有教育部和国家语委。国家语委是规划、统筹国家语言文字事业的职能部门。国家语委委员单位由29个党政部门、社会团体等组成。依据"语委统筹、部门协同、专家支持、社会参与"的工作机制,国家语委每年召开一次全体委员单位代表会议,报告每年的工作情况和来年的工作计划。下设机构有"两司""一所""一社"。"两司"

---

① 参见王均主编:《当代中国的文字改革》,当代中国出版社1995年版;费锦昌主编:《新时期语言文字工作记事:1978—2003》,语文出版社2005年版。

指语用司和语信司,负责承办国家语委布置的具体工作。每个司内设两个处:语用司设立了"政策法规与督查处"和"宣传推广和教育处";语信司设立了"规划协调处"和"标准处"。"一所"指语用所,专门研究有关语言文字应用问题,内设多个处、室和中心,还负责出版《语言文字应用》杂志。"一社"指语文出版社,服务于语言文字出版工作。

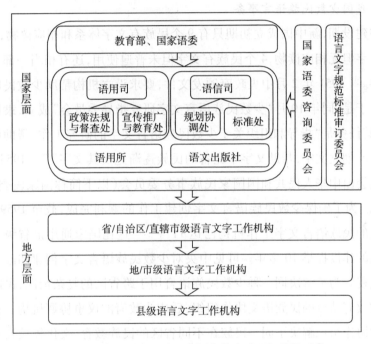

图 4.8　国家语委主导的国家语言能力治理机构体系①

2000 年 12 月 13 日,首届国家语委咨询委员会成立,2019 年 3 月 18 日调整了委员人数,由 17 名增加到 27 名。2001 年 11 月 23 日,21 世纪第一届语委语言文字规范(标准)审定委员会成立。这两个委员会都是国家语委的高层智囊团。前者重点对国家语言文字重大问题、热点问题建言献策,就语委的年度工作和未来计划给予评价和建议;后者主要负责审定语言文字标准,为语言文字规范化、标准化工作咨政建言。

---

① 文秋芳:《对"国家语言能力"的再解读——兼述中国国家语言能力 70 年的建设与发展》,《新疆师范大学学报(哲学社会科学版)》2019 年第 5 期。

在地方层面,除了省/自治区/直辖市级,地/市级、县级机构也基本建成,从而形成了省、市、县三级自上而下联动的语言文字机构体系,对接国家层面的国家语委工作。截至 2016 年,全国除港澳台地区以外的 31 个省/自治区/直辖市和新疆生产建设兵团都设有省级语言文字工作机构;地、市行政机构共有 2238 个,另有 277 个地、县级无行政机构,但有明确人员负责①。

2. 我国少数民族语言事务

在建设期,新中国成立初期只有 9 个民族有文字体系和相应读物,5 个民族有文字但无相应读物,4 个民族有文字但未普遍使用,还有相当一部分民族无文字。② 1951 年 2 月中央政府颁发文件,要求设立机构帮助少数民族创建文字。于是,同年 10 月"少数民族语言文字研究指导委员会"成立,隶属于国务院,其任务是"指导和组织关于少数民族语言文字的研究工作,帮助尚无文字的民族创立文字,帮助文字不完备的民族逐渐充实其文字"③。1954 年后,该委员会由中华人民共和国国家民族事务委员会(以下简称国家民委)负责管理④。为了确保少数民族语言文字创建工作的顺利完成,截至 1959 年,全国成立的民族语言文字工作机构已达 11 个。⑤ 这比国家通用语省级工作机构体系的建设提早 10 多年。可见中央对少数民族语言文字创建和改革工作极其重视。为了解决同一种少数民族语言用于跨省区的复杂情况,民间还出现了被政府认可的民族语文协作组织,后成为政府的议事协调机构。这种跨省区的协作组织解决了同一民族在不同省区的民族教育、文化领域发展中遇到的实际问题。根据 1974 年国务院发出的《关于内蒙古自治区蒙古语文工作问题报告的批复》(国发〔1974〕3 号)精神,1975 年 5 月成立了八省区蒙古语文工作协调小组。⑥

---

① 参见国家语言文字工作委员会组编:《中国语言文字事业发展报告(2018)》,商务印书馆 2018 年版,第 149—151 页。

② 周庆生:《中苏建国初期少数民族文字创制比较》,《民族语文》2002 年第 6 期。

③ 参见史筏:《民族法律法规概述》,民族出版社 1988 年版。

④ 参见陈章太主编:《语言规划概论》,商务印书馆 2015 年版。

⑤ 周庆生:《中苏建国初期少数民族文字创制比较》,《民族语文》2002 年第 6 期。

⑥ 参见苏培成主编:《当代中国的语文改革和语文规范》,商务印书馆 2010 年版,第 790、791—792 页。

在发展期,民族语文协作组织继续增加。从 1977 年起,东北三省建立了朝鲜语文出版、朝鲜文教材、朝鲜语文三方面的协调机制。后经三省协商,1989 年正式成立了东北三省朝鲜语文工作协作领导小组(以下简称朝三协),主要负责民族教育和朝鲜文字的规范化、标准化和信息化,还协调朝鲜文字的调查和相关学术研究。1982 年 3 月在国家民委和国家教委的协调下,成立了西部五省区藏文教材协作领导小组,主要负责编译不同教育层次、不同学科的藏文教材,实现了藏文教材的全覆盖,做到"配套建设、同步供书、课前到书、人手一册"。1992 年,在昆明成立了西四省区彝文协作机构,办公室设在云南省少数民族语文指导工作委员会。协作的主要成果有两项:一部《彝文字典》和一部《彝文字集》。① 1998 年"少数民族语言文字研究指导委员会"归国家民委领导,指导少数民族语言文字的翻译、出版工作;少数民族语言文字的规范化工作由语委负责②。由此可见,国家语委和国家民委的工作有一定交叉。

进入繁荣期后,国家民委的少数民族文字工作在深度和广度上都有了明显拓展。2013 年 4 月 9 日国家民委语文工作专家咨询委员会(以下简称国家民委咨询委员会)成立,包括 11 个语种,涵盖民族语文理论政策、民族语文应用研究等领域的知名专家学者。2017 年 12 月完成了国家民委咨询委员会的换届工作,新增了语言规划、政治学、法律学、历史学、管理学等领域的著名专家。③

图 4.9 描述了我国现有的少数民族语言事务治理机构体系。在国家层面,隶属国家民委的教育科技司内设有民族语文处,具体负责与少数民族语言相关的事务。同时国家民委咨询委员会是我国少数民族语言文字工作的智囊团,为国家民委献计献策。地方层面既有与国家民委语文工作处对接的区(市)语文工作机构,又有跨省区的民族语文协作机构。这种协作机构能够更好完成单一省区难以完成的任务。需要说明的是,教育部下设了民族教育司,

---

① 参见苏培成主编:《当代中国的语文改革和语文规范》,商务印书馆 2010 年版,第 790、791—792 页。

② 参见陈章太主编:《语言规划概论》,商务印书馆 2015 年版,第 190—191 页。

③ 闵教:《国家民委第二届民族语文工作专家咨询委员会成立》,《中国民族报》2018 年 1 月 5 日。

该司还有双语教育处。① 由此可以看出,国家民委与国家语委、教育部在民族语言文字工作方面有重叠和交叉。

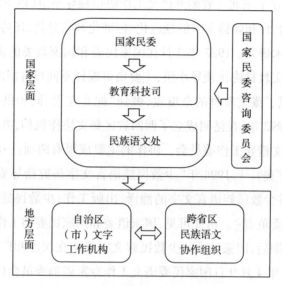

图4.9 国家少数民族语言事务治理体系

(二) 规划制定与实施

我国国民经济迄今已有13个五年规划,语言规划起步相对较晚。国家语委的语言文字工作规划始于"七五"规划(1986—1990年),其后我国语言规划基本能与国民经济规划同步制定。国家民委的少数民族语言文字工作仅有"十三五"规划(2016—2020年)。下文将分别描述国家语委和国家民委两个系统制定的规划与实施情况。

1. 国家语委的规划与实施情况

迄今为止,国家语委已制定了多个语言文字规划。每个规划大致包括4部分内容:(1)前期主要成绩;(2)新规划的主要目标;(3)新规划的主要任务;(4)完成新任务的保障措施。比较已有规划,可看出国家语委的规划种类

① 中华人民共和国教育部:《民族教育司内设处室》,http://www.moe.edu.cn/s78/A09/s3376/201811/t20181116_355013.html,2018年。

不断增加，规划覆盖内容不断拓展，规划重点越来越突出，拟完成的任务越来越具体、明确。总体而言，与发达资本主义国家不同的是，我国语言文字规划最显著的特点是具有长远性、连贯性与持续性。

在建设期，中央政府虽未就国家通用语制定过专门规划，但这一期间，目标明确，任务具体，其中包括简化汉字、设计汉语拼音方案和推广普通话。

在发展期的初期，各部门都忙着"拨乱反正"，基本上无暇顾及规划制定。从 1986 年开始，也就是 20 世纪最后的 15 年，语言文字规划开始进入议事日程。首先，国家语委拟订了"七五"规划（1986—1990 年）。1991 年公布了十年规划（1991—2000 年），随后公布了"八五"和"九五"规划。从语言规划学角度来看，这一时期规划内容以"地位规划"和"本体规划"两个维度为主。1982 年 11 月全国人大通过的《中华人民共和国宪法》中，明确规定了"国家推广全国通用的普通话"条款，因此推广普通话、推行《汉语拼音方案》一直是"七五""八五""九五"规划中的首要任务。第二大任务是推行已公布的汉字简化字、规范现代汉语词汇和科技名词术语的使用。从"八五"规划开始，增加了有关语言文字信息化的新任务，提出要建设大型汉语语料库，加强科学研究。

在繁荣期，我国语言文字规划工作呈现出一派欣欣向荣的景象。随着《中华人民共和国国家通用语言文字法》颁布实施，语言文字工作步入了法治轨道。这一阶段的规划制订与实施更为系统、全面。从内容上看，与前期规划相比有两大不同点：第一，从"十一五"规划颁布起，推行《汉语拼音方案》不再是主要任务。这表明该任务已在 2006 年之前基本完成。第二，从 2012 年起，规划内容增加了"弘扬传播中华优秀文化"。这一变化反映了国家语委积极响应党的十八大报告中提出建设社会主义文化强国的号召。

从规划实施来看，"十三五"规划实施的力度显著增强。与前面规划不同的是，国家语委编制了"十三五"规划的分工执行方案。该方案将"十三五"规划中的 6 项任务，逐项分解为若干子任务，并列出了每项任务的牵头单位和参与单位。根据"教语用函〔2016〕6 号"文件精神，制定分工方案的目的是为了"对规划当中提出的任务目标进行明确的责任分工"，遵循的基本原则是"政府主导、语委统筹、部门支持、社会参与"。对目标和任务的详细分解，为顺利完成"十三五"规划中提出的各项任务提供了有力保障。这是新中国成立以来我国语言文字事业工作首个落实计划的执行方案。这就好比造房子,不仅有设计图纸,而且有施工方案,从而确保"十三五"规划制定的蓝图能够变为现实。笔者认为,这是繁荣期最为突出的亮点。

2. 国家民委的规划与实施情况

在"十三五"规划之前,国家民委未制定有关少数民族语言文字的五年计划,因为少数民族语言使用规范化、标准化和信息化的工作由国家语委负责。之所以再次强调民委的职责,是源于 2014 年中央召开的民族工作会议。会上习近平总书记做了重要讲话,对民族地区语言相通、干部群众双语学习等工作作出了重要部署。这为深入抓好民族语文工作指明了方向。为了更好地贯彻中央民族会议精神和习近平总书记的重要讲话,国家民委于 2015 年初启动了"十三五"规划的编制工作,整个编制过程历时近两年。编制组进行了多次调研,征求了五轮意见,还通过一次合法性审查,最后提交国家民委委务会审议并获得通过。

2017 年 3 月国家民委公布了《"十三五"少数民族语言文字工作规划》。这是首份有关民族语文工作制定的规划,其内容包括 4 部分:(1)指导思想与基本原则;(2)发展目标;(3)主要任务与重点项目;(4)组织实施和保障措施,其中占篇幅最大的是第三部分。每项任务和每个项目后都注明了牵头单位和参与单位。以第一项任务为例,列出的牵头单位是民委下属的教育科技司,参与单位是民委下属的政法司、文宣司以及各有关地方民族语文工作部门。为了更好地宣传"十三五"规划,国家民委教育科技司司长还在国家民委网站上撰文,专门介绍了"规划"制定的指导思想、背景、过程和意义等。

（三）研究与交流

体现国家语言治理能力水平的第三个维度"研究与交流"是指"政府语言治理机构体系能否组织学者系统研究社会语言生活,搭建国内外研究成果的交流平台"。新中国成立 70 年来,我国语言治理能力在这一维度上呈现明显的阶段性特点。

在建设期（1949—1976 年），"文改会"面临着汉字简化、汉语拼音方案设计和普通话推广的艰巨任务。这些任务本身就是庞大的科研项目，需要广泛发动群众，凝聚各方智慧，集中力量攻克难关。然而当时人们并未有显性的科研意识。

在发展期拟订"七五"规划（1986—1990 年）时，政府开始将语言生活的科学研究提到议事日程上来。① 经国务院批准，国家教委和国家语委于 1986 年 1 月 6 日至 13 日在北京召开了全国语言文字工作会议。时任国家语委主任刘导生在做"新时期的语言文字工作"报告时，特别指出"加强科学研究，开展学术交流"②。1986 年 9 月在北京召开了"七五"期间语言文字工作规划会议。该会议强调：结合语言文字工作的需要，大力开展基础研究和应用研究是"七五"期间的重要任务之一。在会议期间，语委还邀请了部分代表与参会专家学者专门讨论了《"七五"期间语言文字科研项目表（1986—1990 年）》。这是语委作为国家语言治理机构首次把"研究与交流"列为重要任务，在"八五"和"九五"规划中都有类似文字的表述。这个阶段对科研工作进行顶层设计还刚刚起步，处于逐步完善的过程中。

繁荣期的语言生活研究与成果交流有了跨越式的发展。组织研究语言生活成了国家语委常态化工作的一部分，建立了完善的科研领导机构，制定了详细的管理办法，设计了研究规划和措施，设立了科研基地和智库，培养了一批优秀中青年语言文字工作者。同时，国家语委开展了多种形式的研究成果交流，例如组织出版系列皮书、举办国内外学术会议。这一切都充分彰显了我国国家语言治理能力在科学研究与交流方面攀上了新高峰。下文将分别阐述"语言生活研究"与"科研成果交流"两个方面。

1. 语言生活研究

国家语委的工作进入繁荣期后，语言生活研究体现了"依规管理、科研支撑、队伍培养"三大特点。

第一，建立了科研领导机构，制定了科研管理章程，公布了多个五年科研

---

① 陈乃华：《国家语委和国家教委联合召开"七五"期间语言文字工作规划会议》，《语文建设》1986 年第 6 期。

② 刘导生：《新时期的语言文字工作》，《语文建设》1986 年增刊。

规划,设立了 21 个科研基地,培养了科研队伍,使语委的科研工作进入了规范化、制度化、体系化的可持续发展新阶段。2001 年 8 月教育部、国家语委印发了《国家语文文字工作委员会科研规划领导小组职责与构成》,文件中明确了国家语委主任担任组长,语信司和语用司负责人担任副组长,成员为语用所、语文出版社、中科院语言研究所、中科院民族学与人类学研究所负责人,其职责为:(1)领导、规划、部署国家语委的科学研究工作,拟定国家语言文字工作科研方向,编制科研项目指南和科研规划,制定年度科研计划;(2)决定国家语委的重大科研项目的立项;(3)对国家语委立项的科研项目进行阶段性检查、评估;(4)制定科研基金管理办法和科研成果奖励办法。同期,教育部、国家语委还印发了《国家语言文字工作委员会科研项目管理办法》,对科研项目的申请、立项、成果鉴定、经费管理与使用、成果的所有权与使用形式都作了详细规定。

第二,向社会公布了与文字工作规划配套的"十五""十一五""十二五"和"十三五"科研规划。每个规划主要包括:指导思想和发展目标、重点研究方向和保障措施等。

第三,根据语委工作需要,在全国建设了科研基地。2004—2019 年,国家语委先后与高校、地方研究机构共建了 21 个科研基地。① 每个基地根据语委规划,聚焦研究重点,开展课题研究,为语委工作提供科研支撑。

第四,有计划、有步骤培养优秀中青年文字工作者。迄今为止,语委一共举办了 5 期语言文字应用优秀中青年学者研修班,每期时长一星期。2014—2016 年和 2018—2019 年共举办了 5 期,受训成员达 200 多名。研修内容涵盖我国语言文字政策法规、语言文字规范标准体系、语言学的新使命、人工智能与语言信息化处理、语言资源保护、民族语文政策、汉语国际传播等。2017—2019 年与国家留学基金委联合组织了 3 期"语言文字中青年学者出国研修项目",邀请了英国 10 多所大学的 26 位授课专家。课程内容涵盖 7 个板块:语言政策与规划、语言教育与教学法、语言保护与文化多样性、语言服务与

---

① 参见国家语言文字工作委员会组编:《中国语言文字事业发展报告(2019)》,商务印书馆 2019 年版。

传播、语言资源监测与研究、国外教育体制、语言学理论前沿①。这一批批研修班毕业的学员,为我国的文字工作队伍输送了新鲜血液,补充了有生力量,有些已成了中青年骨干。

国家民委于 2012 年 12 月 7 日公布《国家民委科研项目管理办法》,从 2013 年 1 月 1 日实行,2017 年 4 月又做了进一步修订②。国家民委科研项目分为招标项目、委托项目和后期资助项目等类别。从 2015 年起,国家民委也举办了 5 期全国民族语文应用研究中青年学者研修班,学习方式及其功能与国家语委研修班很相似。

2. 科研成果交流

在建设期和发展期,人们对语言生活研究成果的交流还缺乏意识,无计划、无系统。进入繁荣期后,情况大为改观。第一,组织学者编撰了白、绿、蓝、黄的"语言生活皮书"年度系列,向国内外展示我国对语言生活研究的成果③。第二,国家语委组织举办不同级别和类型语言文字学术会议,积极推动了中外交流与合作。

在"语言生活皮书"中,绿皮书《中国语言生活状况报告》是国家语委组织的首套皮书,2004 年筹编,2006 年出版。该皮书主要报告我国每年发生的语言生活重大事件、热点事件及各种调查报告和实态数据。2016 年开始出版蓝皮书《中国语言政策研究报告》,主要报告及评述有关中国语言政策及规划方面的学术研究状况,为未来研究提供参考。2016 年开始出版黄皮书《世界语言生活状况报告》,主要介绍当年世界各国和国际组织语言生活中发生的重要事件和热点问题,为我国语言生活决策提供借鉴。2017 年出版了《中国语言文字事业发展报告》首部白皮书,主要宣传介绍国家有关语言文字方面的政策主张,用数据、事实来说明国家当年在语言文字事业中取得的成就。迄今

---

① 参见国家语言文字工作委员会组编:《中国语言文字事业发展报告(2019)》,商务印书馆 2019 年版。

② 国家民族事务委员会:《国家民委科研项目管理办法》,http://www.seac.gov.cn/seac/xxgk/201212/1065216.shtml,2012 年 12 月 12 日。

③ 参见国家语言文字工作委员会组编:《中国语言生活状况报告(2019)》,商务印书馆 2019 年版。

为止已经出版了 3 部,为国内外读者及时了解我国语言文字事业的建设和发展提供了丰富的一手资料。这 4 个系列皮书各有侧重,相互补充,描绘出一幅完整的语言生活画卷。从共时角度看,这些皮书可以为政府决策和学者研究提供参考;从历时角度看,可以为研究语言生活的变迁提供真实数据,为语言规划学的研究提供丰富史料。

除了定期出版"语言生活皮书"年度系列以外,国家语委配合政府和联合国教科文组织召开了多个国际学术会议,有力提升了中国在国际语言文字工作中的话语权。一种是世界性大会,另一种是两国之间的学术交流。世界性大会有 4 个:第一个是 2014 年 6 月 5—6 日在苏州召开的"世界语言大会"①,第二个是 2017 年 9 月 11—13 日举办的中国北京国际语言文化博览会(以下简称"语博会"),第三个是 2018 年 9 月 19—21 日在湖南长沙举办的世界语言资源保护大会,第四个是 2018 年 10 月 25—28 日举办的第二届"语博会"。国与国之间的语言政策研讨会已分别在中德、中法、中俄两国之间举办。2012 年 9 月 3 日在北京召开了首届中法语言政策与规划研讨会,2014 年 9 月 29 日在巴黎召开了第二届,2016 年 11 月 1—2 日在北京召开了第三届;2013 年 12 月 8 日在北京召开了"中德语言文化政策高层论坛";2015 年 3 月 30 日至 4 月 6 日,在中国举办了"中德语言文化研习之旅";2018 年 11 月 15—16 日在俄罗斯圣彼得堡举办了首届中俄语言政策论坛。

三、总结与建议

新中国成立 70 年来,我国国内语言事务治理能力的建设和发展稳步前行,取得了举世瞩目的成就。但与我国经济与政治发展的需求相比,仍有明显的不足之处,亟待改进。本文认为未来可从以下 4 个方面采取措施,进一步提升治理能力。

---

① 参见国家语言文字工作委员会组编:《中国语言生活状况报告(2019)》,商务印书馆 2019 年版。

(一) 彻底解决地县两级机构落实不力现象

就"治理机构建设"而言,我国经历了从无到有、从小到大、从虚到实、从中央到地方逐层完善的过程。建设期仅有国家层面行政机构(即"文改会")的运行,发展期扩展为双层行政机构(即国家级和省/自治区/直辖市级),繁荣期进一步向下延伸,基本形成了 4 级行政机构(即国家级、省/自治区/直辖市级、地/市级、县级)。这为国家内部语言治理提供了重要的组织保障体系。不足的是,目前地县两级机构仍旧有 21.65% 未得到落实①。建议国家语委和国家民委加强沟通协调,采取措施,定出时间表,有计划、有步骤地消除盲点,健全与完善的行政机构体系能够成为语言文字事业发展强大的组织力和推动力。

(二) 增进国家语委和国家民委之间的协同

就"规划制定与实施"而言,从建设期无书面规划,到发展期的语言文字规划与国民经济规划同步制定,再到繁荣期的语言文字规划内容愈加丰富,操作性和可评估性逐步增强。就"研究与交流"而言,建设期面临汉字简化、拼音方案设计和普通话推广三大艰巨任务,无暇组织研究和学术交流活动;发展期已经将语言文字研究工作的组织提到议事日程,但缺乏系统规划;进入繁荣期后,语言文字科学研究有了较为完善的顶层设计,国家层面的行政治理机构的活力和执行力得到充分体现。但"十三五"语言文字工作规划由国家语委和国家民委分头制定,科研项目申报和管理各有一套体系和办法。很显然这两家单位的规划和课题设立有明显的重叠与交叉。建议两家机构通过有效沟通,合作制定规划和设立研究课题,分头贯彻执行,以降低行政成本和提高工作效率。

---

① 参见国家语言文字工作委员会组编:《中国语言文字事业发展报告(2018)》,商务印书馆 2018 年版。

（三）加强国家对涉外语言事务的治理能力

根据国家语言能力新框架①，与涉外事务相关的语言能力大致可分为四个方面：国家外语教育、国家通用语国际拓展、国家对外话语表述、国家语言人才资源掌控。总体上说，我国对涉外语言事务的治理能力还显得相对薄弱。从机构建设来说，目前还缺乏统一行政机构治理涉外语言事务。就我国外语教育而言，不同学段、不同类型的外语教育由教育部不同部门负责。基础教育司负责义务教育和高中阶段的外语教育，职业教育和成人教育司负责中职外语教育，高等教育司负责高校本科院校和高职高专的外语教育，整体上缺少"一条龙"理念。汉语国际传播既有国家汉办在全世界推动孔子学院和孔子课堂的建设与运行，又有高教司调动资源建设汉语国际教育专业和硕士、博士学科点。中国如何有效表达对外话语，看上去是语言使用问题，不涉及行政机构的治理；事实上既是实践问题，又是理论问题，迫切需要有国家层面的行政机构组织对其进行系统深入研究，并将成果转化为有效国家行为。国家掌控语言人才资源，需要有完善的人才资源动态数据库。这是一个巨大的国家工程，需要有充足的行政资源和强大的组织力。目前我国对上述四方面有关国家语言战略能力建设的工作还缺乏有力的行政治理体系。建议扩大现有国家语委功能，统一治理涉内涉外与语言相关的事务，把提升国家语言能力的任务落到实处，同时不需要增设新机构。

（四）积极组织对国家语言治理能力的研究

与美国相比，我国有着明显的制度优势，行政机构体系完善，规划具有系统性、长期性和延续性，对社会语言生活的研究与交流具有强烈的顶层设计意识与超常的执行能力。但我们在国家语言治理能力研究上还缺少系统的理论建树。建议花气力组织学者从历时和共时两个角度，对我国语言事务治理实践进行梳理和凝练，提出具有中国特色的国家语言事务治理理论，在国际学界

---

① 文秋芳：《对"国家语言能力"的再解读——兼述中国国家语言能力 70 年的建设与发展》，《新疆师范大学学报（哲学社会科学版）》2019 年第 5 期。

发声,提高我国的话语权。

四、结语

本文回顾了新中国成立 70 年来我国在国家语言治理能力方面所取得的成就,并提出了应对不足的四点建议。国家语言治理能力是提升国家语言能力的前提,具有全局性和统领性的特点。随着我国对国家语言能力提升要求的日益增长,国家语言治理能力的发展必须先行。目前我国治理国内事务的语言能力已经走在世界前列,但治理涉外事务的语言能力还落后于一些发达国家。我国缺少处理涉外事务的语言治理机构体系,又无系统的涉外语言规划。在和平和发展为主流的大背景下,用语言进行对话、谈判仍旧是解决世界各种争端的主要途径。因此在巩固和发展国家涉内事务语言治理能力的同时,我们必须花大气力提升我国涉外事务的语言治理能力,为建设和发展中国国家语言战略能力提供强有力的行政保障。

强国必强语,强语助强国。① 在百年未有之大变局中,中华民族的伟大复兴需要强大的国家语言能力作支撑。这需要我国各级政府、学界、全社会上下联动,协同努力,为之不懈奋斗。

(本文原载《云南师范大学学报(哲学社会科学版)》2019 年第 5 期)

---

① 杜占元:《普通话助力建设语言文化强国》,《语言文字周报》2017 年 11 月 22 日。

应用语言学研究及其方法

我国应用语言学研究国际化
面临的困境与对策①②

一、引言

我国有着世界上最多的外语学习者、最庞大的外语教师队伍、最大规模的应用语言学者群体,然而在世界外语教学界影响力甚微,这与我国作为外语教学大国的地位极不相称。让中国应用语言学成果走向世界,赢得国际学界话语权,这是每个中国应用语言学者的热切愿望和共同追求。然而社会科学的学术国际化是把"双刃剑",一方面,能够让中国学者走向国际舞台,发出自己的声音,增强国际影响力;另一方面,人们可能对研究"本土性"问题的热情有所降低,用中文发表的愿望有所减弱,最终可能致使"本土性"问题缺乏对学者的吸引力,中文杂志降为"二流期刊",中文降为缺乏学术创造力的"二流语言"③。本文将结合多年从事应用语言学研究的亲身经历,阐述我国应用语言学研究者在国际化浪潮中面临的两个难题:(1)"本土性"问题优先,还是"国

① 基金项目:本文是教育部语用司委托课题"我国学术领域中文使用现状、问题与对策研究"的阶段性成果,对其终稿濮实博士后和林琳博士后提出了宝贵的修改建议,在此表示衷心感谢。

② 应用语言学的定义有宽窄之分。宽泛的定义涵盖对一切与语言相关的社会现实问题的研究,狭窄的定义仅限于对语言教与学的研究。由于笔者研究经验所限,本文采用其狭义定义。

③ 文秋芳:《国家语言能力的内涵及其评价指标》,《云南师范大学学报(哲学社会科学版)》2016年第2期。

际性"问题优先?(2)用英文发表优先,还是用中文发表优先? 在讨论上述难题的基础上,将提出相应的对策建议。

二、文献回顾

本节首先简要讨论学术国际化与英文国际发表的关系,然后综述对非英语(English as an Additional Language,EAL)学者国际发表研究的文献,最后描述我国应用语言学研究国际发表的现状及社会科学国际化的鼓励政策。

(一) 学术国际化与英文国际发表

"学术国际化"迄今未有统一定义。朱剑顺着商品全球化的思路,将其定义为"以科学的方法、普世的价值观、无障碍的语言、规范的样式在国际公共学术平台上展示和交流学术研究过程及其创新成果,能为国际学术界所接受或应用"①。换句话说,学术国际化就是要实现知识在世界范围内无障碍地有序流动,且得到学界的广泛认可或应用。李正风等指出知识的共享性是学术国际化的本质特征。② 很显然,学术期刊是知识流动和共享的最有效载体③,学术论文的国际发表应该是学术国际化的重要标志。鉴于此,本文将学术国际化聚焦在学术论文的国际期刊发表上。

截止到 2008 年 8 月,社会科学杂志中 90%以上都采用英文。例如,459种 SSCI 心理学杂志中只有 36 种采用非英语语言④。法国科学杂志中大约有

① 朱剑:《学术评价、学术期刊与学术国际化——对人文社会科学国际化热潮的冷思考》,《清华大学学报(哲学社会科学版)》2009 年第 5 期。
② 李正风、曾国屏、杜祖贻:《试论"学术"国际化的根据、载体及当代特点与趋势》,《自然辩证法研究》2002 年第 3 期。
③ 邓惟佳:《中国学术"走出去"的现状与发展》,《对外传播》2016 年第 1 期。
④ T.Lillis,A.Magyar & A.Robinson-Pant,"An International Journal's Attempts to Address Inequalities in Academic Publishing:Developing a Writing for Publication Program",*Compare*,2010,No.6.

85%使用英语,科学引文索引中大约有95%以上来自英文论文①。瑞典原有的母语杂志 *Ekonomisk Tidskrift* 从1965年第一次更名后,英语就成为杂志的唯一语言媒介②。由此可见,学术国际化在很大程度上就是学术语言英语化。这就意味着,英语是迈向学术国际化的桥梁,是获得国际期刊发表的"入场券"。因此本文将学术论文的国际发表进一步聚焦到论文在英语国际期刊的发表。下述文献回顾也相应限于研究非英语国家 EAL 学者国际发表的相关文献。

(二) 有关 EAL 学者国际发表研究的综述

EAL 学者国际发表研究可以分为微观、中观和宏观③,也可以分为产品导向(product-oriented)和过程导向(process-oriented)④,但这两种分类之间有一定重叠。微观层面上的早期研究大多属于产品导向(product-oriented),关注 EAL 学者撰写的论文本身,分析其篇章布局、宏观结构等特征⑤,目前这一兴趣仍在继续,稍有不同的是,现在更多使用语料库工具,从大批量语料中寻找规律与特征⑥;微观层面上也有过程导向(process-oriented)研究,关注个体论文反复修改的过程⑦。中观层面上的研究大都属于过程导向研究。这些研究一般从社会建构主义视角,运用质化法(如人种志、访谈、开放式问卷),对 EAL 学者论文发表过程进行深入剖析,揭示作者、审稿人、主编之间的互动及

---

① K.Hyland,"English for Professional Academic Purposes:Writing for Scholarly Publication", in D.Belcher, *Teaching Language Purposefully:English for Specific Purposes in Theory and Practice*, New York:Cambridge University Press,2007.

② A. Olsson & V. Sheridan, "A Case Study of Swedish Scholars' Experiences with and Perceptions of the Use of English in Academic Publishing", *Written Communication*,2012,No.1.

③ D.Belcher,F.Serrano & H.Yang,"English for Professional Academic Purposes",in K.Hyland & P.Shaw, *The Routledge Handbook of English for Academic Purposes*, Abingdon:Routledge,2016.

④ J.Flowerdew,"English for Research Publication Purposes",in B.Paltridge & S.Starfield, *The Handbook of English for Specific Purposes*, Malden:Wiley-Blackwell,2013.

⑤ B.Kwan & H.Chan,"An Investigation of Source Use in the Results and the Closing Sections of Empirical Articles in Information Systems:In Search of a Functional-semantic Citation Typology for Pedagogical Purposes", *Journal of English for Academic Purposes*,2014,No.14.

⑥ D.Lee & J.Swales,"A Corpus-based EAP Course for NNS Doctoral Students:Moving from Available Specialized Corpora to Self-compiled Corpora", *English for Specific Purposes*,2006,No.1.

⑦ Y.Li,"A Doctoral Student of Physics Writing for Publication:A Sociopolitically-oriented Case Study", *English for Specific Purposes*,2006,No.4.

其复杂关系。① 宏观层面上主要关注学术国际发表的政策对机构、研究者所产生的多重影响。②

徐昉③对 1995 年以来三本 SSCI 国际期刊(*English for Specific Purposes*, *Journal of Second Language Writing*, *Journal of English for Academic Purposes*)刊发的相关文章进行了梳理,将 EAL 学者国际发表的研究分为:1)EAL 学者论文质量不高的种种表现及其应对策略;2)国际发表复杂性的多种因素及其应对策略。这两类研究与我们前面的分类有较大重叠。前一类属于微观层面的产品导向研究,后一类属于中观层面的过程导向研究。不同的是,徐昉更强调 EAL 学者在国际发表的"问题性"和"应对策略"④。

自 21 世纪初,有关 EAL 学者国际发表研究成为热点以来,微观/中观层面研究的广度和深度不断拓展,但宏观层面的研究寥寥无几⑤,且大部分研究

---

① D.Belcher, "Seeking Acceptance in an English-only Research World", *Journal of Second Language Writing*, 2007, No.1; C.Casanave, "Transitions: The Balancing Act of Bilingual Academics", *Journal of Second Language Writing*, 1998, No.2; J.Flowerdew, "Discourse Community, Legitimate Peripheral Participation, and the Nonnative-English Speaking Scholar", *TESOL Quarterly*, 2000, No.1; J. Flowerdew, "Discourse Community, Legitimate Peripheral Participation, and the Nonnative-English Speaking Scholar", *TESOL Quarterly*, 2000, No.1; J. Flowerdew, "Attitudes of Journal Editors to Nonnative Speaker Contributions", *TESOL Quarterly*, 2001, No.1; T.Lillis & M.Curry, "Professional Academic Writing by Multilingual Scholars: Interactions with Literacy Brokers in the Production of English Medium Texts", *Written Communication*, 2006, No.1; A.Olsson & V.Sheridan, "A Case Study of Swedish Scholars' Experiences with and Perceptions of the Use of English in Academic Publishing", *Written Communication*, 2012, No.1.

② H.Feng, G.H.Beckett & D.Huang, "From 'Import' to 'Import—export' Oriented Internationalization: the Impact of National Policy on Scholarly Publication in China", *Language Policy*, 2013, No.12; J.Flowerdew & Y.Li, "English or Chinese? The Trade-off between Local and International Publication among Chinese Academics in the Humanities and Social Sciences", *Journal of Second Language Writing*, 2009, No.1.

③ 徐昉:《非英语国家学者国际发表问题研究述评》,《外语界》2014 年第 1 期。

④ D.Belcher, "Seeking Acceptance in an English-only Research World", *Journal of Second Language Writing*, 2007, No.1; F.Salager-Meyer, "Scientific Publishing in Developing Countries: Challenges for the Future", *Journal of English for Academic Purposes*, 2008, No.2; F. Salager-Meyer, "Writing and Publishing in Peripheral Scholarly Journals: How to Enhance the Global Influence of Multilingual Scholars?", *Journal of English for Academic Purposes*, 2014, No.2.

⑤ D.Belcher, F.Serrano & H.Yang, "English for Professional Academic Purposes", in K.Hyland & P.Shaw, *The Routledge Handbook of English for Academic Purposes*, Abingdon: Routledge, 2016.

都采用了"局外人"视角。为此,本文选择宏观视角,同时以"局内人"身份,论述中国应用语言学研究国际化面临的挑战,并提出应对挑战的建议。

(三) 我国应用语言学研究国际发表状况

张广勇和王俊菊①曾统计了 1978—2010 年期间,我国国内学者在 6 种 SSCI 国际期刊(*Language Learning*, *Modern Language Journal*, *System*, *TESOL Quarterly*, *Applied Linguistics*, *English for Specific Purposes*)上发表的应用语言学论文数量。30 多年间总共发表了 44 篇,1978—1988 年有 4 篇,1989—1999 年增加到 7 篇,2000—2010 年激增到 33 篇。他们的结论是:我国国内学者国际刊文数量"呈现平稳推进和'破浪式'增长的态势"。

最近我们统计了我国学者在 9 本 SSCI 国际杂志上(2001—2015 年)发表论文的数量。总数达到 46 篇(见表 5.1),占 9 本杂志 10 年发文总量的 1.4%。平均起来,每年有 4.6 篇。这与张广勇和王俊菊统计的绝对数量相比,似乎取得了明显的进步。不过我们选取的杂志不完全相同,数量也比他们多 3 本,我认为这种进步几乎可以忽略不计。作为一个有着近 3 亿外语学习者、超百万外语教师的大国,发表应用语言学研究的论文数量仅在个位数,与国家对我们的要求相差甚远。

表 5.1　国内学者 2001—2015 年在 9 种国际期刊上发表论文的数量

	期刊名称	数量
1	*Applied Linguistics*	1
2	*ELT Journal*	12
3	*Language Learning*	2
4	*Language Teaching*	1
5	*Language Teaching Research*	14
6	*Modern Language Journal*	5
7	*Second Language Research*	3

---

① 张广勇、王俊菊:《中国外语教学研究者国际期刊发表回顾与展望》,《广东外语外贸大学学报》2015 年第 3 期。

续表

	期刊名称	数量
8	*Studies in Second Language Acquisition*	1
9	*TESOL Quarterly*	7
合计		46

（四）学术国际化的鼓励政策

中共中央 2004 年 1 月颁发了《关于进一步繁荣发展哲学社会科学的意见》①，提出"要大力实施哲学社会科学'走出去'战略，采取各种有效措施扩大我国哲学社会科学在世界上的影响"。为了响应党中央的号召，鼓励学术国际化，政府部门将论文国际发表的数量和级别作为各高校排名、学科评价、科研项目申请、各类人才评选、各类奖项评定的重要指标。为了在社会评价中赢得好结果，各高校领导纷纷出台新政策，将论文国际发表与职称提升、岗位聘任、奖金发放等紧密挂钩。例如，北京大学对社会科学国际学术论文发表有明确的奖励规定：凡是发表在 SSCI、A&HCI 或 SCI 来源期刊上的研究论文，每篇可获 6000 元科研奖励。再如，北京外国语大学在职称评审中，一篇 SSCI、A&HCI 或 SCI 的文章相当于国内两篇 CSSCI 论文的积分点。

这类似的政策和实践在其他非英语本族语国家也很常见。例如，Curry 和 Lillis② 调查了匈牙利、西班牙、斯洛伐克的心理学领域情况。在斯洛伐克的心理学系中，SSCI 期刊中的一篇文章为 30 分，以母语发表的文章只有 15 分，学者的工资和院系所获得的经费都以论文发表的积分点为依据。尽管匈牙利和西班牙没有严格的计分制度，但在 SSCI 期刊上发表的文章是评价论文质量的重要指标。

---

① 中国政府网：《中共中央发出关于进一步繁荣发展哲学社会科学的意见》，http://www.gov.cn/test/2005-07/06/content_12421.htm。

② M.Curry & T.Lillis，"Multilingual Scholars and the Imperative to Publish in English：Negotiating Interests，Demands，and Rewards"，*TESOL Quarterly*，2004，No.4.

三、面临的主要困境

作为一名从事 30 多年外语教学、20 多年应用语言学研究的研究者,笔者一方面为中国应用语言学成果走不出国门感到焦虑,期待各种奖励政策能够对学术国际化起到积极推动作用;另一方面也为学术国际化带来的负面影响深感不安和担忧,希望政府和学界能够及早拿出对策,遏制负面影响。下面笔者以"局内人"身份,阐述自己对学术国际化宏观层面的思考。

(一)"本土性"问题优先,还是"国际性"问题优先?

应用语言学,同其他社会科学一样,具有很强情境性和动态性①,深深扎根于本国文化传统之中。身为中国应用语言学者,我们的研究必须要为本国人民服务,必须要关注本土出现的"真"问题,社会关切的"热"问题,广大群众关心的"急"问题。例如 20 世纪末的热点是"如何对待大学英语四、六级考试",21 世纪初大学英语教学改革的焦点是"如何采用计算机辅助教学与课堂面授相结合的方式,来解决高校扩招后学生数量激增而师资不足的难题""如何解决大班教学的互动问题",等等。最近这几年争论的议题是"如何处理通用英语和专用英语的关系""如何在大学英语教学时数压缩、学分不断减少的前提下,提高课堂教学有效性""如何培养国家急需的具有国际视野、通晓国际规则、具有家国情怀的国际化人才""如何改革全国英语高考""一年两考是否可行",等等。显然,这些问题不是西方学者的兴趣所在,撰写这方面的论文不大可能受到国际期刊审稿人的青睐。某些文章如果能够被幸运选中进入外审程序,也要经过他们的筛查,确定和他们的研究视角或立场态度相吻合。②

---

① A.Passi, "Globalisation, Academic Capitalism, and the Uneven Geographies of International Journal Publishing Spaces", *Environment & Planning A*, 2005, No.5.

② J.Flowerdew & Y.Li, "English or Chinese? The Trade-off between Local and International Publication among Chinese Academics in the Humanities and Social Sciences", *Journal of Second Language Writing*, 2009, No.1.

Flowerdew① 曾通过深度访谈的方式,考查国际杂志主编和审稿人对 EAL 学者稿件的态度。尽管被访者几乎都声称,他们对非英语本族语者的作者没有任何歧视,有时还会多一份同情心,付出额外努力,为论文的修改提供更多帮助。然而被访主编中,除一人以外,其余都指出 EAL 作者论文中存在一个普遍问题,即"狭隘性"(parochialism)。这就是说,他们认为 EAL 学者的研究过于本土化,不具有国际视野。例如,某个主编直率说道:

"The research question is so locally focused that it does not spread out into more general interest area...My guess is that it is harder for NNS who have spent less time abroad, spent less time professionally abroad, for them to see how it might be applicable to other places. I have seen that, too, with articles from Hong Kong, that they were clearly related to the domain here [in Hong Kong], and, interestingly, I am not sure how other people reading the journal might feel or relate".②

(研究问题如此本土化,无法拓展到学界更具有普遍兴趣的研究点上……我的猜想是,对于非本族语者来说,他们在国外生活时间少、参加国外专业活动少,很难弄清楚如何将他们的研究结果应用到其他地区……我也审读过来自香港地区的论文,这些论文与香港地区当地情况有着清晰联系,有趣的是,我不知道其他读者阅读杂志时会有什么感受。)

上述主编的看法有其自身逻辑和合理关切。国际杂志主编,当然希望世界各地读者都能从杂志中获益。作为中国社会科学研究者,毫无疑问,研究国内"真""热""急"问题责无旁贷。

然而中国学者如果真的一头扎进"本土性"问题中,研究结果有可能遭到国际期刊的冷遇。有人可能会说,国内问题有其特殊性一面,但特殊性中必定蕴涵着普遍性、在国际发表时,应该挖掘其普遍性的一面。这种反驳有一定的道理。然而,普遍性存在于多个特殊事实中。我们很难从一个特殊案例中推

---

① J. Flowerdew, "Attitudes of Journal Editors to Nonnative Speaker Contributions", *TESOL Quarterly*, 2001, No.1.

② J. Flowerdew, "Attitudes of Journal Editors to Nonnative Speaker Contributions", *TESOL Quarterly*, 2001, No.1.

断出带有普遍性的规律。如果勉强为之，很可能牵强附会。再则，每个国家总有些本土色彩特别浓厚的问题。正如 Flowerdew 和 Li① 在采访我国学者时，他们中的大多数认为，中西两个学术群体有着不同的研究兴趣点。

中外学者不仅有着不同的研究关注点，而且解决问题的思路也有很大差异。解决"本土性"问题的基本要求是应用性和有效性，而为国际发表所从事的研究需要的是科学性和可重复性。以大学英语教学改革为例，要提高大学英语的教学质量，我们首先需要的是课程体系改革，课程创新、评估体系完善。为国际发表所从事的研究须要验证某个特定假设（如注意假说）或对某个教学环节开展实验研究（如纠正性反馈），这类研究通常是整个教学链条上的一个微观环节，即便做得完美无缺，也难以提高学习者的整体英语水平。

为了避免所谓的"狭隘性"和"封闭性"，加速国际发表，我们似乎面临两个选择。一是放弃"本土性"重要问题的研究，紧追国际热点，研究国际学界所关心的问题。更为准确地说，研究西方感兴趣的问题。二是以国际热点为出发点，在国内寻找相关联问题，将研究结果嵌套在国际流行的理论框架中。无论是上述哪种选择，研究者都在努力把"本土色彩"降到最低程度。

长此以往，这可能会误导国内研究者，特别是年轻学者，致使他们一心瞄准国际期刊，他们就可能不会太关心国内的"真""热""急"问题，注意力完全转向国际。Passi② 早就指出处于知识边缘的非英语本族语年轻学者很可能迫于压力，放弃研究与国际热点不同的"本土性"问题。人们常说"科学无国界"，这里其实指的是自然科学。每个国家有着具体的国情、社情和人情，每个国家有着自己独特的社会科学问题。解决这些问题需要生活在这块土地上的研究者去思考、去研究。即使别国有类似的研究成果，也不大可能直接照搬照用。

---

① J.Flowerdew & Y.Li, "English or Chinese? The Trade-off between Local and International Publication among Chinese Academics in the Humanities and Social Sciences", *Journal of Second Language Writing*, 2009, No.1.

② A.Passi, "Globalisation, Academic Capitalism, and the Uneven Geographies of International Journal Publishing Spaces", *Environment & Planning A*, 2005, No.5.

最后笔者要强调,这里讨论研究"本土性"问题还是"国际性"问题的选择,不是要贬低国际热点问题研究的自身价值,也不是要诋毁英文国际发表的艰辛付出。笔者只是想说明,相当一部分"国际性"研究常常与我国要解决的"真""急""热"问题有"距离",远水解不了近渴。笔者也不认为所有研究"本土性"问题的论文都不能在国际期刊上发表,关键在于如何通过"包装",巧妙地将自己的研究置放于国际背景中,与国际学者对话。不过,要实现这个目标,不单纯是作者的个人责任。根据社会建构主义理论,作者、审稿人、读者应该共同承担,通过沟通和讨论,来补足论文中缺失的背景知识。①

(二) 用英文发表优先,还是用中文发表优先?

随着学术国际化的推进,学术语言英语化得到进一步强化。不少学者担心未来知识的传播和流动完全由英文所控制②,形成英文学术垄断③。这将把发展中国家人民,尤其是那些来自发展中国家的非英语本族语者,置于不平等地位。一方面他们中并非所有人的英文都能达到熟练水平,做到阅读英文文献、撰写英文论文像使用母语一样流畅;另一方面英文文献也没有发达国家那么容易获取,不少高校图书馆缺少经费,无法订阅各种不同类型的国外数据库④。这种"英语一统天下"的局面显然严重削弱了这些国家人民接受和产出新知识的权利。

有些发达国家虽没有上述发展中国家存在的困难,但他们也有自己的担忧。例如,北欧的瑞典、挪威、丹麦等发达国家,国民的英语水平都很高,英文学术资源也很普及,国民阅读英文文献和用英文发表文章均无明显困难,但他们也担心自己的母语会变为二等语言,只能用于日常交际,无法用于学术研究

① Y.H.Gao & Q.F.Wen,"Co-responsibility in the Dialogical Co-construction of Academic Discourse",*TESOL Quarterly*,2009,No.4.

② M.Curry & T.Lillis,"Multilingual Scholars and the Imperative to Publish in English:Negotiating Interests,Demands,and Rewards",*TESOL Quarterly*,2004,No.4.

③ A.Passi,"Globalisation, Academic Capitalism, and the Uneven Geographies of International Journal Publishing Spaces",*Environment & Planning A*,2005,No.5.

④ Q.F.Wen & Y.H.Gao,"Dual Publication and Academic Inequality",*International Journal of Applied Linguistics*,2007,No.2.

和交流①。

中国属于英语扩展圈(expanding circle),英语不是官方语言。同时,中文和英语属于两种不同语系,国民要学好英语,比起与英语同源的母语者要困难得多,能达到听说读写专业水平的人数在总人口中的比例比较低。短期之内,我们可能不会担心中文会沦为二等语言。但不少有识之士意识到,我们如果一味强调英文发表,唯英文发表的论文为上等水平,其正面影响是,我国有越来越多的论文在国际英文期刊上发表,有利于增强我国的学术影响力;但长此以往,也会产生负面影响。对此负面影响,有些学者已在大声疾呼。例如,同济大学的中科院院士汪品先在《文汇报》上刊文呼吁:"中国科学界的英语化应当走到多远?在科学创新里还有没有汉语的地位"②? 文秋芳③也表示了类似的担忧,如果我国最新研究成果都用英文发表,中文就不能用于新知识的交流。她还指出,英语作为全球通用语的趋势浩浩荡荡,似乎无人能够阻挡。但是,英文成为世界通用语的历史不足百年,其未来走向具有不确定性。在历史的长河中,拉丁语、法语都曾是通用语,而现在这一功能已不复存在。国家强,语言强。语言在世界的地位和功能与国家经济和科技实力相匹配。随着我国整体国力的提升,中文创造新知识的空间也应该拓展。从这个意义上讲,我们应该制定激励政策,为提高中文创造和推广新知识的能力搭建学术平台。再说,用中文发表最新研究成果,也能让国内英语水平低的国民从中受益。否则,英语水平低的国民就被剥夺了运用母语获取新知识的权利。

四、应对难题的建议

上文阐述了中国学界和笔者所面临的两个难题。经过深入思考,笔者认

---

① A. Olsson & V. Sheridan, "A Case Study of Swedish Scholars' Experiences with and Perceptions of the Use of English in Academic Publishing", *Written Communication*, 2012, No.1.

② 汪品先:《汉语被挤出科学,还是科学融入汉语?》,《文汇报》2015年2月27日。

③ 文秋芳:《国家语言能力的内涵及其评价指标》,《云南师范大学学报(哲学社会科学版)》2016年第2期。

为,如果政府能够调整学术评价政策,完全可以有效解决这两个难题。下面是笔者的两项建议。

(一) 采用"质量优先"和"分类卓越"评价政策

究竟选择什么课题进行研究? 笔者认为,学者们有着不同的教育背景,有着不同的专业特长,处在人生发展的不同阶段,因此不能简单地以"国内""国外"来区分质量,将"国外"成果看作高人一等,这种做法实际上是"文化不自信"和"理论不自信"的表现。对任何研究的评价都应该是"质量优先"。衡量质量最基本的标准是创新性。创新性可大可小,它可以是新概念的构建、新理论体系的建立,也可以是解决"真""热""急"问题的新方案。

由于各人精力有限,我们可以采用分类"卓越"政策,各人根据自己的特长,在"本土性"和"国际性"问题的研究中有所侧重。建议从海外归来不久的学者积极参与"本土性"问题研究,尽快了解国情、社情和人情,融入到国内学术共同体中,建立自己的学术地位,同时利用自己的海外经验,继续开展"国际性"问题研究;建议在国内学术共同体中已有影响的"海归"研究者,成为"本土"问题研究的核心力量,同时要积极将中国富有成效的实践理论化,构建具有中国特色的理论;建议我国本土培养的学者争取去海外"访学",拓阔眼界,在国际研究的大背景下,开展"本土性"问题的研究,同时也要逐步加入到"学术国际化"的行列中,为中国学术走向世界,作出自己的贡献。

简言之,学者个人有权选择自己的研究课题。无论他们作出何种选择,社会都应该给予尊重。而作为学者本人,无论从事何种类型的研究,都应牢记应用语言学研究者的社会责任。从国家层面来看,只要让各类不同类型学者的特长得到最大发挥,他们的聪明才智得到最优化的配置,就整个群体而言,我们就能做到,中国的"本土性"问题研究朝着国际化方向迈进,"国际性"问题研究也能够为本土问题的解决提供服务。

(二) 采用"双语发表"的鼓励政策

上文我们已经讨论了中文和英文发表的不同功能,但目前的奖励政策将英文发表置于优势地位。为了避免这一奖励政策可能带来的负面影响,笔者建议政府应该奖励用英文和中文分别发表论文。如此做法,能够克服单一语言传播新知识的局限性,既能满足国内国民的需求,又能让中国的学术成果走出国门。

有人可能认为上述做法是"重复发表"或者"自我剽窃"。他们的理由是:学术研究没有语言的区别,无论用中文,还是用英文发表,都算作公开发表;有的国际杂志在刊发论文前,明确要求作者申明,该文未公开发表过,例如 *TESOL Quarterly*。笔者不赞成这一看法。笔者曾经与高一虹在《国际应用语言学杂志》(*International Journal of Applied Linguistics*)上,以《双语发表与学术不平等》为题发表文章,阐述了我们的观点①。首先我们说明了双语发表的必要性。如果只允许用一种语言发表,不仅剥夺了某些人接受新知识的权利,而且限制了新知识的流动范围。然后我们以中英两种语言的语篇格式受到本民族思维方式的影响,说明用两种不同的语言报告同一项研究成果,不是简单地从一种语言翻译到另一种语言,实际上作者需要付出艰辛努力。有些杂志主编也赞成我们的看法。例如,2008年我们在出席第六届亚太地区第二语言习得研究论坛时,与时任 *Language Learning* 的主编 Nick Ellis 和 *Second Language Research* 的主编 Roger Hawkins 探讨了这一问题,他们俩都赞成"双语发表",让不同受众得益。

英文论文的发表一般需要2—3年时间,而中文发表一般只要1—2年时间。由于中英文发表所需时间有差异,这个时间差就为中文优先发表提供了机遇,这样既可以避免我国最新的科研成果得不到国际学界的认可,又能让国内学者优先获得新知识。

五、结语

本文将学术国际化简单地等同于论文国际发表,认为在目前我国应用语

---

① Q.F.Wen & Y.H.Gao,"Dual Publication and Academic Inequality", *International Journal of Applied Linguistics*, 2007, No.2.

言学国际发表论文数量极其有限的阶段,有一定的实际意义,因为缺乏基本数量,国际化根本无从谈起。但从长远来看,学术国际化的本质不应该是国际期刊论文发表的数量。几十年来,我国应用语言学界一直跟着西方研究话题的套路走,较少对中国的实践智慧进行理论概括。中国的应用语言学根本出路在于理论和实践创新,否则,我国应用语言学研究者难在国际学界赢得真正的话语权。2016 年 5 月 17 日,习近平总书记在哲学社会科学工作座谈会上提出了中国特色哲学社会科学的特点应该体现在三个主要方面:第一,体现继承性、民族性。第二,体现原创性、时代性。第三,体现系统性、专业性。笔者认为这三个方面、六个特点之间有着紧密联系。对我们构建有中国特色的应用语言学理论有着指导意义。我们应该建立理论自信,深入挖掘中国几千年教育实践智慧和中华优秀传统文化的资源,同时要有国际视野,借鉴国外先进理论,构建具有中国主体性、原创性的理论,为世界应用语言学界贡献中国智慧,这才是我们学术国际化的奋斗目标。

(本文原载《外语与外语教学》2017 年第 1 期)

我国应用语言学理论国际化的标准与挑战

——基于中国大陆学者国际论文创新性的分析①

一、引言

自 20 世纪 60 年代中期起,应用语言学②成为独立学术研究领域,属于新兴学科③,改革开放以来,引入我国并得到迅速发展。从硕博士点建设、学术组织、学术会议、学术期刊等方面来看,应用语言学在我国的学科地位已牢固建立。遗憾的是,应用语言学还未跳出"仿效"阶段;研究者本土意识较弱,成果创新性还较低,这与我国现有的国际地位不相称。

作为应用语言学研究者,我们亟待思考的问题是:如何使我国应用语言学理论国际化?为激发学界对这一问题的思考与关注,本文首先分析国内学者在国外 SSCI 期刊(2001—2015 年)上发表论文的状况,然后以其结果为出发点,进一步讨论我国应用语言学理论国际化的标准与挑战。

---

① 笔者指导的多名博士后和博士生作为首批读者,认真、仔细阅读了本文多个版本,从篇章布局、内容到文字表述均提出了极其宝贵的修改意见,在此表示衷心感谢。

② "应用语言学"在本文采用狭义定义,指外语教学。

③ 桂诗春:《什么是应用语言学》,《外语教学与研究》1987 年第 4 期;桂诗春:《20 世纪应用语言学评述》,《外语教学与研究》2000 年第 1 期;桂诗春:《应用语言学思想:缘起、变化和发展》,《外语教学与研究》2010 年第 3 期。

二、国内学者的国际论文创新性分析

本研究的思路是:从近十五年我国大陆学者在国外有影响力的期刊上发表论文的归类入手,探究各类研究的创新性程度。

(一) 研究设计

1. 材料来源

本文选取了8种应用语言学领域的 SSCI 来源期刊(2001—2015 年),并依据两个条件筛选论文。第一,论文必须报告实证研究;第二,论文第一作者的署名单位必须在中国大陆。同时符合上述两个条件的论文共 39 篇(见表5.2),约占这 8 种期刊刊发实证研究论文总数的百分之一①。

表5.2　国内学者发表国际论文数量的统计

	杂志名称	数量(篇)
1	*Applied Linguistics*	1
2	*ELT Journal*	10
3	*Language Learning*	2
4	*Language Teaching Research*	13
5	*The Modern Language Journal*	4
6	*Second Language Research*	3
7	*Studies in Second Language Acquisition*	1
8	*TESOL Quarterly*	5
合计		39

2. 分析方法

所有材料采用质性分析,分三步。第一步逐篇阅读 39 篇论文,用表格形式列出每篇论文的研究动机、理论框架、研究对象、研究工具、研究设计、研究

---

① 文秋芳:《我国应用语言学研究国际化面临的困境与对策》,《外语与外语教学》2017 年第 1 期。

结果及创新之处。

第二步归纳出 39 篇论文的研究类型和路径,这是分析创新性的基础。整个过程经历了自上而下和自下而上的反复循环。最终根据研究目的,将 39 项研究分为验证型、问题型①、描述型、演示型和解释型 5 类:(1)验证型,即从西方理论出发,以中国外语学习者/外国汉语学习者为对象,检验或修正西方理论;(2)问题型,即从中国问题出发,选择合适的西方理论,探究其解决中国问题的效果;(3)描述型,即运用西方理论描述中国现象;(4)演示型,即运用中国案例来具化西方概念;(5)解释型,即尝试采用中国视角解释西方理论,并运用中国案例证明其解释的合理性。每一类又根据研究起点,分别描述各自的路径;最后统计不同类型和路径研究的数量和所占百分比(见表 5.3)。

第三步考察不同研究类型的创新程度。鉴于目前对创新性没有统一评价方法,为便于读者理解,本文选择了以下三个维度:(1)理论创新,即是否提出了新理论、新假设;(2)内容创新,即是否研究了新课题;(3)方法创新,即是否创造了新方法或新量具。

(二) 结果与讨论

下文根据本研究的两个焦点(研究类型与路径、创新性),逐一报告研究结果。在此基础上,讨论我国应用语言学理论国际化的发展思路。

1. 论文的研究类型与路径

表 5.3 展示了 39 篇论文的研究类型与路径。按照频次高低,5 种类型的排序为:(1)验证型(51%),(2)问题型(26%);(3)描述型(15%);(4)演示型(5%);(5)解释型(3%)。下面将以举例的方式逐一解释各类型的涵义。

表 5.3　实证研究的类型与路径分类统计

类型	路径	数量(篇)
验证型	西方理论→中国外语学习者/外国汉语学习者→验证西方理论	20(51%)

---

① "问题型"的完整表述应该是"本土问题驱动型"。为保持与其他类型表述一致,将其简化为"问题型"。

续表

类型	路径	数量(篇)
问题型	中国问题→西方理论→验证西方理论	10(26%)
描述型	西方理论→描述中国现象	6(15%)
演示型	西方理论→运用中国案例演示	2(5%)
解释型	西方理论→运用中国理论解释→运用中国案例演示	1(3%)

(1)验证型

这类研究运用新研究对象检验西方理论。例如,Zhang① 在 *Studies in Second Language Acquisition* 上发表论文"Measuring University-level L2 Learners' Implicit and Explicit Linguistic Knowledge"。该文首先讨论了二语习得领域对理论议题(即显性与隐性知识的关系)的三种假设:①无接口说;②强接口说;③弱接口说。并指出尽管理论上争论激烈,但无实证研究为各自假设提供证据,其主要原因是缺乏有效量具。Ellis② 构建了经过效度验证的量具,但其后多项研究中结果并不一致,量具效度只得到部分验证。该文作者以中央财经大学 100 名新生为研究对象,邀请他们参加 Ellis 设计的 4 种测试(口头模仿测试、限时语法正确性判断题、不限时语法正确性判断题和元语言知识测试),进一步检验了量具有效性,同时发现中国学生掌握显性知识强于隐性知识。

(2)问题型

这类研究从中国本土问题出发,检验西方理论是否是解决问题的有效途径。例如,Zhang③ 在 *Language Teaching Research* 上发表论文"Using the Principles of Exploratory Practice to Guide Group Work in an Extensive Reading Class

---

① R.H.Zhang,"Measuring university-level L2 Learners' Implicit and Explicit Linguistic Knowledge",*Studies in Second Language Acquisition*,2014,No.37.

② R.Ellis,"At the Interface:Dynamic Interactions of Explicit and Implicit Knowledge",*Studies in Second Language Acquisition*,2005,No.27.

③ R.W.Zhang,"Using the Principles of Exploratory Practice to Guide Group Work in an Extensive Reading Class in China",*Language Teaching Research*,2004,No.8.

in China"。该文描述了作者教授英语泛读课的情况,学生对她的教学不满意。她调整了教学方法,学生仍旧持有负面评价。在她一筹莫展时,*Language Teaching Research* 上发表的论文"Exploratory Practice(EP):Rethinking Practitioner Research in Language Teaching"①给她走出教学困境提供了"良方"。于是她按照 Allwright 提出的探索型实践(EP)原则,将传统泛读教学改成了以小组为单位的讨论式教学。新方法实施两周后,她采用小组访谈的方式收集学生反馈。令她兴奋的是,学生的反馈都很积极。她在结论中写道:虽然小组活动不能解决泛读课上所有问题,但实践证明,这样的活动形式得到学生的认可和欢迎。这说明贯彻 Allwright 的探索型实践原则,既能挖掘学生的潜力,又能在课堂上创造和谐氛围,提高语言课堂的生活质量。

（3）描述型

这类研究运用西方理论框架,深入描述中国被研究对象的相关表现。例如,Li② 在 *TESOL Quarterly* 上发表论文"Apprentice Scholarly Writing in a Community of Practice:An Intraview of an NNES Graduate Student Writing a Research Article"。该文作者运用了 Lave 和 Wenger③ 的"实践共同体"(community of practice)理论,采用个案研究法,深入描写某大学物理专业博士生为国际期刊撰写英文论文初稿的艰辛历程。研究对象为了成功完成论文,充分发挥了自己的主观能动性,参与了多种形式互动,获得了多渠道的帮助。例如,与实验团队成员交流;与数据互动,不断加深对数据的理解;与自己已有写作经验互动,吸取教训,避免过去所犯错误;与文献中的专家互动,学习别人的写作经验、了解审稿人的期待,以及杂志的目标读者群;等等。

（4）演示型

这类研究为西方概念提供具体化解释和实例展示。例如,Jiang④ 在 *ELT*

---

① D.Allwright,"Exploratory Practice:Rethinking a Practitioner Research in Language Teaching",*Language Teaching Research*,2003,No.2.

② Y.Y.Li,"Apprentice Scholarly Writing in a Community of Practice:An Intraview of an NNES Graduate Student Writing a Research Article",*TESOL Quarterly*,2007,No.41.

③ J.Lave & E.Wenger,*Situated Learning:Legitimate Peripheral Participation*,Cambridge:CUP,1991.

④ W.Y.Jiang,"Handling 'Culture Bumps'",*ELT Journal*,2001,No.55.

Journal 上发表论文"Handling'Culture Bumps'"。她首先表示赞同 Archer① 和 Thorp② 的观点,即在与异质文化交流时,碰到"文化碰撞"(culture bumps)或"令人费解的遭遇"(confused encounter)不可避免,因此注重培养学生对文化差异的敏感性和学会处理文化差异的能力非常重要。接着以中国文化为背景,运用示例说明英语本族语教师在中国如何处理"文化碰撞"的策略。最后,她总结了6条原则:①对文化差异采取公正态度;②给对方提供解释机会;③寻求文化方面的解释;④将观察到的行为与自己的主观认识分开;⑤运用"文化碰撞"案例进行教学;⑥模仿当地人的生活方式。总体上说,这六条原则具有一定的概括性和本土性,但它们之间缺乏有机的逻辑关系,概括程度还达不到形成理论或假说的层次。

(5)解释型

这类研究从中国视角解释西方理论,并运用中国案例证明其解释的合理性。例如,Wu③ 在 *Language Teaching Research* 上发表论文"Understanding Practitioner Research as a Form of Life: An Eastern Interpretation of Exploratory Practice"。论文题目表明作者要采用东方视角来阐述 Allwright④ 的探索型实践理论(EP)。该文作者运用庄子的哲学思想分析 Allwright 的理论,为西方读者提供了新视角。他认为探索型实践最好运用庄子顺乎天理、因其固然的理念将其理解为对"本真之存在"的体验,语言教学首先应该关注语言课堂中学生和教师的生活质量,而不只是聚焦语言技能的获得,因为教育的本质是为了提高人的生存质量,建立人与人之间的和谐关系,以实现共同的可持续发展。从认识论角度来看,教师知识应该是知行一体,而不应该强行将其割裂。最后作者用教师自发组织研究项目中的实例来演示对探索型实践的东

---

① C.Archer, "Culture Bump and Beyond", in J.Valdes, *Culture Bound: Bridging the Cultural Gap in Language Teaching*, Cambridge: CUP, 1986, pp.170-178.

② D.Thorp, "Confused Encounters: Differing Expectations in the EAP Classroom", *ELT Journal*, 1991, No.45.

③ Z.J.Wu, "Understanding Practitioner Research as a Form of Life: An Eastern Interpretation of Exploratory Practice", *Language Teaching Research*, 2006, No.10.

④ D.Allwright, "Exploratory Practice: Rethinking a Practitioner Research in Language Teaching", *Language Teaching Research*, 2003, No.2.

方解读。

2.论文的创新

笔者按照理论、内容和方法创新三个维度,分析了39篇论文的创新程度。严格说来,这5种研究类型的创新程度都比较低,但比较而言,在理论、内容和方法这三个维度上略有差别(见表5.4)。总体上看,所有39篇论文均未体现理论创新,但都具有一定程度的内容创新;就方法而言,仅有3篇具有一定的创新性。下面将深入讨论这三类创新的具体情况。

表5.4　五种研究类型的创新情况

	验证型(篇)	问题型(篇)	描述型(篇)	演示型(篇)	解释型(篇)	创新度(篇)
理论创新	0	0	0	0	0	0
内容创新	20	10	6	2	1	比较低
方法创新	2	0	0	0	1	比较低

(1)理论创新

所谓理论创新指的是构建新理论、提出新假说。例如,Chomsky[1] 的转换生成语法(Trans Formational Generative Grammar)、Krashen[2] 的监控模型(Monitor Model)(包含5个假设)、文秋芳[3]的"产出导向法"和王初明[4]的"续论"等都属于理论创新。他们提出一个理论,后面通常有学者或对其深入研究,或对其发起挑战。如果不是系统理论创新,提出某个新假设也可以。例如Swain[5] 的输出假设(Output Hypothesis)、Long[6] 的互动假设(Interaction Hypothesis)、

[1]　N.Chomsky, *Aspects of the Theory of Syntax*, Cambridge, Mass: MIT Press, 1965.

[2]　S.Krashen, *The Input Hypothesis: Issues and Implications*, London: Longman, 1985.

[3]　文秋芳:《构建"产出导向法"理论体系》,《外语教学与研究》2015年第4期。

[4]　王初明:《以"续"促学》,《现代外语》2016年第6期。

[5]　M.Swain, "Communicative Competence: Some Roles of Comprehensible Input and Comprehensive Output in Its Development", in S.M.Gass & C.G.Madden, *Input in Second Language Acquisition*, Rowley, MA: Newbury House, 1985, pp.235-253.

[6]　M.Long, "Focus on Form: A Design Feature in Language Teaching Methodology", in K.de Bot, G.R.Ginsbergr & C.Kramtch, *Foreign Language Research in Cross-cultural Perspective*, Amsterdam: John Benjamins, 1991, pp.39-52.

王初明①的"补缺假设"、王初明②的"写长法"、文秋芳③的"输出驱动假设"、文秋芳④的"输出驱动—输入促成假设"等。依据这一标准,我国学者在国外期刊上发表的 39 篇论文均未达到这一等级。

（2）内容创新

所谓研究内容创新指的是开辟新研究领域。例如,Rubin⑤ 在 *TESOL Quarterly* 上发表了论文"What the Good Language Learner can Teach Us",自此,善学者(good language learner)就成了新研究热点,产生了丰硕的研究成果。再如,Jenkins⑥ 出版的专著《英语国际语的音系学》(*The Phonology of English as an International Language*)中,首次提出了英语通用语(English as a Lingua Franca,ELF)概念。随后 Seidlhofer⑦ 和 Mauranen⑧ 相继发表论文,建设 ELF 语料库。自此,英语通用语就成为一个新兴研究热点。

如果考察上述 39 篇论文是否开拓了一片"处女地",显然一篇也没有。不过,内容创新的级别应有高低之分。类似研究有西方学者做过时,我国学者将中国英语学习者或者外国汉语学习者作为研究对象,能不能看作是内容创新呢？ 例如,运用西方二语习得理论研究中国外语学习者的学习动机、交际意愿、身份认同、词汇学习策略,对待纠正性反馈态度等;采用西方理论研究教师观念、身份认同、课堂教学方法等。笔者认为,广义上讲,这些研究可认定为内容创新,因为中国人教或学外语与西方人不完全相同,教与学的情境、策略、动机、学生与教师发展路径等都存在差异,而这些差异外国人未必了解。我国学者能够在国际期刊上报告中国学生学习外语或者外国学生学习汉语的状况,

---

① 王初明:《补缺假设与外语学习》,《外语学刊》2003 年第 1 期。

② 王初明:《外语写长法》,《中国外语》2005 年第 1 期。

③ 文秋芳:《输出驱动假设与英语专业技能课程改革》,《外语界》2008 年第 2 期。

④ 文秋芳:《"输出驱动—输入促成假设":构建大学外语课堂教学理论的尝试》,《中国外语教育》2014 年第 2 期。

⑤ J.Rubin,"What the Good Language Learner can Teach Us？",*TESOL Quarterly*,1975,No.9.

⑥ J.Jenkins,*The Phonology of English as an International Language*,Oxford:OUP,2000.

⑦ B.Seidlhofer,"Closing a Conceptual Gap:The Case for a Description of English as a Lingua Franca",*International Journal of Applied Linguistics*,2001,No.11.

⑧ A.Mauranen,*Exploring ELF:Academic English Shaped by Non-native Speakers*,Cambridge:CUP,2012.

至少为世界学者提供了新信息,让西方理论构建者了解他们的理论是否具有普遍性。从这个意义上说,上述 39 篇论文都体现了一定的内容创新,但创新级别较低,原因是这些研究本质上未开辟新研究领域。

(3)方法创新

严格说来,方法创新需要创造一种本领域未曾使用过的研究方法。许多时候,新方法的出现也带来新研究内容。例如,Horwitz① 构建了首个测量课堂外语学习焦虑的量具,将"焦虑"变成可测量的参数,开辟了研究外语学习者情感特征的新领域。同类的例子还有很多,例如语能量具、词汇深度和广度知识量具的构建等。

本研究发现,39 篇论文中仅有 3 篇在研究方法上稍有创新。例如,在上文提到的唯一的解释型研究中,Wu② 选择了与西方学者不同的视角,运用中国庄子的哲学思想解释西方教学理论,向西方世界展现了中国哲学的魅力,应该说这是方法上的创新。但严格说来,创新级别也不算很高,因为他的解释只是用来证明中国哲学思想与西方哲学思想具有同等有效性。

三、我国应用语言学理论国际化的标准与挑战

由上可见,我国应用语言学研究成果在 SSCI 国际期刊上发表论文的数量极其有限(见表 5.2),研究的创新程度也很低(见表 5.4)。这表明我国应用语言学学科还处于学术国际化的初级阶段。学者们能够用英语在国际期刊上发表论文,为我国学术"走出去"作出了积极贡献。他们的不懈努力值得鼓励和赞扬。③ 无数量,谈何质量? 这个观点完全符合逻辑。但我国应用语言学是否要按照"先数量、再质量"两个阶段来发展呢? 笔者认为,如果要实现"弯道

---

① E.Horwitz,"Preliminary Evidence for Reliability and Validity of a Foreign Language Anxiety Scale", *TESOL Quarterly*,1986,No.20.

② Z.J.Wu,"Understanding Practitioner Research as a Form of Life:An Eastern Interpretation of Exploratory Practice", *Language Teaching Research*,2006,No.10.

③ 文秋芳:《我国应用语言学研究国际化面临的困境与对策》,《外语与外语教学》2017 年第 1 期。

超车",必须避免分阶段发展的做法。如果先讲数量,可以设想即便我国学者在国外期刊发表数以万计类似上述 5 种类型的论文,也无法提高中国应用语言学理论国际化程度。从长远来看,单纯追求国际期刊论文发表的数量有着很大的负面影响①。

如何使我国应用语言学理论国际化呢? 要回答这一问题,我们必须要对"国际化"有正确的解读。下文首先讨论什么是真正的国际化,然后对笔者提倡的国际化标准加以解释,再讨论国际化面临的挑战。

(一) 国际化的内涵

对于国际化的内涵,至今未有统一解释。朱剑认为国际化是"以科学的方法、普世价值观、无障碍的语言、规范的样式在国际公共学术平台上展示和交流学术研究过程及其创新成果"②。李正风等③将知识共享看成是学术国际化的本质特征。按此说法,在国际期刊上发表论文的数量越多似乎就能证明学术国际化的程度越高。

笔者认为,上述对"国际化"的解释更适合自然科学,但不适合社会科学。前面已经说过,应用语言学自身的学科属性决定了研究问题必须具有浓厚的本土色彩,能够为本国社会实践服务。如果来自发展中国家的学者单纯为在国际期刊上发表论文,一味满足西方刊物的"苛刻要求",把"西方理论作为本土化的母版和框架,对一切本土化研究进行定向塑造"④,最终的结果是,发展中国家的学者将永远是西方理论的"信奉者""追随者",至多是"发问者""批评者",在国际舞台上不可能握有话语权,也不可能获得平等权利。

笔者认为,社会科学领域的国际化必须满足三条标准:本土化、原创性和

① 文秋芳:《我国应用语言学研究国际化面临的困境与对策》,《外语与外语教学》2017 年第 1 期。

② 朱剑:《学术评价、学术期刊与学术国际化——对人文社会科学国际化热潮的冷思考》,《清华大学学报(哲学社会科学版)》2009 年第 5 期。

③ 李正风、曾国屏、杜祖贻:《试论"学术"国际化的根据、载体及当代特点与趋势》,《自然辩证法研究》2002 年第 3 期。

④ 邹利斌、孙江波:《在"本土化"与"自主性"之间——从"传播研究本土化"到"传播理论的本土贡献"的若干思考》,《国际新闻界》2011 年第 12 期。

国际可理解度。在这三条标准中,本土化是前提,原创性是基础,国际可理解度是关键,它们互相联系,联动作用,缺一不可。只有同时满足以上条件,国际化才能被认可。

(二) 国际化的标准

1. 本土化

本土化指的是理论要用来解决本土问题。这一条件源于应用语言学的学科属性。根据目前对应用语言学最为广泛接受的定义①,应用语言学是一个"从理论和实证两个方面研究以语言为核心的现实世界问题的学术领域"②。既然研究对象是语言现实问题,这些问题就必须来自研究者所熟悉的真实世界。现实问题总是具有很强的情境性、动态性、文化性。③ 从这个意义上说,应用语言学研究的问题应该是本土问题。如果仔细考察,我们会发现几乎所有西方应用语言学理论都是为了回答西方本土语言生活中的问题。例如,Swain④ 通过对加拿大沉浸式外语教学模式的观察,发现这些学生经过多年学习,虽然理解能力与本族语者无明显差异,但他们的产出能力远不及本族语者。她的观察证明充足的可理解性输入并不是学习外语的充分条件,于是她提出"输出假设",挑战了 Krashen⑤ 的"输入假设"。再如,Schmidt⑥ 对多年居住在夏威夷的一位日本移民开展了 3 年跟踪研究后,发现尽管这位移民与当地人交流频繁,日常交际非常成功,但语言形式中错误百出,准确性未有明显提高。由此,他提出"注意假设",即学习者如果缺少对形式的注意,单靠互动

---

① J.Simpson, *The Routledge Handbook of Applied Linguistics*, London: Routledge, 2011.

② C.Brumfit, "Teacher Professionalism and Research", in G.Cook & B.Seidlhofer, *Principals and Practice in Applied Linguistics*, Oxford: OUP, 1995, p.27.

③ A.Paasi, "Globalisation, Academic Capitalism, and the Uneven Geographies of International Journal Publishing Spaces", *Environment & Planning*, 2005, No.37.

④ M.Swain, "Communicative Competence: Some Roles of Comprehensible Input and Comprehensive Output in Its Development", in S.M.Gass & C.G.Madden, *Input in Second Language Acquisition*, Rowley, MA: Newbury House, 1985, pp.235–253.

⑤ S.Krashen, *The Input Hypothesis: Issues and Implications*, London: Longman, 1985.

⑥ R.Schmidt, "The Role of Consciousness in Second Language Learning", *Applied Linguistics*, 1990, No.11.

不能提高语言准确性。这一假设显然挑战了 Long① 的互动假设。

从表 5.3 列出的 39 篇国际期刊上发表的论文来看,其中 29 篇(74%)都以西方理论为出发点,寻找可能与西方理论相匹配的问题。换句话说,他们的研究不是中国这块土地上的"真问题",而是西方世界讨论的热点。其他社会学科也有类似问题,即这些学科的学者们在 SSCI 期刊上发表的论文中,研究对象多是国外议题或模型,与中国直接相关的不多②。

鉴于应用语言学学科本质属性,我国应用语言学理论国际化的前提就是要直面中国本土问题,否则国际化无从谈起。正如习近平总书记 2016 年 5 月在哲学社会科学工作座谈会上的讲话中所说的:"……越是民族的越是世界的。解决好民族性问题,就有更强能力去解决世界性问题;把中国实践总结好,就有更强能力为解决世界性问题提供思路和办法。这是由特殊性到普遍性的发展规律。"③

2. 原创性

原创性是指要能提出解决本土问题的本土方案,这一方案不仅能有效应用到本国实践中去,而且要与西方范式有所不同。每个国家有着特殊的国情、社情、人情。用同一个"药方"处理不同病症,让所有人穿同一尺寸的衣服,肯定违背常理④。习近平总书记还指出:"如果不加分析把国外学术思想和学术方法奉为圭臬,一切以此为准绳,那就没有独创性可言了。如果用国外的方法得出与国外同样的结论,那也就没有独创性可言了。"⑤

表 5.3 中列出的 39 篇论文中,虽有 10 篇论文以中国问题为出发点,遗憾

---

① M.Long,"Focus on Form:A Design Feature in Language Teaching Methodology",in K. de Bot,G.R.Ginsbergr & C.Kramtch,*Foreign Language Research in Cross-cultural Perspective*,Amsterdam:John Benjamins,1991,pp.39-52.

② 刘海龙:《传播研究本土化的两个维度》,《现代传播(中国传媒大学学报)》2011 年第 9 期。

③ 习近平:《在哲学社会科学工作座谈会上的讲话》(2016 年 5 月 17 日),人民出版社 2016 年版,第 18 页。

④ M.Long,*Second Language Acquisition and Task-based Language Teaching*,Malden,MA:Wiley Blackwell,2015.

⑤ 习近平:《在哲学社会科学工作座谈会上的讲话》(2016 年 5 月 17 日),人民出版社 2016 年版,第 19 页。

的是,他们一头扎到"西方理论"中寻求"治病良方",最后用自己的结果去证明西方理论的有效性。从这个意义上说,这些论文没有提出解决中国问题的原创性方案。

笔者认为,王初明等①提出的"写长法"符合原创性这一条件。他从中国人学习外语听说需求不足、读写环境不差的具体国情出发,在听、说、读、写中选择了"写"为突破口,"以写促学";根据中国学生怕写外语作文、教师怕改作文的实际,在量与质的评价标准中选择了"量",以量促质;在正面肯定与负面纠错的评价方法中,选择了正面肯定,以鼓励学生学习外语的积极性。王初明认为这样做可以克服学生情感上的障碍,增强学生的成就感、自信心;能够加速接受性知识转化为产出性知识;能够激发学生超越自己,充分发挥自己的潜能。"写长法"的原创性体现在以写促学。近四十多年来,二语习得理论不断涌现,但没有一种理论主张从"写"入手。Krashen②的输入假说强调以听读领先,宣称只要听读量足够,学习者就能自动习得某种外语。Long③的互动交际假说主张在交际过程中,双方通过不断询问、协商、澄清,来发展各自的二语能力。Swain④的输出假说强调"说"的功能,主张以说促学。由此可见"以写促学"的理论旗帜鲜明,观点明确,创新点突出。

3. 国际可理解度

国际可理解度是指所创理论中所用的话语必须与国际相关理论有联系,或者说该理论能够与现有国外相关理论在同一个层面上进行比较和对话。换句话说,本土理论一定要在批判目前国外流行理论的基础上创立,这样外国学者才能调用自己熟悉的理论图式来理解具有中国特色的理论。

而我国学者常常闭门造车、自造一套易被中国人理解的话语,不考虑国际

① 王初明、牛瑞英、郑小湘:《以写促学——一项英语写作教学改革的试验》,《外语教学与研究》2000年第3期。

② S.Krashen, *The Input Hypothesis: Issues and Implications*, London: Longman, 1985.

③ M.Long, "Focus on Form: A Design Feature in Language Teaching Methodology", in K.de Bot, G.R.Ginsbergr & C.Kramtch, *Foreign Language Research in Cross-cultural Perspective*, Amsterdam: John Benjamins, 1991, pp.39-52.

④ M.Swain, "Communicative Competence: Some Roles of Comprehensible Input and Comprehensive Output in Its Development", in S.M.Gass & C.G.Madden, *Input in Second Language Acquisition*, Rowley, MA: Newbury House, 1985, pp.235-253.

学者理解是否有难度。例如,中国学者常把教学经验总结成"n 字法"。例如,张思中的十六字法①:集中教学、反复循环、阅读原著、因材施教。这一方法凝聚着张思中四十年的教学经验,实践证明富有成效。对于我国广大一线外语教师来说,这样浓缩的"n 字法",易懂、易记、易学、易做。然而要把这样的理论介绍到国外去,很难被认可为一种教学理论。

为了避免上述问题,中国学者创建的"产出导向法"在构想初期就与国际学者交流沟通,从理论命名到具体表述,都认真听取了多名外国学者的建议②,同时"产出导向法"团队成员积极参加国际学术会议,在国内外期刊上发表论文。他们还"主动出击",计划在国内外召开研讨会,邀请国内外知名专家、学者参与讨论,来完善和发展这一中国本土理论,同时扩大国际影响力③。

(三) 国际化面临的挑战

国际上绝大部分 SSCI 期刊的"把门人"都来自发达国家,发展中国家在应用语言学学界缺乏话语权。很显然,中国学者当属于弱势群体④,正如 Flowerdew 和 Li⑤ 的研究所发现,西方期刊的评审人和主编经常批评非英语本族语学者的研究缺少国际视野,所涉及的问题过于"本土化"。事实上,英语本族语学者研究的也多是本土问题,只不过他们将自己定位为"世界中心",他们的研究问题就成了"国际问题"。这显然是学术权力不平等的表现。在这种不公平的环境中,要将中国应用语言学理论国际化,我们必须比发达国家学者付出更多努力,也面临更大挑战。

1. 缺乏理论意识

我国应用语言学者长期以来"重实践""轻理论",缺乏理论意识,很少对

---

① 王天剑:《张思中外语教学法的理论评价与发展探索》,《黔西南民族师范高等专科学校学报》2003 年第 4 期。

② 文秋芳:《构建"产出导向法"理论体系》,《外语教学与研究》2015 年第 4 期。

③ 文秋芳:《"产出导向法"的中国特色》,《现代外语》2017 年第 3 期。

④ 文秋芳:《我国应用语言学研究国际化面临的困境与对策》,《外语与外语教学》2017 年第 1 期。

⑤ J.Flowerdew & Y.Li, "English or Chinese? The Trade-off between Local and International Publication among Chinese Academics in the Humanities and Social Sciences", *Journal of Second Language Writing*, 2009, No.1.

中国的实践智慧进行理论概括和提炼。例如,我国长期实践的"教研组备课""以老带新",反而运用国外"实践共同体"理论来解释;"让学生跳起来摘桃子"这个比喻形象生动地说明了学习内容要有适度挑战性,却用国外"最近发展区"去说明;我国教学一直重视学生自学能力的培养,反而大张旗鼓地宣传西方"学习者自主性"理论。

笔者认为,与西方学者相比,我们对实践经验概念化的层次与西方不相同。如果用质性数据分析的方法来比拟,我们的概括大致相当于二级编码,而西方概括程度经常能达到三级编码层次。例如,我们对课堂教学中教与学的恰当安排归纳为"精讲多练",这种概括形象、易懂,但翻译成英文,就成了对课堂教学的一种描述,不具有理论属性。同样,前面提到的"n 字法"也有类似问题。由此可见,我国应用语言学学者亟待提高理论意识,增强思维的抽象度和概括性,主动设置学术命题、提出学术观点、学术主张,引领国内外学界讨论,这样才能真正获得国际话语权。

2. 对中国传统教育理论缺乏自信

我国不少应用语言学学者对国外理论如数家珍,了如指掌,而对中国传统教育理论知之甚少。从本质上说,我们应提高文化自信。我国有着几千年悠久的文明史,中国教育传统博大精深。例如,《学记》是我国最古老的教育专著。据说,比捷克大教育家夸美纽斯的《大教学论》早一千八九百年面世。全文只有 1229 个字,篇幅短小精悍,文字言简意赅,喻辞生动,内容丰富、深刻,"从正反两方面总结了师与生、教与学的相互关系及其影响的经验教训"①。再如,南宋朱熹的弟子归纳总结了他的读书六法,即循序渐进、熟读精思、虚心涵泳、切己体察、着紧用力、居敬持志。这六条原则相互联系,形成了一个统一的有机体,是一个完整的读书、求学、进业的过程。②

这些传统资源值得我们深入挖掘,仔细研究,从中汲取营养。我们要在与国外理论比较的基础上,批判、吸收、升华先人的智慧。只有善于借鉴古今中外资源,将其融会贯通,才有可能构建出原创性的理论,为解决我国现实问题

---

① 高时良:《学记研究》,人民教育出版社 2006 年版,第 216 页。
② 徐雷健:《朱熹读书法探究》,《福建论坛(人文社会科学版)》2007 年增刊。

提出具有中国特色的方案。

四、结语

本文分析了我国学者 2001—2015 年在国外 8 种 SSCI 来源期刊上发表的 39 篇实证研究论文,揭示了我国应用语言学理论国际化令人堪忧的现状,即我国学者对中国本土问题关注不够和创新程度较低。2017 年 1 月 24 日教育部、财政部、国家发改委联合颁布了《统筹推进世界一流大学和一流学科建设实施办法(暂行)》。该文件指出,到 2020 年,要支持建设一百个左右学科,使其接近或达到世界先进水平。文件还明确指出:"积极建设具有中国特色、中国风格、中国气派的哲学社会科学体系,着力解决经济社会中的重大战略问题,提升国家自主创新能力和核心竞争力。"①根据这一精神,我国广大应用语言学研究者应该积极行动起来,努力建设应用语言学理论,提高其本土性、原创性和国际可理解性,增强应用语言学学科在国际学界的话语权和影响力。

(本文原载《外语教学与研究》2017 年第 2 期)

---

① 教育部、财政部、国家发展改革委:《统筹推进世界一流大学和一流学科建设实施办法(暂行)》,http://www.moe.gov.cn/srcsite/A22/moe_843/201701/t20170125_295701.html,2017 年 1 月 25 日。

国家社会科学基金项目通讯评审策略与态度的访谈研究①

一、引言

国家社会科学基金(以下简称社科基金)作为我国人文社科领域最高级别的研究基金,在哲学社会科学中起着导向性、权威性和示范性作用。② 2016年社科基金项目有效申报 28053 项,公布立项课题 3917 项,平均立项率为 14%,比上一年增加 140 项。③ 虽然社科基金的立项数量和资助经费逐年增加,但是项目申请成功并非易事。首先,项目要通过 5 个评委"盲评",即通讯评审,才可进入"会评"。根据往年规定,"盲评"通过率只有 25%左右,会评通过率为 50%—60%。由于立项项目与职称晋升、岗位聘任、科研奖励紧密挂钩,不少项目申请者迫切希望能够更多了解"盲评"专家的评审标准及方法,以便提高项目申请的成功率。也有少数多次项目申请失败者抱怨评审过程不够透明,期望能有相关研究打开"黑箱",助力项目申请。遗憾的是,现有少数研究仅聚焦社科基金的立项现状与分布④、学术资源配置⑤、项目规划

① 《外语界》编辑部对本文提出了宝贵修改意见,作出了细致校改,特致深深谢意!

② 周丽琴:《地方高校国家社科基金青年项目培育对策研究》,《科学管理研究》2015 年第 3 期。

③ 全国哲学社会科学规划办公室:《2016 年国家社科基金年度项目和青年项目立项结果公布》,http://www.gov.cn/xinwen/2016-06/17/content_5083081.htm,2016 年 6 月 17 日。

④ 张永汀、刘风才:《国家社科基金视角下党史党建学科研究状况分析——基于 1993—2012 年国家社科基金立项数据的量化分析》,《理论与改革》2014 年第 1 期。

⑤ 王永斌:《"十一五"期间我国人文社会科学学术生产力分布研究——基于国家社科基金项目的数据分析》,《社会科学管理与评论》2011 年第 3 期。

与管理①、青年项目培育②等方面,与社科基金评审直接相关的研究尚未出现。有鉴于此,本研究采用深度访谈调查了社科基金通讯评审专家,探讨了解他们的评审策略与态度,以期为项目申请者提供指引帮助,为研究者的学术论文撰写、科研工作等提供启示。

二、研究设计

(一) 研究问题

本研究主要探讨以下问题:

(1)"盲评"专家采用什么策略进行评审?

(2)"盲评"专家对评审持有什么态度?

(3)"盲评"专家对项目申请者有何建议?

(二) 受访对象

本研究通过方便抽样选取了 14 名受访对象③,其中男性 12 名,女性 2 名。他们均为教授、博导,具有丰富的社科基金"盲评"经验,从事外国语言学及应用语言学领域研究。除各有 1 名受访对象来自日语和俄语语种,其余均来自英语语种。从地区分布来看,8 名来自华北地区,3 名来自华南地区,华中、西南和东北地区各 1 名。受访对象信息具体如表 5.5 所示。

---

① 张国祚:《关于国家社科基金项目规划与管理的几个问题》,《宁波大学学报(人文科学版)》2009 年第 4 期。

② 周丽琴:《地方高校国家社科基金青年项目培育对策研究》,《科学管理研究》2015 年第 3 期。

③ 访谈前未知受访对象是否有"盲评"经历,因此实际受访对象超过 14 人。

表 5.5　受访对象信息

受访对象	性别	职称（岗位）	研究方向	语种	评审经历	所在地区
1	男	教授、博导	语料库语言学、应用语言学	英语	7 次	华北
2	男	教授、博导	语料库语言学、应用语言学	英语	10 次	华北
3	男	教授、博导	语言学、国际关系	俄语	6 次	华北
4	男	教授、博导	语言学及应用语言学、二语写作	英语	6 次	华南
5	男	教授、博导	语言哲学、普通语言学、语用学	英语	8 次	东北
6	男	教授、博导	语言测试、外语教育、语用习得	英语	6 次	华南
7	男	教授、博导	英汉对比研究、翻译研究	英语	15 次	华北
8	男	教授、博导	认知语言学、语用学、句法学	英语	8 次	西南
9	男	教授、博导	日本语学、中日语言对比	日语	6 次	华北
10	男	教授、博导	英文文体学、语言学、英语教育	英语	10 次	华北
11	男	教授、博导	功能语言学、生态语言学	英语	7 次	华南
12	女	教授、博导	外语教育、教师发展、语言政策	英语	15 次	华北
13	女	教授、博导	认知语义学、语用学	英语	7 次	华中
14	男	教授、博导	认知语言学、英汉对比研究	英语	10 次	华北

（三）研究工具

本研究采用半结构式访谈,根据实际情况调整访谈问题的顺序,并对受访对象进行追问①。由于受访对象来自不同地区,研究者采用电话和面谈两种访谈形式。访谈问题共 15 个,涉及 4 个方面:(1)评审经历(如您参与过几次

① S.Brinkmann & S.Kvale,*Interviews*:*Learning the Craft of Qualitative Research Interviewing*(3rd edn.),London:Sage Publications,2015;A.Bryman,*Social Research Methods*(5th edn.),Oxford:Oxford University Press,2015.

"盲评"?);(2)评审过程(如拿到申请书后,您会怎么做?);(3)评审标准(如:您会从哪几个方面评审?);(4)评审建议(如:您对项目申请者有何建议?)。

(四) 数据收集与分析

访谈前,研究者得到了受访对象的录音许可,并承诺数据仅用于研究。每次访谈持续 35—50 分钟不等,总计约 9 小时。访谈结束前,研究者对访谈的重要信息进行总结,供受访对象查漏补缺。数据收集历时 3 周。

访谈数据逐字转录后生成 131643 字文本。数据分析是循环、递归的过程。研究者反复研读转写成文本,采用内容分析法[①]对数据进行深度加工,通过自下而上和自上而下相结合的方式提炼主题,并进行一、二、三级编码,再根据编码选择代表性访谈片段作为支持例证。

三、研究结果与讨论

通讯评审社科基金项目时,评审专家须根据国家社科办提供的评审意见表(见表 5.6)给每份申请书逐项打分,最高分为 10 分,最低分为 3 分,然后基于分数综合决定项目是否"入围",即项目是否能够"出线",参加"会评"。

表 5.6　国家社会科学基金项目通讯评审意见表

评价指标	权重	指标说明	专家评分							
选题	3	主要考察选题的学术价值或应用价值,对国内外研究状况的总体把握程度	10 分	9 分	8 分	7 分	6 分	5 分	4 分	3 分
论证	5	主要考察研究内容、基本观点、研究思路、研究方法、创新之处	10 分	9 分	8 分	7 分	6 分	5 分	4 分	3 分

---

① M.Q.Patton, *Qualitative Research & Evaluation Methods*: *Integrating Theory and Practice* (4th edn.), Thousand Oaks, CA: Sage Publications, 2015.

评价指标	权重	指标说明	专家评分							
研究基础	2	主要考察课题负责人的研究积累和成果	10分	9分	8分	7分	6分	5分	4分	3分
综合评价		是否建议入围	A.建议入围 B.不建议入围							

盲评专家如何解读评审标准？在具体评审过程中,他们如何使用这些标准？以下聚焦探讨受访对象在评审过程中解读评审标准的策略、态度及其对项目申请者的建议。

（一）评审策略

访谈数据显示,所有受访专家对社科基金项目通讯评审意见表中的标准都非常熟悉,他们采用的策略大致可归为两类。一类是"一点淘汰法",即只要不符合他们认定的一项关键标准,课题就被否定;另一类是"比较法",即对看似同等条件的申请书,专家根据自己制定的优先顺序标准进行筛选,优中选优。

1.一点淘汰法

11名受访专家在首轮评阅时,采用"一点淘汰法"。他们根据什么关键标准来淘汰？根据访谈数据中主题的出现频次,涉及的标准主要有:选题新颖度、问题凸显度和参考文献质量。"一点淘汰法"的采用在情理之中。评审专家一次通常要评审30份左右的申请书,只能从中选择25%的"入围"。要淘汰75%,评审专家必须要有"狠心肠",要有"刚性"标准。

（1）选题新颖度

受访专家认为,选题是他们获得对申请书的第一印象。所有受访专家强调如果选题新颖、前沿,他们就有兴趣继续往下看,而已被研究过、缺乏创新性的选题一般会被直接淘汰。所谓新颖度,绝大多数受访专家认为是指目前尚未被研究过的问题,或者是对已有研究问题的新解读,如使用新理论、新方法、新视角、新材料等。7号受访专家这样解释新颖度：

"新颖度可从几个方面来看。比如,理论研究,第一要看理论框架,是不是使用新理论;第二要看视角,是否有新角度,如果大家都已经用过这种视角,我就担心做不出什么新东西;第三要看新方法;第四要看新材料,当然这个由项目本身决定,例如做史的研究必定需要新材料。"

有 3 名受访专家特别强调,课题创新不等于"赶时髦"。有些选题为了吸引眼球,高谈阔论,并无实际内容,第一遍阅读就会被淘汰。最后,专家特别指出创新性有三点就足够了,写得过多既不现实,也会影响对课题可行性的判断。

选题不仅要新,还要遵循"需求原则",即应"学术之需"和"社会之需",具备理论创新意义和社会应用价值,这是社科基金项目应当遵循的首要原则和基本要求。11 名受访专家明确表示,一个课题可以侧重理论或应用价值,不一定两者兼而有之。但是,3 名受访专家均坚持认为,课题必须同时具有理论和应用价值。例如,10 号受访专家强调:

"一是要有新意,但是新意出来以后,如果一点用处没有,这个项目也不能支持。另一种是应用性很强,有社会经济效益,但是学术性不强,也不行。所以说,作为社科基金项目要有两个条件:一个是学术意义,另一个是社会应用价值,两者缺一不可,每个项目需两者兼备。"

简言之,选题不仅要"求新",更要"求价值",申请者可以"新题新做",也可以"旧题新做""老题深做"。选题要考虑理论和实践两方面意义,是否需做到 10 号受访专家所说的两者兼而有之,我们认为主要由研究课题的性质决定,不能一概而论。

(2)问题凸显度

14 名受访专家强调如果申请者没有问题意识,申请书未列出研究问题,就会直接出局。例如,4 号受访专家强调指出:

"问题意识是学术研究的灵魂……如果没有研究问题,便无法知道要研究什么,这样印象就很不好。懂得课题申报的人,一定懂得在一开始就提出问题,把自己的研究问题置于申报书最凸显的位置,因为它最重要、最核心。有的研究问题是隐含的,会使课题质量大打折扣。"

对于研究问题,受访专家通常从"科学性"和"逻辑性"进行细致考察。所谓科学性,受访专家认为是指研究问题以科学的理论为指导,以客观事实为依据。如果问题缺乏理论基础,会被直接淘汰。所谓逻辑性,受访专家认为是指所提研究问题之间的内在联系。问题之间不仅要有衔接,还要有层次。4 名受访专家强调,提出的研究问题需具体,申请者要洞悉研究问题的实质,分析问题之间的内在联系,而不是主观臆定层次。问题只有做到层次分明,才能有条不紊。有专家建议,申请者可提炼出主要研究问题和研究子问题,使研究问题之间的逻辑更加清晰,层次更加分明。

概言之,研究要以理论或事实为依据,以"提出问题、解决问题"为根本任务。研究问题要层次性地展现,做到"主次分明",客观反映彼此之间的秩序。

(3)参考文献质量

9 名受访专家提到参考文献质量是重要的筛选标准,能够反映申请者的知识储备和对已有研究的掌握程度。根据受访专家提到的标准,参考文献出现以下情况课题就有可能被淘汰:参考文献陈旧,与申请课题相关的国内外重要文献缺乏,文献级别低等。例如,6 号受访专家这样说道:

"近三年的参考文献一定要有,经典的文献可以不是最新的,但一定要有。另外,文献要在国际上比较前沿,发表级别较高,不能只有国内的。"

这表明参考文献的时效性、经典性、权威性和全面性都是盲评专家评判课题的重要标准,缺一不可。

2. 比较法

在申请书看似同等优秀的条件下,受访专家采用"质量优先"的比较策略。根据访谈数据中主题的出现频次,受访专家比较课题的依据主要包括:前期成果质量、研究设计精细度、文献综述详实度、语言规范性等。

(1)前期成果质量

受访专家指出,前期成果是申请者学术积淀的外在表现,借助前期成果能够考察申请者是否具备承担项目的能力。所有受访专家都特别强调,和单纯的数量相比,前期成果与申请课题的相关性、前期成果的发表级别等更为重要。相关性不仅要求前期成果与申请课题的内容相关,成果之间的相互关联和承接也十分重要。3 号受访专家对此进行了解释:

"主要是看前期成果和申请课题有没有关联性,不一定题目完全相同,但是起码有一定程度的相关。有的前期成果确实不少,但从逻辑上看不出成果之间是否有关联,东一榔头西一棒子,看不清申请者的学术方向,似乎在若干个领域里面,又不知擅长哪个领域。如果申请者一直在某个相对固定的领域,不管是在大杂志还是小杂志上发表成果,我就知道这位申请者在某个领域已有心得了,有发言权了,说明这是位有能力的研究者。"

发表刊物级别反映前期成果的质量,是申请者学术能力的表现形式之一。受访专家指出国内外主流刊物发表的文章或者知名出版社出版的专著会获得更高的认可。7号受访专家还提到对研究型和综述型成果的看法:

"有时候从题目大致可以判断前期成果是综述,还是实质性研究。如果5篇文章都是对某个话题的综述,还是一个很小的问题,看起来都很泛,没有解决什么具体问题,那么课题的前期基础是不够的。如果前期成果和申请的课题有很大的关系,而且都是实质性研究,判断结果就会好一些。"

这说明,受访专家更加看重成果的研究性和解决的实际问题。此外,我们还询问了他们对成果数量的看法。绝大多数受访专家认为4篇和5篇同等级别的文章并无实质区别,与课题相关的成果数量更为重要。2名受访专家还提到如果课题特别新颖,即使只有1篇级别不高的成果也会得到认可。目前外语类学术期刊数量较少,受访专家认为如果要求过高,会扼杀新思想。1名专家特别谈及如果申请者出现研究转向,他们会根据申请者过去承担项目的级别、已发表文章或已出版专著的质量来推断其科研能力。这也反映了盲评专家会具体问题具体对待,做出客观、公正的评价。

(2)研究设计精细度

研究设计是课题的整体规划,是开展研究工作的方略。访谈发现,受访专家一般会从研究的总体设计出发,对研究项目构成部分之间的逻辑性进行细致比较。4名擅长实证研究的受访专家在谈及研究设计时强调指出,研究对象、样本数量、抽样策略、数据采集方式、资料分析方法、预期结果等核心要素都应一一论述清楚。其中,12号受访专家特别强调在描述研究方法时,需要体现针对性,具体说明使用什么方法解决哪个研究问题:

"应具体说明数据收集及分析方法。如果研究设计比较粗糙,没有明确说明研究问题与研究方法的关系,只是笼统地介绍研究使用某某方法,这种写法可以套用于任何一个实证研究,是无意义的。因此,需要具体说明什么方法解决哪一个研究问题,做到有针对性,也可绘制技术路线图,让专家一目了然。"

这位受访专家的言语说明了研究设计内部要素之间明确逻辑关系的重要性,同时研究方法的选用要与研究问题相匹配,要有所指向,不能泛泛而谈。严谨的设计才能确保研究的信度和效度,减少研究误差。

(3)文献综述详实度

文献综述是学术研究的基石。在文献切题的基础上,受访专家强调文献综述要对重要的学术流派、学术观点、争论焦点、存在问题等进行梳理和归纳,简单罗列文献是远远不够的。2 名专家特别强调要对前期文献进行评价,分析前期研究的不足之处,找出研究空白,与前期研究对接。例如,14 号受访专家这样说道:

"文献综述不是简单的介绍,而是立足于前期研究,做出自己的判断:他们的贡献在哪里,不足又在哪里? 然后,从前期研究的不足入手来论述提出的问题,这就是以问题为导向,也是推进学术创新。否则,研究是什么呢? 正因为前期研究还存在这样或那样的不足,新的课题研究能往前推进所属领域的研究。"

好的文献综述应当包含"综""梳""述""评",做到"综中有述""述中有评"。申请者须对前期研究以及该领域的新动态、新发展进行全面深入分析,并且提出自己的见解。

(4)语言规范性

受访专家强调申请书填写应使用学术语言,做到简洁、准确和客观。然而,学术语言并不一定就是晦涩难懂。有 10 名受访专家认为,如果申请者能够用简洁的语言将意思表达清楚,会取得更好的效果。例如,1 号受访专家指出:

"我通常会比较谁的语言更加细致、准确,谁的表达更具体。"

4 号受访专家说道:

"首尾连贯,思路清楚,选词用句都很重要。"

还有 1 名从事语言本体研究的专家建议,语言本体研究比较抽象,在表述语言现象时需要使用浅显易懂的语言,可通过语例来解释抽象的语言现象。

最后,专家还会对申请书的排版、文献格式、行款格式、错别字、标点符号等进行比较来判断申请者态度是否认真、严谨。例如,3号受访专家提到:

"有的申请书内容乱七八糟,连做学问的基本格式要求都没搞清楚,这反映科研还没有起步,是不可能过的。"

再如,11号受访专家强调:

"字体大小、行间距、全角半角也蛮重要……有些申请书很干净,就像看见一个干净的人,你会觉得很舒服……我会借此判断申请者做学问是不是很细致、认真、严谨。"

受访专家的这些意见表明,好的申请书要经过反复打磨,做到言之有物、言之有序、首尾连贯,同时语言还要简洁,不拖泥带水。这些细节都能反映出申请者的学术态度和学术水平。逻辑不清、语言漏洞百出的论证材料很难令人相信申请者能够做出优秀的学术成果。

(二) 专家对项目评审的态度

访谈数据主要从两方面揭示了盲评专家评审项目认真、严谨的态度:(1)完成评审任务的过程;(2)处理"不十分熟悉"的课题,即属于自己领域又与自己研究路子不完全相同的课题。

1. 评审过程

虽然绝大多数受访专家采用三轮评审制,但他们的评审过程并不完全相同。8名专家采用"排除法",按照自己的标准首先淘汰最不符合要求的申请书。3名通过"择优法"筛选出优质项目。2名使用"分类排除法",按照项目的新颖度将其划分归入"高""中""低"组,然后逐个淘汰。1名使用"排序法",根据质量对项目从好到差进行排序。评审的过程尽管不完全一致,但相同的是:他们态度都很认真,一丝不苟。例如,10号受访专家参与过社科基金一般项目、后期资助项目及重大项目评审,具有10年评审经验,他坦诚说道:

"我从心底佩服老师们花了这么多的力气做科研项目,给学术做贡献,为国家服务。但是,国家的项目名额有限,不能都给予资助,因此必须要格外慎重、认真。……评审都是匿名的,作为专家,不能有护犊子的心态。如果有偏见,长此以往会影响学术生态平衡,那么就连评委本身都应该被淘汰。虽然有时很难抉择,很纠结,也很痛苦,但是确实是哪个项目合适就给哪个。"

12 号受访专家特别提到:

"作为专家,我总是想着人家写一份申请书很不容易,我不能莫名其妙把人家毙掉。我尽量看得仔细一点,认真一点,尊重人家的劳动,不会马虎对待。"

事实上,受访的所有专家都与 10 号、12 号专家一样,把评审看成一项神圣的任务,充分认识到课题申请与申请者的"命运"紧密相连,应慎而又慎,对每位申请者给予应有的尊重。

2."不十分熟悉"课题和研究方法的处理

受访专家坦言,在评审材料时,时而会碰到属于自己研究领域但不是最熟悉的课题。在这种情况下,12 名受访者均表示他们会查阅相关资料,把问题搞清楚,以防误判。他们也为自己在这一评审过程中学到新知识而感到高兴。

至于研究方法,受访专家指出,有时课题申请者可能对自己采用的方法并不熟悉或者并不擅长,但研究方法无好坏之分,以解决研究问题为根本要务。7 名专家倾向使用混合法,通过多维数据揭示研究问题的不同侧面。1 名专家在谈及质化法时强调,如果社科基金项目只有一两个个案作为研究对象,显然是不够的。还有 2 名专家提及有的申请者对量化法存在错误认识,以为研究只要有了数字的装点就是量化法。

(三)对项目申请者的建议

受访专家基于他们多年的评审经验,饱含深情地对项目申请者提出诸多建议。限于篇幅,我们从中归纳出 6 个主要建议,望能有益于项目申请和科学研究。

(1)做真学问,真做学问

科学研究以追求真理为根本目标。做真学问就是要把问题作为研究的起点,以问题为导向。"真"是指与学科紧密相关的重要问题,是能促进我国学术发展的问题。真做学问是指不哗众取宠、追赶时髦、急功近利,不东拼西凑、粗制滥造。真做学问要以创新为永恒的主题,否则研究就会显得苍白无力。

（2）持之以恒，孜孜不倦

学术研究有耕耘才会有收获。科学研究需要研究者首先有一个持久的研究兴趣和一个相对稳定的方向，坚持不懈地在自己的研究领域钻研下去，厚积薄发。项目申请同样如此，不能因一两次失败而放弃，要坚持申请，谦逊求实。

（3）适当选题，量力而为

在选题时，申请者需要把握好课题的广度和深度，要与学位论文有所区别。选题的广度即问题涉及的范围，不能过大，也不能过小。选题过大，需要组织的内容繁多，研究重点、难点难以驾驭，最终会因力不胜任而导致课题中途流产或失败。如果选题太小，则容易被同类课题涵盖，影响力受限，课题难以申请成功。选题的深度是指课题的难易程度。申请者应根据自身客观条件量力而为。选题如果过难，脱离实际，会无法完成。当然，选题也不能降低要求，选择一些随手可得的题目，可预见的结果是第一轮评审就被淘汰出局。

（4）开门见山，提出问题

为了便于盲评专家快速抓住课题的核心内容，写好申请书的第一句话、第一段十分重要。申请者应开门见山提出研究问题，简要说明研究意义及新意。研究问题需明确陈述，不能泛泛而谈。除此之外，专家还指出有的课题研究问题列了六七个，归纳起来就3个左右，由此建议提出的研究问题一般不超过5个，并注意研究问题之间的层次性。

（5）有备而来，成竹在胸

项目申请应早做准备，不能临时抱佛脚。社科基金项目的周期一般为3年，项目从构思、设计到数据收集需花费大量的精力与时间，因此需要提前准备，早做计划。填写申请书时，建议具体写明前期已做的准备工作、收集的数据和当前的初步发现，这样不仅能给评审专家留下深刻的印象，也能为研究争取更多的时间。

（6）注重细节，认真对待

填写申请书时，语言要简明，各部分的比重要合理，段落之间要有层次感，不建议出现大段文字。一般一个段落控制在10行以内，否则会显得臃肿。段落组织要设有小节和标题，重点内容可用粗体标示，一目了然。项目的重点、难点尽量不超过3个，重点太多就不再有重点，难点太多则会降低课题的可行性。

四、结语

本研究通过对部分外国语言学及应用语言学领域社科基金盲评专家的深度访谈,调查了解他们在盲评过程中采用的策略、持有的态度和对项目申请的建议。研究表明,受访专家的评审策略和态度体现了社科基金评审标准,他们对评审标准的详细解读有助于项目申请者理解"盲评"的过程和标准,提高项目申请的成功率。回顾研究的全过程,令我们感动的是,受访专家在百忙之中接受了我们的访谈,与我们无私交流和分享了他们关于学术研究的认知、态度及选题与写作的宝贵经验。这些经验不仅对课题申请大有裨益,更是对如何成长为优秀学者具有重要启示。

需要指出的是,本研究有两点不足之处。第一,访谈对象覆盖面欠广。研究只访谈了 14 名专家,且来自同一学科。未来研究可以进一步扩大访谈对象范围,同时调查不同学科的专家,再将新的研究结果与本次结果进行比较,进一步将盲评专家策略和态度概念化。第二,访谈获得的只是专家自我报告数据,而研究对象的自我描述不一定能够百分百反映真实情况。要得到准确、客观的数据,最好采用"有声思维",即让盲评专家边评审边说出自己的想法。不过这种方法实际实施起来会有一定难度,因为盲评专家须遵循保密原则。但是,就本研究获得的数据而言,受访专家所谈内容发自肺腑,不存在故意"拔高"或"装饰"自己的现象。

(本文原载《外语界》2017 年第 1 期,作者文秋芳、林琳)

唯物辩证法在应用语言学研究中的应用

——桂诗春先生的思想遗产

　　桂诗春先生可尊称为我国应用语言学之父。他是应用语言学多个研究领域的拓荒者和领路人。他潜心学习、不断创新;既探究理论,又勇于实践;既有学术追求,又有社会担当。他知行合一、心胸坦荡、敢说真话,可敬可佩,永远值得我们学习。桂先生已仙逝,最近研读他生前发表的系列论文,感受颇深的是,文中闪烁着桂诗春先生的唯物辩证法思想的智慧,尽管他从未在论文中直接提及"唯物辩证法"一词。本文将从这一角度探讨桂先生留给我们的思想遗产。全文分为两部分,用案例说明桂先生对唯物辩证法基本观点和根本法则在应用语言学研究中的应用。

一、唯物辩证法基本观点的应用

(一) 唯物辩证法基本观点概述

　　唯物辩证法有三大基本观点:联系观、发展观和差异观。"联系观"认为世界上万物相互联系、相互制约、相互影响。这种普遍存在的联系呈现多种形式,其中有内部联系、外部联系和内外部联系;有平行联系和等级联系;有空间联系和时间联系;有主要联系和次要联系;有直接联系和间接联系;有本质联系和非本质联系;有必然联系和偶然联系。"发展观"主张事物在不断变化与发展,新事物不断代替旧事物,其发展的根本动力来自事物内部的矛盾,外部矛盾只是变化的条件和促进因素。正如毛泽东同志所说:"唯物辩证法认为外因是变化的条件,内因是变化的根据,外因通过内因而起作用。"[1]"差异观"坚持事物既存在普遍联系,又存在本质区别。如不研究差异,就无法区分事物之间的特殊性,"就无从发现事物运动发展的特殊的原因,或特殊的根据,也就无从辨别事物,无从区分科学研究的领域"[2]。换句话说,我们要具体情况具体分析,抓住矛盾的特殊性,精准施策,讲究效果,而不是教条主义、本本主义,机械、模式化地处理问题。

(二) 实例说明

1."联系观"的应用

二语教学涉及多个因素,它们之间的关系错综复杂。虽没有人公开否认这一点,但在二语教学理论与实践研究中,人们往往聚焦研究某个因素,或教学的某个特定环节,讨论问题时,常常忽略多因素之间的复杂关系。桂诗春先生早在1994年撰写的"应用语言学的系统论"就明确指出,二语教学系统由多个关系项组成,而这些关系项须通过"高一层次的系统才能连接起来,相互起作用,用以确定一个整体内的成员之间关系"[3]。这就是说,这些系统项首先有层级关系,再有相互的平行关系;高层次关系项决定着低层次关系项的走向。他进一步用图示的方法解释。假定图5.1中的a,b,c,d等指的是教师、学生、教材、教法等,它们就是教学整体系统中的关系项,但这些关系项必须通过教学大纲总目标A来建立互相之间的关系。一旦脱离了总目标A,孤立讨论a,b,c,d任何单个关系项都失去整体意义。换句话说,构成语言教学系统的诸因素地位并不平等,其中教学大纲起着统领作用。因此,他特别强调:

"语言教学系统牵涉到许多因素,我们不应在其中寻找一些简单的因果关系,而应该使用系统的方法在高一层次(整体)上综合考察这些因素的相互作用的结果。"[4]

他还强调语言教学系统的内部因素是相互联系、相互影响的。例如,教

---

① 《毛泽东选集》第一卷,人民出版社1991年版,第302页。
② 《毛泽东选集》第一卷,人民出版社1991年版,第309页。
③ 桂诗春:《应用语言学的系统论》,《外语教学与研究》1994年第4期。
④ 桂诗春:《应用语言学的系统论》,《外语教学与研究》1994年第4期。

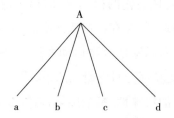

图 5.1　语言教学系统的示意图

师、教材、教法、教师和学生形成课堂教学内部环境,同时这个课堂教学系统又受到外部环境多个因素的影响和制约,如国家语言政策、社会政治和经济建设需要、学校教学目标的定位等。这些因素中,每个因素本身又有许多子因素。例如,学生作为课堂教学系统中的一个因素,其中又包括性别、年龄、焦虑感、智力水平、学习动机、外语潜能、记忆力、学习策略等许多子因素。

桂先生在"我国英语教育的再思考——实践篇"①一文中更清晰地表达了"联系观"的立场。他赞同 Larsen-Freeman② 从复杂系统视角考察语言教学,承认一切皆有联系。语言学习者从个人自主学习到小组活动,再到教师帮助,逐步接近教学目标,而教学目标又受到课程大纲、国家语言政策和教育制度的影响和制约。很清楚,这里有上下层关系,也有平行关系。学校是个多因素交织的复杂系统,每个班级是学校复杂系统中一个因素,其本身又是子复杂系统。所有这些构成了一个错综复杂的外语教学大系统。

2."发展观"的应用

依据"发展观",语言就像一个生命体,为了适应使用者的需求变化,其语音、词汇、语法等不断进行新生代谢,这种发展和变化不受人的意志所控制,具有客观性和内在性;学习者的语言体系也随着学习时间的推进在发生变化。但这种变化时快、时慢;时进、时退,呈非线性式态势。

桂先生非常认同"发展观"。他在"应用语言学的系统论"中强调,无论是索绪尔、布龙菲尔德、乔姆斯基还是韩礼德,尽管他们持有不同的语言观,但都赞同语言系统具有开放、动态的特点。语言系统内部的词汇、语法、语音等子

---

① 桂诗春:《我国英语教育的再思考——实践篇》,《现代外语》2015 年第 5 期。
② D.Larsen-Freeman,*Complex Systems and Applied Linguistics*,Oxford:Oxford University,2008.

系统具有强大生命力,不断发生历时演变,以适应社会环境的变化。2015 年,桂先生在谈到语言规范变化时指出,近年来,中文中一些表达方式进入了英语,像 new normal(新常态),four-pronged comprehensive strategy(四个全面战略),cracking down on both tigers and flies(老虎苍蝇一起打)。

再如,桂先生在讨论学习者个体语言学习变化时解释道:

"凡是一种工具性的东西,不使用就会生锈,甚至出现语言流失(attrition),哪个方面使用得多,哪个方面就得到加强,哪个方面使用得少,哪个方面就会削弱,语言的各种能力能否得到加强取决于它使用的周期性。"①

由此可见,学习者个体语言发展的动力主要来源于"使用",用得多,就发展得好,而这种发展不是一劳永逸,一旦停止使用,就会发生"退化"现象。这一看法一针见血地指出了中国学习者发展与保持外语语言能力的本质在于"使用"。他还进一步用一个形象生动的比喻指出,使用在语言起步阶段的重要性:

语言学习既不是一次性的,又容易产生麻木性(即所谓石化现象)。好比煮鸡蛋,一次没有煮熟,以后重煮就不容易,因为蛋白熟了,温度难以达到蛋心。

接着,他还用"夹生饭"这一比喻说明初级阶段,如不能接触和使用高质量英语,后期难以给予弥补。

3. "差异观"的应用

自 20 世纪 60 年代二语习得作为独立学科以来,学界就以"二语教学"作为上位概念,涵盖二语环境(如中国学生在美国的英语学习)和外语环境(如中国学生在国内的英语学习)中的目标语言教学。随后,无论在书面论文中,还是在学术会议中,人们不再有意区分二语和外语教学。甚至还有相当多的认知派学者认为,尽管二语环境与外语环境有差异,但目标语言的习得过程完全一样。例如,Long 认为:

"Change the social setting altogether (e.g. from street to classroom), or from a

---

① 桂诗春:《应用语言学家的责任和良心》,《外国语(上海外国语大学学报)》2011 年第 1 期。

foreign to a second language environment, and as far as we know, the way the learner acquires does not change much either (as suggested, e.g. by comparisons of error types, developmental sequences, processing constraints, and other aspects of the acquisition process in and out of classroom)."①

社会文化派不赞成"语言习得普遍性假设"(Universal Acquisition Hypothesis)②。我国二语习得研究者大部分跟随西方认知派,也不太关注外语学习与二语学习的本质差别,往往把二语环境中行之有效的教学方法照搬到外语环境中。然而,桂先生③在多篇文章中强调我国英语教学环境的特殊性和外语学习的艰巨性。例如,2010年桂先生在《外语教学与研究》第4期上刊发的"关于我国外语教学若干问题的思考"中写道:

"输入不是在真空的状态下发生的,它与教学环境(课堂教学)和社会环境(如双语社会、双语家庭)都有密切的联系。这些环境不但影响到输入变成吸入,而且影响最终目标。……从我国的现状看,因为没有说目标语(如英语、法语等)的双语社会(个别地区除外,如延边朝鲜族自治州),语言输入的主要途径是课堂教学。"④

桂先生在2011年《外国语(上海外国语大学学报)》上刊发的《应用语言学家的责任和良心》中大声呼吁:

"我们应该告诉大家,要学好外语首先是要看我们有没有学习和使用外语的大环境,中国不是一个双语社区,对广大群众来说,接触和使用外语的机会并不多,因此我们的学生没有使用外语的生活需要,年纪越小,越没有这个需要。在没有交际需要的情况下,强行推行外语教学就会'拔苗助长'。"

桂先生在2012年《现代外语》第2期上刊发的"面向交际的外语教学"一

① M. Long, *Problems in SLA*, Mahwah, NJ: Erlbaum, 2007.

② J. P. Lantolf, "The Sociocultural Approach to Second Language Acquisition: Sociocultural Theory, Second Language Acquisition and Artificial L2 Development", in D. Atkinson, *Alternative Approaches to Second Language Acquisition*, London & New York: Routledge, 2011, pp.26-47.

③ 桂诗春:《关于我国外语教学若干问题的思考》,《外语教学与研究》2010年第4期;桂诗春:《应用语言学家的责任和良心》,《外国语(上海外国语大学学报)》2011年第1期;《面向交际的外语教学》,《现代外语》2012年第2期;桂诗春:《我国英语教育的再思考——实践篇》,《现代外语》2015年第5期。

④ 桂诗春:《关于我国外语教学若干问题的思考》,《外语教学与研究》2010年第4期。

文中再次指出，"我国并没有相应语言社区（如英语、俄语、法语、西班牙语、阿拉伯语，等等）"①，因此在外语教学环境中，所学外语不具有凝聚社区群体的功能，或者说社交功能。

2015 年，桂先生又在"我国英语教育的再思考——实践篇"中进一步强调，我国英语教育不同于印度，英语是印度的官方语言之一，印度国内英语的报刊约占总报刊数的 37.49%。而我国属于外语教学，英语交际主要依赖课堂，日常生活中缺少使用英语的真实场景；中国学生学习英语时已经习得了母语，"母语对目标语的影响（或则促进，或则妨碍进步）是全方位的"②；中国教师的英语水平参差不齐，难以期待所有教师为学生提供高质量英语输入。有了清楚的定位，就不会制定不切实际的教育目标。我国最终目标的确定至少要考虑以下几个方面：

（1）必须从现实（即我们所处的语言社区）出发来决定最终目标。

（2）最终目标必须是清晰、可触摸的，能测量到的，而不是空泛的"努力方向"。

（3）达到最终目标的手段和途径。③

二、唯物辩证法根本法则的应用

（一）唯物辩证法根本法则概述

毛泽东同志在《矛盾论》开篇指出："对立统一的法则，是唯物辩证法的最根本的法则。"④陈志尚⑤认为"对立统一规律"是辩证法的精髓与核心。世界就是由既相互对立又相互统一的矛盾集合体构成。西方学者往往持有二元对

① 桂诗春：《面向交际的外语教学》，《现代外语》2012 年第 2 期。
② 桂诗春：《关于我国外语教学若干问题的思考》，《外语教学与研究》2010 年第 4 期。
③ 桂诗春：《我国英语教育的再思考——实践篇》，《现代外语》2015 年第 5 期。
④ 《毛泽东选集》第一卷，人民出版社 1991 年版，第 299 页。
⑤ 陈志尚：《深化唯物辩证法核心和精髓的认识》，《毛泽东邓小平理论研究》2015 年第 2 期。

立观点,只看到矛盾双方的对立关系,但看不到两者之间的联系,更看不到两者之间关系的动态变化。例如,在外语教学中,母语与外语、教师与学生、本族语教师与非本族语教师、知识与技能、形式与意义、结构与功能、输入与输出、精读与泛读、精听与泛听、自主学习与合作学习、语言的工具性与人文性等,都是对立统一体,即各方的存在都是以对方为前提,相互依赖,相互影响①。在不同的学习阶段,矛盾相联系的两个方面呈现出不同特点,决定学习成效的主要矛盾和矛盾的主要方面也要发生变化。"然而不管怎样,过程发展的各个阶段中,只有一种主要的矛盾起着领导的作用,是完全没有疑义的。"②

(二) 实例说明

桂先生在论文中运用对立统一法则讨论了外语教学中多个对立统一矛盾体,并提出充满辩证法的见解。例如,2012 年他在《现代外语》第 2 期刊发的"面向交际的外语教学"中探讨了"语言知识与语言使用"的关系。他首先指出,不少语言学家对这两者给出了清晰界定,例如,索绪尔区分了语言(langue)和言语(parole)、乔姆斯基区分了能力(competence)和行为(performance)、威多森区分了语言知识(usage)和语言使用(use),接着,他犀利地指出了上述观点的不足之处:

"表面上看,这种区分泾渭分明,但实际上两者又难舍难分……语言和交际应该是一个统一体。"③

2015 年,桂先生在《现代外语》第 5 期刊发的"我国英语教育的再思考——实践篇"进一步讨论了"知识和技能"这一对外语教学中的基本矛盾。外语课既有知识成分,又需要技能训练。知识的学习主要靠理解和记忆,而技能习得主要靠训练和使用。知识是技能训练的基础,技能训练又能强化学得的语言知识。如果这两者不能够有机结合,融为一体,外语教学质量难以提高。

桂先生首先从教师角度,讨论了如何在课堂上处理"知识与技能"这一对

---

① 参见陈琳:《辩证实践外语教育途径》,外语教学与研究出版社 2013 年版。
② 《毛泽东选集》第一卷,人民出版社 1991 年版,第 322 页。
③ 桂诗春:《面向交际的外语教学》,《现代外语》2012 年第 2 期。

矛盾体。他的解释简明、扼要、生动。他认为外语知识的传授,简单的做法是靠教师"动嘴皮、满堂灌",有可能一次性完成,但外语教学的主要任务是教授语言知识的运用,这就需要教师领着学生反复练习所学的语言知识,使知识逐渐转化为自动化技能。因此,教师必须是"做一个好的课堂教学组织者"。这在中国尤其显得重要。他还以自己的听课经历说明,现在的外语课,常常是教师说得多,学生练得少。"没有足够训练,学生怎么不患聋哑病呢? 要治聋哑病,与其加强听说,还不如提供更多听说机会,如小班教学、或增加学生接触和使用外语的机会和场合,等等"①。

同时,他又从学习者的角度,讨论了"记忆与使用"的关系。桂先生用自己 20 世纪 50 年代学习俄语的亲身经历,证明了突击记忆单词和集中学习语法知识的有效性。他花一周时间记住了约 2000 个俄语单词,在词典和语法书的帮助下,居然能够大致读懂《真理报》的部分内容,后来还参与翻译了两部文学史的部分章节。但他的体会是,这样的学法,记得快、忘得快,要想能够巩固和使用所学知识,需要花费 10 倍,甚至百倍时间。这样说,他是要否认记忆与语言学习的关系吗? 他自己回答说,"那又不是"。接着,他解释道,最近研究表明,本族语者之所以能够流利无误地表达自己,其中一个原因是,他们大脑中存储了无数型式化语言或语块。这意味着,外语学习者要能够完整地记住这些语块,并进行大量练习,就能自如使用所学语言。否则,交际时就可能通过母语翻译,将零散单词拼凑在一起,"费时失事,还结结巴巴,不能流利说话。这才是'英语聋哑病'的症结所在。"②

从上述桂先生对聋哑病的病因分析,似乎给出了两个不同答案。一方面,教师未给学生提供足够使用语言的机会,另一方面,学生记忆和使用的型式化语言或语块不够多。我认为这两个答案并不相互矛盾。从教的角度,教师一定要想方设法让学生将语言知识在交际中使用;从学的角度,储存在大脑中的应该是能够使用的型式化语言或语块,而不是孤零零的单词,或碎片化的知识。

---

① 桂诗春:《我国英语教育的再思考——实践篇》,《现代外语》2015 年第 5 期。

② 桂诗春:《我国英语教育的再思考——实践篇》,《现代外语》2015 年第 5 期。

三、结语

唯物辩证法体现了本体论、认识论和方法论的哲学思想。作为外语教学与研究者,需要学习和运用唯物辩证法分析和解决问题。本文仅以举例的方式,说明桂先生对唯物辩证法三观(联系观、发展观和差异观)和对立统一根本法则的运用。尽管所举例子数量不多,且缺乏系统性,但从中可以看出,桂先生长期关注的一些问题至今仍未得到彻底解决。例如,处于教学系统上层的国家大纲中的外语教学目标如何制约下层的教材编写、课堂教学、外语测试? 如何根据我国外语教学环境的特殊性制定更切实可行的教学目标? 外语课程教学如何处理语言知识与技能的关系,以求根除"聋哑英语"? 桂先生论文中的真知灼见,值得我们认真研读,深入思考。

（本文原载《现代外语》2017 年第 6 期）

"辩证研究法"与二语教学研究

一、引言

为克服我国外语教学中长期存在的"学用分离"这一突出问题,近年来笔者及其研究团队主要从事基于"产出导向法"(production-oriented approach, POA)的二语教学研究。POA 的核心理念是"学用一体""以用促学""以学

① 本文是教育部人文社科重点研究基地重大项目(编号 16JJD740002)中子课题"'产出导向法'理论体系与实施方法研究"的阶段性成果。文章修改过程中得到林琳、毕争、陈浩、张文娟、孙曙光、邱琳、张伶俐、秦丽莉的多次反馈和宝贵建议,林琳还帮助整理了参考文献,在此一并表示感谢。最后,特别感谢《外语界》编辑部提出的修改意见。

② Q.F.Wen,"The Production-oriented Approach for Chinese Adult L2 Learners",Nanjing:The 7th International Conference on English Language Teaching(ELT)in China,2014;Q.F.Wen,"The Production-oriented Approach to Teaching University Students English in China",*Language Teaching*,2016,No.4;Q.F.Wen,"The Production-oriented Approach:A Pedagogical Innovation in University English Teaching in China",in L.Wong & K.Hyland,*Faces of English:Students,Teachers,and Pedagogy*,London & New York:Routledge,2017,pp.91-106;曹巧珍:《"产出导向法"之教师中介作用探析——以〈新一代大学英语〉第二册第四单元为例》,《中国外语教育》2017 年第 1 期;常小玲:《"产出导向法"的教材编写研究》,《现代外语》2017 年第 3 期;邱琳:《POA 教学材料使用研究:选择与转换输入材料过程及评价》,《中国外语教育》2017 年第 2 期;孙曙光:《POA 教学材料使用研究:产出目标设定过程及评价》,《中国外语教育》2017 年第 2 期;文秋芳:《输出驱动假设和问题驱动假设——论述新世纪英语专业课程设置与教学方法的改革》,上海首届全国英语专业院系主任高级论坛发言,2007 年 5 月 12 日;文秋芳:《输出驱动假设与英语专业技能课程改革》,《外语界》2008 年第 2 期;文秋芳:《输出驱动假设在大学英语教学中的应用:思考与建议》,《外语界》2013 年第 6 期;文秋芳:《构建"产出导向法"理论体系》,《外语教学与研究》2015 年第 4 期;文秋芳:《"师生合作评价":"产出导向法"创设的新评价形式》,《外语界》2016 年第 5 期;文秋芳:《"产出导向法"教学材料使用与评价理论框架》,《中国外语教育》2017 年第 2 期;文秋芳:《大学外语教师专业学习共同体建设的理论框架》,《外语教学理论与实践》2017 年第 3 期;张伶俐:《POA 教学材料使用研究:基于不同英语水平学生的教学实践》,《中国外语教育》2017 年第 2 期;张文娟:《基于"产出导向法"的大学英语课堂教学实践》,《外语与外语教学》2016 年第 2 期;张文娟:《"产出导向法"应用于大学英语教学之行动研究》,北京外国语大学博士学位论文,2017 年。

助用""学中用、用中学",期望最终达到"学用无缝对接"。POA 团队还期望在实践中构建具有中国特色的外语教育理论①。经过十载的不懈努力,POA 日臻成熟,逐渐完善,但研究团队在选择研究方法检验其效度时,遇到了巨大挑战。为应对这些挑战,我们在辩证唯物主义思想的指导下,汲取了西方研究方法的精华,逐步形成了"辩证研究法"(dialectical research method,DRM)。本文将侧重讨论 DRM 的形成动因、理论框架及其应用案例。

二、DRM 的形成动因

(一) 难以满足"传统效度"要求

实验法(比较实验班和对照班)是检验教学法有效性的传统手段。但在使用实验法时,POA 团队碰到了 3 个难题。首先,实验前的自然班之间难以确保 100% 的相似度,学生语言学能、语言水平、学习动机、学习风格、课外学习时间等会在不同程度上存在差异。其次,自然班的任课教师之间难以确保 100% 的同质性,教师的语言能力、教学水平、教学态度等各有不同。有人提出让同一教师采用不同教学法教授不同自然班,以此控制教师变量,但也有人对这一方式表示质疑。任课教师有可能因偏爱某种方法,自觉或不自觉地投入更多精力,并且采用不同教学方法施教的娴熟程度难以完全等同。第三,教学效果测量无法真正做到客观、公平。以传统客观题为主的测试方法不能全面检测 POA 强化培养学生产出能力的效果;如果采用突出产出能力的测试,对控制班又不公平。

即便上述困难都能克服,自然班互相匹配,教师教学无明显差异,测试方法科学合理、客观公平,一到两学期甚至更长周期的实验不仅对学生不公,而且因实验方案在实施过程中无法得到改进与完善,对学生也是不负责任的。

---

① 文秋芳:《构建"产出导向法"理论体系》,《外语教学与研究》2015 年第 4 期;文秋芳:《"产出导向法"教学材料使用与评价理论框架》,《中国外语教育》2017 年第 2 期。

（二）难以实现理论—实践双优化目标

POA 研究要实现理论和实践同步优化的目标,但是目前研究方法难以满足这一需求。实验研究的目的是验证假设,是否有利于改进二语教学并不是实验者的真正关注点。行动研究似乎是一个备选方案,但它只聚焦解决具体教学难题①,不视理论构建为要务。个案研究可以对人或现象进行深描,但其目的既不是优化实践,更不是构建理论。POA 团队持有的研究目的有其特殊性。我们要解决我国大学外语教学中的"学用分离"弊端,找到"综合改革方案",既需构建完善的理论体系,又需寻找操作性强的实践路径。显然,要实现这一目标,必须探索新方法。

为了应对上述两个主要挑战(即难以满足"传统效度"要求和难以实现理论—实践双优化目标),POA 团队提出了 DRM,并将其概念化、系统化后用于二语教学研究,以与二语习得的研究方法相区别。正如 Long② 所指出的:"许多二语习得的理论根本未延伸至二语课堂。少数研究关注课堂二语习得,但对象也不是语言教学本身,因为语言教学除了语言习得外,还涉及系列情境因素,二语课堂教学远比想象的复杂得多。"多数二语习得研究者力图发现能够解释现有语言习得事实的强大理论,即:能够识别语言习得必要条件（necessity）和充分条件（sufficiency）的理论,然而语言教师和语言教学理论构建者感兴趣的是有效教学,关注能使语言学习又快又好又省力的教学条件和实践的结合方式。Long③ 又进一步强调了二语习得研究和二语教学研究的不同目标:二语习得研究关注语言习得的必要条件和充分条件,而二语教学研究关注如何提高教学效率（efficiency）。

---

① A.Burns, *Doing Action Research in English Language Teaching:A Guide for Practitioners*, New York:Routledge,2010.

② M.H.Long, "Acquisition and Teaching", in M.Byram, *Routledge Encyclopedia of Language Teaching and Learning*, London:Routledge,2000,p.4.

③ M.H.Long, *Second Language Acquisition and Task-based Language Teaching*, Oxford:John Wiley & Sons,2015.

三、DRM 的理论框架

DRM 的理论框架包括哲学理念、研究流程、数据收集与分析三部分（见图 5.2）。"哲学理念"是 DRM 的指导思想，"研究流程"是哲学理念指导下的研究路径，"数据收集与分析"列举了多类别、多渠道数据来源与分析方法。需要说明的是，DRM 并未设定独特的数据收集与分析方法，研究者可根据需要从现有方法中选用。以下分别阐释 DRM 理论框架的三部分。

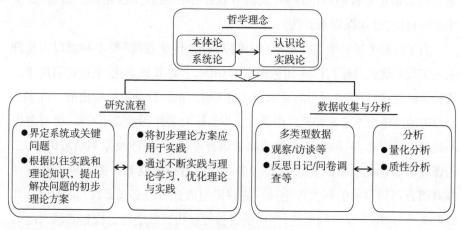

图 5.2　DRM 的理论框架

（一）哲学理念

本节主要阐释 DRM 的哲学理念，具体涉及本体论和认识论两个层面。

1. 本体论立场

DRM 的本体论立场完全赞同桂诗春①对二语教学系统的系统论阐述，强调教学系统是一个复杂体系，具有整体性、有机关联性和动态性，其中既有层级关系，又有平行关系。就教学系统的层级关系而言，有的位于上层（如国家教育方针），有的位于中层（如教学大纲），有的位于下层（教师、学生、教材、测

---

①　参见桂诗春编著：《应用语言学》，湖南教育出版社 1988 年版；桂诗春：《应用语言学的系统论》，《外语教学与研究》1994 年第 4 期。

试等);上层系统制约下层系统的方向和内容,下层系统反映上层系统的方针政策和指导思想。例如,上层国家教育方针制约中层教学大纲的总体目标和具体架构,教学大纲又制约下层课堂教学的构成要素。反过来看,课堂教学应该实施教学大纲,教学大纲应该符合国家总体教育方针。每个层级还含有若干平行子系统。例如,课堂教学包含教师、学生、教材、测试等子系统,每个子系统可能又包含若干要素。在整个系统内部,各子系统既相互区别又相互关联,并与外部社会大系统不断互动产生变化。① 例如,自中华人民共和国成立以来,外语教学大纲已有多个版本,每个版本都会根据我国政治、经济、科技、文化等方面的发展相应调整教学总体目标、课程设置、教学原则、教学方法、测试手段等内容。再如,学习者语言系统在与内部、外部环境互动中得以发展;这种发展时快时慢、时进时退,并不总是呈现直线上升态势②。

本体论决定方法论。在二语教学研究中,大部分研究者虽未明示自己的本体论立场,但从研究内容与方法匹配上看,他们所持的是非系统论立场。例如,不少研究检验了某个单一假设,包括互动假设③、输入假设④、输出假设⑤、注意假设⑥、投入量假设⑦等。每个假设只关注语言学习的某个特定方面,而不是系统问题。同样,很多研究者仅以英语教学某个方面或环节为研究焦点,如英语口语课上如何帮助学生克服沉默⑧,如何采用探索性实践原则开展小

① 张绍杰、杨忠:《我国外语教学——学习模式的整体构想——桂诗春"系统工程说"对于外语教学的启示》,《外语教学》1991年第2期。

② D.Larsen-Freeman,"Chaos/Complexity Science and Second Language Acquisition",*Applied Linguistics*,1997,No.2.

③ M.H.Long,"Native Speaker/Non-native Speaker Conversation and the Negotiation of Comprehensible Input",*Applied Linguistics*,1983,No.2.

④ S.Krashen,*The Input Hypothesis:Issues and Implications*,London:Longman,1985.

⑤ M.Swain,"Three Functions of Output in Second Language Learning",IN G.Cook & B.Seidlhofer,*Principles and Practice in Applied Linguistics:Studies in Honor of H.G.Widdowson*,Oxford:Oxford University Press,1995,pp.125-144.

⑥ R.Schmidt,"The Role of Consciousness in Second Language Learning",*Applied Linguistics*,1990,No.2.

⑦ B.Laufer & J.Hulstijn,"Incidental Vocabulary Acquisition in a Second Language:The Construct of Task-induced Involvement",*Applied Linguistics*,2001,No.1.

⑧ X.Zhang & K.Head,"Dealing with Learner Reticence in the Speaking Class",*ELT Journal*,2010,No.1.

组活动以改进英语泛读课教学①等。正如桂诗春所强调的："语言教学系统牵涉许多因素，我们不应在其中寻找一些简单的因果关系，而应该使用系统的方法在高一层次（整体）上综合考察这些因素的相互作用结果。"②

DRM 秉承桂诗春先生系统论的思想，主张二语教学质量是多因素作用的结果，反对机械采用实验法来强制性地控制某些变量，因为这样的做法不仅歪曲了二语教学的真实性，而且违背了教育的社会性。DRM 提倡在自然教学环境中开展研究，追求在自然教学环境中逐步完善教学理论，同时谋求自然教学环境中的实践在理论指导下逐步优化。

2. 认识论立场

DRM 的认识论立场源于毛泽东同志的"实践论"，表现为两个基本观点。第一，理论源于实践，实践又必须由理论指导。无实践检验的理论是"空中楼阁"，无理论指导的实践是"盲目行动"。DRM 强调理论与实践之间反复循环式互动。"通过实践而发现真理，又通过实践而证实真理和发展真理。……实践、认识、再实践、再认识，这种形式，循环往复以至无穷，而实践和认识之每一循环的内容，都比较地进到了高一级的程度。这就是辩证唯物论的全部认识论，这就是辩证唯物论的知行统一观。"③需要强调的是，这里的实践既包括直接实践（即亲身实践），又包括间接实践（即他人实践）。同样，理论既包括研究者本人提出的理论，又包括他人构建的理论。

第二，"实践是检验真理的唯一标准。"遵循这一原则，DRM 认为任何新教学理论的检验都必须置于不同类型学校、不同专业的课堂实践之中，让不同教师去尝试和探索④。实践效果是检验教学理论优劣的最终标尺。因此，理论构建者必须尊重实践，参与实践，认真学习实践者的智慧，与他们合作开展研究，互助共赢。

---

① R.Zhang, "Using the Principles of Exploratory Practice to Guide Group Work in an Extensive Reading Class in China", *Language Teaching Research*, 2004, No.3.

② 桂诗春：《应用语言学的系统论》，《外语教学与研究》1994 年第 4 期。

③ 《毛泽东选集》第一卷，人民出版社 1991 年版，第 296—297 页。

④ 文秋芳：《"产出导向法"教学材料使用与评价理论框架》，《中国外语教育》2017 年第 2 期；文秋芳：《大学外语教师专业学习共同体建设的理论框架》，《外语教学理论与实践》2017 年第 3 期。

（二）研究流程

本节首先讨论 DRM 的关键要素及其关系，然后描述具体研究步骤。

1. DRM 的关键要素及其关系

DRM 包含问题、理论、实践与自我反思 4 个关键要素（见图 5.3）。"问题"是 DRM 的出发点，处于中心位置。DRM 问题必须来自研究者生活的现实世界，既不同于来自文献的实验研究问题，也不同于行动研究关注的课堂教学中的微观问题，这些局部问题对教学质量提高缺乏"四两拨千斤"的作用。DRM 的理论与实践直接指向复杂且关键的问题；理论须具有理论性、实证性和操作性；实践以理论为指导，能够为理论完善持续提供建设性反馈；理论与实践的双向循环互动最终实现理论与实践双优化，做到既"求真"又"求善"。

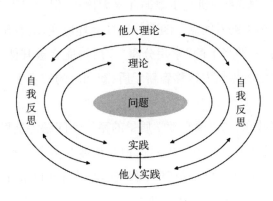

图 5.3　DRM 关键要素及其关系

需要强调的是，理论与实践优化具有开放性，即：除了内圈的理论与实践的自我互动循环外，还包括在自我反思的基础上，内圈与外圈他人理论和他人实践的互动。换言之，在优化自身理论与实践的同时，研究团队还应不断进行自我评估和监控，继续学习新理论、获得新智慧，以拓展研究视野，提高自身理论—实践的科学性和应用性。

2. DRM 研究步骤

DRM 的研究步骤如图 5.4 所示。①—②是研究前期阶段，③—④是第一个理论—实践互动循环，⑤—⑥是第二个理论—实践互动循环，"N……"表示可能包含多个理论—实践互动循环。

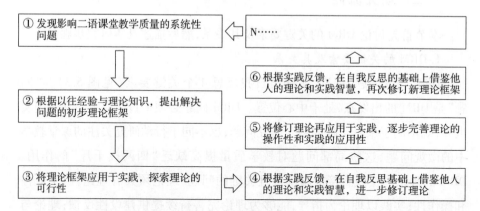

图 5.4 DRM 研究步骤

从逻辑上说,图 5.4 的研究步骤循环永无休止,但相对而言,任何一项研究都会有阶段性结束的时间点。随着外部社会环境变化,我国外语教学的主要矛盾会发生转变,即当下的"学用分离"今后可能会被其他主要矛盾替代,从而要求外语界学者将精力转移到新矛盾、新问题的解决上。下面逐一解释DRM 研究步骤。

第一步,发现影响二语课堂教学质量的系统性问题。这里的系统性问题可以处于不同层级(上、中、下)的系统,但必须涉及多个因素,具有综合性和复杂性的特点。例如,自 20 世纪 70 年代我国改革开放以来,国际交往日益频繁,社会对大学生英语应用能力的期待越来越高,大学英语教学因"学用分离"而广受诟病。POA 着力解决"学用分离",就属于系统性问题,因为无论教授"通用英语"还是"专用英语",都需要学用一体化。为解决这一问题,必须"综合施策",处理好多个子系统之间的关系。再如,如何将思辨能力培养融入语言技能教学,如何提高英语写作课的教学质量,如何提高学生学术英语的表达能力,如何评价教材的有效性等也属于系统性问题。至于"合作学习""课堂提问""纠正性反馈""课堂学生参与度"等类似问题,它们只涉及二语教学某个环节或某个方面而不是整个系统或某个子系统,尽管研究和解决这些问题有助于改善二语教学质量,但不能从根本上提高二语教学质量和效率。需要说明的是,这些问题不是不值得研究,而是不适合采用 DRM。

第二步,提出解决问题的初步理论框架。研究者根据已有二语习得、二语教学和教育理论等方面的知识,结合自己和他人的教学实践,提出解决问题的初步理论框架。理论框架的构建者可以是全职研究员,也可以是教师研究者。如果两者组合,形成研究团队,理论构建效果会更佳。初步理论框架一般比较粗糙,缺乏细节,需在理论—实践互动过程中逐步得到丰富与完善。

第三步,运用初步理论框架指导实践。理论构建者与实践者一般以一个教学单元为单位,共同学习、讨论与研制教学方案,并在教学过程中同步讨论与解决实际碰到的各种问题。为了更好地分析与反思教学全过程,研究者最好对课堂教学全程录像,收集各种数据,以便顺利完成第四步工作。

第四步,修订初步理论框架。结合教学实践的反馈与反思,借鉴他人理论与实践,研究者对初步理论框架进行第一轮修订。这里的反馈源于对整个教学单元录像的深入分析,以及对学生和授课教师现身说法的认真推敲,同时继续寻求其他理论和实践的支持与帮助,查找初步理论的不足。换言之,研究团队要有开放的心态,虚心求教他人,汲取集体智慧,并通过书本学习获得新的理论启迪。

第五步,将修订理论用于新一轮实践。同一教师使用相同单元材料,采用修订方案在新班授课,也可采用不同单元材料在原班授课。这两种方案各有利弊。前者可节省教师备课时间,但在新班运用新方法授课,需要花费时间导学,否则学生难以较快适应新方法;后者需要教师花费更多时间备新课,但学生已有相关学习体验,学习新单元会与教师配合得更好。

第六步与第四步基本相同,关键是进一步优化理论与实践,并将研究结果形成论文或阶段报告。如果研究结果还不够理想,须继续第五、六步的循环,直到结果满意为止。

(三) 数据收集与分析

本节重点介绍 DRM 数据的类型与收集手段,说明数据的分析方法。

1. 数据收集

DRM 可通过不同手段收集不同类型的数据,主要包括观察数据、自我报告数据和学习成果数据(见表 5.7)。各类数据的收集者既可以是研究者,也可以是授课教师本人。当然,观察数据和自我报告数据由研究者收集会提升数据公正性。观察数据一般只能覆盖学生和教师的外化表现。例如,录像和课堂观察有助于了解学生注意力是否高度集中、是否积极参与教学活动;教师是否精神饱满、满腔热情地组织课堂教学,促进学习发生等。

表 5.7 DRM 数据类型与收集手段

类型	内容	收集者	收集手段
观察	学生参与度,学生表现;教师投入度,教师表现	研究者/教师	教学过程录像,课堂教学观察
自我报告	学生对教学的态度,学生的课堂心理状态,学生对学习效果的自我评价;教师对自己教学的感受,教师对自己教学的评价,教师对学生学习的评价	研究者/教师	问卷调查,访谈,反思日记
学习成果	口头产品,笔头产品,语言综合水平测试表现等	教师/研究者	平时作业,期中、期末考试,阶段性口笔头产品
……	……	……	……

自我报告数据可通过问卷调查、访谈、反思日记获得。这些数据具有双重作用:其一,验证观察数据;其二,获取难以用肉眼观察得到的情感、观念等心理活动数据,如了解学生是否乐于接受某种新方法、上课是否积极思考、学习是否有成就感,也可了解教师是否满意自己的教学、如何评价教学效果、学生课堂表现是否符合自己的预期等。

学生的学习成果可以是口笔头产品,也可以是语言综合水平测试表现。一般来说,DRM 提倡收集跟踪数据,整理记录学生不同阶段的学习成果形成档案袋,以利于教学效果考察。与观察数据和自我报告数据不同,学习成果数据更具客观性和可重复测量性,是 DRM 不可或缺的研究数据。

2. 数据分析

表 5.7 中的观察和自我报告数据主要采用质性分析,分析路径有两条。一条是自上而下的路径,基于现有理论框架,借助基层数据考察现有理论提出的范畴是否恰当、全面,能否对其进行补充和修正。另一条是自下而上的路径,通过反复阅读数据,逐层编码,提炼出抽象范畴,进而构建或修订理论。这

种方法通常被称为扎根理论(grounded theory)。[1] 需要指出的是,这两类数据的分析可以采用恰当的量化分析作为补充。

以课堂观察数据为例,研究者可根据课堂观察日记,对课堂整体气氛、学生和教师的表现给出生动的文字描述,也可转写录像中教师与学生的互动,以此说明教师与学生活动的协同性。研究者还可详细计算课堂上学生参与产出的总时间、回答教师问题的学生人数,也可计算学生口语产出的词、短语、句子等单位数据。

自我报告数据有两类。封闭式问卷或访谈数据只能采用量化分析;开放式问卷或开放式/半结构访谈数据采用质性分析更为恰当。学生或教师的反思日记适合自上而下或自下而上的质性分析,也可采用语料库量化分析,提取高频关键词等来说明问题。

学生的产出结果或学习成果数据可用多种方法分析。在时间维度上,可进行跟踪对比或横向比较。在分析参数上,可围绕内容、语言、结构三方面进行深入考察,还可选择每个方面更细致的表征分别跟踪比较。以语言为例,除了传统的复杂度、流利性和准确性表征外,POA还要增加考察目标语言项目使用的频次和质量等。

需要特别指出的是,DRM可用于整个自然班的研究,也可用于个案研究。个案的质性分析除了一般性深描外,还可用故事形式来呈现。[2] 故事有其独特优势,可以涵盖个案的过去、现在和将来,反映个案变化的轨迹及其原因。与一般性描述相比,故事更能体现数据的深度和广度,揭示复杂因素的交织关系,使典型个案的形象展示更加立体、形象和生动。

四、DRM 在 POA 中的应用

与其他研究方法相比,DRM 的主要特点表现为 4 个方面。第一,研究对

---

[1] B. G. Glaser & A. L. Strauss, *The Discovery of Grounded Theory: Strategies for Qualitative Research*, New York: Aldine Publishing Company, 1967.

[2] M. Swain, P. Kinnear & L. Steinman, *Sociocultural Theory in Second Language Education: An Introduction through Narratives*(2nd edn.), Toronto: Multilingual Matters, 2015.

象为系统问题;第二,研究主体是研究者与实践者的共同体,多数时候共同体成员兼具研究者与实践者的双重身份;第三,研究路径是理论与实践互动;第四,研究目标是理论与实践同步优化。下面以 POA 理论—实践优化为例,说明 DRM 的应用。

POA 团队至今已经进行了 4 轮理论—实践互动循环,取得明显成效,但研究仍在继续,因为团队还需要在更大范围内(包括不同师生群体、课型、学校)应用和检验 POA,以考察其有效性。

第一轮理论—实践互动始于 2007 年,POA 团队针对"学用分离"问题,借鉴 Swain① 的"输出假设",提出"输出驱动假设"作为理论方案。部分教师的教学实践表明,该假设只能增强二语产出动机,并不能系统帮助学生克服产出困难,提高产出质量。

为解决上述问题,在 2014 年开始的第二轮理论—实践互动中,POA 团队将"输出驱动假设"拓展为"输出驱动—输入促成假设"②。随后,POA 团队组织 5 所高校的教师尝试开展单元设计与教学。他们的实践表明,教学中的输入促成活动比较粗糙、不够精准,提供的脚手架不得力③。

第三轮理论—实践互动始于 2015 年,张文娟④、曹巧珍⑤等又在不同单元教学中侧重解决输入促成活动的渐进性问题。POA 团队成员还以 POA 为题在多个学术会议上作主旨报告,得到国内外专家学者的积极反馈。加拿大多伦多大学 Alister Cumming 为 POA 理论体系雏形(见图 5.5)的形成⑥作出了积

---

① M.Swain,"Three Functions of Output in Second Language Learning",in G.Cook & B.Seidl-hofer,*Principles and Practice in Applied Linguistics*:*Studies in Honor of H.G.Widdowson*,Oxford:Oxford University Press,1995,pp.125-144.

② 文秋芳:《"输出驱动—输入促成假设":构建大学外语课堂教学理论的尝试》,《中国外语教育》2014 年第 2 期。

③ 张文娟:《基于"产出导向法"的大学英语课堂教学实践》,《外语与外语教学》2016 年第 2 期。

④ 张文娟:《学以致用、用以促学——产出导向法"促成"环节的课堂教学尝试》,《中国外语教育》2015 年第 4 期;张文娟:《基于"产出导向法"的大学英语课堂教学实践》,《外语与外语教学》2016 年第 2 期。

⑤ 曹巧珍:《"产出导向法"之教师中介作用探析——以〈新一代大学英语〉第二册第四单元为例》,《中国外语教育》2017 年第 1 期。

⑥ 文秋芳:《构建"产出导向法"理论体系》,《外语教学与研究》2015 年第 4 期。

极贡献。

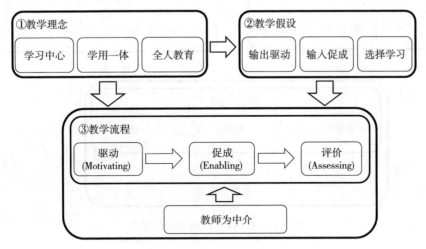

图 5.5　POA 的理论体系雏形①

　　第四轮理论—实践互动始于 2017 年。研究团队以《新一代大学英语》第二册第四单元为教学实践材料,集体备课,仔细分析课文,确立产出目标,将教学材料转换为输入促成活动,并在教学过程中随时讨论碰到的问题,及时调整方案。同时,POA 团队不断补充新理论知识,对 POA 理论进行局部调整(见图 5.6):(1)增加"以评为学"假设;(2)将教学流程之间的单向箭头改成双向箭头,以强调各环节之间的互动性;(3)将"教师为中介"改为更便于一线教师理解的"教师主导"。POA 团队还提出了"产出导向法"教学材料使用与评价框架及其评价指标,并基于这一理论框架产出了一批成果②。

　　迄今为止,POA 团队 5 名博士生以"产出导向法"的不同方面作为博士论

---

　　①　文秋芳:《构建"产出导向法"理论体系》,《外语教学与研究》2015 年第 4 期。

　　②　毕争:《POA 教学材料使用研究:评价产出目标的达成性》,《中国外语教育》2017 年第 2期;邱琳:《POA 教学材料使用研究:选择与转换输入材料过程及评价》,《中国外语教育》2017年第 2 期;孙曙光:《POA 教学材料使用研究:产出目标设定过程及评价》,《中国外语教育》2017 年第 2 期;文秋芳:《"产出导向法"教学材料使用与评价理论框架》,《中国外语教育》2017 年第 2期;张伶俐:《POA 教学材料使用研究:基于不同英语水平学生的教学实践》,《中国外语教育》2017 年第 2 期。

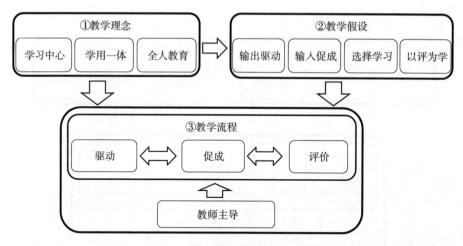

图 5.6　修订后的 POA 理论体系①

文选题,其中一名已顺利通过博士论文答辩,获得博士学位②;团队 20 多名教师参与 POA 教学研究,还有大批一线教师在不同类型学校进行探索性实践。目前"产出导向法"理论还在持续完善之中。在 2017 年 5 月首届"创新外语教育研究在中国"国际论坛上,POA 团队与国内外 10 位专家(5 位来自美国、加拿大和澳大利亚,5 位来自国内)进行开放式对话,汇集中外学者的集体智慧,旨在优化 POA 理论与实践。2017 年 10 月,POA 团队还赴奥地利维也纳大学与欧洲学者进行类似对话,更广泛地听取国外专家意见。国内外学者的对话交流充分体现了图 5.3 外圈强调的与"他人理论"和"他人实践"的互动。

五、结语

　　POA 团队仍在不断探索前行,逐步概念化具有中国特色的研究方法 DRM。

---

① 文秋芳:《"产出导向法"的中国特色》,《现代外语》2017 年第 3 期。
② 张文娟:《"产出导向法"应用于大学英语教学之行动研究》,北京外国语大学博士学位论文,2017 年。

文秋芳、任庆梅①曾在构建"我国高校外语教师互动发展的新模式"中尝试初步运用 DRM;文秋芳②在建设北京市 6 所高校大学外语教师共同体发展的理论框架时,再次成功地运用 DRM。DRM 不仅适合课程改革、教学方法、教材有效性等二语教学各类复杂问题的研究,也适合经济社会发展中医疗改革、增值税改革、房产税征收等复杂系统问题的研究。DRM 的改进、应用与推广还需通过多轮理论与实践循环互动来实现,笔者期待更多学者加入 DRM 的研究队伍,共同推动 DRM 发展。

(本文原载《外语界》2017 年第 4 期)

---

① 文秋芳、任庆梅:《探究我国高校外语教师互动发展的新模式》,《现代外语》2011 年第 1 期。

② 文秋芳:《大学外语教师专业学习共同体建设的理论框架》,《外语教学理论与实践》2017 年第 3 期。

"辩证研究范式"的理论与应用①

一、引言

笔者于 2017 年在《外语界》第 4 期上发表了《辩证研究法与二语教学研究》一文②。该文介绍了"辩证研究法"(dialectical research method, DRM)的构建动因、理论框架及其案例。DRM 仍处于初创期,研究团队还在不断探索,不断改进。在第四届中国第二语言习得研究高层论坛上,笔者应邀作了题为"Dialectical Research Paradigm(DRP)and Second Language Education Research"("辩证研究范式"与二语教育研究)的主旨发言,报告了最新探索成果。本文基于发言内容撰写而成,比较分析了 DRP 和 DRM,着重论述了 DRP 的理论框架和应用价值,以期促进二语教学研究的发展。

二、DRP 和 DRM 的比较

"产出导向法"(production-oriented approach, POA③)经过十余载研究,日

① 本文是教育部人文社科重点研究基地重大项目(编号 16JJD740002)的子课题"'产出导向法'理论体系与实施方法研究"的阶段性成果。文章撰写过程中,张文娟、陈浩、邱琳、孙曙光和毕争提出了宝贵修改建议,在此表示衷心感谢。最后,特别感谢《外语界》编辑部提出的修改意见。
② 文秋芳:《辩证研究法与二语教学研究》,《外语界》2017 年第 4 期。
③ 限于篇幅,本文不再介绍 POA 的理论体系,相关内容请参见文秋芳:《构建"产出导向法"理论体系》,《外语教学与研究》2015 年第 4 期;文秋芳:《"产出导向法"的中国特色》,《现代外语》2017 年第 3 期。

臻完善,但难以用现有研究方法(如实验法、行动研究法等)检验效果。在这一背景下,POA 团队提出了 DRM,并尝试将其用于考察 POA 理论和实践双优化效果①。自《辩证研究法与二语教学研究》一文发表以来,POA 团队对 DRM 进行了多次研讨与调整,对其进一步优化。下面主要阐述从 DRM 到 DRP 变化的原因与两者的差异。

(一) 从 DRM 到 DRP 变化的原因

从 DRM 到 DRP 的命名,我们听取了国内外学者的诸多意见。多数学者认为"辩证研究法"中的"法"意义含混,容易引起误解。汉字"法"对应的英语词有"method,methodology,approach"等。"method"既可指不同的研究设计,如实验法(experimental method)、调查法(survey method)、个案研究法(casestudy method)、民族志研究法(ethnographic method),也可指收集数据和分析数据的不同手段,如访谈法(interview method)、观察法(observation method)、语料分析法(corpus-analysis method)等。"methodology"包含的内容比"method"广泛,包括研究问题、研究目的、选择某种研究设计的理由、解决问题的步骤、收集数据的手段等。"approach"能够涵盖"methodology"的全部内容,但时常又仅指原则和理念,不包含研究的操作过程。准确地说,"辩证研究法"中的"法"对应"methodology"最为恰当,但为了避免对汉字"法"理解的混乱,根据多数学者的建议,我们把"辩证研究法"(DRM)改为"辩证研究范式"(DRP)。当然,这不仅仅是名称的改变,DRP 的内涵也明显不同(具体差异见下一节)。

"范式"(paradigm)最先由美国科学哲学家托马斯·库恩在《科学革命的结构》一书中提出,是指科研共同体在本体论、认识论和方法论上遵循的相同信念。② 换言之,"范式"就是科学工作者共同坚守的一整套理论主张和操作规范。DRP 代表一种新的研究哲学取向,具有新的研究目标和研究流程,与现行范式存在明显的不同之处。简言之,DRP 以理论与实践之间的辩证关系

---

① 常小玲:《"产出导向法"的教材编写研究》,《现代外语》2017 年第 3 期;张文娟:《基于"产出导向法"的大学英语课堂教学实践》,《外语与外语教学》2016 年第 2 期。

② T.Kuhn, *The Structure of Scientific Revolutions*, Chicago:The University of Chicago Press, 1962.

为基础,主张通过多轮循环来解决现实生活中复杂而关键的系统问题,达到求"真"(即追求真理)、求"善"(即优化实践)和求"意"(即理解研究对象的意义和原因)的三重目标。为解决系统问题中某个局部关键问题,研究者可采用不同范式的数据收集方式。从这个意义上说,DRP突破了托马斯·库恩主张的范式之间的"不可通约性",具有包容性和开放性。

(二) DRM 和 DRP 理论框架的整体差异

图5.2(见本书第412页)显示,DRM的理论框架包含3个部分:(1)哲学理念;(2)研究流程;(3)数据收集与分析。① 哲学理念是DRM的指导思想,制约其他两个部分。研究流程是开展研究的过程和步骤,数据收集与分析是处理数据的具体方法和手段,两者之间互为独立,不存在联系。

图5.7呈现了DRP的理论框架,包括4个部分:(1)哲学立场;(2)系统问题;(3)研究目标;(4)研究流程。与DRM(见图5.2)相比,DRP新增了"系统问题"和"研究目标"部分,删除了"数据收集与分析",因为这部分不是DRP的特色。总体而言,DRP的内容更全面,抽象度更高,概括性更强,特色更明显,展示方式更直观易懂。

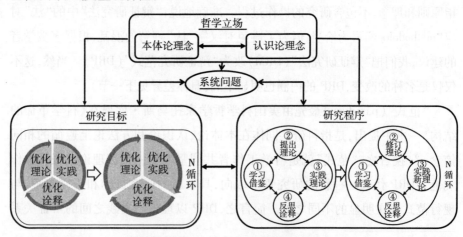

图 5.7　DRP 的理论框架

① 文秋芳:《辩证研究法与二语教学研究》,《外语界》2017 年第 4 期。

三、DRP 的理论框架

DRP 的指导思想是哲学立场。哲学立场制约系统问题的选择,同时影响研究目标和研究流程的确定。系统问题与研究目标、研究流程之间存在互动关系:一方面,研究问题决定目标和流程的走向,另一方面目标和流程又影响系统问题的解决。目标和流程之间也存在相互依存的关系:一方面,流程的运行需要目标的指引,另一方面目标的实现又依赖于流程的顺畅运行。DRP 各个部分之间和内部的互动关系都用双箭头表示(见图 5.7)。

(一) 哲学立场

哲学立场包括本体论和认识论理念。本体论理念体现研究者对研究对象本质的认识。DRP 认为研究对象必定与世界上其他事物存在普遍联系,这种联系相互制约、相互影响;研究对象不断变化与发展,其发展的根本动力来自研究对象的内部矛盾,外部矛盾只是变化的条件和促进因素;研究对象与其他事物虽有联系,但又有本质上的差异。这就是唯物辩证法的联系观、发展观和差异观①。

认识论理念体现研究者对理论与实践关系的认识。DRP 主张理论与实践之间存在辩证统一的关系。实践是理论的来源,也是检验理论的唯一标准;理论对实践具有引领作用,为实践提供正确的方向。理论引领下的实践又能对前期理论进行补充或修正,如此理论与实践之间反复循环,就能同步优化理论与实践。这里的"实践"含义广泛,既包括直接和间接实践,又包括自身和他人实践。

(二) 系统问题

"系统问题"是 DRP 的出发点,是研究要解决的主要问题。一切活动都

---

① 文秋芳:《"产出导向法"的中国特色》,《现代外语》2017 年第 3 期;文秋芳:《唯物辩证法在应用语言学研究中的应用——桂诗春先生的思想遗产》,《现代外语》2017 年第 6 期。

指向"系统问题",如果系统问题选择错了,全盘皆错。DRP 在本体论上秉持普遍联系观、发展观和差异观,在认识论上坚持理论与实践的辩证统一,因此 DRP 选择的"系统问题"至少需要符合 3 个条件:(1)现实性,即必须是当下现实生活中亟须解决的问题,而不是想象出来的问题,更不是单纯源于个人兴趣的问题;(2)复杂性,即问题涉及多种相互交织的因素,而不是能够清晰界定的一两个自变量和因变量;(3)关键性,即问题对解决矛盾具有"纲举目张"或"牵牛鼻子"的作用。需要强调的是,DRP 指向的系统问题可能位于宏观或中观层次,但这不意味着研究过程中不涉及微观层次的问题。一个宏观问题由若干中观问题构成,一个中观问题由若干个微观问题构成。从这个意义上说,DRP 在特定阶段可能要解决若干个微观问题,但这些问题须内嵌在宏观或中观问题之中,具有系统性和关键性。总体而言,DRP 的起点和终点不是细小的微观问题,研究过程中也不着力解决零散、碎片化微观问题。

以 POA 为例,POA 研究的是如何解决中国外语教学中的"学用分离"问题,这一长期存在的弊端严重影响外语教学效果和效率。解决该问题既涉及教师和学生的观念,又涉及课堂教学方法,还涉及教材和评价体系,影响因素繁多且复杂。[1] 因此,POA 聚焦的研究问题符合 DRP 的基本要求,外语教学中的"学用分离"是个宏观系统问题,涵盖中观和微观问题。但是,DRP 的研究路径不是预先把宏观问题分解为中观问题,再把中观问题分解为微观问题;实际研究通常是从高层次问题入手,构建高层次理论框架指引实践,一边实践,一边理清下一层次的问题。换言之,POA 研究的起点是全局性系统问题,局部或微观问题在实践过程中生成,具有不确定性。

(三)研究目标

目前的研究方法一般只聚焦"优化理论、优化实践和优化诠释"3 个目标中的一个。例如,实验法关注的是某个假设的验证,旨在证明假设的理论价值;行动研究着重解决某个具体的实践问题,以提高实践质量和效率;叙事研究通过深入理解研究对象,合理、充分地诠释其研究意义。

---

① 桂诗春:《应用语言学的系统论》,《外语教学与研究》1994 年第 4 期。

DRP 的"研究目标"由若干循环组成（见图 5.7）。每个循环包括优化理论、优化实践和优化诠释 3 个部分。优化理论解决"是什么"和"为什么这样做"的问题，同时为在实践中"做什么"和"怎样做"画出初步行动路线图。优化实践回答"如何将行动路线图有效付诸实践"问题。优化诠释旨在解释并说明行动路线图实施过程中出现"各种样态的意义及其原因"。也就是说，运用 DRP 的研究致力于构建具有科学性的理论，同时在该理论的指导下，改进实践效果，帮助研究者深入理解研究对象的行为及其原因。优化理论、优化实践和优化诠释虽然各有不同，但不是彼此孤立、互不关联，而是相辅相成、相互促进。图 5.7 用循环箭头将这 3 个目标联系起来，同时表明三者的实现需要通过"N 循环"。随着研究的进展，这 3 个目标的优化度逐步提高；图 5.7 中第二个循环图比第一个稍大，象征性地表示后一个循环的优化度高于前一个循环。

（四）研究流程

与研究目标一样，研究流程也包含若干循环。总体而言，每个研究目标循环对应一个研究流程循环，因此有 N 个研究目标的循环就有 N 个研究流程的循环。每个研究循环由 4 个要素组成：(1)学习借鉴；(2)提出理论；(3)实践理论；(4)反思诠释。在实际研究过程中，4 个要素之间具有互动性。第一个循环完成之后，后续循环中第二、第三项任务稍有不同。第一个循环"提出理论"，后续循环就是"修订理论"；第一个循环"实践理论"，后续循环就是"实践新理论"①。

(1)学习借鉴。针对研究问题，研究者须学习已有理论和实践经验，包括自身的理性思考和以往的教育体验。2016 年 5 月，习近平总书记在哲学社会科学工作座谈会上的讲话中指出，要坚持古为今用、洋为中用。这是 DRP 应该坚持的原则和行动路径。然而，目前学界存在的一种倾向是，眼睛盯着西方，对西方理论顶礼膜拜，将国内的经验和理论束之高阁。汪品先告诫我们，

---

① 图 5.7 研究流程第二个循环中第二、三项任务的字体与第一个循环不同，以示区别。

千万不要"蹒跚在世界科学村头,邯郸学步、东施效颦"①。

文秋芳②曾详细说明了研究者如何运用毛泽东同志《矛盾论》和《实践论》中的哲学思想,借鉴中国古代论著《学记》的教育思想,融合西方二语习得理论和课程论视角,提出 POA 以解决外语教学中"学用分离"的系统问题。学习借鉴既是构建理论的前提,又是起点。DRP 对完成这项研究的要求有两个。第一,学习内容面要广,尽量做到古今中外均有覆盖;第二,借鉴要恰当,对所借鉴的内容须有机整合,做到融会贯通。

(2)提出理论。在学习借鉴的基础上,研究者提出解决关键问题的理论框架。尽管研究者反复思考,多次修改,初始理论依然不够成熟,仍需经过多次循环实践,迭代修改,逐步优化。初始理论虽"不完善",但要力争符合 4 个条件。第一,针对性,即理论一定要对准问题的要害,"对症施药";第二,创新性,即所提理论明显不同于现存理论,具有新意;第三,国际可理解性,即理论能和国际学界对话;第四,可操作性,即理论包括实施过程和步骤。

从研究流程第二个循环开始,第二项任务为"修订理论",这是说研究者要修订前一个理论体系。随着研究的深入,理论体系的数量可能不止一个,构建的理论可能处于不同层面。以 POA 为例,宏观层面上,研究团队 2015 年构建了第一个相对完善的理论体系③,2017 年对 2015 年的理论体系进行了修订④,2018 年又对理论进行了再次优化⑤。POA 还有中观层面的理论。例如,邱琳⑥运用 DRP 探究 POA 的促成环节,旨在构建"促成环节设计与实施"的理论体系。POA 中观层面理论是对宏观层面理论的补充和完善。

(3)实践理论。初始理论一经提出,研究者就要将其付诸实践。理论能否"落地",一定要经过实践检验。这种实践不能是"随意"的,而应是一种"科学实践"。实践者首先要充分理解理论形成发展的过程、步骤及其原因,精心

---

① 汪品先:《汉语被挤出科学,还是科学融入汉语?》,《文汇报》2015 年 2 月 27 日。
② 文秋芳:《"产出导向法"的中国特色》,《现代外语》2017 年第 3 期。
③ 文秋芳:《构建"产出导向法"理论体系》,《外语教学与研究》2015 年第 4 期。
④ 文秋芳:《"产出导向法"的中国特色》,《现代外语》2017 年第 3 期。
⑤ 文秋芳:《"产出导向法"与对外汉语教学》,《世界汉语教学》2018 年第 3 期。
⑥ 邱琳:《POA 教学材料使用研究:选择与转换输入材料过程及评价》,《中国外语教育》2017 年第 2 期。

策划、严格实施实践方案,详细记录实践过程。理论构建者最好能和实践者①
共同讨论理论,参与实践方案设计、观察实践全过程,为反思诠释做好充分准
备。归纳起来,"实践"要力争做到 4 点。第一,理论理解到位;第二,实践方
案详实;第三,实践过程有序;第四,实践档案完整。所谓档案,是指实践过程
中收集的各种数据。在数据收集方法上,DRP 没有严格限制,研究者根据需
要可以采用问卷、访谈、日志、录像、测试等各种不同方法,可以通过实验就某
个关键微观问题做有效性比较研究,也可选择某些个案开展深度调查。

研究流程第二个循环中,第三项任务为"实践新理论"。这里的"新理论"
是指经过前一个循环后,研究者对前期理论的修订成果。

(4)反思诠释。DRP 将反思诠释分为即时性和延时性两种。所谓即时
性,是指反思诠释发生于完成其他几项任务的过程中;所谓延时性,是指完成
其他任务之后,安排专门时间进行反思与诠释。反思有个人反思和集体反思
两种。个人反思可以通过日记形式,记录个人的点滴观察、思考和疑问。在个
人反思的基础上,研究者进行集体反思,效果更佳。集体反思需要借助实践档
案(文字、录音、录像等),结合理论框架,讨论实践的不足和理论的欠缺,为下
一个研究循环做好准备。

诠释一般与反思同步进行,两者时常相互交织,难以明确区分。研究者在
诠释中以"局内人"视角,深入理解实践过程中出现的各种现象及其原因。事
实上,这一点很难做到,因为研究者一般都带有"前见",但集体讨论可以帮助
研究者摆脱"前见"。诠释能否做好对后续研究具有非常重要的影响,因为只
有准确理解实践过程中的各种现象,研究者才能作出恰当评价,为后续研究的
正确决策打下基础。需要注意的是,研究者应避免因诠释不充分、不恰当,而
对存在的问题和不足之处抓得不准,影响后续循环的成效。

(五) DRP 的特色

DRP 的特色可主要归纳为 3 个方面。

(1)全局性思维。DRP 的总体研究思路是从全局到局部,而不是从局部到

---

① 实践者也可能是宏观理论的构建者;同样,宏观理论构建者也可能直接参与实践。

全局。这就好比研制 C919 大飞机,研发团队首先需要讨论飞机的整体构架,制作图纸,设计机头样机主体结构,再制造正式飞机,试飞若干次、边修改图纸、边制造、边研究、边解决问题。依据全局性思维方式,运用 DRP 的研究须从全局问题出发,提出解决问题的整体理论框架,在实践中尝试解决方法。随着实践推进,局部问题会相继出现,研究者再根据问题的轻重缓急将它们逐个依次解决。

(2)理论与实践一体化。理论引领实践,实践反哺理论。研究者无论解决什么问题,都要先构建相应的理论框架,并在实践中检验相应的理论框架。研究不断深入,理论会越来越全面、丰富,其操作性也会越来越强。那么,"理论引领"是否违反 DRP 秉持的"理论来源于实践"的认识论立场?笔者认为不违背,因为研究者采用 DRP 提出的理论不是闭门造车的结果,而是借鉴学习前人经验得到的成果,并且 DRP 强调无论何种理论都要经过实践检验,充分体现了"实践是检验真理的唯一标准"的理念。

(3)循环上升性。解决系统问题的研究需要经历多个循环,并且每个循环都应比前一个循环有所进步和提升。

四、DRP 的应用

(一) 应用价值

20 世纪 90 年代,有人曾质疑外语教育研究是否属于"真研究"。近三十年之后,应用语言学取得显著发展,对外语教育研究的公开质疑已经比较鲜见。但实际情况是,外语教育研究课题①常被归入"教学改革类"研究,在职称评审或科研工作量考核中的权重低于其他类型研究,如建设外语教师专业学习共同体,创建外语专业人才培养新模式,创建大学英语课程新体系,研发新教材等。究其主要原因,外语教育研究课题的申请书缺乏明确的研究目标与研究问题、清晰的研究路径与程序,研究方法比较宽泛。申请书撰写者通常罗列自己

---

① 国家社科项目课题或教育部人文社科项目课题除外。

熟知的数据收集方法,针对性不足。研究实施过程由于研究目标和路径模糊,存在较大随意性。研究成果也很难准确评价。这类研究被归为"低档次",既是偏见所致,也有研究者自身的原因。最大的问题是课题没有符合自身需要的研究方法的支撑,课题申请者难以运用合适的研究范式来设计和实施研究。

DRP 正是为外语教育研究课题"量身定做"的研究方法,既有明确的哲学立场,又有清晰的研究目标和研究流程。只要研究者能够准确理解和运用DRP,我国外语教育研究一定能够跨上新台阶。下面笔者以亲身研究经历来证明 DRP 应用的可行性和有效性。

虽然 DRP 作为一个概念在 2017 年才被正式提出,但事实上笔者在多年从事外语教育研究的过程中一直在践行着 DRP,未理论化、系统化的 DRP 概念在潜意识层已经逐渐成形。表 5.8 列出了部分相关研究案例。例如,笔者在 1993—1997 年参与了高等学校英语专业教学指导委员会委托南京大学外国语学院开展的全国英语专业四级口试课题研究,1993—1999 年参与了探索英语本科生综合素质实践课的设置与实施,2005—2009 年参与了北京外国语大学中国外语教育研究中心的研究生教育改革,2006 年开始参与全国高校外语教师研修班模式构建研究,2009—2011 年参与了校本英语教师专业学习共同体构建,2011—2013 年参与了跨校大学英语教师专业学习共同体建设,2007 年开始参与"产出导向法"研究。

表 5.8　运用 DRP 的部分研究案例①

	课题名称	时间	论文	教学成果奖项
(1)	全国英语专业四级口试试点	1993—1997 年	4 篇论文,如英语专业四级口试的可行性研究——总体设计与实施②	建立中国高校英语专业口语评估体系,2001 年国家级二等奖、江苏省特等奖

---

① 限于篇幅,本文未以完整案例描述 DRP 的多轮循环过程,建议参阅文秋芳:《"产出导向法"的中国特色》,《现代外语》2017 年第 3 期;文秋芳:《大学外语教师专业学习共同体建设的理论框架》,《外语教学理论与实践》2017 年第 3 期。

② 文秋芳、赵学熙:《英语专业四级口试的可行性研究——总体设计与实施》,《外语界》1995 年第 1 期。

续表

课题名称	时间	论文	教学成果奖项
(2) 英语本科生综合素质培养	1993—1999年	综合素质实践课—从理论到实践①	英语本科生综合素质培养途径的研究和实践②，1997年国家级二等奖、江苏省一等奖
(3) 高校研究生教育改革探索	2005—2009年	建设研究—教学型导师团队，培养高素质外语教育人才——研究生教育改革探索③	建设研究—教学型导师团队，培养高素质外语教育人才——硕士研究生教育改革探索，2009年国家级二等奖、北京市一等奖
(4) 全国高校外语教师研修班模式研究	2006年至今	为高校外语教师举办大型强化专题研修班的理论与实践④	创建以"合作—互动—体验"为特色的研修模式——提升大学英语教师专业能力，2012年北京市二等奖
(5) 高校英语教师专业学习共同体建设模式研究	2009—2013年	4篇论文，如探究我国高校外语教师互动发展的新模式⑤、互动发展模式下外语教学研究者的专业成长⑥	专著《高校外语教师专业学习共同体建设的理论与实践研究》，2017年获得国家社科基金后期资助
(6) "产出导向法"的理论与应用研究	2007年至今	9篇论文，如输出驱动假设与英语专业技能课程改革⑦、构建"产出导向法"理论体系⑧	"产出导向法"研究：提高大学生英语应用能力的理论与实践创新，2017年北京市一等奖

---

① 文秋芳、宋文伟：《综合素质实践课——从理论到实践》，《外语界》1999年第3期。

② 笔者在这一奖项中排名第二，其余奖项中均排名第一。

③ 文秋芳、陈国华、周燕、刘润清、吴一安：《建设研究—教学型导师团队，培养高素质外语教育人才——研究生教育改革探索》，《中国外语教育》2010年第3期。

④ 文秋芳、常小玲：《为高校外语教师举办大型强化专题研修班的理论与实践》，《外语与外语教学》2012年第1期。

⑤ 文秋芳、任庆梅：《探究我国高校外语教师互动发展的新模式》，《现代外语》2011年第1期。

⑥ 文秋芳、任庆梅：《互动发展模式下外语教学研究者的专业成长》，《外语界》2012年第4期。

⑦ 文秋芳：《输出驱动假设与英语专业技能课程改革》，《外语界》2008年第2期。

⑧ 文秋芳：《构建"产出导向法"理论体系》，《外语教学与研究》2015年第4期。

表 5.8 所列的每个课题研究都持续开展了数年,成果可见、可测、可评,其中有论文发表,内容覆盖理论和实践两个维度,还获得教学成果奖或国家社科基金的后期资助。纵向分析相关论文不难发现,DRP 从初步成形逐渐走向成熟,而笔者的研究之路早就得益于 DRP。遗憾的是,笔者未能及早将其理论化后作为一种研究范式提出,为广大教师服务。

(二)应用须注意的问题

DRP 通常应用于"大科学"时代①的团队创新项目。根据笔者的经验,DRP 应用需要注意 3 个主要问题。

(1)有称职的团队带头人。团队带头人可以是一位,也可以是 2—3 人组成的领导小组。带头人要有全局思维能力、创新能力、人际沟通能力、组织能力和协调能力,善于调动团队成员的积极性,参与整个研究项目的设计、实施、评估和调整的全过程。由于 DRP 包含多个循环,团队带头人的全程参与对课题研究进展能够起到关键性引领作用。

(2)团队活动必须问题导向、目标驱动。问题明确,目标清晰,整个团队活动才能有方向,心往一处想,劲往一处使。虽然问题和目标后期会有微调,但总体大方向不变。从这个意义上说,运用 DRP 启动项目之前,一定要在前期积累的基础上深入思考,全面筹划。在整体规划之后,再正式组建团队。为申报项目在仓促之中草草撰写的申请书缺乏前期准备,注定无法取得理想成果。

(3)加强团队和谐文化建设。团队成员应该互相尊重、互相信任,形成一个和谐合作的共同体。根据笔者建设专业学习与研究共同体的经验,团队成员最好在年龄、职称、教龄、科研特长等方面具有差异性,这样有利于优势互补,相互学习、相互激励②。在问题和目标确定以后,人是决定性因素。因此,DRP 应用不仅是技术问题,更是一个人力资源的整合问题。本文将 DRP 更多地作为技术问题加以探讨,但笔者必须强调,团队要素不能忽略。没有好的

---

① 李强、李景平:《中国参与国际大科学计划的路径研究》,《科学管理研究》2016 年第 5 期。
② 文秋芳:《大学外语教师专业学习共同体建设的理论框架》,《外语教学理论与实践》2017 年第 3 期。

团队,再好的"大科学"工程,也难以完成。

五、结语

作为一种研究范式,DRP 的理论体系有待完善,目前笔者主要在两个维度上着力。第一,扩大应用范围。现有 4 位博士生和 4 位对外汉语教学教师正尝试应用 DRP 从事 POA 课题研究。最近,笔者又组织非通用语教师应用 DRP 开展不同语种的教学研究。多样化的案例将为 DRP 理论改进提供实践证据。第二,听取国内外专家的批评和建议。2018 年 5 月,中国外语与教育研究中心以 DRP 为议题在北京外国语大学召开国内外学者对话论坛,参加论坛的国际学者有美国的 James Lantolf 教授、英国的 Peter Skehan 教授,国内学者有西安交通大学陈向京教授、北京外国语大学周燕教授和杨鲁新教授。通过这样的交流方式,我们能够听取大家的反馈和建议,汲取国内外专家智慧和经验,不断优化和完善 DRP。

(本文原载《外语界》2018 年第 2 期)

辩证研究与行动研究的比较^①

一、引言

2018 年《外语界》第 2 期刊发了"'辩证研究范式'的理论与应用",较为详细地阐述了该研究范式产生的背景、演变过程、理论框架、主要特色和应用范例。^② 同年 5 月份,中国外语与教育研究中心和外语教学与研究出版社联合召开了第三届"创新外语教育在中国:'辩证研究范式'(Dialectical Research Paradigm,简称 DRP)与'产出导向法'(Production-oriented Approach,简称 POA)"国际研讨会。自此,学界提得最多的问题是:辩证研究(dialectical research^③,下文简称 DR)与行动研究(action research,下文简称 AR)有何异同? 其差异究竟体现在何处? 本文致力于通过对 DR 和 AR 的系统比较回答这一问题。

二、AR 和 DR 概述

(一) AR 的主要特点

自 Lewin^④ 提出 AR 以来,迄今已有 70 多年历史。AR 的基本规范已经成

---

① 本文是教育部人文社科重点研究基地重大项目(16JJD740002)中子课题"'产出导向法'理论体系与实施方法研究"的阶段性成果。

② 文秋芳:《"辩证研究范式"的理论与应用》,《外语界》2018 年第 2 期。

③ "Dialectical Research Paradigm"是一种研究范式,但做名词称谓时,为简洁起见,直接称为"Dialectical Research(DR)"。

④ K.Lewin, "Action Research and Minority Problems", *Journal of Social Issues*, 1946, No.4.

熟,即从现实问题出发,采用计划—行动—观察—反思的不断迭代循环①,直到问题解决,其终极目标是要将现实变得更美好②。《塞奇行动研究手册》(*The Sage Handbook of Action Research*)已经连续出版了三版③。这表明 AR 已受到学界普遍认可,并得到广泛应用。该手册第一、第二版导言描述了行动研究相互依存的 5 个特点,还用图示方式进行了总结(见图 5.8)。第一,AR 的目标是追求人类繁荣(human flourishing),致力于改造社会现实。第二,AR 的对象是与生活息息相关的实际问题(practical issues)。第三,AR 的过程不是预先完全设定好,而是不断生成、发展(emergent developmental form)。第四,AR 成员需要民主参与实践(participation and democracy),即 AR 参与者一定要到实践中去,与其他参与者进行民主协商,共同探索解决问题的最佳方案。第五,AR 的意义是在行动中获得真知(knowledge in action),即参与者在不断行动过程中形成真知。

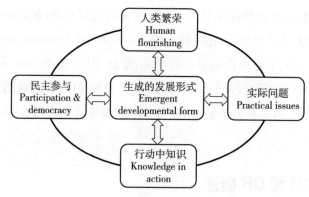

图 5.8　AR 的主要特点④(作者自译)

① S.Kemmis & R.Mctaggart, *The Action Research Planner*, Victoria:Deakin University Press, 1988.

② B.Dick,E.Stringer & C.Huxham, "Theory in Action Research", *Action Research*,2009,No.1.

③ P.Reason & H.Bradbury, "Introduction", in P.Reason & H.Bradbury, *The Sage Handbook of Action Research*, London:Sage,2008,pp.1-10;H.Bradbury, *The Sage Handbook of Action Research*, London:Sage,2011.

④ P.Reason & H.Bradbury, "Introduction", in P.Reason & H.Bradbury, *The Sage Handbook of Action Research*, London:Sage,2008,p.5.

（二）DR 的主要特点

笔者经过二十余年的实践和摸索,逐渐形成了较为完整的 DR 理念、目标与研究流程①。DR 有 4 个主要特点(见图 5.9)。第一,DR 以系统关键问题驱动。这种问题具有系统性和关键性两个主要特征。所谓"系统性",即问题涉及现实生活中互相交织的多种复杂因素。例如,如何建设复合型外语人才培养体系曾经是 20 世纪 80 至 90 年代外语教学改革的系统问题。该问题涉及课程设置、学分总量分配、教师教学能力、学生选课制度、学生学习方式、评价手段等多个因素。所谓关键性,即该问题的解决有着"四两拨千斤"的作用。仍旧以复合型人才培养体系为例。解决这个系统问题的关键是设计科学、合理、操作性强的课程体系。需强调的是,这里的"关键性"一定针对某个问题。脱离了具体问题,关键性就无从谈起,因为解决甲问题的关键不能用于解决乙问题,必须具体情况具体分析。第二,DR 的目标是"求真、求善、求意"同步。"求真"意味着追求创新理论的构建;"求善"意味着解决现实中存在的难题,以改变不完美之处;"求意"意味着充分理解和分析研究所涉及的重要现象产生的原因。DR"求真、求善、求意"的同步目标是:优化理论—优化实践—优化阐释。这个三位一体的目标不可能一次实现,需要多次迭代循环,才能逐步达到理想水平。第三,DR 研究流程为学习借鉴—提出理论—实践理论—反思阐释一体化。这四个阶段不是互相割裂、线性的研究流程,而是相互关联,彼此互动的整体。逻辑上说,DR 在找出研究问题后,在学习和借鉴他人或自己过去的理论和实践的基础上,构建创新性的理论框架,然后将其应用到实践中去检验;实践后再进行反思和阐释,对实践中出现的问题,进行集体性反思和研讨,力图给出合理解释,再进入下一循环。而在实际操作中,4 个阶段无法截然分开。例如,学习借鉴不仅发生在 DR 的初始阶段,而且发生在后续的 3 个阶段中。同样,反思阐释也是如此。除了有集中性的反思阐释外,它还应该与其他 3 个阶段随影同行。第四,DR 团队必须是多种类型人员组

---

① 文秋芳:《辩证研究法与二语教学研究》,《外语界》2017 年第 4 期;文秋芳:《"辩证研究范式"的理论与应用》,《外语界》2018 年第 2 期。

成的协作共同体,其中可包括专家型研究者、教师研究者、教材出版者、能够调动行政资源的"双肩挑"领导等。如果 DR 关注的问题涉及整个院系,这时就必须要有对全局具有决策权的人参与。DR 团队领导可由 2—3 人组成。这些领导者须具有全局性系统思维能力、改革创新能力、人际沟通能力、统筹兼顾能力,善于调动团队成员的积极性,并参与整个研究项目的设计、实施、评估和调整的全过程①。

　　以上 4 个特点相互依赖、相互联系,之间存在着互动关系,均由双向箭头相连(见图 5.9)。但这 4 个特点并不处于同等位置,"系统关键问题驱动"位于中心,是 DR 的出发点和其他 3 个特点实现的驱动力。

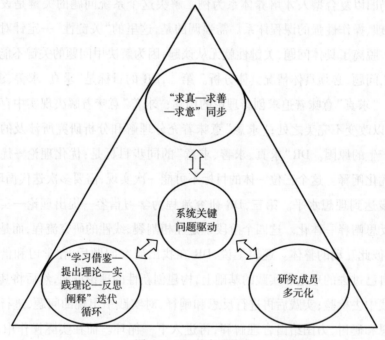

图 5.9　DR 的主要特点

---

①　文秋芳:《"辩证研究范式"的理论与应用》,《外语界》2018 年第 2 期。

三、DR 与 AR 的异同

DR 与 AR 既有共同点,又有不同点。表 5.9 从哲学基础、研究对象、研究目标和研究流程 4 个方面对二者进行比较。

表 5.9　DR 和 AR 的异同点

	比较维度	相同点	不同点	
			AR	DR
1	哲学基础	重视实践的重要性	实用主义	辩证唯物主义
2	研究对象	解决现实中的真问题	研究者本人面临的具体问题	机构或课程设置等中存在的系统且关键的问题
3	研究目标	改善实践(求善)	理论贡献不是必选目标;如构建理论,属于扎根理论	理论—实践—阐释同步优化;理论属于顶层设计,后由实践检验,在实践阐释的基础上,修订理论
4	研究流程	迭代循环	计划—行动—观察—反思	学习借鉴—提出理论—实践理论—反思阐释

(一) 哲学基础

AR 和 DR 在哲学层面的相同点是:两者都强调实践的重要性,主张实践是检验真理的唯一标准,但对理论与实践的关系有着不同的信念。AR 认为实践既是起点,也是终点,实践几乎是 AR 的一切;DR 虽赞同实践的基础性,但不赞同 AR 忽视理论对实践的指导作用。追根溯源,两者有着不同的哲学基础,前者信奉实用主义(Pragmatism),后者遵循辩证唯物主义。实用主义产生于 20世纪 70 年代的美国,其代表人物杜威对 AR 产生了重大影响。Greenwood 和 Levin 在 2007 年出版的《行动研究导论》(*Introduction to Action Research*)中专门介绍了杜威哲学思想与 AR 的关系。他们认为杜威思想中最具特色的观点就是他坚定不移地反对"思行割裂"。他们进一步解释道:

"For Dewey, everything was forged in action.⋯He believed that the only real sources of knowledge were to be found in action, not in armchair speculation. For him, all knowledge testing and proofs were⋯ ongoing experimental activities."①

（对杜威而言，万物都在行动中形成。他相信知识的唯一真正来源是行动，而不是通过不切合实际的猜想。杜威认为，一切知识的检验与证据都是不断进行的实验活动。）

同样，宋斌、闫星宇也认为实用主义哲学的主要特点是"立足于现实生活、把确定信念作为出发点，把采取行动当作主要手段，把获得效果当作最高目的"②。由此可以看出，上述 AR 的 5 个基本特点与实用主义思想一脉相承。辩证唯物主义也赞成实践的重要性，主张实践是发现理论、检验理论与发展理论的唯一途径，但不同的是，它还强调理论对实践的能动作用。例如，毛泽东同志在《实践论》中指出："在马克思主义看来，理论是重要的，它的重要性充分地表现在列宁说过的一句话：'没有革命的理论，就不会有革命的运动。'然而马克思主义看重理论，正是，也仅仅是，因为它能够指导行动。"③DR 遵循辩证唯物主义，因此强调在学习借鉴他人和自身的理论和先前实践基础上，构建能够指导实践的创新理论框架。这是整个研究过程不可或缺的前提条件。DR 不仅追求环境的改造，而且期待理论的发展和完善。

（二）研究对象

就研究对象而言，DR 和 AR 都关心现实生活中的真问题，而不是单纯从文献中寻找研究空白，也不是纯粹的个人兴趣。不同的是，AR 处理的问题切入点小、焦点清晰，一个循环只解决一个具体问题。这类问题涉及教学过程某个侧面，例如，热身活动的开展；涉及某个语言知识点教学，例如，过去时的用法；涉及某个语言技能的微技能教学，例如，从上下文中猜生词词义；涉及教师

① D. J. Greenwood & M. Levin, *Introduction to Action Research*, London: Sage Publication Inc, 2007, p.60.
② 宋斌、闫星宇：《杜威实用主义哲学的现实审视》，《求索》2013 年第 6 期。
③ 《毛泽东选集》第一卷，人民出版社 1991 年版，第 292 页。

或学生存在的某个问题,例如,教师不善于提问、学生课堂上不活跃等。即便AR 要解决大问题,每一循环也只聚焦解决一个微观问题。DR 瞄准的是系统且关键的问题,考虑问题总是从宏观层面起步,逐步下移。随着研究进展,中观和微观问题会逐渐浮现。从上层向下层移动,问题通常具有生成性和不可预测性。尽管如此,中观和微观问题必须服从于顶层设计、宏观统筹。这就好比建造一座大厦,要从设计宏观图纸出发,而不是从局部出发,但局部图纸的细化一定要在宏观框架之内。此外,DR 不仅要解决当下问题,而且期待通过解决这个问题找出处理类似问题的路径。例如,POA 团队致力解决的是我国外语教学中"学用分离"的系统问题。这个问题存在于大学通用英语和专用英语教学中①,也存在于对外汉语教学中②。要解决这个问题,POA 团队不能只关注教学的某个环节,或者某项技能、某个语言知识的教学。DR 致力于情境性,但更关注在大范围内的适切性,而 AR 关注某个问题的解决,不考虑其迁移性和推广性③。

(三)研究目标

就研究目标而言,相同点是:DR 和 AR 都要改善实践。从这个意义上说,DR 和 AR 研究者都具有强烈的社会责任心,有研究服务社会、服务人民的意识。不同的是,构建理论不是 AR 的必选目标。Reason 和 Bradbury④ 作为《行动研究手册》的总主编在导论中曾经明确指出:

"…the primary purpose of action research is not to produce academic theories based on action;nor is it to produce theories about action;nor is it to produce theoretical or empirical knowledge that can be applied in action; it is to liberate the human body,mind and spirit in the search for a better,freer world."

① 文秋芳:《构建"产出导向法"理论体系》,《外语教学与研究》2015 年第 4 期。
② 文秋芳:《"产出导向法"与对外汉语教学》,《世界汉语教学》2018 年第 3 期。
③ 王文静:《"基于设计的研究"在美国的兴起与新发展》,《比较教育研究》2009 年第 8 期。
④ P.Reason & H.Bradbury,"Introduction",in P.Reason & H.Bradbury,*The Sage Handbook of Action Research*,London:Sage,2008,p.5.

（行动研究的主要目的不是构建基于行动的学术理论，不是构建关于行动的理论，也不是构建行动中所用的理论与经验知识，其目的是在人类探索更加美好、自由的世界的过程中解放人的身体、心灵和精神。）

Friedman 和 Rogers① 运用 Dick② 连续 4 年对行动研究所做的文献综述证明，理论构建确实不是 AR 的目标：

"In the review of the action research literature, however, Dick（2004，2006）noted that little has appeared on the building of theory from experience in action research."

（Dick，2004 年和 2006 年两次对行动研究文献综述时指出，行动研究中几乎没有根据经验来构建理论的。）

有人甚至认为 AR 中的"理论无用"。如 Gergen 和 Gergen③ 明确指出：

"···the existence of abstract theory has no practical utility in itself···In this context action research provides a refreshing and highly productive alternative. Action research commences with problems or challenges in the world of everyday life···the ultimate attempt is to generate change in existing conditions of life."

（······抽象理论存在的本身没有实践价值······在这种背景下，行动研究提供了新颖、高效的替代选择。它从处理世界日常生活中的问题和挑战入手······终极目的是为了改变现存生活条件。）

塞奇出版社出版的《行动研究》杂志（*Action Research*）曾在 2009 年第一期以"行动研究中的理论"（"Theory in Action Research"）为题组织了专刊。专刊编辑们在导言开篇指出，AR 似乎都在强调理论与实践的统一，理论对实践

---

① V.J.Friedman & T.Rogers, "There is Nothing so Theoretical as Good Action Research", *Action Research*, 2009, No.1.

② B.Dick, "Action Research Literature: Themes and Trends", *Action Research*, 2004, No.4; B. Dick, "Action Research Literature 2004-2006: Themes and Trends", *Action Research*, 2006, No.4.

③ K.Gergen & M.Gergen, "Social Construction and Research as Action", in P.Reason & H. Bradbury, *The Handbook of Action Research: Participative Inquiry and Practice*, London: SAGE, 2008, p. 167.

的重要性,但行动研究者对理论的认识并不清晰,通常缺少细节①。对此,他们进一步解释道:

"The 'without detail' comment signals that theory may be a taken-for-granted concept. Few writers seem to find it necessary to explicate what they mean by the term. Few explain the type of theory to which they refer. Few describes how theory becomes integrated into the action research process. This is evident even in the current issue, despite the explicit intention of focusing on theory. Several authors failed, at least initially, to clarify the nature of theory or its relationship to the research process."②

(这种"缺少细节"的评论表明,理论似乎是个无需解释的概念。很少有作者觉得有必要说明"理论"这一术语的含义,或者挑明他们所指的是哪一种理论,以及理论是如何与行动研究过程相结合。这一问题在本专刊中也显而易见,尽管本期聚焦行动研究中的理论,仍旧有好几位作者一开始未清楚说明理论的本质或者理论与研究过程的关系。)

本期主编除了指出 AR 普遍存在"理论缺位"问题外,他们也坦诚承认自己对理论的看法不完全一致③:

"Our own views on theory show some diversity. There are similarities: all of us treat theory as emergent from and grounded in experience and action. All of us are committed to helping others bring about desired change. In some other respects we differ."

(我们对理论的看法呈多元化。相同点是:我们都认为理论来源于经验和行动,并根植于经验和行动;我们都致力于帮助他人获得预期的变化。在其他方面,我们的观点则有所不同。)

例如,Huxham 强调的理论是在干预实践过程中逐渐形成。这就是人们常说的基于实践的理论。她把这种 AR 称为"研究驱动的行动研究"(Research-

---

① B. Dick, E. Stringer & C. Huxham, "Theory in Action Research", *Action Research*, 2009, No.1.
② B. Dick, E. Stringer & C. Huxham, "Theory in Action Research", *Action Research*, 2009, No.1.
③ B. Dick, E. Stringer & C. Huxham, "Theory in Action Research", *Action Research*, 2009, No.1.

oriented Action Research)。而 Stringer 所说的理论与 Huxham 完全不同。它的
理论是对行动研究者各种看法进行理论化,称之为"内容理论"(content
theory);对行动研究者体验 AR 过程的概念化,称之为"方法理论"(methodo-
logical theory)。Dick 多年实践证明,Stringer 的"内容理论"和"方法理论"非
常有效。"内容理论"可以让行动研究分享与研究问题相关的经验和看法,同
时将这些原本可能隐性、碎片化的内容系统化、概念化后,更便于决定解决问
题的行动方向。"方法理论"可以使 AR 参与者从自身的经验中提炼 AR 的步
骤,使他们更易理解、认可、熟悉与实践 AR。

从上述不同观点可以看出,Huxham 的理论指的是对实践经验的理论化,
而另外两位编辑指的是如何用理性的方式来指导 AR 参与者掌握 AR 本身,
而不是把理论构建作为 AR 的目标。可以想象,这期专刊的三位编辑对"什么
是理论"也未取得共识,广大行动研究者就更难形成统一看法了。

与 AR 主要关注改善实践不同,DR 的研究目的三位一体:理论—实践—
阐释同步优化,也就是前面所说的,DR 追求"求真、求善、求意"的同步实现。
图 5.10 中三个逐步增大的循环图表示目标在不断优化,不断接近理想水平。

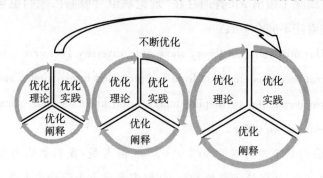

图 5.10　DR 三位一体的研究目标

DR 中的理论要为解决"系统问题"构建理论框架,并为实践描绘出行动
蓝图。例如文秋芳①在《外语教学与研究》第 4 期上发表的《构建"产出导向
法"理论体系》,就是为解决我国外语教学中"学用分离"系统问题提出的较为
完善理论。这个理论体系包括教学理念、教学假设和教学流程。教学理念是

----

① 文秋芳:《构建"产出导向法"理论体系》,《外语教学与研究》2015 年第 4 期。

POA 的总体指导思想,教学假设需要在教学实践中检验,教学流程说明课堂教学"怎么做"。随着实践与阐释的进步,理论也随之不断完善。迄今为止,POA 已经历了 5 个阶段或循环①。除了整个理论体系的修改和完善外,POA 研究团队成员还通过各自实践和阐释,不断丰富"驱动""促成"和"评价"3 个教学环节的理论。例如,张文娟②针对"驱动"环节,提出"动机流"理论;邱琳③针对"促成"环节提出"认知—语言双维度促成"理论;孙曙光④针对"评价"环节提出"目标导向、重点突出"的"师生合作评价"理论。相对于 POA 整体理论而言,他们针对不同环节提出的理论可以看作中观理论。每个中观理论的完善也都需要多次实践的检验和对实践的深度阐释。本专栏刊登的一组文章都是对理论—实践—阐释同步优化的案例。

(四) 研究流程

就研究流程而言,AR 和 DR 均具有循环性特征,即研究不是通过一个流程完成。但两者的具体步骤有明显差异。图 5.11 显示了 AR 的研究流程,其中包括 4 个阶段。第一个阶段为制定行动计划。研究者针对列出的具体问题,可以借鉴一定理论来设计解决问题的方案。第二个阶段为实施计划。第三个阶段为观察计划实施的过程,收集各种相关数据,为评价行动计划和计划实施提供充分证据。第四个阶段为反思,即完成计划后,根据收集到的各种数据,对整个 AR 计划和实施情况进行评估,找出不足之处,提出新问题,为下一个循环修订计划做好准备。第一个循环完成后,再进入第二个循环。循环可能有多个,用"N"来表示。多个循环不是简单的重复,而是不断优化。显然每个循环都没有构建理论的位置。

---

① 文秋芳:《"产出导向法"与对外汉语教学》,《世界汉语教学》2018 年第 3 期。

② 张文娟:《"产出导向法"应用于大学英语教学之行动研究》,北京外国语大学博士学位论文,2017 年。

③ 邱琳:《"产出导向法"语言促成环节过程化设计研究》,《现代外语》2017 年第 3 期;邱琳:《POA 教学材料使用研究:选择与转换输入材料过程及评价》,《中国外语教育》2017 年第 2 期。

④ 孙曙光:《"师生合作评价"课堂反思性实践研究》,《现代外语》2017 年第 3 期;孙曙光:《POA 教学材料使用研究:产出目标设定过程及评价》,《中国外语教育》2017 年第 2 期。

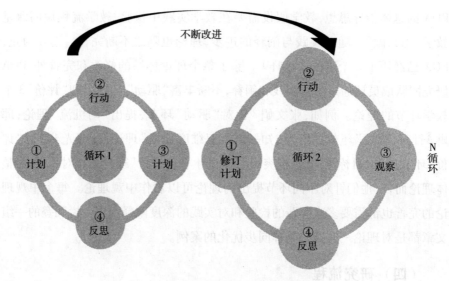

图 5.11 AR 的迭代循环流程①

　　图 5.12 展现了 DR 的迭代循环流程。DR 也有 4 个阶段,在操作层面上与 AR 有一些相似之处,但每个阶段的具体任务和要求与 AR 有鲜明的不同②。 DR 第一个阶段任务是"学习借鉴",其达标的基本要求有两个。第一,"宽、全、广",即学习内容覆盖面要宽,既有理论,又有实践;时间覆盖段要全,既有古代,又有现代;地域覆盖面要广,既有国内,又有国外。第二,"均衡性"和"恰当性",即借鉴时既不能"崇洋媚外",也不能"厚古薄今";既不能"照猫画虎",又不能"别出心裁"。简言之,学习借鉴为的是解决问题,学习借鉴的内容要能够有机融入到自己的理论和实践中去。第二个阶段的任务是"提出理论"。这是与 AR 最为突出的差异,值得较为深入讨论。初始理论虽然不够成熟,但须力图达到四个要求。第一,针对性,即提出的理论框架和行动路线图要紧紧抓住主要矛盾和矛盾的主要方面"对症下药""全面考量""统筹兼顾""综合施策",不能"胡子眉毛一把抓""不分轻重缓急"。第二,可操作性,即理论一定要包括操作流程和实施策略,不能只是"空对空"抽象概念的堆积。

---

　　①　A.Burns,*Doing Action Research in English Language Teaching:A Guide for Practitioners*,Beijing:Foreign Language Teaching and Research Press,2011,p.10.
　　②　文秋芳:《"辩证研究范式"的理论与应用》,《外语界》2018 年第 2 期。

第三,创新性,即理论要有自己的"独到之处"和"亮点"。这里创新不排斥"借鉴"古今中外的先进理念和富有成效的实践,但必须能够清楚说明该理论与其他理论的显著差异。第四,国际可理解度,即理论能被国际学者理解。理论中所用术语要与国际文献对接,使外国学者能够调用已有知识理解 DR 新创理论。第三阶段的任务是实践理论。这里与 AR 中"行动"至少有两个不同点。首先,DR 课堂教学实践者很可能未参与理论构建。因此实践之前需要集体讨论理论中的教学原则和过程,共同制定教学计划,确保对理论的充分理解和实践方案的恰当执行。其次,DR 实施者不是理论的被动应用者。他们在实施过程中需要发挥主观能动性,一方面检验理论的适切性,另一方面补充和完善理论。这就是说,他们是批判性实践者(critical practitioner),同时也是理论建构者和修订者。第四阶段为"反思阐释"。这里的"反思"不是古人的"闭门思过""检讨式反思",而是"集体式反思""对话式反思""研讨式反思""批判式反思""建构式反思"。这种反思与阐释紧密联系,依据第二阶段收集的数据,边反思、边解释、边评论,这是理论与实践升华的重要阶段,是进入下一个循环必备条件。特别要强调的是,每个循环内部的 4 个阶段相互联系、彼此联动。为了说明这一复杂关系,图 5.12 中两个相邻阶段和不相邻的两个阶段均用双向箭头相连。

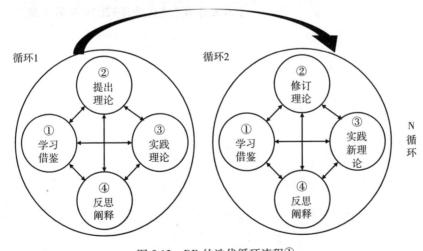

图 5.12　DR 的迭代循环流程①

① 文秋芳:《"辩证研究范式"的理论与应用》,《外语界》2018 年第 2 期。

四、结语

本文从 4 个方面（哲学基础、研究对象、研究目标和研究流程）系统探讨了 AR 与 DR 的异同点。它们最大的相同点是：倡导研究者关注现实、致力变革，投身实践，为了让明天变得更美好而不懈努力。如果用中国俗语来概括二者的不同点，可以说 AR 是"摸着石头过河"，DR 是"顶层设计"与"摸着石头过河"相结合，且 DR"摸着石头过河"只发生在中观和微观层面，不出现在宏观层面。DR 和 AR 虽然有系统差异，但并没有优劣之分，只是适合不同人、解决不同的问题。研究某个具体问题，采用 AR 更恰当；研究系统问题，选择 DR 效果会更好。最后还要强调，DR 是一种研究范式，不是收集数据的方式。它有自身的本体论和认识论，特别是对理论、实践、阐释三者的关系有着与其他范式明显不同的信念。事实上，采用 DR 时，研究者可以根据需要选择任何数据收集方法，包括观察、实验、访谈、问卷、个案调查等。DR 对此有着很大包容性和灵活性。

（本文原载《现代外语》2019 年第 3 期）

附录　历年学术成果一览

一、著作

（一）独著

1.《文秋芳英语教育自选集（二）》,外语教学与研究出版社 2013 年版,专著。

2.《中国外语类大学生思辨能力现状研究》,外语教学与研究出版社 2012 年版,专著。

3.《文秋芳英语教育自选集》,外语教学与研究出版社 2008 年版,专著。

4.《学习者可控因素与英语成绩的关系》,陕西师范大学出版社 2004 年版,专著。

5.《英语学习的成功之路》,上海外语教育出版社 2003 年版,专著。

6.《应用语言学研究方法与论文写作》(英文版),外语教学与研究出版社 2001 年版,专著。

7.《英语口语测试与教学》,上海外语教育出版社 1999 年版,专著。

8.《英语学习策略论——献给立志学好英语的朋友》,上海外语教育出版社 1996 年版,专著。

9.《英语语言学导论》,江苏教育出版社 1995 年版,专著。

10.《二语习得重点问题研究》,外语教学与研究出版社 2010 年版,编著。

（二）合著、合编

1.《国家语言能力理论体系构建研究》，北京大学出版社 2018 年版，专著，第一著者。

2.《认知语言学与二语教学》，外语教学与研究出版社 2013 年版，专著，第一著者。

3.《大规模考试英汉互译自动评分系统的研发与应用》，高等教育出版社 2012 年版，专著，第二著者。

4.《英语教学研究方法与案例分析》，上海外语教育出版社 2011 年版，专著，第一著者。

5.《中国大学生英语口语能力发展的规律与特点》，外语教学与研究出版社 2010 年版，专著，第一著者。

6.《中国大学生英语写作能力发展规律与特点研究》，中国社会科学出版社 2007 年版，专著，第二著者。

7.《应用语言学研究方法与论文写作》（中文版），外语教学与研究出版社 2004 年版，专著，第一著者。

8.《2013 中国外语教育年度报告》，外语教学与研究出版社 2014 年版，编著，第一著者。

9.《2012 中国外语教育年度报告》，外语教学与研究出版社 2013 年版，编著，第一著者。

10.《2011 中国外语教育年度报告》，外语教学与研究出版社 2013 年版，编著，第一著者。

11.《新编语言学导论》，高等教育出版社 2011 年版，编著，第一著者。

12.《中国英语教学（四）：第四届中国英语教学国际研讨会文集》，外语教学与研究出版社 2007 年版，编著，第二著者。

13.《高校基础英语教学》，外语教学与研究出版社 2006 年版，编著，第二著者。

14.《英语口语研究与测试》，陕西师范大学出版社 2004 年版，编著，第一著者。

15.《英语学习策略理论研究》,陕西师范大学出版社 2004 年版,编著,第一著者。

16.《英语写作研究》,陕西师范大学出版社 2003 年版,编著,第一著者。

17.《英语学习策略实证研究》,陕西师范大学出版社 2003 年版,编著,第一著者。

18.《全国英语专业四级口试指南》,上海外语教育出版社 2001 年版,编著,第一著者。

19.《新一代大学英语 综合教程—教师用书》(2),外语教学与研究出版社 2016 年版,编著,第二著者。

20.《新一代大学英语 综合教程》(1、2),外语教学与研究出版社 2015 年版,编著,第二著者。

21.《新一代大学英语 视听说教程》(1、2),外语教学与研究出版社 2015 年版,编著,第二著者。

22.《新标准大学英语 视听说教程》(1—4 册),外语教学与研究出版社 2008 年版,编著,第二著者。

23.《新标准大学英语 综合教程》(1—4 册),外语教学与研究出版社 2008、2009 年版,编著,第二著者。

24.《跨文化口语教程》,外语教学与研究出版社 2005 年版,编著,总主编。

25.《高级英语口语教程》(下),高等教育出版社 2005 年版,编著,总主编。

26.《高级英语口语教程》(上),高等教育出版社 2004 年版,编著,总主编。

27.《英语专业 8 级水平测试习题集》,上海外语教育出版社 2003 年版,编著,第二著者。

28.《英语专业 7 级水平测试习题集》,上海外语教育出版社 2003 年版,编著,第一著者。

29.《中国学生英语口笔语语料库(2.0 版)》,外语教学与研究出版社 2008 年版,编著,第一著者。

30.《中国大学生英汉汉英口笔译语料库》,外语教学与研究出版社 2008 年版,编著,第一著者。

31.《中国学生英语口笔语语料库(1.0 版)》,外语教学与研究出版社 2005 年版,编著,第一著者。

32.《高校英语专业八级口试大纲》,上海外语教育出版社 2005 年版,高校英语专业八级口试大纲编写小组编著,参与编著。

33.《高校英语专业四级口试大纲》,上海外语教育出版社 2005 年版,高校英语专业四级口试大纲编写小组编著,参与编著。

二、论文

(一) 独著

1.《熟手型外语教师运用新教学理论的发展阶段与决定因素》,《中国外语》2020 年第 1 期。

2.《外语"金课"与"金牌外语教师团队"》,《外语教育研究前沿》2019 年第 4 期。

3. "Language Teachers' Professional Learning in China", in G. Barkhuizen (Ed.), *Qualitative Research Topics in Language Teacher Education*, Routledge, 2019, pp.39–43.

4.《新中国外语教育 70 年:成就与挑战》,《外语教学与研究》2019 年第 5 期。

5.《新中国外语教学理论 70 年发展历程》,《中国外语》2019 年第 5 期。

6.《对建设具有中国特色世界一流应用语言学科的思考》,《外国语文研究(辑刊)》2018 年第 2 期。

7.《从英语国际教育到汉语国际教育:反思与建议》,《世界汉语教学》2019 年第 3 期。

8.《对"国家语言能力"的再解读——兼述中国国家语言能力 70 年的建

设与发展》,《新疆师范大学学报(哲学社会科学版)》2019 年第 5 期。

9.《辩证研究与行动研究的比较》,《现代外语》2019 年第 3 期。

10.《美国西点军校外语专业人才培养体系及其启示》,《解放军外国语学院学报》2018 年第 6 期。

11.《学术英语化与中文地位的提升:问题与建议》,《新疆师范大学学报(哲学社会科学版)》2018 年第 6 期。

12.《"产出导向法"与对外汉语教学》,《世界汉语教学》2018 年第 3 期。

13.《"辩证研究范式"的理论与应用》,《外语界》2018 年第 2 期。

14.《新时代高校外语课程中关键能力的培养:思考与建议》,《外语教育研究前沿》2018 年第 1 期。

15.《大学外语教师专业学习共同体建设的理论框架》,《外语教学理论与实践》2017 年第 3 期。

16.《唯物辩证法在应用语言学研究中的应用——桂诗春先生的思想遗产》,《现代外语》2017 年第 6 期。

17.《辩证研究法与二语教学研究》,《外语界》2017 年第 4 期。

18.《"产出导向法"的中国特色》,《现代外语》2017 年第 3 期。

19.《国家话语能力的内涵——对国家语言能力的新认识》,《新疆师范大学学报(哲学社会科学版)》2017 年第 3 期。

20.《"产出导向法"教学材料使用与评价理论框架》,《中国外语教育》2017 年第 2 期。

21. "The Production-oriented Approach: A Pedagogical Innovation in University English Teaching in China", in L. Wong & K. Hyland (Eds.), *Faces of English: Students, Teachers, and Pedagogy*, London & New York: Routledge, 2017, pp.91-106.

22.《拟人隐喻"人类命运共同体"的概念、人际和语篇功能——评析习近平第 70 届联合国大会一般性辩论中的演讲》,《外语学刊》2017 年第 3 期。

23.《我国应用语言学理论国际化的标准与挑战——基于中国大陆学者国际论文创新性的分析》,《外语教学与研究》2017 年第 2 期。

24.《我国应用语言学研究国际化面临的困境与对策》,《外语与外语教学》2017 年第 1 期。

25.《国家话语研究——服务国家战略的新领域》,《中国外语》2016 年第
6 期。

26.《"师生合作评价":"产出导向法"创设的新评价形式》,《外语界》
2016 年第 5 期。

27.《英语通用语的教学框架》,《语言科学》2016 年第 4 期。

28.《在英语通用语背景下重新认识语言与文化的关系》,《外语教学理论
与实践》2016 年第 2 期。

29. "The Production-oriented Approach to Teaching University Students Eng-
lish in China", *Language Teaching*, 2016, No.4.

30. "Teaching Culture(s) in English as a Lingua Franca in Asia: Dilemma
and Solution", *Journal of English as a lingua Franca*, 2016, No.1.

31.《"一带一路"语言人才的培养》,《语言战略研究》2016 年第 2 期。

32.《国家语言能力的内涵及其评价指标》,《云南师范大学学报(哲学社
会科学版)》2016 年第 2 期。

33.《构建"产出导向法"理论体系》,《外语教学与研究》2015 年第 4 期。

34.《中文在联合国系统中影响力的分析及其思考》,《语言文字应用》
2015 年第 3 期。

35.《认知比较分析假设》,《中国外语》2015 年第 1 期。

36.《亟待指定"一带一路"小语种人才培养战略规划》,《成果要报》2014
年第 96 期。

37.《法国与俄罗斯中小学外语教育对我国的启示》,《外国语(上海外国
语大学学报)》2014 年第 6 期。

38.《英语通用语是什么:"实体论"与"非实体论"之争》,《中国外语》
2014 年第 3 期。

39.《加强语言资源调查,提高国家语言能力》,《成果要报》2014 年第
15 期。

40.《"输出驱动—输入促成假设":构建大学外语课堂教学理论的尝试》,
《中国外语教育》2014 年第 2 期。

41.《美国国防语言能力四大特点》,《中国社会科学报》2014 年 6 月 4 日。

42.《以语言资源调查推动国家语言能力提高》,《中国社会科学报》2014 年 3 月 6 日。

43.《美国语言研究的基本特征:服务于国家安全战略——以马里兰大学高级语言研究中心为中心》,《云南师范大学学报(哲学社会科学版)》2014 年第 3 期。

44.《大学英语教学中通用英语与专用英语之争:问题与对策》,《外语与外语教学》2014 年第 1 期。

45.《"认知对比分析"的特点与应用》,《外语教学理论与实践》2014 年第 1 期。

46.《英语类专业实践多元人才观面临的挑战与对策》,《外语教学与研究》2014 年第 1 期。

47.《输出驱动假设在大学英语教学中的应用:思考与建议》,《外语界》2013 年第 6 期。

48.《认知语言学对二语教学的贡献及其局限性》,《中国外语教育》2013 年第 2 期。

49.《评析"概念型教学法"的理论与实践》,《外语教学理论与实践》2013 年第 2 期。

50. "Teaching English as an International Language in Mainland China", in A.Kirkpatrick & R.Sussex (Eds.), *English as an International Language in Asia*: *Implications for Language Education*, Print force, Netherlands: Springer, 2012, pp. 79-93.

51. "English as a Lingua Franca: A Pedagogical Perspective", *Journal of English as a Lingua Franca*, 2012, No.2.

52.《提高"文献阅读与评价"课程质量的行动研究》,《中国外语教育》2012 年第 1 期。

53.《大学英语面临的挑战与对策:课程论视角》,《外语教学与研究》2012 年第 2 期。

54.《英语国际语的教学框架》,《课程·教材·教法》2012 年第 1 期。

55.《美国国防部新外语战略评析》,《外语教学与研究》2011 年第 5 期。

56.《〈文献阅读与评价〉课程的形成性评估:理论与实践》,《外语测试与教学》2011 年第 3 期。

57.《学习者英语语体特征变化的研究》,《外国语(上海外国语大学学报)》2009 年第 4 期。

58.《二语习得跟踪研究的三个基本问题:分类、设计与可比性》,《中国外语》2009 年第 2 期。

59.《论外语专业研究生高层次思维能力的培养》,《学位与研究生教育》2008 年第 10 期。

60.《真正达到英语课程目标就是学生的根本需求》,《中国教育报》2008 年 8 月 29 日。

61.《评析二语习得认知派与社会派 20 年的论战》,《中国外语》2008 年第 3 期。

62.《输出驱动假设与英语专业技能课程改革》,《外语界》2008 年第 2 期。

63.《对周频〈论理论的"内部批判"与"外部批判"〉的回应》,《中国外语》2008 年第 1 期。

64.《"作文内容"的构念效度研究——运用结构方程模型软件 AMOS 5 的尝试》,《外语研究》2007 年第 3 期。

65.《英语专业学生使用口语—笔语词汇的差异》,《外语与外语教学》2006 年第 7 期。

66.《英语专业学生口语词汇进步模式研究》,《外语电化教学》2006 年第 4 期。

67.《英语专业学生口语词汇变化的趋势与特点》,《外语教学与研究》2006 年第 3 期。

68.《评析外语写长法》,《现代外语》2005 年第 3 期。

69. "Globalization and Intercultural Competence", in K. Tam & T. Weiss (eds.), *English and Globalization: Perspectives from Hong Kong and Mainland China*, Hong Kong: The Chinese University Press, 2004, pp.169–179.

70.《建立全国英语专业口语测试体系的研究与实践》,见戴炜栋、蔡伟良编著:《高校外语专业教学改革理论与实践:改革·教学·测试》,上海外语教育出版社 2003 年版。

71.《微变化研究法与二语习得研究》,《现代外语》2003 年第 3 期。

72.《频率作用与二语习得——〈第二语言习得研究〉2002 年 6 月特刊评述》,《外语教学与研究》2003 年第 2 期。

73.《英语专业创新人才培养体系的研究与实践》,《国外外语教学》2002 年第 4 期。

74.《文科研究生教育中存在的主要问题及对策》,《学位与研究生教育》2002 年第 5 期。

75.《编写英语专业教材的重要原则》,《外语界》2002 年第 1 期。

76.《从全国英语专业四级口试看口语教学》,《外语界》2001 年第 4 期。

77.《美国中学语文教材的特点》,《中小学教材教学》2001 年第 11 期。

78.《英语学习者动机、观念、策略的变化规律与特点》,《外语教学与研究》2001 年第 2 期。

79.《口语教学与思维能力的培养》,《国外外语教学》1999 年第 2 期。

80. "Book Review of the Chinese Learner", *Comparative Education*, 1997, No.3.

81.《让学生最大限度地参与英语课堂学习》,《高教研究与探索》1996 年第 3 期。

82.《管理策略在英语学习中的作用》,《教学与教材研究》1996 年第 4 期。

83.《大学生英语学习策略变化的趋势及其特点》,《外语与外语教学》1996 年第 4 期。

84.《论英语学习方法系统的结构、特点与调控》,《外语研究》1996 年第 1 期。

85.《传统和非传统学习方法与英语成绩的关系》,《现代外语》1996 年第 1 期。

86.《学习者可控因素对英语成绩的影响》,《大学英语》1995 年第 5 期。

87.《英语学习成功者与不成功者在方法上的差异》,《外语教学与研究》1995 年第 3 期。

88.《谈英语语态的转换与句子意义的变化》,《大学英语》1988 年第 6 期。

89.《谈谈"英语语言学概论"的自学方法》,见江苏省自学考试办:《英语专集》,1988 年。

90.《谈高师英专基础阶段的课程设置》,见江苏省高校外语教学研究会:《外语教学文集》,1987 年。

91.《语言学和外语教学》,《外语教学》1987 年第 3 期。

93.《谈名词短语的限定性》,《外语教学》1987 年第 1 期。

94.《从社会语言学看汉语称呼语的使用规则》,《南京师大学报(社会科学版)》1987 年第 4 期。

95.《试论"成分分析"和"语义场"》,见《南师大外国语言文学论文集》,1987 年。

(二)合著

1.《跨院系多语种教师专业学习共同体建设的理论与实践探索》,《外语界》2019 年第 6 期,第一作者。

2.《我和我的学术人生——文秋芳教授访谈录》,《浙江外国语学院学报》2019 年第 3 期,第二作者。

3.《事件语义与语用标记词汇化的跨语言考察》,《外语与外语教学》2018 年第 6 期,第二作者。

4.《新时代外语工作者的社会责任》,《中国外语》2018 年第 3 期,第二作者。

5.《外语专业大学生思辨技能发展趋势跟踪研究》,《外语界》2018 年第 6 期,第一作者。

6. "Teacher - student Collaborative Assessment (TSCA) in Integrated Language Classrooms", *Indonesian Journal of Applied Linguistics*, 2018, No.2, 第二作者。

7.《思辨能力及语言因素对二语写作影响的研究》,《外语教学理论与实践》2017 年第 4 期,第二作者。

8.《我国高校非通用外语教师面临的挑战与困境:一项质性研究》,《中国外语》2017 年第 6 期,第一作者。

9.《汉、英本族语者时间思维方式对母语和二语加工的影响》,《外语与外语教学》2017 年第 2 期,第二作者。

10.《我国学者对人文社科领域内中文地位的认知与原因分析》,《云南师范大学学报(哲学社会科学版)》2017 年第 6 期,第一作者。

11.《汉、英母语者空间感知倾向对句子在线加工的影响》,《外语教学与研究》2017 年第 4 期,第二作者。

12.《国家社会科学基金项目通讯评审策略与态度的访谈研究》,《外语界》2017 年第 1 期,第一作者。

13.《英语专业硕士生思辨倾向的量具构建与实证调查》,《外语学刊》2017 年第 2 期,第二作者。

14.《倾听来自高校青年英语教师的心声:一项质性研究》,《外语教学》2017 年第 1 期,第一作者。

15.《2001—2015 年应用语言学研究方法的使用趋势》,《现代外语》2016 年第 6 期,第一作者。

16.《中国英语学习者英语程式语表征方式研究——来自听觉搭配成分词判断的证据》,《外语与外语教学》2016 年第 4 期,第二作者。

17.《外语专业大学生思辨倾向变化的跟踪研究》,《外语电化教学》2016 年第 1 期,第一作者。

18.《三语教师课堂语码转换结构类型与功能分布特征研究》,《外语学刊》2015 年第 5 期,第二作者。

19.《基于事件语义的英汉评价标记对比研究》,《现代外语》2015 年第 5 期,第二作者。

20.《"英语+X"本硕贯通人才培养体系成效:基于学生视角》,《外语界》2015 年第 5 期,第一作者。

21.《评述高校外语教学中思辨力培养存在的问题》,《外语教学理论与实践》2015 年第 3 期,第一作者。

22.《外语专业学生的思辨能力逊色于其他专业学生吗?》,《现代外语》2014 年第 6 期,第一作者。

23.《国外语言资源管理的经验与启示》,《新疆师范大学学报(哲学社会科学版)》2014年第6期,第一作者。

24.《汉语本族语者与英语本族语者思考时间的方式——对思维—语言关系的实证研究》,《外语教学》2014年第6期,第二作者。

25.《外语课堂即时形成性评估的"相倚性"研究》,《外语教学》2014年第4期,第二作者。

26.《研制多套难度相似的思辨技能量具:实践与反思》,《外语电化教学》2014年第4期,第一作者。

27.《目标在外语课堂即时形成性评估中的动态变化特征及方式》,《外语教学与研究》2014年第3期,第二作者。

28.《后"9·11"时代美国国家外语能力建设成效及其启示》,《中国外语》2013年第6期,第一作者。

29.《美国国家外语能力建设模式分析》,《外语教学与研究》2013年第6期,第一作者。

30.《中国成人英语学习者内隐学习实证研究》,《外语教学与研究》2013年第4期,第二作者。

31.《课堂即时形成性评估研究述评:思考与建议》,《外语教学理论与实践》2013年第3期,第二作者。

32.《中国语境中本土化英语的可理解度与可接受度研究》,《外语教学》2012年第5期,第二作者。

33.《互动发展模式下外语教学研究者的专业成长》,《外语界》2012年第4期,第一作者。

34.《大规模测试中学生英译汉机器评分模型的构建》,《外语电化教学》2012年第2期,第二作者。

35.《为高校外语教师举办大型强化专题研修班的理论与实践》,《外语与外语教学》2012年第1期,第一作者。

36.《对我国大学生思辨倾向量具信度的研究》,《外语电化教学》2011年第6期,第一作者。

37.《军队外语能力及其形成——来自美国〈国防语言变革路线图〉的启

示》,《外语研究》2011年第4期,第一作者。

38.《基于文本聚类的被引内容分析——一种分析领域知识的新方法》,《图书情报工作》2011年第4期,第二作者。

39.《国外思维能力量具评介及启示——我国外语类大学生思维能力现状研究报告》,《江苏技术师范学院学报》2011年第7期,第二作者。

40.《大学外语教师互动发展新模式下一线教师的专业成长》,《中国外语教育》2011年第1期,第一作者。

41.《构建英语本土化特征的描述框架》,《外语教学》2011年第2期,第二作者。

42.《国家外语能力的理论构建与应用尝试》,《中国外语》2011年第3期,第一作者。

43.《探究我国高校外语教师互动发展的新模式》,《现代外语》2011年第1期,第一作者。

44.《国外大学生思维能力研究评析及启示》,《石家庄经济学院学报》2010年第5期,第二作者。

45.《中国英语报章中评价性形容词搭配的本土化特征》,《外语与外语教学》2010年第5期,第二作者。

46.《建设研究—教学型导师团队,培养高素质外语教育人才——研究生教育改革探索》,《中国外语教育》2010年第3期,第一作者。

47.《我国英语专业与其他文科类大学生思辨能力的对比研究》,《外语教学与研究》2010年第5期,第一作者。

48.《我国外语类大学生思辨能力量具的修订与信效度检验研究》,《外语界》2010年第4期,第一作者。

49.《大学英语教师专业发展研究的趋势、特点、问题与对策——对我国1999—2009期刊文献的分析》,《中国外语》2010年第4期,第一作者。

50.《我国外语类大学生思辨能力客观性量具构建的先导研究》,《外语教学》2010年第1期,第一作者。

51.《N元组和翻译单位对英译汉自动评分作用的比较研究》,《现代外语》2010年第2期,第二作者。

52.《国内外机器自动评分系统评述——兼论对中国学生翻译自动评分系统的启示》,《外语界》2010年第1期,第二作者。

53.《基于Rasch模型的翻译测试效度研究》,《外语电化教学》2010年第1期,第二作者。

54. "Automatic Evaluation of Translation Quality Using Expanded N-gram Co-occurrence", IEEE NLP-KE, 2009/9, 第二作者。

55.《应用随机特征码检测雷同译文》,《外语电化教学》2009年第6期,第二作者。

56. "Co-responsibility in the Dialogical Co-construction of Academic Discourse", *TESOL Quarterly*, 2009, No.4, 第二作者。

57.《中国学生大规模汉译英测试机助评分模型的研究与构建》,《现代外语》2009年第4期,第二作者。

58.《英语专业四级口试的效度研究》,《解放军外国语学院学报》2009年第5期,第一作者。

59.《学习者汉英翻译分析性评分细则的制定》,《外语教学》2009年第4期,第二作者。

60.《构建我国外语类大学生思辨能力量具的理论框架》,《外语界》2009年第1期,第一作者。

61.《英语考试翻译自动评分中双语对齐技术的应用》,《外语电化教学》2009年第1期,第一作者。

62.《不同水平英语学习者口语中冠词的使用》,《解放军外国语学院学报》2008年第6期,第二作者。

63.《大学生英语口语中零冠词使用正确性的预测因素研究》,《现代外语》2008年第4期,第二作者。

64.《大学生英语口语中冠词的研究》,《外语教学》2008年第3期,第二作者。

65.《国外作文自动评分系统评述及启示》,《外语电化教学》2007年第5期,第二作者。

66.《"中国学生英语口笔语语料库"的建设与研究评述》,《外语界》2007

年第 1 期,第二作者。

67. "Dual Publication and Academic Inequality", *International Journal of Applied Linquistics*, 2007 , No.2, 第二作者。

68. "History and Policy of English Education in Mainland China", in Y. H. Choi & B.Spolsky（Eds.）, *English Education in Asia : History and Policies*, South Korea : Asia TEFL 2007, pp.1-31, 第一作者。

69.《评述外语专业学生思维能力的发展》,《外语学刊》2006 年第 5 期,第一作者。

70.《从英语议论文分析大学生抽象思维特点》,《外国语(上海外国语大学学报)》2006 年第 2 期,第一作者。

71.《构建合作型团队机制,培养创新性人才群体——英语专业应用语言学研究生培养模式的研究与实践》,《中国外语》2006 年第 2 期,第一作者。

72.《全国英语专业八级口试体系的研究与实施》,《外语界》2005 年第 5 期,第一作者。

73.《中外评委对大学生英语演讲能力评价的差异》,《外语教学与研究》2005 年第 5 期,第一作者。

74.《对高水平英语学习者口语自我纠错能力的研究》,《外语界》2005 年第 2 期,第一作者。

75. " ' Read a Hundred Times and the Meaning will Appear⋯' Changes in Chinese University Students'views of the Temporal Structure of Learning", *Higher Education*, 2005, No.49, 第二作者。

76.《影响外语学习策略系统运行的各种因素评述》,《外语与外语教学》2004 年第 9 期,第一作者。

77.《二语习得研究方法 35 年:回顾与思考》,《外国语(上海外国语大学学报)》2004 年第 4 期,第一作者。

78.《母语水平对二语写作的迁移:跨语言的理据与路径》,《外语教学与研究》2004 年第 3 期,第二作者。

79.《对外语学习策略有效性研究的质疑》,《外语界》2004 年第 2 期,第一作者。

80.《中国英语专业学生使用频率副词的特点》,《现代外语》2004 年第 2 期,第一作者。

81.《中国英语学习策略实证研究 20 年》,《外国语言文学》2004 年第 1 期,第一作者。

82.《英语学习策略培训与研究在中国——记全国首届"英语学习策略培训与研究"国际研修班》,《外语界》2003 年第 6 期,第二作者。

83.《英语的国际化与本土化》,《国外外语教学》2003 年第 3 期,第一作者。

84.《中国大学生英语书面语中的口语化倾向——高水平英语学习者语料对比分析》,《外语教学与研究》2003 年第 4 期,第一作者。

85. "Teaching Experience and Evaluation of Second-language Students' Writing", *Canadian Journal of Applied Linguistics*, 2003, No.2, 第三作者。

86.《母语思维与外语作文分项成绩之间的关系》,《外语与外语教学》2002 年第 10 期,第二作者。

87.《母语思维与二语写作——大学生英语写作过程研究》,《解放军外国语学院学报》2002 年第 4 期,第二作者。

88.《全国英语专业八级口试的可行性研究》,《外语界》2002 年第 4 期,第一作者。

89.《非英语专业大学生学习动机的内在结构》,《外语教学与研究》2002 年第 1 期,第二作者。

90. "L1 Use in the L2 Composing Process: An Exploratory Study of 16 Chinese EFL Writers", *Journal of Second Language Writing*, 2002, No.3, 第二作者。

91. "The Chinese Learner in Hong Kong and Nanjing", *International Studies in Educational Administration*, 2002-11-2, 第二作者。

92.《大学生英语写作能力的影响因素研究》,《外语教学与研究》1999 年第 4 期,第二作者。

93.《综合素质实践课——从理论到实践》,《外语界》1999 年第 3 期,第一作者。

94.《对全国英语专业四级口语水平的评估——兼评〈大纲〉对口语的要求》,《外语教学与研究》1999 年第 1 期,第一作者。

95.《母语思维与外语写作能力的关系:对高中生英语看图作文过程的研究》,《现代外语》1998 年第 4 期,第一作者。

96.《全国英语四级录音口试评分的实践与研究》,《解放军外语学院学报》1998 年第 2 期,第一作者。

97.《评价语言实验室内的口语教学》,《外语界》1998 年第 1 期,第一作者。

98.《英语本科生综合素质培养途径的研究与实践》,《高教研究与探索》1997 年第 4 期,第二作者。

99. "L2 Learner Variables and English Achievement:A Study of Tertiary-level English Majors in China",*Applied Linguistics*,1997,No.1,第一作者。

100.《学习者因素与大学英语四级考试成绩的关系》,《外语教学与研究》1996 年第 4 期,第一作者。

101.《大学生英语学习观念与策略的分析》,《解放军外语学院学报》1996 年第 4 期,第一作者。

102. "Views on Learning in Different Cultures:Comparing Patterns in China and Uruguay",*Anales de psicolo*,1996,No.2,第二作者。

103. "Understanding a Tale in Sweden,Japan and China",*Educating Young Children*,1996,第三作者。

104. "How Often is Often? Reference Ambiguities of the Likert-Scalein Language Learning Strategy Research",*Occasional Papers English Language Teaching*,1995,第二作者。

105.《英语专业四级口试的可行性研究——总体设计与实施》,《外语界》1995 年第 1 期,第一作者。

106.《江苏省重点中学英语教学质量分析》,《江苏教育研究》,1988 年第 1—2 期,第二作者。

统　　筹:张振明　孙兴民

责任编辑:王　淼

封面设计:徐　晖

版式设计:王　婷

责任校对:方雅丽

图书在版编目(CIP)数据

中国应用语言学创新研究探索/文秋芳 著. —北京:人民出版社,2020.10

(新时代北外文库/王定华,杨丹主编)

ISBN 978－7－01－022438－1

Ⅰ.①中…　Ⅱ.①文…　Ⅲ.①应用语言学-文集　Ⅳ.①H08-53

中国版本图书馆 CIP 数据核字(2020)第 157139 号

中国应用语言学创新研究探索

ZHONGGUO YINGYONG YUYANXUE CHUANGXIN YANJIU TANSUO

文秋芳　著

人民出版社 出版发行

(100706　北京市东城区隆福寺街 99 号)

北京新华印刷有限公司印刷　新华书店经销

2020 年 10 月第 1 版　2020 年 10 月北京第 1 次印刷

开本:710 毫米×1000 毫米 1/16　印张:29　插页:1 页

字数:460 千字

ISBN 978－7－01－022438－1　定价:106.00 元

邮购地址 100706　北京市东城区隆福寺街 99 号

人民东方图书销售中心　电话 (010)65250042　65289539